KB002265

책의
엔딩
크레딧

本
の
エ
ン
ド
ロ
ー
ル

옮긴이 이규원

한국외국어대학교에서 일본어를 전공했다. 문학, 인문, 역사, 과학 등 여러 분야의 책을 기획하고 번역했으며 현재 전문 번역가로 활동중이다. 옮긴 책으로 미야베 미유키의 『이유』, 『얼간이』, 『하루살이』, 『미인』, 『진상』, 『피리술사』, 『괴수전』, 『신이 없는 달』, 『기타기타 사건부』, 덴도 아라타의 『가족 사냥』, 마쓰모토 세이초의 『마쓰모토 세이초 걸작 단편 컬렉션』, 『10만 분의 1의 우연』, 『범죄자의 탄생』, 『현란한 유리』, 우부카타 도우의 『천지명찰』, 구마가이 다쓰야의 『어느 포수 이야기』, 모리 히로시의 『작가의 수지』, 하세 사토시의 『당신을 위한 소설』, 가지야마 도시유키의 『고서 수집가의 기이한 책 이야기』, 도바시 아키히로의 『굴하지 말고 달려라』, 사이조 나카의 『오늘은 뭘 만들까 과자점』, 『마음을 조종하는 고양이』, 하타케나카 메구미의 『요괴를 빌려드립니다』, 아사이 마카테의 『야채에 미쳐서』, 『연가』, 미나미 교코의 『사일런트 브레스』, 기리노 나쓰오의 『일몰의 저편』, 하라다 마하의 『총리의 남편』 등이 있다.

안도 유스케

책의 엔딩 크레딧

本 の エ ン ド ロ ー ル

이규원 옮김

뮤즈북

프롤로그 ──────────── 007

1장 · 슬로우 스타터 ────── 015

2장 · 나가시노의 바람 ──── 085

3장 · 페이퍼백 라이터 ──── 189

4장 · 사이버 드러그 ────── 263

5장 · 책의 보물상자 ─────── 367

에필로그 ──────────── 479

특별 단편 〈책은 필수품〉 ── 497

편집자 후기 ────────── 513

차
례

프
롤
로
그

"꿈이 무엇인지 말씀해 주시겠습니까."

질문하러 일어선 여학생이 마이크를 양손으로 꼭 쥐고 긴장한 표정으로 물었다.

도요즈미인쇄 주식회사 영업 제2부의 톱 세일즈맨 나카이도 고지는 앉은 채 마이크를 들었다.

"꿈은, 내가 맡은 일을 하루하루 실수 없이 마치는 겁니다."

새 슈트를 차려입은 학생들 얼굴에 당황하는 표정이 떠오른다.

나카이도 옆에서 우라모토 마나부가 무릎 위에 올린 주먹을 꼭 쥐었다.

이제 곧 사회에 진출할 취업준비생들에게는 너무 냉정한 대답이다. 꿈이나 희망 같은 건 없다는 말인가.

"그런 평상시 마음가짐 말고 장래희망 같은 걸 말씀해 주셨으면……."

질문한 여학생이 마이크를 잡은 채 물고 늘어졌다.

"우리가 하는 일은 인쇄입니다. 주문받은 사양을 충실히 실현하는 거죠. 꿈이 뭐냐고 묻는다면, 굳이 말하자면 방금 대답한 대로 하루하루 맡은 일을 실수 없이 마치는 겁니다."

나카이도는 그렇게 대답하고 마이크를 우라모토에게 내밀었다.

회사 설명회의 사회를 보는 인사부의 히로노 마이와 눈이 마주쳤다. 그녀는 채용을 담당한 고참 사원으로, 나카이도의 답변에 곤혹스런 빛을 감추지 못했다.

이 어색한 분위기를 바꿔 놓아야 한다.

"나카이도와 함께 영업 제2부에서 주로 문예서를 담당하고 있습니다. 우라모토라고 합니다."

우라모토는 두뇌를 풀가동하여 나카이도의 냉랭한 답변을 만회할 만한 이야기를 궁리했다.

"제 꿈은…… 인쇄가 모노즈쿠리_{혼신의 힘을 쏟아 최고의 물건을 만드는 것,} 혹은 그 _{장인}로 인정받는 날을 맞이하는 겁니다."

취업준비생들이 조금이라도 꿈을 느낄 만한 말을 열심히 찾으며 말을 이어나갔다.

"책을 인쇄하는 게 아니라 책을 만드는 게 우리 일입니다."

말을 하고 보니 제품에 가슴이 뜨거워진다.

"인쇄 회사는…… 도요즈미인쇄는 모노즈쿠리입니다."

생각해 본 적도 없는 말이 입으로 흘러나왔다. 몇몇 학생이 메모를 한다.

"작가가 원고를 쓰고 편집자가 출판 기획을 하고 디자이너와 상의해서 책의 사양을 정합니다. 그걸 우리와 같은 인쇄 회사가 제품화합니다. 스토리를 완성하는 것만으로는 책이 되지 않습니다. 인쇄 회사나 제본 회사가 책을 만드는 겁니다."

인쇄 회사는 모노즈쿠리이다.

평소 막연히 품고 있던 사명감 같은 것이 처음으로 언어화되었다.

"혼을 담아 쓴 이야기를 책이라는 물성으로 만드는 것이 우리의 사명입니다. 나카이도 씨가 말한 대로 실수가 절대로 허용되지 않는, 꿈과 책임이 있는 일입니다."

사회석의 히로노와 눈이 마주쳤다. 그녀가 빙긋이 웃으며 고개를 크게 끄덕였다.

"네, 그럼 또 질문하실 분."

남학생이 손을 들었다. 서클에서 리더 역할을 할 법한 인상이다.

"우라모토 씨의 '인쇄 회사는 모노즈쿠리이다'라는 말씀에 깊이 공감했습니다. 나카이도 씨는 이에 대해 어떻게 생각하십니까?"

남학생은 도전적인 눈초리로 나카이도에게 물었다.

나카이도는 눈썹 하나 까딱하지 않고 마이크를 잡았다.

"나는 아니라고 생각합니다."

웅성거리는 소리.

"인쇄 회사는 어디까지나 인쇄 회사일 뿐입니다."

우라모토는 온몸이 경직되었다. 셔츠 밑으로 땀이 밴다.

"그럼 '인쇄는 모노즈쿠리가 아니다'라고 이해하면 되겠습니까?"

"네. 문예 작품의 내용은 작가나 편집자가 만듭니다. 우리는 그걸 책이라는 대량 생산이 가능한 형식으로 구현해서 세상에 공급하기 위한 작업 공정을 청부받는 겁니다. 그 작업 공정의 프로로서 자기 몫에 충실해야 합니다."

다른 질문은 없습니까? 히로노가 재촉하지만 이제 학생들에게서 질문이 나오지 않았다.

학생들이 나가자 회의실에 직원들만 남았다. 퇴근을 준비하는 나카이도에게 히로노가 바짝 다가섰다.

"나카이도 씨, 무슨 의도로 그렇게 대답한 거죠?"

도요즈미인쇄는 올해 신졸자 채용에 전에 없이 공을 들이고 있었다. 최소 세 명은 채용할 예정이라고 한다.

올해 채용부터는 해금월^{일본은 취업 활동이 학업에 방해가 되지 않도록 기업의 홍보 등 채용 활동을 제한하는데, 이 제한이 풀리는 시기를 '해금월'이라 한다}인 3월에 일찌감치 회사 설명회를 열고 내용도 대폭 쇄신한 터였다. 참가자들은 분쿄 구 오토와의 본사를 견학한 뒤 버스를 타고 사이타마의 후지미노 공장으로 이동한다. 마지막으로 공장 회의실에서 각 부서의 선배 사원이 일상적인 업무 내용을 설명하고 학생들의 질문에 답한다. 비용도 들고 수고도 들지만 취업준비생에게 회사를 홍보하려고 노력하는 것이다.

"모처럼 설명회에 참가한 학생들에게 너무 무성의한 거 아닌가요?"

"솔직하게 말했을 뿐입니다. 실상과 다른 이야기를 즉흥적으로 말해 주는 게 더 무성의한 거겠죠."

나카이도가 우라모토에게 시선을 돌리며 말했다.

"즉흥적으로 한 말은 아닙니다."

"우라모토 씨에게 '인쇄 회사는 모노즈쿠리이다'라는 긍지에 찬 말은 들어 본 적이 없는데."

"물론 전에는 말한 적도 없고 머릿속에서 언어로 정리해 본 적도 없습니다. 하지만 문득 말이 나오는데, 이게 바로 내가 생각해 오던 것임을 알겠더군요."

인쇄 회사가 하는 일은 주어진 내용을 인쇄하고 복제하는 것만은 아니다.

이야기에 '책'이라는 몸을 부여하고 어울리는 옷을 입혀서 세상에 내보내는 것이다.

"나카이도 씨 말씀이 틀린 건 아닙니다. 다만 학생들에게 꿈까지는 아니더라도 사명감 같은 것을 전할 수 있는 건 아닐까요?"

"인쇄기 가동률을 높이는 게 영업부의 사명감이겠지. 일감이 끊이지 않게 하는 것. 사원 2백 명이 먹고살려면 무엇을 해야 하는지를 생각하는 게 최우선 아닌가."

다 맞는 말이다. 하지만 순순히 받아들일 수 없다.

"더 냉정하게 말할까. 앞으로 책이 더 안 팔릴 건 불 보듯 뻔하니 인쇄업도 객관적으로 사양 산업이고 가라앉는 배야."

히로노 마이가 "말씀이 지나치네요" 하며 말렸지만 나카이도는 담담하게 계속했다.

"괜한 희망을 품고 들어온 신규 채용자는 오래 버티지 못해요. 말리는 게 낫지."

책이 점점 팔리지 않고 있다는 사실은 알고 있다. 그래도 우라모토는 책을 만들고 싶어서 도요즈미인쇄를 선택했다.

"그럼 나카이도 씨는 왜 가라앉는 배에 타고 있는 겁니까."

"가라앉히지 않으려고."

톱 세일즈맨 나카이도의 말에는 설득력이 있었다.

하지만 당장 떠맡은 일을 실수 없이 마치는 것이 꿈이라고 말해 버리면 너무 쓸쓸하지 않은가. 책을 위해 혹은 책을 읽는 사람이나 책 제작에 종사하는 사람을 위해 인쇄 회사가 할 수 있는 일이 아직은 더 있지 않을까.

증명할 방법은 하나. 실적에서 나카이도를 능가하는 수밖에 없다.

1장

슬로우 스타터 ⊙

"여유가 없다는 건 잘 알지만, 부탁합니다. 진짜 부탁합니다."

우라모토는 휴대폰을 귀에 댄 채 허리를 숙였다. 통화 상대는 후지미노 공장 인쇄제조부 계장 노즈에 마사요시.

노즈에는 입사 11년차로, 견실한 업무 실적을 인정받아 작년부터 현장 작업을 총괄하고 있다.

"작업 의뢰는 생산관리부를 통해서 해야지."

"물론 생산관리부에는 얘기해야지. 지금 바로 그쪽에 전화할 거야. 다만 우리 영업부에서도 계장님한테 사정을 알려 둬야겠다 싶어서……."

"도저히 안 돼."

우라모토가 애원하는 내용은 계획에 없던 별색 인쇄 작업을 급하게 해 달라는 부탁이다.

일반적으로 컬러는 프로세스 잉크라 불리는 C(시안), M(마젠타), Y(옐로우), K(블랙)의 4가지 색을 겹쳐 인쇄해서 표현한다.

한편 CMYK의 중첩으로는 제대로 표현할 수 없는 컬러를 별색이라고 하는데, 기술자가 수작업으로 잉크나 금, 은, 진주 등의 금속가루 따위를 섞어서 만든다.

"부탁한다. 동기 좋다는 게 뭐야."

우라모토는 중도 입사에 경력도 3년뿐이지만 나이는 노즈에와 같은 32세. 그래서 멋대로 동기라고 말한 것이다.

"거래처라는 인연만 믿고 염치없게 들이미는 무리한 작업을 제꺽제꺽 받아오는 영업부에 우리가 왜 장단을 맞춰야 하나."

노즈에의 말끝에 냉소가 묻어난다.

영업부에서 일감을 따 오니까 인쇄기가 돌아가는 거 아닌가. 부아가 나는 것을 꾹 참았다.

우리는 밤낮없이 고객 상담과 전화 통화에 쫓기고 있다.

이번 작업도 고객인 도토쇼보와 어렵게 일정을 조정해서 기한을 최대한 늘려 잡은 결과이다.

도토쇼보에서 간행하는 비즈니스서 『자아찾기병을 극복하는 8가지 방법』의 인쇄를 앞두고 출판사 측에서 불쑥 표지 제목에 별색을 쓰고 싶다고 연락해 왔다.

"*하판*下版 하판은 교정이 전부 끝나 인쇄용 쇄판을 만들기 직전 단계를 말하며, 이 단계에서는 수정이 불가하다*도 벌써 끝났어. 인쇄기는 모레 오후 1시로 잡아 놨*

고. *빼도 박도 못해*"

손 글씨나 워드프로세서로 작성된 원고는 편집자를 거쳐 인쇄 회사로 넘어가고 인쇄 회사에서 책의 레이아웃에 맞춰 내용을 앉힌다. 인쇄 회사가 교정쇄라 불리는 교정지를 출력하면 출판사 교열부나 저자의 교정을 거쳐 교료校了가 된다. 교료한 데이터를 인쇄 공장에 보내 알루미늄 쇄판을 만들어 인쇄기에 건다.

하판 완료란 쇄판 제작이 끝나 인쇄만 남은 상태. 이 단계에서 뭔가를 교정하는 것은 위험하다.

"알고 있어. 알지만 어떻게 좀 안 될까."

"*도매 입고를 늦추면 끝나는 이야기잖아.*"

"정말 미안한데 도매 입고는 이미 발매일 하루 전으로 미뤄 놔서⋯⋯."

인쇄와 제본을 거친 서적과 잡지는 일단 서적 도매상 물류 창고로 옮겨졌다가 전국의 서점에 배포된다. 도매상은 출판사와 서점의 중간에 있는 유통회사이다.

일반적으로 신간은 발매일 닷새 전에 도매상에 입고된다. 이 닷새간의 여유를 이용하여 작업 일정을 조정하라는 말이다.

하지만 이번에는 그런 편법도 이미 써 버린 상태다. 아트지를 취급하는 국내 대리점에 재고가 조금밖에 없어서 해외에 발주해야 했고, 발송에 트러블이 거듭되어 납품에 시간이 걸렸다. 그래서 발매일 닷새 전에 인쇄하고 이틀 전에 제본하고 하루 전에 도매상에 입고한다는 최단 스케줄을 짜 놓았던 것이다.

"그럼 발매일을 하루 이틀 미루자고 교섭해 보는 게 먼저 아닌가."

"이미 출판사 쪽에 말해 봤어. 그게 안 된다니까 이렇게 부탁하는 거지. 그쪽 담당자도 상사들이 이놈 저놈 참견하는 바람에 중간에 끼어 꼼짝 못하는 처지라 우리 쪽에서 어떻게든 맞춰 줘야 할 상황이야."

"사방팔방이 막혔단 말인가. 대책이 없네."

노즈에가 지긋지긋하다는 듯이 내뱉었다.

"그러지 말고 제발. 조만간 저녁 한 끼 살 테니까."

"밥 한 끼로 퉁칠 만큼 하찮은 작업이라면 더욱 못해."

상대편 목소리 뒤쪽에서 정오 차임벨 소리가 들렸다.

"점심시간이네, 끊읍시다"

전화가 일방적으로 끊겼다.

아마 도시락을 들고 휴게실로 가겠지. 점심시간은 침해할 수 없는 권리라지만 이렇게 일방적으로 전화가 끊기니 불안하다.

"어떡한다……?"

우라모토는 휴대폰을 슈트 안주머니에 집어넣으며 한숨을 지었다. 내일 저녁에는 출판사 편집자에게 컬러 교정지를 보내서 확인을 받아야 시간에 맞출 수 있다.

"미치겠네……."

속수무책인 상황에 저도 모르게 또 혼잣말이 나오려는데 뒤에서 인기척이 났다.

"우라모토 씨, 이러면 정말 곤란합니다."

돌아다보니 생산관리부 팀장 고세키 요시히로가 상냥한 표정으로 서 있었다.

"방금 그 통화, 후지미노 공장에 직접 작업을 의뢰한 거 맞죠?"

만화, 문예, 잡지 등을 담당하는 각 영업자가 너도나도 공장에 작업을 의뢰하면 진행 관리에 혼란이 생긴다. 그래서 생산관리부가 관제탑이 되어 스케줄을 조정하고 인쇄 공장에 정식으로 작업 지시를 내린다.

"고객의 요구와 영업부의 생각을 노즈에 씨에게 전한 뒤 고세키 씨에게 정식으로 부탁하려고⋯⋯."

"그랬군요. 작업 의뢰는 아니고 우라모토 씨의 생각을 전했다는 말씀이죠?"

'부처님 고세키'라는 별명이 있는 이 사람이 화를 내는 것을 우라모토는 한 번도 본 적이 없다.

"그렇습니다. 고세키 씨가 공장에 연락해서 영업부 요구대로 작업해 달라고 말씀해 주실 수 없을까요?"

"말씀은 알겠습니다. 하지만 뜻대로 안 되는 게 인쇄 공정이잖아요."

각 부서에서 올라오는 주장에 귀를 기울이되 할 말은 확실하게 한다. 영업부와 제작부문 사이에 서서 조정하는 것은 생산관리부의 일이다.

"점심시간이 끝나는 대로 후지미노 공장에 연락해서 상의해 보죠."

통상적인 작업 의뢰라면 고세키의 힘을 빌릴 때가 많다. 그러나 하루가 아쉬운 급한 작업이 들어오면 아무래도 정식 경로를 통하다가는 시간에 댈 수 없겠다는 초조감이 생겨, 영업부로서는 안절부절못하게 된다.

정에 호소해서라도 어떻게든 후지미노 공장을 움직여야 한다.

오후에는 사이타마에서 고객 상담이 예약되어 있다. 영업 제2 부는 문예서 외에 전단지나 포스터도 담당하고 있어서, 사이타마의 슈퍼마켓이나 지역정보지 같은 곳과도 거래하고 있다. 오늘은 와코 시의 대형 슈퍼마켓에 가서 행사 포스터 작업을 의논해야 한다.

이 의논 전후에 노즈에를 직접 만나 부탁해 보자.

와코 시의 슈퍼마켓에서 의논을 마친 우라모토는 회사 차량을 운전해서 후지미노 공장으로 달려갔다.

후지미노 시가지를 벗어나자 논밖에 없는 평야로 접어든다. 우라모토는 운전이 썩 능숙하지 않아 통행 차량이 적은 이 근방에 들어서면 늘 마음이 놓인다.

쏟아지는 봄 햇살로 운전석이 후끈해졌다. 창유리를 내리자 땀에 젖은 몸으로 상쾌한 바람이 파고든다.

아스팔트로 포장된 긴 농촌 도로를 지나면 후지미노 공장이 보인다.

이 공장은 수주하는 간행물의 8할 이상을 처리하는 도요즈미인 쇄의 심장부이다. 이 심장이 멈추지 않도록 혈액, 즉 일감을 끊임없이 물어다 주는 것이 영업부의 사명이다.

"오-라이, 오-라이."

종이를 실은 4톤 트럭이 공장 내 주차장을 선회하여 천천히 반입구로 향한다.

인쇄 작업이 이루어지는 건물 바로 옆에 사무관리동이 있다. 관리동 미닫이문을 열어 보니 나이 든 직원 한 명밖에 안 보인다.

"수고하십니다. 노즈에 씨는 작업 중인가요?"

"아, 아까 여기서 나갔습니다."

공장 건물로 들어가 노즈에를 찾았다. 카키색 작업복을 입은 직원들이 인쇄기 앞에서 다음 인쇄를 준비하고 있었다. 오늘도 인쇄기는 5대 모두 풀가동 상태이다. 팽팽 돌아가는 공장을 볼 때마다 책이 잘 팔리지 않는 현실을 잊게 된다.

인쇄기는 높이 2미터가 넘고, 급지부(피더)에서 인쇄부를 거쳐 배지부까지의 총길이가 5미터나 된다. 그러므로 누가 어디에 있는지 얼른 보이지 않는다.

1호기 옆에서 덩치 큰 젊은 직원이 46전지를 안아 올리려고 안간힘을 쓰고 있었다.

"어이, 무리하지 말라고 했잖아! 그러다 허리 나가!"

1호기 기장 시바타가 젊은 직원을 꾸짖었다.

"수고하십니다."

우라모토가 인사하자 시바타는 "수고" 하고 건성으로 받았다.

"신입인가요? 애쓰네요."

"저 자식, 왜 그러는지 힘으로만 밀어붙이려고 드네, 나 참."

아마 많은 종이를 한꺼번에 들어서 쌓으려고 애쓰는 듯하다.

힘으로 밀어붙이고 싶은 기분이라면 우라모토도 이해한다.

무력감에 시달리며 어떻게든 잘해 보려고 발버둥 치다 보면 어느새 힘으로만 밀어붙이게 된다. 휴식시간까지 정신없이 일하기도 하고, 저 신입처럼 한 장이라도 더 많이 들어 올리려고 끙끙거리기도 한다.

종이라고 하지만 복사용지 같은 것과는 차원이 다르다.

문예서에 주로 쓰는 46전지는 규격이 사무용 책상만 하다.

1연(1천 매)만으로도 허리를 다칠 만큼 무겁다. 그런 종이가 지게차용 팔레트에 높이 쌓여 있어 마치 거대한 기둥처럼 보인다. 용지를 인쇄기 급지부에 세팅하는 작업은 인쇄 기술자라면 누구나 거치게 되는 기본 작업이다.

"어이, 다카노, 서둘러. 해 떨어지겠다."

다카노라는 신입은 다시 종이 앞에 서서 양쪽 가장자리를 잡고 "끙!" 하며 힘을 주었다. 종이가 쳐들렸다. 하지만 다음 순간 다카노의 손에서 종이 다발이 생명을 얻은 것처럼 춤추었다. 꿀렁 하며 가운데가 축 쳐지더니 이에 저항하는 다카노의 손아귀를 비웃듯이 이번에는 산처럼 꿀렁 휘어져 올랐다. 그 반동에 종이가 한쪽으로 쏠리며 스르륵 미끄러져 바닥에 흩어졌다.

"죄송합니다!"

"그러게 내가 뭐랬어!"

다카노는 바닥에 흩어진 종이를 허겁지겁 주워 모아 반으로 접어서 대형 바구니에 쑤셔넣었다. 못쓰게 된 종이는 파지라고 하는데, 파지는 폐기된 후 재생된다.

높이가 어른 가슴팍까지 오는 커다란 스테인리스 바구니는 금방 파지로 가득 찼다.

그때 인쇄기 뒤에서 다카노보다 많이 왜소한 남자가 나타났다.

노즈에 마사요시이다.

삐딱하게 쓴 작업모와 게걸음에서 후지미노 공장의 실무를 지휘하는 사람의 관록이 풍겨난다.

"힘으로만 들어 올리려고 하면 안 돼. 잘 봐."

노즈에는 종이의 양 가장자리를 잡고 엄지로 종이를 한 장씩 팔랑거리게 해서 종이와 종이 사이에 공기를 넣었다.

종이 성분의 약 8퍼센트는 수분이다. 때문에 습도나 온도에 따라 미세하게 신축하고 변질된다.

봄부터 여름까지는 습도가 높아서 종이와 종이가 들러붙기 쉽다. 공기를 충분히 넣어 주지 않은 채 급지부에 세팅하면 종이가 막히거나 여러 장이 한꺼번에 들어가는 겹침이 발생하기 쉽다.

노즈에는 일도 아니라는 듯이 종이 양 가장자리를 잡고 들어 올려 급지부에 세팅했다.

힘주는 방식이나 종이 쥐는 방식, 자세 등은 오랜 경험으로 익힌 요령이다.

"처음에는 한꺼번에 많이 들려고 하지 마."

"죄송합니다."

다카노가 미안해하며 분한 듯이 낯을 찡그렸다.

종이를 들어 올려 세팅하는 것은 중노동이다. 허리를 다친 직원도 적지 않다고 들었다. 종이를 자동으로 세팅하는 기계도 개발된 적 있지만 동작이 정교하지 않아 보급되지 못했다.

"나도 요령을 깨치는 데 3년 걸렸어. 쉬운 일이 아냐. 초조해하지 말고 잘 익혀 둬."

영업맨에게는 차가운 노즈에지만 신입은 살뜰하게 챙긴다.

"노즈에 씨."

제자리로 돌아가는 노즈에를 우라모토가 불렀다. 들리지 않는지 노즈에가 잰걸음으로 가 버렸다.

무시하는 기색은 보이지 않는다. 아마 공장 내 기계음 때문에 못 들었을 것이다.

오늘 공장은 모든 기계가 풀가동 상태이다.

노즈에는 5호기의 다음 작업을 위해 쇄판을 세팅하고 있다.

옆의 4호기가 인쇄를 시작했다. 판면 32페이지, 양면 64페이지 분량의 종이가 급지부에서 연달아 투입되어 인쇄부를 지나 배지부로 토해진다.

배지부에는 공기 샤워가 끊임없이 나와서 인쇄가 끝난 지면에 눈에 보이지 않는 파우더를 부착하고 있다. 옥수수가루 등을 원료로 한 미세한 파우더로 종이와 종이 사이에 물리적 틈을 만들어 잉크가 문질러지거나 다른 종이에 묻는 것을 방지한다.

우라모토는 인쇄기 소음 속에서 노즈에에게 다가가 "수고가 많네요" 하고 말을 걸었다.

"아까 지로 씨한테 부탁해 두었어."

노즈에는 5호기 옆 벽면에 붙어 있는 작업대를 가리키며 말했다. 그곳에 별색 제작 기술자 지로 씨, 즉 요시자키 지로가 있었다.

지로 씨는 양손에 주걱을 하나씩 들고 스테인리스 통에 두 가지 잉크를 배합하고 있었다. 곧 왼손에 든 주걱을 작업대 옆에 내려놓고 잉크 하나를 추가했다.

그러더니 주걱 하나를 양손으로 잡고 자세를 낮추며 힘차게 휘저었다.

지로 씨는 나이 58세에 근속 40년, 베테랑 중의 베테랑이다. 잉크 섞는 데 열중하는 그의 뒷모습에서 기백이 풍겨난다.

"오후 차임벨이 울리기 무섭게 생산관리부에서 전화가 왔어."

고세키와 노즈에가 상의해서 각 인쇄기의 스케줄을 조정하여 작업을 끼워넣었다고 한다.

"고마워, 노즈에 씨."

"고맙단 말 필요 없어. 특별히 당신을 도우려고 하는 건 아니니까."

노즈에는 옵셋 인쇄기를 마주한 채 작업하는 손을 멈추지 않고 대답했다.

"영업부에서 물어 와 버리면 아무리 무리한 작업이라도 하는 수밖에. 밥 먹고 살려면."

우라모토는 "늘 고맙게 생각해"라며 조금 과장된 투로 말했다.

"전서구로군."

노즈에는 우라모토에게 눈길도 주지 않고 큰 목소리로 말했다.

분명히 '전서구'라는 말로 들렸다. 노즈에 옆에 바짝 다가서서 물었다.

"전서구?"

"그래. 지금 당신이 하는 일이라면 비둘기라도 할 수 있어."

"잠깐만. 아무리 그래도 그건 좀 지나친 말 아냐?"

평소에도 노즈에는 우라모토를 쌀쌀맞게 대하지만 오늘은 유난히 공격적이다.

"그나마 좋게 말해서 전서구야. 당신은 고객의 요구라면 아무리 무리한 주문이라도 그걸 고스란히 현장에 전달하지. 아니, 고객의 대변자나 되는 것처럼 밀어붙이니까 더 고약하다고 해야 하나. 나카이도 씨였다면 다른 진행 스케줄을 조정하거나 사전에 밑밥을 깔아 놓고 일감을 가져왔을 거야. 당신은 늘 생산관리부에 애원할 줄밖에 모르잖아."

나카이도와 비교당해도 대꾸하지 못한다. 노즈에의 말이 사실이다.

업무에서 나카이도를 능가하고 싶다. 설명회 이후 우라모토는 그 생각을 강하게 의식하게 되었다. 하지만 그는 여전히 나카이 도에 한참 못 미친다.

"미안해."

지금은 작업 진행을 위해서라도 저자세로 나가는 수밖에 없다.

"인쇄 회사는 모노즈쿠리라는 둥 회사 설명회에서 큰소리 쳤다 며."

회사 설명회 내용은 사내 게시판에 올라와 있다. 그것을 통해 우라모토의 발언 내용을 읽고 못마땅하게 생각한 듯하다.

"큰소리 친 게 아니라 진심으로 한 말이야."

"진심이었다면 생각을 바꿨으면 좋겠군."

거리낌 없는 면박에 발끈했지만 꾹 참았다.

그리고 "왜지?"라고 물었다.

"그런 헛바람이 당신 일처리에 고스란히 드러나니까."

"좋은 제품을 만들고 싶다는 게 잘못된 생각인가?"

인쇄기 소음에 질세라 목청을 높이는 통에 감정도 절로 흥분된 다.

"우리가 하는 일은 고객이 주문하는 대로 책이란 물건을 만드 는 거야."

노즈에는 인쇄가 끝나 팔레트에 높이 쌓인 종이를 가리키며 말 했다. 어른 키만큼 쌓여 기둥처럼 보인다. 『역전 찻집 이야기』1 절~8절'이라고 표시되어 있다.

"영업맨이 고객의 사양 변경 요구에 제꺽제꺽 응해 버리면 현장에서 피똥 싸는 거야. 고객 입장에서 생각하는 것과 아무 때나 변경하려 드는 요구를 마냥 받아 주는 것은 달라."

아픈 데를 찌른다. 욕심 많은 고객일수록 제작 설계에 공을 들이고 갑작스런 변경 요청도 잦다. 고객이 막무가내로 무리한 변경 요구를 하면 잘 상의해서 양보를 이끌어 내는 것도 영업맨의 소임인데, 우라모토는 고객을 존중하는 나머지 대부분 받아들이는 경향이 있다.

"당신은 출판사 직원이나 되는 것처럼 인쇄 현장에 와서 무리한 요구를 들이대잖아."

"현장 현장 하는데 영업맨은 고객을 직접 만나고 있어. 영업도 현장이라고. 현장과 현장 중간에 서서 우왕좌왕하는 거잖아. 좀 협력해 주면 안 되나?"

"충분히 협력하고 있어. 우리는 하루하루 사고 없이 작업을 마치는 것만으로도 벅차. 일개 영업맨의 개인적인 열정에 휘둘릴 여유가 없다고."

──그날 맡은 작업을 하루하루 실수 없이 마치는 것.

나카이도가 설명회에서 말한 꿈 이야기가 생각난다. 간행물 하나하나를 무사히 납품하는 것이 얼마나 힘든 일인가. 노즈에의 말을 들으니 새삼 느끼지 않을 수 없다.

"당신도 회사에서 월급 받아서 먹고살잖아. 두 발은 땅에 붙이고 일하는 게 어때."

그 월급의 원천이 되는 일감도 영업맨이 고객과 신뢰 관계를 쌓아야 받아 올 수 있는 것이다. 반론하려고 할 때 인쇄기 뒤에서 "노즈에 씨!" 하고 부르는 소리가 들렸다.

"5호기, 『역전 찻집 이야기』 9절부터 16절까지 세팅 끝났습니다."

"알았어. 5호기 세팅 오—케이, 가동해."

옵셋 인쇄기가 으르렁거리기 시작했다.

"아까 말한 대로 계획에 없이 끼어드는 작업에 그럭저럭 응해 주고 있어. 이제 안심해도 된다고 당신 상사에게 보고나 해 두지 그래."

노즈에는 마치 전서구에게 전언을 맡긴다는 투로 말했다.

우라모토는 하고 싶은 말을 꾹 참고 후지미노 공장을 나섰다.

16시, 오전반 근무를 마친 노즈에 마사요시는 작업복을 청바지와 파카로 갈아입고 탈의실을 나섰다.

"나 먼저 간다."

오후조 사토에게 인사하고 뒤를 맡긴다. 사토는 25세의 4년차 직원. 종이 세팅 같은 기본 작업부터 가르쳐서 이제야 현장을 맡길 수 있게 되었다. 오늘 처음으로 오후조 작업 주임을 맡기는 것이다.

"수고하셨습니다, 노즈에 씨. 걱정 마세요. 쇄판과 블랭킷 통도 교환했고 잉크도 꽉 채웠습니다. 종이도 공장 안에 들여다 놓았으니까 이제 남은 것은……."

사토는 "걱정 마세요"라고 하면서도 준비 상황이나 이후 작업 과정을 재빨리 설명한다. 내심 조언을 바라는 것이다.

"알았어, 맡기지."

뿌리치는 심정과 신뢰하는 심정을 모두 담아서 그의 말을 막았다.

오늘 오후조는 요즘 한창 잘나가는 미스터리 작가 스자키 조의 『묵비라는 이름의 자백』 2만 부의 본문 인쇄이다. 416페이지짜리 두툼한 책이라 작업량도 늘었다.

하지만 후진 육성을 위해서라도 구체적 지시나 조언은 없이 맡기기로 했다.

"어이, 미스터 꿍."

늘 덤덤하고 꿍한 얼굴을 하고 있다고 해서 미스터 꿍이라고 부른다. 노즈에를 이런 별명으로 부르는 사람은 한 사람밖에 없다.

외부 계단 밑 흡연 장소에서 지로 씨가 담배를 피우고 있었다. 아무도 호응해 주지 않는 별명을 짓는 데는 이 사람을 능가할 사람이 없다.

"변함없이 꿍한 면상이군. 이마에 주름살 좀 펴지그래."

"오늘 고마웠습니다. 갑자기 작업을 들이밀어서 미안해요."

"뭘 그런."

지로 씨는 주머니에서 늘 애용하는 껌을 꺼내 "어이" 하며 노즈에에게 던졌다. 반사적으로 받았다.

블루베리 추잉껌. 이거라도 씹으며 잠시 이야기나 하다 가라는 뜻이다.

컬러를 다루는 인쇄기술자에게 눈은 생명이다. 지로 씨는 눈에 좋다는 블루베리 껌을 기도라도 하듯 애용한다.

"영업부 형아가 자네한테 쩔쩔매는 것 같던데."

"그렇게 쏴붙여 두지 않으면 아무 일감이나 넙죽넙죽 받아다가 현장에 징징거리니까."

노즈에는 추잉껌 포장지를 열고 입에 구겨 넣었다.

"하지만 그놈들이 일감을 물어다 주지 않으면 우리도 굶어야 하잖아."

"그건 그렇지만…… 요즘 채산이 안 맞는 일감이 너무 많아요."

지로 씨와 이야기하다 보면 종종 불만을 털어놓게 된다.

"그나저나 월드에서 오라는 전화가 또 왔어."

인쇄 회사 가운데 규모가 가장 큰 월드인쇄가 별색 제작 기술자를 스카우트하고 있다. 업계에서는 드문 일도 아니지만, 지로 씨처럼 거리낌 없이 밝히는 사람은 거의 없다.

"가겠다고만 하면 급료를 지금보다 30퍼센트 더 주겠대. 과분한 평가를 받는 거지."

그렇게 말하고 지로 씨는 담배를 빨더니 연기를 토했다. 가격이 인상된 뒤로 금연하는 사람이 많지만 지로 씨는 "의식주를 줄이더라도 담배는 못 끊어"라고 공언한다.

"어떡하실 거예요?"

"혹하는 얘기는 믿을 수가 없어. 놈들이 원하는 것은 기계를 거들 일손이야."

월드인쇄는 별색 배합기를 도입하여 기계화에 어느 정도 성공했다. 하지만 기계로는 제대로 표현할 수 없는 미묘한 색조도 있어서 아무래도 기술자의 손맛이 필요하다.

"기계가 정밀해지는 순간 잘리는 거지."

"금방 그렇게 되지는 않을 것 같은데요."

"아냐, 믿으면 안 돼."

지로 씨는 완고한 표정으로 고개를 젓고 스탠드의 재떨이에 담배를 비벼 껐다.

"게다가 40년이나 여기서 일했는데 이제 와서 옮기기도 귀찮고. 자네라면 어떡할래?"

"월급을 올려 준다면 망설이지 않고 옮기죠. 막무가내 영업맨에 휘둘리는 일도 없어질 거고."

노즈에는 냉큼 대답했다. 거반 농담이기는 했지만 말을 하고 보니 마음이 흔들렸다.

"뭐 해가 갈수록 무리한 작업이 늘어나는 건 사실이지만, 세월이 변해도 우리 기술자는 맡은 일만 해내면 되는 거야."

우리는 기술자. 지로 씨의 입버릇이다. 노즈에는 기술자라는 말을 들으면 주눅이 든다. 노즈에가 익힌 기술은 인쇄기를 적절히 설정하고 운전하고, 컬러나 농도를 확인하고 사양대로 인쇄하는 것이다.

하지만 지로 씨는 그야말로 기술자라 부르는 데 부족함이 없다. 종이 재질, 온도, 습도에 따라 잉크 성분이나 점착성을 판단하고 별색을 조합해 낸다. 인쇄기를 다루는 책임자인 노즈에도 잉크나 종이의 기본에 대해서는 거의 다 지로 씨에게 배웠다.

"가끔은 술이라도 마셔서 기분을 풀자고."

"고맙습니다. 하지만 오늘은 먼저 실례할게요."

지로 씨의 권유를 마다하고 귀갓길에 오른다.

술이 싫지는 않지만 최근 2, 3년은 전혀 입에 대지 않았다.

오늘도 회사에서 도보로 20분 걸리는 집으로 곧장 돌아가 저녁밥을 먹을 요량이다.

인쇄기에 갑자기 문제가 생겨도 금방 달려갈 수 있도록 5년 전 사이타마 시내에서 후지미노 시의 연립주택으로 이사했다.

"다녀오셨어요!"

문을 열자 똑같이 생긴 사내아이 두 명이 거실에서 소리친다. 고타와 요타, 쌍둥이 아들이다.

"아빠가 만든 책, 엄마가 사 줬어."

동생 요타가 신이 나서 펼쳐 보인 책은 초등학생용 역사 만화 『오다 노부나가』. 도요즈미인쇄와 거래하는 게이단샤의 학습만화이다. 초판은 1984년이며 현재 35쇄. 오랜 세월 중판을 거듭하고 있다.

"봐요, 아빠가 만든 책 맞죠?"

고타가 판권을 가리키며 말했다.

"그래, 좋겠구나."

서점과 도서관을 몹시 좋아하는 쌍둥이 형제. 아이들은 책을 잡으면 먼저 마지막 페이지의 판권부터 살펴보는 묘한 습관이 있다.

아내 사오리가 책 판권에 '도요즈미인쇄'라고 되어 있는 책을 가리키며 "아빠 회사에서 만든 책이야"라고 일러준 것이 계기였다.

"엄마, 이제 먹어도 돼요?"

오전반으로 근무한 날은 온가족이 모여 저녁을 먹는다.

"잠깐만 기다려."

사오리가 전기밥솥을 열고 노즈에의 공기에 밥을 펐다.

고타와 요타의 밥공기에는 이미 흰밥이 소복하게 담겨 있다. 한창 잘 먹는 사내아이 둘을 키우는 노즈에의 집에서는 매일 5인용 전기밥솥에 가득하게 밥을 짓는다.

노즈에는 간장양념통을 들고 계란프라이와 채친 양배추에 뿌렸다. 고타와 요타는 계란프라이에 우스터소스를 끼얹어 밥 위에 올려 먹는다.

"도시아키가 연락을 했어. 당신에게 고맙다는 인사 전해달래."

사오리가 휴대폰을 조작하며 말했다.

"도시아키 삼촌한테 문자 왔어요? 보여줘, 보여줘."

졸라대는 아이들을 손으로 밀어내며 사오리는 휴대폰 화면을 노즈에 눈앞에 내밀었다.

무사히 퇴원했다는 연락이었다.

고맙다는 인사와 함께 용서를 구하는 듯한 내용이 길게 적혀 있다. 자세히 읽고 싶은 마음은 없지만 아무 반응이 없으면 사오리가 휴대폰을 치우지 않을 것이다.

사오리의 옆얼굴을 힐끗 보니 역시 조금 여위었다. 동생의 투병으로 마음고생을 한 탓인지 귀 뒤로 넘긴 머리카락에 새치가 섞여 있다.

노즈에는 "퇴원 축하한다고 전해 줘"라고 한마디 했다.

사오리의 동생 도시아키는 2년 전 신장암 진단을 받고 입퇴원을 반복하고 있다. 배우를 꿈꾸며 연극 활동에 힘쓰던 도시아키는 번듯한 직장을 갖지 않고 저축도 전혀 없었다. 도시아키의 부모, 즉 노즈에의 장인 장모는 이미 타계했다. 가까운 가족이라고는 누나 사오리뿐이다. 때문에 노즈에가 매부로서 병원비를 일부 대 주고 있다.

안 그래도 살림에 여유가 없다. 거기에 처남 의료비가 나간다. 지난달까지 사오리도 파트타임으로 슈퍼마켓 계산원으로 일해서 살림에 보탰다. 하지만 원래 튼튼하지 못한 데다 서서 일하느라 허리에 무리가 가서 지금은 일을 다니지 못하고 있다.

"아빠가 만든 책, 아니고, 아니고, 아빠가 만든 책."

고타가 서가에 나란히 꽂혀 있는 책의 책등을 일일이 가리키며 중얼거린다. 도요즈미인쇄가 인쇄한 책은 대개 거래사인 게이단샤 간행물이다. 그래서 두 아이 모두 게이단샤 책은 '아빠가 만든'

책, 다른 출판사 책은 '아니고'라고 식별하고 있다.

노즈에는 젓가락으로 톳 조림을 집어 접시에 올렸다.

"조용히 해."

못 들었는지 아이들은 여전히 서가에 나란히 꽂힌 책등을 신이 나서 가리키며 구별한다.

"아빠가 만든 책, 아빠가 만든 책, 아빠가 만든 책."

만들지 않아, 만들지 않아, 만들지 않아.

"조용히 해라!"

스스로도 놀랄 만큼 격한 말투였다. 두 아이는 서가 앞에 선 채 꼼짝 못하고 굳어 버렸다. 거실이 쥐죽은 듯 조용해졌다.

"나는 책을 만드는 게 아냐."

감정을 죽이며 두 아이에게 말했다.

"내가 하는 일은, 이런 종이에, 정해진 색깔의 잉크를, 찍어서, 그냥, 인쇄하는 것, 그것뿐이야."

역사 만화 『오다 노부나가』를 팔랑팔랑 넘겨 가며 마디마디 끊어서 타이르듯이 말했다.

"이 밥을 먹으려면, 도시아키 삼촌의 병을 고치려면 돈이 필요해. 월급을 받아 와야 해. 그래서 일하는 것뿐이야. 알겠니?"

넌지시 야유하는 말이 되었다.

고타는 눈물을 글썽이며 제 방으로 타박타박 걸어가고 요타도 겁먹은 표정으로 뒤를 따랐다. 좌탁에 있는 두 아이의 밥공기에는 흰쌀밥이 계란프라이의 노른자와 소스에 버무려진 채 남아 있었다.

사오리가 자책감에 숨죽이고 있음이 느껴졌다.

아빠가 만든 책이다.

늘 근지러워 무뚝뚝하게 흘려듣던 말이지만 내심은 기뻤다.

그런데 오늘은 그 소리가 못 견디게 싫었다.

이 초조감의 원인은 알고 있다. '인쇄 회사는 모노즈쿠리이다.'
우라모토가 회사 설명회에서 했던 말이다.

박리다매 때문에 작업량은 늘어만 가는데 공장 직원은 해마다
줄고 있다. 더구나 노즈에의 바로 위 선배 시절에 채용을 극단적
으로 줄인 탓에 지금은 중견 사원이 거의 없다. 때문에 공장에서
는 30대 초반 직원에게 중간관리 업무부터 현장 작업 관리까지
온갖 부하가 집중되고 있다.

그런 판국에 우라모토는 거래처의 무리한 요구를 제꺽제꺽 받
아 온다.

계장 노즈에는 크고 작은 작업들을 관리하면서 부하 육성까지
맡고 있다. 책임과 중압 탓인지 조용한 장소에 가면 인쇄기 소리
비슷한 이명을 겪는다. 밤에는 인쇄기가 새하얀 종이를 줄기차게
토해 내는 꿈을 자꾸 꾼다.

그래도 어떻게든 납기에 맞춰 작업을 진행한다.

헛바람 든 슬로건 없이도 노즈에는 현장을 지키고 있다.

꿈이 밥 먹여 주나.

꿈이 병원비를 대 주나.

젓가락으로 거칠게 밥을 입안에 쓸어 넣을 때 업무용 휴대폰이 울렸다.

오후조 작업주임 사토였다. 종이가 막히기라도 했나. 밥을 넘기고 통화 버튼을 눌렀다.

공포에 빠진 사토의 목소리가 날아들었다.

"5호기가 멈췄어요. 지금 원인을 조사하고 있지만 영 모르겠네요……."

기계 정지. 상상을 한참 벗어난 사태였다.

짚이는 점이 있었다. 퇴근 전 5호기 소리에서 희미한 위화감을 느꼈다. 오차 범위 이내라 여기고 다음 주 정기점검 때 확인하면 되겠다 싶었는데.

임시로 점검과 청소 작업을 해 두었어야 했다.

빡빡한 스케줄을 소화할 생각에 0.1퍼센트의 불안 요소에 눈을 감아 버렸다.

얼마 전이었다면 즉시 점검했을 것이다.

"급지부, 인쇄부, 배지부를 샅샅이 확인하고 있는데 이상은 보이지 않습니다. 전기 계통도 문제가 없고 이물질 혼입도 없고 잉크통 상태도 확인했습니다. 어디가 문제인지……."

휴대폰 저편에서 사토가 빠른 말투로 상황을 보고했다.

"알았어, 지금 갈게."

노즈에는 전화를 끊고 크게 한숨을 지었다. 아이들 방에서 요타가 걱정스레 이쪽을 쳐다보고 있다. 사오리가 요타에게 "회사

전화야"라고 고했다.

"공장에 다녀올게."

노즈에는 먹던 밥을 그대로 두고 현관으로 향했다.

지하철 유라쿠초 선 상행선 전차는 출근 러시로 만원이다. 우라모토는 손잡이를 잡고 어깨를 움츠린 채 개인용 휴대폰으로 부동산 정보 사이트를 보고 있었다.

'가쿠 짱, 단독 주택은 생각 없어?'

약혼녀 가키자키 유카리는 우라모토의 이름인 '마나부舉'를 한 자음으로 읽어 '가쿠 짱'이라고 부른다. 유카리의 문자에 첨부된 것은 셋집 정보였다.

기타 구의 30년 된 2층 목조 건물, 오지 역에서 도보로 10분이며 월세 13만 5천 엔. 도쿄 도내이고 역에서 가깝다는 점을 생각하면 괜찮은 물건이다. 맞벌이니까 월세도 어떻게든 될 것이다.

'좋지. 연립이나 아파트뿐만 아니라 단독도 살펴보자.'

답신을 입력하다가 문득 손을 멈췄다.

주위를 둘러보니 만원 전차에서 책을 보는 사람은 딱 한 사람. 우라모토 자신을 포함해서 대부분의 승객이 스마트폰을 들여다보고 있다.

'앞으로 책이 더 안 팔릴 건 불 보듯 뻔하니 인쇄업도 객관적으로 사양 산업이고 가라앉는 배야.'

나카이도의 말이 머리를 스치고 최악의 사태가 상상된다. 일감이 없어지면 어떻게 되지? 집세 13만 5천 엔을 '맞벌이니까 어떻게든 되겠지' 하고 낙관하던 마음이 금방 오그라들었다.

가족을 지켜야 한다는 책임이 문득 무게를 더한다.

고코쿠지 역에 도착한다는 안내 방송이 나왔다. 우라모토는 유카리에게 답장을 보내고 휴대폰을 가방에 넣었다.

아침 8시 40분, 출근해 보니 3층에서는 벌써 직원 절반쯤이 업무 준비를 하고 있었다.

도요즈미인쇄는 유서 깊은 출판사 게이단샤의 관련 회사로서 종전 직후 창립되어 분쿄 구 오토와에 본사를 두었다. 5층 건물의 2층과 3층에 사무실을 꾸렸는데, 2층에 제판과 하판을 담당하는 제작 부서, 3층에 총무부, 생산관리부, 영업부가 있다.

우라모토가 속한 영업 제2부는 주로 문예서를 담당하며 부장 이하 4명이 일한다. 옆자리는 만화를 담당하는 영업 제1부. 만화는 간행물이 많아 부장 이하 8명이 일한다.

우라모토의 책상 위에 각종 봉투들이 쌓여 있다.

"가쿠 짱, 책상 위에다 이것저것 대충 갖다 놨는데, 괜찮아?"

유카리 외에 나를 이렇게 부르는 사람은 아르바이트로 일하는 기미요 씨. 동그란 얼굴에 늘 웃는 그녀는 이제 곧 환갑을 맞는다. 성격이 싹싹하고 도요즈미인쇄의 안주인 같은 존재이다.

"잘하셨어요. 고맙습니다."

게이단샤와 도요즈미인쇄 본사를 연결하는 정기편을 통해 매시간 입고 자료와 교정쇄 등이 도착한다.

입고 때는 데이터와 함께 그 출력지와 지정지가 함께 들어온다. 출력지出力紙에는 루비한자 위 혹은 옆에 작은 폰트로 곁들이는 히라가나 독음나들여쓰기 등의 사양이 표시되어 있고 지정지指定紙에는 본문 레이아웃이나 폰트 등이 지정되어 있다.

이 입고 자료는 영업부에서 검토한 뒤 생산관리부를 거쳐 데이터 제작부로 넘겨진다.

또 컬러 교정지와 컬러 견본을 나란히 놓고 대조하여 색조가 맞는지 점검해서 출판사에 넘기는 것도 영업맨의 일이다.

건너편 자리에서는 나카이도가 원고 정리 작업을 시작했다.

누락된 페이지는 없는지, 레이아웃이 편집자 지시대로 되어 있는지 빠르게 훑어본다. 원고 정리 작업에서도 나카이도와 자신의 실력에 차이가 느껴진다. 전에 실행이 힘든 특수 폰트 지정이 있을 때 나카이도는 그것을 즉시 발견하고 편집자와 상의하여 유사한 다른 폰트로 바꾸도록 유도하기도 했다. 원고 정리 단계부터 나중 작업 단계를 예측하고 문제의 소지를 빈틈없이 제거한 것이다.

──전서구로군.

스스로도 막연히 느껴 오던 업무에 대한 열패감을 노즈에가 정확히 찌른 것이다. A의 말을 B에게 전하고 업무를 이쪽에서 저쪽으로 넘기는 것이 전부인 연락자가 되어 버렸다.

상대방 요구를 그대로 받아들이지 마라, 의심의 눈으로 살피고 때로는 거절하는 용기도 필요하다. 나카이도의 업무 자세에서는 배울 점이 많다, 인쇄 영업맨에게 요구되는 마음가짐임을 우라모토도 머리로는 알고 있다.

하지만 어째서인지 자신의 업무를 능숙하게 제어하지 못한다. 열정적인 고객을 만나 덩달아 흥분했다가 나중에 아뿔싸 하고 후회한 일도 종종 있다. '좋은 물건을 만들고 싶다'는 생각만 헛돌 뿐이다.

나카이도처럼 자기 나름의 필터가 기능하지 못하는 자신에게 부족한 것은 생각을 업무로 변환할 때 작동하는 필터이다.

우라모토는 입고 봉투를 열면서 컴퓨터를 부팅했다. 메일 수신함에 수십 통의 메일이 쌓여 있었다.

영업맨에게는 여러 출판사를 비롯한 단골거래처뿐만 아니라 제본소나 도매상 같은 데서도 메일이 온다.

〈5월 둘째 주 인쇄기 작업 예약 현황〉

생산관리부의 고세키가 전체 사원용 메일링리스트에 가슴이 무거워지는 메일을 올려놓았다. 요컨대 일감이 부족하다는 것이다.

고객의 납품 기일에 따라 일감이 몰리는 시기도 있고 일감이 줄어 인쇄기가 멈추는 시기도 있다. 그럴 때는 각 영업 담당이 거래처를 방문해서 일감을 찾거나 미리 당길 수 있는 일감이 있다면 일정을 조정해서 쉬는 인쇄기가 없도록 해야 한다.

영업 제1부에서는 벌써 만화 『소년탐정 소로리』 인쇄를 앞당기도록 조정하겠다는 답신이 올라와 있다.

영업 제1부에게 선수를 빼앗겼다. 부서이기주의는 아니지만 역시 부서 간 경쟁심은 있다.

화면을 스크롤해서 메일 제목을 확인하는데 가슴이 덜컥하는 글이 눈으로 날아들었다.

〈'후지미노 공장' 5호기 정지에 관한 경과 보고〉

전사원용 메일링리스트에 보고서가 올라와 있었다.

발신 시각은 심야 0시 15분. 발신자는 노즈에 마사요시.

간밤에 『묵비라는 이름의 자백』 2만 부를 인쇄하던 중 파손된 너트 조각이 인쇄부로 튀어들어간 탓에 5호기가 가동 정지. 귀가했던 노즈에가 현장에 달려와 원인을 파악하고 다른 인쇄기로 대체하여 작업을 마쳤다.

이 『묵비라는 이름의 자백』 영업맨은 우라모토이다. 노즈에는 왜 담당인 우라모토에게 연락하지 않았을까.

우라모토는 당황해서 후지미노 공장에 전화했다.

"『묵비라는 이름의 자백』 납품, 괜찮았어?"

"그 얘기 하려고 전화했나? 괜찮지 않았다면 어떻게 해 주려고?"

심야에 급하게 뛰어다닌 탓인지 노즈에의 음색에서 초췌한 기운이 느껴졌다.

"미안하네."

"나카이도 씨에게 전화해서 3호기로 인쇄할 예정이던 『막말질풍전幕末疾風傳』 제본소 반입을 하루 연기했어. 덕분에 넘길 수 있었지."

노즈에는 우라모토가 아니라 나카이도와 상의하는 게 좋겠다고 판단한 것이다.

"남탓 하고 싶지는 않지만 잠시 기계를 쉬게 하고 점검하기만 했으면 일어나지 않았을 사고야."

날카로운 소리와 함께 전화가 끊겼다.

무리한 진행으로 새치기 작업을 의뢰한 적도 종종 있었다. 요즘은 인쇄업도 불황이라 다소 무리한 작업이라도 응하지 않으면 일감이 줄어 버리는 형편이다.

하지만 오늘 건 하나만 놓고 봐도 공장에 대한 부담이 늘어난 것은 분명하다. 사고가 계속되면 이번에는 품질이나 신뢰에 문제가 생길 것이다.

그리고 심야 추가 작업에는 인건비가 25퍼센트 증가한다는 코스트 문제도 있다. 기계 사고가 원인이므로 거래처에 추가 비용을 청구할 수도 없으니 도요즈미인쇄로서도 손실이 크다.

건너편 자리에서는 나카이도가 조용히 원고 정리를 하고 있었다.

"나카이도 씨, 간밤에 폐를 끼쳐서 미안합니다."

"왜 사과하지?"

나카이도는 원고 정리하던 손을 멈추지 않고 말했다.

"방금 노즈에 씨에게 들었어요. 제 담당 안건인데 나카이도 씨와 상의했다고."

"전체적으로 잘 되었으니 결과적으로 좋은 거지. 일일이 사과하다가는 정말로 사과해야 할 때 곤란해."

인쇄 영업은 외부에 사과해야 할 때가 많다. 언제 사과해야 하는지 제대로 분간하라는 말이다. 시야의 폭, 판단력, 임기응변의 조정 능력. 무엇 하나 나카이도에 한참 못 미친다.

씁쓸한 심정으로 하루가 시작되었다.

10시, 우선 게이단샤의 관계 부서를 돌아야 한다. 오토와 거리를 고코쿠지 방면으로 걷기를 2, 3분. 게이단샤 신관 빌딩 현관에서 접수를 마치고 엘리베이터를 타고 22층으로.

다음 달에 간행될 작품의 컬러 교정과 재교쇄를 건네주기 위해 편집부에 들렀다.

"저기, 알바분, 괜찮으면 이리 와 봐요."

편집부로 들어서자 날카로운 목소리가 날아왔다. 게이단샤의 젊은 편집자 오쿠다이라 쇼였다.

"거기 쌓아 둔 사인본, 주소가 제대로 적혀 있는지 목록과 대조해서 오전 중에 발송해 둬요."

오쿠다이라는 학생으로 보이는 남자 아르바이트에게 지시했다. 말하는 마디마디 오만함이 배어난다. 도요즈미인쇄 내부에서는 오쿠다이라를 두고 은밀히 '오만방자'라는 별명으로 부른다.

부담 없는 옷차림이 많은 편집자치고는 보기 드물게 늘 목깃 달린 셔츠에 감색 재킷을 걸치고 있다. 까다로운 담당 작가가 급히 호출할 때를 대비하여 허름한 옷차림을 삼가는 듯하다.

"오쿠다이라 씨, 여기 컬러 교정지와 재교쇄 가져왔습니다."

오쿠다이라는 잠이 부족한지 충혈된 눈을 쳐들었다.

"오, 우라모토 씨, 고마워. 거기 놔두면 돼요."

우라모토에게는 오만한 말투일망정 반말 틈틈이 가벼운 존댓말을 섞어 준다. 얼마 전 우라모토가 두 살 연상이라는 것을 알고 나서 이런 말투로 바뀌었다.

"영차."

오쿠다이라는 발 옆에 있던 종이 박스를 책상 위에 올려놓았다. 상자 측면에 까만 매직펜으로 '청춘문학상 응모 원고'라고 적혀 있다.

"알바분, 이것도 심사위원에게 부치세요. 주소는 적어 두었으니까."

잡무로 바쁜 듯하다. 자리를 뜨려고 하자, "아, 우라모토 씨!" 하고 불러 세웠다.

"전에 잠깐 얘기했던 신간 건 말인데⋯⋯."

신간이라면 뭘 말하는 걸까. 여러 안건을 동시에 진행하고 있어서 어느 건을 말하는지 얼른 떠오르지 않았다.

"슬슬 원고가 들어오고 있는데."

"아, 알겠습니다. 기다리고 있습니다."

두어 마디 맞장구치면서 어느 작품을 말하는지 탐색한다.

"다음 건은 분명히 후치타 씨의 출세작이 될 테니까 장정도 띠지도 최대한 공을 들이고 싶습니다."

작품명을 듣고서야 생각이 났다.

후치타 시게루의 데뷔 10주년 기념작『슬로우 스타터』를 말하는 것이다. 한 달 전 편집부의 부수 결정 회의에서 1만 부로 정하고, 보름쯤 전에 업무부에 개략적인 견적서를 제출한 적이 있다.

"해서, 긴히 상의해야겠는데……."

오쿠다이라가 '긴히 상의'하자고 할 때는 십중팔구 무리한 요구를 들이밀게 마련이다.

"5월에 간행될 수 있도록 부탁할 수 없을까요."

"네?! 오쿠다이라 씨, 7월 초순이라고 하셨잖아요."

"그랬는데, 후치타 씨가 역시 5월이 아니면 안 된다고 하시니."

"5월이라지만…… 벌써 4월입니다. 왜 꼭 5월이어야만 한다는 거죠?"

후치타의『슬로우 스타터』는 주변머리 없는 중년 남성의 사랑 이야기. 왜 특정 시기를 고집해야 하는지 이유를 짐작할 수 없었다.

"상세한 이유는 말해 주지 않는데…… 여하튼 꼭 5월에 내야 한다며 물러서질 않아요. 아직 4월 4일이니까 시간은 괜찮지 않나요?"

"중간에 황금연휴가 끼어 있어서 상당히 빡빡합니다……."

후치타의 변심 때문이라고 하지만 간행 스케줄을 저자와 제대로 협의하지 않는 편집자의 잘못이기도 하다. 이런 무리한 스케줄이라면 어느 인쇄 회사도 응할 수 없을 것이다.

"빡빡하겠지만 그래도 부탁드려요. 게다가 잠시 후 11시부터 장정 회의가 예정되어 있습니다."

"상황이 급박하군요……."

출판사 내에서 편집부, 업무부, 자재부, 판매부, 홍보부 등의 담당자들이 모여서 책의 외형과 가격을 결정하는 장정 회의. 대개는 부수 결정 회의로부터 약 두 달 뒤에 열린다. 오쿠다이라는 그것을 한 달이나 앞당겨 5월 말 간행에 맞춰 스케줄을 진행하겠다는 것이다.

"게이단샤가 전력으로 판촉에 나설 예정이니까, 후치타 씨가 원하는 시기에 책을 간행하고 싶어요. 여하튼 이번 건은 도요즈미에 잘 부탁합니다."

상체를 뒤로 젖히고 있던 오쿠다이라가 의자에 앉은 채 상체를 앞으로 내밀며 고개를 숙였다.

"오늘 오전 중으로 후치타 씨에게 원고를 받을 겁니다. 도착하면 즉시 루비를 달아 우라모토 씨에게 건넬게요. 초교 완료로 드릴 것이고 분량도 그리 많지 않아요. 그럼 시간에 댈 수 있겠죠?"

"재교를 보지 않아도 괜찮을까요?"

"예. 후치타 씨에게도 허락을 받아 둔 상태예요."

대부분의 경우는 초교, 재교를 거쳐서 교료가 된다. 하지만 오쿠다이라는 초교 한 번으로 교료하겠다는 것이다. 교정을 한 번 줄이는 리스크를 감수해서라도 5월에 간행하겠다는 각오였다.

콧대 높은 오쿠다이라가 허리를 숙이며 '부탁합니다'라고 저자세로 나온다. 오쿠다이라는 후치타 시게루가 크게 히트 칠 수 있다고 기대하는 듯하다. 게이단샤가 전력으로 마케팅에 나선다는 말도 허풍은 아닐 것이다.

출판사가 미는 책에 온 힘을 다해 지원하는 것이 인쇄 회사의 역할 아닌가. 게다가 중판이 걸리면 일감도 는다. 실적에서 나카이도를 많이 따라잡을 수 있을지도 모른다.

"알겠습니다. 확실하게 지원해 드리겠습니다."

"과연 우라모토 씨! 잘 부탁합니다."

아아, 또 무리한 일감을 떠맡고 말았다. 각오를 단단히 다지고 구체적인 스케줄과 예상 페이지 수, 루비의 양 등을 오쿠다이라에게 확인했다.

"갑자기 서둘러서 미안하지만 우라모토 씨도 우리 업무부 쪽과 잘 얘기해 주세요."

"알겠습니다. 하지만 아마 업무부가 요즘 꽤 바쁠 텐데요."

"그렇죠. 더구나 내가 갑자기 스케줄을 변경해서 엄청 화가 났을 겁니다."

오쿠다이라는 미안한 기색도 없이 웃었다.

업무부는 종이 선택과 가격 결정, 외주 관리, 품질 관리를 담당한다. 장정 회의를 주관하는 것도 업무부이다. 인쇄 회사 영업맨은 주로 편집부와 업무부를 상대한다.

게이단샤 본관 3층의 업무부에 들어서자 문예 담당 요네무라 신코가 마침 입구 근처에 있는 프린터로 뛰어왔다. 그러므로 이쪽 사정은 물어볼 것도 없었다.

요네무라는 프린터 출력 트레이에서 출력된 종이를 낚아채듯 집어 들었다.

"수고하십니다, 요네무라 씨. 후치타 시게루 씨의……."

"지금 준비하느라 정신없어요."

요네무라가 만들고 있는 문서는 『슬로우 스타터』의 계산표. 용지 종류나 수량, 인쇄 컬러 수, 제본 사양 등을 근거로 원가율과 손익분기점을 산출하는 것으로, 장정 회의의 기초자료가 된다.

요네무라는 프린트된 계산표를 살펴보더니 "아, 미치겠네" 하며 한숨을 지었다. 그러더니 수화기를 꽉 움켜쥐고 눈으로 쫓기도 힘든 속도로 버튼을 눌렀다.

"업무부 요네무라인데요, 오쿠다이라 씨 있어요?"

전화가 연결되는 시간조차 아까운지 빨간 볼펜 끝으로 책상을 바쁘게 두드렸다.

"여보세요, 시산 끝났어요. 그런데 요전에 면지는 없다고 했죠? 그걸 넣으면 원가율이 2.5퍼센트나 높아져요."

책 원가는 인쇄 및 제본비, 종이값, 디자인비 등의 직접 원가와 광고홍보비나 인건비 등의 간접 원가를 더하여 산출한다.

"초판 1만 부의 원가율은 45.5퍼센트, 분기점은 78퍼센트입니다."

원가율이 올라가면 이익률은 떨어지고 손익분기점이 올라간다. 초판 1만 부 중에 7800부 이상 팔려야 적자를 면한다는 시산이다.

요네무라의 손에 있는 계산표에는 시산된 원가율과 손익분기점이 표기되어 있다.

"이렇게 간다면 장정 회의에서 판매 부수와 정가를 높이자는 얘기가 나올 텐데, 어떻게 할까요?"

요네무라의 추궁에 과연 오만방자도 멈칫거리는 듯했다.

"됐으니까 당장 결정해 주세요. 음, 네, 네. 30분? 안 돼요. 장정 회의를 오늘로 잡은 것은 그쪽이잖아요. 5분 안에 결정해 줘요."

요네무라는 수화기를 내려놓자 입술이 일그러지도록 입을 꾹 다물었다. 책의 장정과 정가를 결정하는 중요한 회의를 앞두고 신경이 극도로 날카로워져 있다.

우라모토는 "딱 1분만 시간을 내실 수 있나요?"라고 주저주저 말했다.

"교정쇄 출력을 오늘 당장 착수해도 좋을까요? 발주서를 주시면 당장이라도."

"오후가 되자마자 용지 편성표를 팩스로 보낼 테니까 즉시 체크해서 반송해 주세요. 저녁에는 발주서를 보낼게요. 잘 부탁해요."

용지 편성표는 커버, 표지, 본문 등 각 파트별 용지의 종류와 수량, 인쇄 방법 등을 지정하는 문서이다. 요네무라는 작성 중인 용지 편성표를 보여 주며 개산概算견적 이후에 변경된 사항을 짤

막하게 설명해 주었다. 그리고 다시 컴퓨터 앞에 앉아 작업을 재개했다.

우라모토는 본사로 가는 언덕길을 오르며 작업 공정을 머릿속에 그려 보았다. 스타트 대시를 하려면 원고를 받은 이튿날에는 교정쇄를 출력할 필요가 있다.

내일 저녁에는 게이단샤 교열부에 교정쇄를 넘겨야 한다.

"우라모토 씨, 만우절은 사흘 전이었어요."

고세키는 멋진 턱수염을 쓰다듬으며 온화한 목소리로 말했다.

"미안하지만 거짓말 아닙니다."

"곤란하군요."

고세키는 입버릇이 된 말을 흘리고 자기 책상의 수화기를 들더니 데이터 제작부에 긴급 작업을 의뢰하는 상의를 시도했다. 데이터 제작부의 작업 상황을 전해 듣고, 계획에 없던 긴급 작업의 분량을 정중하게 전하고, 끈질기게 작업의 여지를 찾았다. 우라모토는 미안한 심정으로 고세키의 통화를 듣고 있었다.

"오후가 되는 즉시 직원들 스케줄을 조정해 볼 테니까 조금만 기다려 달라고 하네요."

믿고 매달릴 밧줄은 그 사람밖에 없다. 2층 데이터 제작부를 들여다보았지만 그녀는 공교롭게 자리에 없었다.

서적팀 리더 시라오카 에리코에게 조심스럽게 말을 걸었다.

"미안하지만 급히 작업을 의뢰해야……."

"방금 고세키 씨한테 들었어요."

감정을 억제한 듯한 목소리가 돌아왔다. 지난주에도 새치기 작업을 맡긴 참이다. 내심 상당히 분노하고 있는 게 틀림없다.

"죄송합니다."

데이터 제작부에는 이미 수백 번이나 '죄송합니다'를 말했다.

"개인적으로는 후쿠하라 씨에게 부탁드릴까 합니다만……."

시라오카는 화이트보드에서 직원들의 스케줄을 확인했다. '후쿠하라'라고 적힌 분홍색 자석을 가리키며 "오늘은 저녁 이후의 긴급 작업은 잡혀 있는 게 없지만……" 하고 중얼거렸다.

"그래도 본인에게 사정을 물어보기 전에는 제가 뭐라고……."

"아, 저어, 제가 직접 부탁드릴게요. 금방 돌아오시나요?"

"에미린은 아마 휴게실에 있을 거예요."

선배 직원이 피곤에 잠긴 눈을 오른손으로 비비며 왼손으로 휴게실을 가리켰다.

휴게실에 가 보니 그녀는 역시 책을 읽고 있었다.

까만 민무늬 롱 티셔츠에 하얀 면바지가 그녀의 정해진 스타일이다. 등을 곧게 펴서 정수리부터 허리까지 심이라도 질러 놓은 것처럼 똑바른 자세로 책을 마주하고 있다.

"영업부 우라모토입니다. 저어, 긴히 드릴 말씀이……."

입구에서 조심스러운 목소리로 말했다. 교정쇄 출력을 오늘 중으로 부탁하고 싶다. 다시 말하면 상당한 시간의 잔업을 해 달라는 것이다.

"독서 중에 죄송합니다…… 잠깐 말씀드려도 되겠습니까?"

목소리를 낮추며 옆자리에 앉았다.

"인쇄 회사는 모노즈쿠리이다."

온도가 낮은 목소리가 돌아왔다.

그녀도 알고 있었나. 사내 게시판의 위력이 무서울 정도이다.

"우라모토 씨, 정말 그렇게 생각하세요?"

섣부른 소리 마라. 꿈이니 희망이니 하는 것에는 관심 없다. 이런 소리를 하지 않을까? 우라모토는 잔뜩 경계했다.

"나도, 어떤 의미에선 동감이에요."

그렇게 말하는 그녀의 입가에 살짝 미소가 떠올랐다.

──작업 중 절대로 말 걸지 말 것.

오토와 본사 데이터 제작부의 말석에 있는 후쿠하라 에미는 모니터 위에 이런 글이 적힌 카드를 세워 두었다.

후쿠하라는 예정에 없던 긴급한 작업이 들어와도 적극 호응하며 언제나 집중력을 발휘한다. 탄생을 기다리는 책을 위해 한몫 거든다는 실감이 투지를 일깨우는 것이다.

후쿠하라는 등을 곧게 펴고 책상 위 무선 마우스를 움직였다.

일단 워드프로세서로 작성된 원고를 편집자가 지정한 대로 43자×19행 포맷으로 바꾸고 좌우 양 페이지 레이아웃으로 만든다.

예전에는 활판 인쇄 조판공이 활자를 일일이 골라 게라상자(식자상자)라 불리는 나무상자에 채워 판을 만들었다. '게라'의 어원은 그 나무상자가 갤리선을 닮은 데서 유래한다. 이후로 기술이 발전하자 DTP(데스크톱 퍼블리싱)가 주류가 되어 컴퓨터로 조판하게 되었다.

후쿠하라는 DTP 오퍼레이터이다. 데이터를 가공해서 인쇄판을 짜는 일을 한다. 인디자인이라는 DTP소프트웨어를 사용하여 조판 데이터를 만든다.

페이지 여백에 기재하는 장 제목을 '하시라'라고 한다. 하시라의 위치도 편집자가 지정한다.

후치타의 책은 지정에 따라 홀수 페이지 아래쪽 가장자리에 가로쓰기로 하시라를 넣는다. 놈부르라 불리는 페이지 번호도 넣는다. 놈부르는 프랑스어이며 영어의 '넘버'와 같다.

이런 작업은 대개 인디자인에 의해 자동으로 처리되지만, 그 뒤 오쿠다이라가 빨간펜으로 표시한 지정에 따라 난해한 한자 오른쪽에 루비를 넣는다.

작업을 시작하고 1시간 반, 시각은 19시 15분. 루비 넣는 작업이 끝났다.

"『슬로우 스타터』 초교쇄 끝났습니다."

데이터 제작부의 서적팀 리더 시라오카 에리코에게 보고했다.

"뭐! 벌써?"

시라오카가 과장된 몸짓으로 상체를 젖혔다.

후쿠하라는 즉시 인디자인 데이터를 PDF 파일로 만들어 프린터로 교정쇄를 출력하고 이웃 교정팀에 넘겼다. 예정보다 1시간 빨랐다.

"교정팀, 앞으로 한두 시간 더 남아서 일할 사람 있나?"

시라오카가 교정팀에 묻자 세 사람이 손을 들었다. 오늘 밤에 마쳐 두면 내일 오전 영업맨 우라모토를 통해 게이단샤 사내 교열 쪽에 넘길 수 있다. 작업을 앞당긴 만큼 내일 작업에 여유가 생길 것이다.

"아, 이젠 말 걸어도 되지? 에미린, 빠르네."

선배 오퍼레이터들도 혀를 내둘렀다. 팀에 공헌했다는 실감에 후쿠하라 에미의 가슴이 뿌듯해진다.

"이후 공정을 조금이라도 편하게 만들어 두고 싶어서요."

교정팀의 세 사람은 즉시 교정쇄를 분담해서 출력지의 루비를 확인하고 지정지와 대조하는 작업을 시작했다. 루비마다 빠짐없이 형광펜으로 체크하고 확인이 필요한 곳을 소화해 나간다.

"『슬로우 스타터』는 무슨 이야기죠? 오만방자가 크게 팔아 보려고 하는 것 같던데."

후쿠하라는 레이아웃 작업을 하며 내용을 속독하는 특수한 능력이 있다. 눈으로 페이지를 스캔해서 머릿속에 화상으로 저장하는 것이다. 입사 초기에는 시라오카에게 "글을 읽으면 줄거리에 정신이 팔려서 안 돼!"라고 꾸중을 들었다.

이 『슬로우 스타터』는 주변머리 없는 중년 남성의 연애를 그린 이야기였다. 연애 묘사가 진부하지 않고 주변머리 없는 주인공이 고민하는 모습이 유머러스하게 그려져 있다.

"이건 제법 팔리겠는데요."

망설임 없이 단언했다.

"에미린이 팔린다니까 정말 팔릴 것 같네. 편집자로도 어울릴 것 같지 않아?"

"아뇨, 이 일이 제 천직인걸요."

후쿠하라는 어릴 때부터 잠자는 시간을 제외하면 남는 시간을 다 독서로 보냈다.

숫기가 없어 남들과 활발하게 대화도 하지 못했다. 그러다가 어느 날 급우들에게 무시와 험담의 표적이 되었다. 그런 나날 속에서 현실세계와 관계를 다 끊어 버리고 픽션 세계에 몰입하는 것은 후쿠하라에게 무엇과도 바꿀 수 없는 시간이었다.

대인관계를 피해 책으로 도피했던 그녀는 23세가 된 지금 책을 통해 타인과 연결되어 있다.

"에미린, 수고했어. 시간이 늦었으니 무리하지 마."

건강을 걱정해 주는 상사와 동료가 있다. 몇 년 전까지만 해도 생각할 수 없었던 일이다. 지금 여기서 사람들에게 인정받고 있는 것도 책 덕분이다.

"고맙습니다."

퇴근 전에 한 꼭지를 더 마쳐 두고 싶었다. 휴게실에 들어가 자판기에서 페트병 밀크티를 뽑아 카운터석에 앉았다.

"고생하셨어요, 후쿠하라 씨. 괜찮다면 이걸로 야식을."

영업부 우라모토가 편의점 봉지를 들고 들어왔다.

봉지 속의 오니기리와 샌드위치를 본 순간 속이 비었다는 것이 문득 생각났다.

"잘 먹겠습니다."

그가 내민 비닐봉지에서 계란샌드위치를 꺼냈다.

포장지를 풀고 크게 한 입 물었다.

"와, 후쿠하라 씨, 호쾌하게 드시네요."

"밥상머리 교육을 받지 못해서 그러니 나쁘게 생각하지 말아요."

우라모토는 "또 그러신다" 하고 웃으며 후쿠하라 옆에 앉았다.

"후치타 시게루 씨는 왜 그렇게 간행을 서두르는 걸까요?"

후쿠하라는 작업하면서 의아해하던 점을 물어보았다.

"그게, 저도 몰라요…… 오쿠다이라 씨에 따르면 좌우간 5월에는 꼭 냈으면 좋겠다고 고집한답니다. 오쿠다이라 씨도 까닭을 모르는 것 같고."

"양보할 수 없는 이유가 있는 걸까요? 밝히기 힘든 이유인지도 모르겠네요."

원고를 속독하며 5월 간행을 고집하는 데는 그럴 만한 이유가 있을 거라는 직감이 들었다.

"아무튼 이번에도 후쿠하라 씨 신세를 졌습니다. 늘 죄송해요."

"아뇨, 당연히 할 일을 했을 뿐인걸요."

"대단하세요. '이게 제 천직입니다'라고 확실하게 말할 수 있다니."

들었나 보다. 후쿠하라는 책망하는 심정을 시선에 담았다.

"아뇨…… 아까 간식을 들고 들어갈 때 후쿠하라 씨가 여러 사람과 대화하는 걸 들었을 뿐입니다. 후우, 식은땀을 흘렸더니 나도 배가 고파지네요."

우라모토는 웃음으로 얼버무리며 햄샌드위치 포장지를 뜯었다. 이 사람은 영업에 잘 맞지 않는 유형이다. 데이터 제작부에서는 그의 안이한 일처리를 비판하는 소리도 있다.

하지만 후쿠하라는 그가 가져오는 다소 무리한 작업도 그리 싫지만은 않았다.

우라모토는 말 다르고 행동 다른 사람이 아니다. 좋은 책을 만들고 싶다는 생각만큼은 믿을 수 있다.

"인쇄 회사는 책의 탄생을 돕는 산파라고 생각해요. 이야기는 책이라는 몸을 얻으며 세상에 태어나니까 태어날 때 거드는 우리야말로 책의 산파가 아닐까 하는 거죠."

한 권이라도 더 많은 책이 무사히 탄생하도록 돕고 싶다.

이야기를 짓는 소설가도 아니고 책을 기획하는 편집자도 아니다. 인쇄 회사 직원으로서 책 제작에 관여하는 것이 후쿠하라의 천직이다.

"인간은 이 세상에 태어난 만큼 누군가에게 영향을 주기도 하고 받기도 하죠. 그런 관계에서 아무도 벗어날 수 없어요."

"어려운 이야기지만, 뭐, 그건 그렇죠."

"책도 마찬가지라고 생각해요."

사람과 사람이 만나는 데도 인연이 있듯이 책과 사람이 만나는

데도 인연이 있다.

책과 사람은 일대일로 만난다.

독자는 설사 '재미없네' 하며 던져 버리는 책에서도 뭔가를 건진다. 때로는 한 권의 책이 독자의 마음을 움직여 인생을 바꿔 놓기도 한다.

책은 그런 것이다.

우리가 만드는 것은 그만큼 중요하다는 말이다.

"이야기는 소프트웨어이고 책은 하드웨어죠. 혼과 육신 같다고 할까. 우리 일은 이야기라는 혼에 책이라는 몸을 주는 일이 아닌가 생각하게 되었어요."

"그렇군요. 혼과 몸이 하나가 되지 않으면 『슬로우 스타터』도 세상에 태어날 수 없겠죠."

"그러니까 인쇄 회사는 어떤 의미에서 산파이고 또 어떤 의미에서는 모노즈쿠리이기도 하다는 거예요."

결국은 우라모토의 생각에 동감한다는 이야기를 전하고 싶었던 것인데, 그만 비유를 동원하느라 빙빙 돌려서 이야기하고 말았다.

하지만 이렇게 함으로써 후쿠하라는 타인과 대화할 수 있게 되었다.

이런 예화는 수많은 책이 후쿠하라에게 준 선물이었다.

우라모토는 평소보다 이르게 8시에 출근했다.

세상은 토요일. 다음 주에 황금연휴가 시작된다.

연휴에는 공장도 쉰다. 연휴 전에 마쳐야 할 일이 산더미 같다.

그 가운데 『슬로우 스타터』의 간행일이 5월 30일로 정해졌다.

2층 사무실에 들어서자 사내에 자리한 디자인 파트 '투모로게이트디자인' 쪽에서 땅울림 같은 코골이 소리가 들려왔다.

다행이다, 그가 밤새 작업한 모양이다.

장정을 사흘 안에 확정지어야 한다. 표지 그림은 원고가 완성되기 전에 일러스트레이터에게 받아 두었고 띠지 카피 따위도 오쿠다이라에게 벌써 받아 둔 터였다. 이제 남은 것은 디자인 작업뿐이다.

등받이 위로 소파를 들여다보며 말을 걸었다.

"우스타 씨, 좋은 아침입니다."

투모로게이트디자인의 북디자이너 우스타 히나타가 임시 잠자리에서 무거워 보이는 눈꺼풀을 열었다. 작업이 순조로웠다면 동틀 녘에 오쿠다이라에게 디자인 시안을 제출했을 것이다.

"어떻게 되었습니까, 작업은."

사람 좋은 우스타는 단잠을 방해받고도 짜증난 기색도 없이 "그럭저럭" 하고 대답하며 소파에서 일어났다. 그러더니 자기 자리에서 매킨토시 모니터를 켜고 디자인 시안을 우라모토에게 보여 주었다.

자유로운 소재의 그래픽을 조합하여 러프 이미지를 만들고 편집자와 상의하며 장정의 방향성을 구체화시켜 가는 작업이다.

"시안을 여러 개 만들어 봤습니다. 오쿠다이라 씨한테 지적을 산더미처럼 받았고요."

질질 끄는 듯이 느리게 말하지만 사실 이 사람은 몹시 바쁘게 움직인다.

우스타는 여러 개의 러프 디자인을 만들어 편집자의 의중을 찾아 나가는 방법을 취한다. 빠른 방식은 아니지만 많은 지적을 소화하며 착실히 완성도를 높이는 그의 작업 태도를 신뢰하는 편집자가 많다.

"제목 디자인도 다양하게 만들어 봤습니다. 어느 게 좋을까요."

『슬로우 스타터』라는 글자의 도안이 수십 개나 되는 패턴으로 만들어져 있었다.

"우스타 씨는 늘 제목 디자인에 엄청 심혈을 기울이죠."

"그거야 제목이 중요하니까 당연한 거죠."

우스타는 가볍게 대답했다. 자기 대답이 시시한 말장난_{제목'과 '중요'는 일본어로 '다이지'라는 동일한 발음}이기도 하다는 것을 본인은 알아채지 못하는 듯했다.

"아기가 태어나면 흔히 멋진 붓글씨로 이름부터 써 놓잖아요. 그거랑 같은 겁니다. 아, 오쿠다이라 씨가 또 메일을 보낸 것 같군요."

우스타는 수신함을 열더니 "후우" 하고 한숨을 지었다. 또 퇴짜를 맞은 걸까.

"5번 안으로 가자고 하네요."

"해내셨군요. 러프 디자인에 OK가 떨어졌으니 다음 단계로 넘어가나요?"

벤치에 앉아 저무는 바다를 바라보는 남녀의 뒷모습을 표지 중앙에 배치한 구도였다.

"날씨 죽이네요~."

우스타가 창밖을 눈부신 듯이 바라보며 말했다. 안 좋은 예감이 스친다.

"실례합니다, 30분쯤 산책하고 올게요."

그는 일단 산책하러 나가면 한나절 가까이 돌아오지 않을 때도 있다. 날씨 좋은 날이면 특히 주의가 필요해서 사내에서는 '히나타의 볕쬐기그의 이름 '히나타'는 '볕'이라는 뜻이기도 하다'라고 하며 두려워하고 있다.

"우스타 씨, 꼭 돌아오셔야 합니다!"

기도하는 심정으로 우스타의 등을 향해 말했다. 우스타는 "알았어요"라며 한손을 쳐들고는 엘리베이터 홀 쪽으로 걸어갔다.

우스타를 비롯한 디자이너가 사내에 있는 덕분에 우라모토는 이렇게 디자인 과정도 살펴볼 수 있다.

5년 전 투모로게이트디자인은 독립 채산제 디자인 부문으로 도요즈미인쇄 사내 한쪽에 설립되었다. 우스타를 비롯하여 7명의 디자이너가 일하고 있다.

조직 이름의 의미는 글자 그대로 내일로 향하는 문. 인쇄 회사의 미래상을 모색하자는 의미에서 사장이 명명한 것이다.

사내에 디자인 부문을 둠으로써 도요즈미인쇄는 제판과 인쇄의 전단계인 제작 설계에 보다 깊이 관여할 수 있게 되었다. 진행 관리 면에서도 외부 디자이너보다 사내에 상주하는 투모로게이트의 디자이너와 협의하는 게 훨씬 편하다. 때문에 우스타를 비롯한 사내 디자이너는 영업맨에게 든든한 존재이다.

황금연휴를 낀 열흘 후에 『슬로우 스타터』 디자인이 확정되고 하판되었다.

어른 가슴 높이쯤 되는 스테인리스 바구니에 처박힌 대량의 파지를 쳐다보며 노즈에 마사요시는 이마의 땀을 수건으로 닦았다.

요시자키 지로가 새로 나온 파지를 착착 접으며 중얼거린다.

"야레야레'야레야레'는 실망할 때 말하는 '아이고 맙소사'에 상당하는 말로구나."

시험 삼아 인쇄해 보고 버리는 파지를 '야레가미'가미'는 '종이'라고 한다.

"실수를 저질렀을 때 '야레야레'라고 한다고 해서 '야레가미'라고 하는 거야."

입사 첫날 지로 씨가 그렇게 가르쳐 주었다. 진짜 어원은 '파손된 종이야부레타 가미'라는 것을 알게 된 것은 그로부터 얼마 후였다.

"미스터 꿍, 잠깐 쉴까."

지로 씨의 말에 지게차용 팔레트 위에 앉았다.

후지미노 공장의 아침시간은 『슬로우 스타터』 1만 부 인쇄를 앞두고 평소와는 달리 긴장에 싸여 있었다. 영업부 우라모토를 따라서 출판사 편집자도 와 있었던 것이다.

게이단샤의 오쿠다이라가 조금 떨어진 교정대 앞에서 『슬로우 스타터』 표지의 시험 인쇄를 확인하고 있었다. 본격적으로 인쇄에 들어가기에 앞서 실제로 인쇄기를 돌려서 컬러가 기대한 대로 나오는지 직접 확인하고 싶은 것이다.

오쿠다이라는 공장 사람들에게 고압적으로 말했다.

"이번 작품은 우리 회사의 승부작입니다. 잘 부탁합니다."

작품에 대한 출판사의 기대치나 정성을 보여 주는 객관적 지표가 몇 가지 있다.

가장 알기 쉬운 지표는 '초판 부수'이다. 히트가 예상되는 작품이라면 초판에 몇 만 부, 혹은 10만 부가 넘는 대량 인쇄를 요구한다.

또 하나의 지표는 홍보. 신예 작가나 중견 작가의 작품이라면 초판에 대량으로 인쇄하기가 어렵지만, 기대가 큰 작품은 홍보 마케팅에 힘을 쏟아 중판으로 연결하려고 한다. 가령 발매일 전에 '프루프'라 불리는 견본 책자를 전국의 서점 직원들에게 배포하여 추천을 받는다.

한편 부수나 홍보 활동 같은 수량적 지표와는 다른 질적인 지표도 있다.

그것이 책의 사양이다.

편집자는 예산이 허락하는 선에서 책의 사양을 궁리한다. 종이 재질, 표지 그림, 장정 등 작품에 대한 기대치는 책의 사양으로도 표현된다.

금박, 엠보싱, UV(자외선을 이용한 순간건조) 등의 특수 가공을 하거나 반투명지, 한지, 가죽 등 특별한 소재를 사용하는 등 기대치가 높은 작품은 자연히 공을 들이게 마련이다.

그리고 별색 인쇄 역시 기대치와 정성의 증거이다.

이번 『슬로우 스타터』 표지에는 석양을 묘사할 때 일반적인 주황색보다 조금 더 탁한 별색을 사용하면서도 햇빛의 광택은 강조하기로 했다.

"게이단샤 놈들, 꽤 공들이네."

"그런 것 같습니다."

인쇄 공정 전체를 파악하고 있는 노즈에도 『슬로우 스타터』에 거는 큰 기대치를 피부로 느낀다.

편집자가 공장까지 찾아와 시험 인쇄를 확인하는 것은 흔치 않은 일이다.

"종이에 인쇄해 보니 광택이 약한 것 같군요. 잉크는 어떻게 만든 거죠?"

오쿠다이라가 위압적인 말투로 물었다.

"미디엄_{액상} 백색 _{안료}을 섞고 먹도 조금 추가했습니다만."

지로 씨가 팔레트에 앉은 채 큰소리로 대답했다.

"아, 예…… 이 광택은 미디엄이었나요? 바니시로는 안 됩니까?"

"바니시를 쓰면 색상이 변해 버립니다."

"그렇군요. 그런데 보통 미디엄과 먹을 함께 쓰나요?"

"이번 작업은 보통 작업이 아니니까요. 탁한 오렌지에 광택을 내 달라는 주문이었죠."

탁함과 광택이라는 상반되는 요소를 동시에 표현하기 위해서 지로 씨가 내린 답이었다. 미디엄은 색조에는 영향을 주지 않고 농도를 조정하는 동시에 광택을 내는 니스 역할도 한다.

기대가 큰 것은 좋지만 편집자의 끝없는 개입에 노즈에는 진저리를 치고 있었다. 오쿠다이라 옆에 멀거니 서서 애써 웃음을 짓는 우라모토를 보니 분노마저 꿈틀거렸다.

"너무하는군. 자기만족을 위해서 저러는 거지."

노즈에는 교정대로 시선을 던지며 내뱉었다.

조종대 설정 패널에서 농도를 조정하며 일곱 번이나 시험 인쇄를 했다. 그때마다 노즈에가 농도계로 수치를 확인하고 지로 씨는 육안으로 확인했다.

이제 육안으로는 색 차이를 알 수 없는 오차 영역이다.

"자기만족인지 아닌지는 고객이 결정하는 거야."

"고객이라면 저 사람이 결정한다는 겁니까?"

노즈에는 오쿠다이라 쪽을 향해 턱짓을 했다.

"바보 같은 소리. 내가 말하는 고객은 서점에서 이걸 집어 들 사람들이야."

노즈에로서는 납득할 수 없는 말이었다. 인쇄 공장 기술자도 구별하기 힘들 정도로 희미한 색조 차이를 독자가 무슨 수로 알

겠나. 가령 느낀다고 해도 그 차이가 독자의 구매욕에 얼마나 영
향을 미칠까.

"철저한 태도는 보기에 따라 어리석어 보이지. 하지만 철저한
태도를 버리면 우리 기술자는 기술자가 아니게 돼. 밥 먹기 위해
서만 일하는 거라면 철저한 태도는 거추장스러운 것인지도 모르
지."

지로 씨는 『DIC컬러가이드』를 뒤적였다. 시험 공부에 쓰는 단
어장처럼 생긴 아트지에 CMYK로는 표현할 수 없는 별색 견본을
모아 놓은 책이다. 이번 게이단샤의 컬러 지정은 『DIC-TM15』. 이
컬러에 칙칙함과 광택이라는 감각적인 주문이 추가되었다.

지로 씨가 배합한 별색 잉크를 노즈에가 인쇄기를 운전해서 종
이에 재현한다. 다만 잉크를 종이에 인쇄해 보는 것만으로는 고
객이 요구한 컬러를 낼 수 없다. 잉크의 점도나 속건성, 종이 표
면의 성질 따위에 따라 발색 결과가 크게 달라지기 때문이다.

광도가 약하다. 초록이 너무 강하다. 베다ᴮᵃᵗᵗ의 질감이 무겁
다.

오쿠다이라가 내놓는 감각적인 평이 계속 이어진다.

"피곤하네. 먹을래?"

지로 씨가 블루베리 껌 하나를 꺼내 주었다. 노즈에는 "고마워
요"라고 인사하고 포장지를 풀고 입에 구겨 넣었다.

"아오, 저 편집자, 빌어먹게 아는 척하네. 계속 저러면 우리는
뭐가 되나."

지로 씨는 별색을 배합한 뒤에도 인쇄기에서 색이 제대로 나올 때까지 제 눈으로 확인한다. 요즘은 인쇄기 수치 설정에도 일가견이 생겨서 노즈에게 조언해 준다.

블루베리 껌의 신맛과 단맛을 느끼자 지로 씨의 말이 되살아났다.

──철저한 태도를 버리면 우리 기술자는 기술자가 아니게 돼.

전부터 궁금했던 것을 물어보았다.

"지로 씨, 이 블루베리 껌, 정말 눈에 좋습니까?"

"응, 좋지."

지로 씨는 얼른 답하고 "부적 같은 거야. 부적은 그 자체에 힘이 있는 건 아니잖아"라고 덧붙였다.

"그런가요?" 부적을 지녀 본 적이 없는 노즈에로서는 알 수 없는 말이다.

"암. 어릴 때 부적 봉투를 뜯고 확인해 본 적이 있어. 그냥 종이쪽지만 들어 있더군."

"천벌 받을 아이였군요."

"그렇지 않아. 덕분에 오히려 부적의 힘을 더욱 믿게 되었으니까."

"왜죠?"

"부적을 믿는 마음이야말로 부적이라는 걸 알았거든. 바로 그게 영험이란 거지."

"지로 씨다운 이론이네요."

이 사람은 입은 걸지만 생각 없이 말하는 사람은 아니다. 상대방 반응을 확인하면서 자기 나름의 답에 도달한다. 그런 사람이다.

"철저한 태도도 그런 거야. 도움이 된다고 믿는 거지. 그렇게 믿는 마음이 기술자를 강하게 만들어."

교정대 앞에서 오쿠다이라가 우라모토에게 뭐라고 말하고 있었다.

"오만방자가 또 아는 척하는 것 같네요. 우라모토도 늘 그렇듯이 얌전히 듣고만 있고."

"해 달라는 대로 해 주자고. 끽소리 못하게 만족스런 물건을 만들어 주면 되는 거야."

——밥 먹기 위해서만 일하는 거라면 철저한 태도는 거추장스러운 것인지도 모르지.

밥 말고 또 뭐가 있지? 지로 씨에게 배운 것들을 하나씩 떠올리다 보니 그 단어에 다다른다.

지로 씨는 틀림없이 '의지'를 위해 일하고 있을 것이다.

우라모토가 오쿠다이라의 조언을 전하러 이쪽으로 걸어왔다.

"노즈에 씨, 미안. 시험 인쇄를 한 번만 더 해 주겠어? 오쿠다이라 씨가……."

"당신은 어떻게 생각하지?"

우라모토는 허를 찔린 표정으로 "나?" 하고 되물었다.

"육안으로는 알 수도 없는 컬러 차이에 연연하며 자꾸 시험 인쇄를 하고 있는 이 시간이 무슨 도움이 된다고 생각하지?"

"솔직히 나는 컬러가 어떻게 다른지 잘 모르겠어."

우라모토는 쓴웃음을 지으며 대답했다.

노즈에는 몸 전체로 실소를 지어 보였다. 말할 기운마저 사라지게 만드는 대답이다. 하지만 우라모토는 내처 말했다.

"하지만 이렇게 작업을 거듭하는 정성과 소망이 표지를 통해 이 책을 집어 드는 사람의 직감이나 잠재의식에 어필할 거라고 생각해."

지로 씨의 말과 비슷하게 들린다. 이자에게도 의지라는 게 조금은 있는 걸까.

"그런 얘기라면 앞으로 세 번은 더 응해 주지."

노즈에는 대결에 나서는 심정으로 인쇄기 설정 패널 앞에 섰다.

누구와 대결하는가. 아니꼽게 지적질을 하는 오쿠다이라일까, 아니면 넙죽넙죽 받아들이기만 하는 우라모토일까. 어느 쪽도 아니다. 싸워야 할 상대는 눈앞에 있는 작업의 존재 의의를 믿으려 하지 않는 나의 마음이다.

"미스터 꿍, 복잡하게 생각하지 마. 이럴 때는 의외로 맨 처음 감이 맞을 때가 있어."

지로 씨의 연륜에서 나온 말은 적중했다.

총 10번의 시행착오 끝에 뜻밖에도 맨 처음의 인쇄 설정이 채택되었다. 직원들 표정에 안도와 함께 허탈한 기색이 배어나온다. 하지만 나머지 9번이 있었기 때문에 맨 처음 설정이 좋았다는 것이 증명되었는지 모른다.

오후부터 『슬로우 스타터』 표지와 본문 인쇄가 예정대로 시작되었다.

옵셋 매엽 인쇄기낱장으로 된 용지에 인쇄하는 데 쓰는 기계에서 고속으로 튀어나오는 종이를 노즈에는 평소와 다른 심정으로 지켜보았다.

이런 철저함이 책을 집어 드는 독자들 마음에 전해질까?

'내가 하는 일은, 이런 종이에, 정해진 색깔의 잉크를, 찍어서, 그냥, 인쇄하는 것, 그것뿐이야.'

가족에게 쏘아붙였던 말을 돌이킨다.

'나의 일은 그런 것은 아닐 텐데.'

본문과 표지 인쇄를 마치고 하루 동안 건조시킨 종이는 제본소로 보내진다.

팔레트에 높이 쌓인 종이가 지게차에 실려 제본소행 트럭에 상차되었다. 그중에는 시험 인쇄를 거듭한 끝에 완성한 표지도 있다. 노즈에는 물론 지로 씨가 자기 자리를 실수 없이 지키고 요구에 부합하는 품질로 완성해 낸 것이다.

그런데도 제본소행 트럭에 상차되는 종이 기둥을 바라보는 동안 노즈에는 알 수 없는 두근거림을 느끼고 있었다.

표지 인쇄도 무사히 끝나서 『슬로우 스타터』는 제본과 도매상 입고를 기다리고 있다.

많은 사람들이 기대하는 훌륭한 책이 될 것이다.

도요즈미인쇄는 빡빡한 스케줄 속에서도 5월 말 간행에 이바지하고 게이단샤의 오쿠다이라에게 고맙다는 말을 들었다. 우라모토는 신뢰를 쟁취했다는 뿌듯함을 느꼈다. 단행본이 중판에 들어가면 문고본을 낼 때 초판 부수도 많아진다.

나카이도를 능가하려면 이런 성과를 꾸준히 쌓아 나가는 것이 중요하다.

우라모토가 성취감에 젖어 있을 때 휴대 전화가 울렸다.

화면을 보니 이타바시의 제본소 호코쿠샤였다.

"우라모토 씨, 미안한 말이지만……."

목소리의 주인은 젊은 사장 이모리 다이스케였다. 사장이 이렇게 직접 전화를 거는 일은 거의 없다. 불길한 예감이 스쳤다.

"『슬로우 스타터』 목차에 오자가 났네요……."

"목차에 오자……."

우라모토는 복창하듯 따라 말하다가 말끝을 흐렸다. 온몸에서 핏기가 가신다.

목차의 제4장 제목이 '불이 닿는 곳'으로 되어 있다고 한다. 올바른 표기는 '볕이 닿는 곳'이었다 _{火'과 '陽'의 일본어 독음이 모두 '히'여서 한자 표기에서 실수를 범하기가 쉽다.}

"본문의 장 제목은 제대로 되어 있나요?"

"예. 페이지 하단의 하시라를 포함해서 태양의 양 자로 되어 있어요. 오자가 난 곳은 목차뿐입니다."

이번 목차는 출판사 편집자가 지정한 사양대로 인쇄 회사에서 작성했다.

"제본이 벌써 끝났나요?"

자기 의자에 앉은 채 휴대 전화를 꼭 쥐는데 심장박동이 갑자기 빨라졌다.

"예. 유감스럽게도 전부 끝난 상태라…… 완성된 견본을 별 생각 없이 들춰 보던 직원이 우연히 발견하고 저에게 보고하더군요."

우라모토는 휴대 전화를 귀에 댄 채 허공을 올려다보았다. 초판 1만 부의 제본이 전부 끝난 뒤에 치명적 실수가 발견되었다.

"좀 더 일찍 알아차렸어야 하는데…… 미안합니다."

제본소에는 잘못이 없다. 오히려 우연히 발견해 준 데 감사해야 한다.

우라모토는 데이터 제작부에 내선 전화로 상황을 전하고 오쿠다이라가 지정한 내용이 어땠는지를 확인했다. 편집자의 지정은 틀림없이 '별이 닿는 곳'이었다. 편집자의 실수가 아니다. 사태는 더욱 심각해졌다.

즉시 오쿠다이라의 휴대폰에 전화를 걸어 사태를 고했다.

"불이 닿는 곳? 무슨 모닥불도 아니고, 지금 장난하는 겁니까!"

보고하기 무섭게 오쿠다이라의 노성이 날아왔다.

"그래, 그쪽이 생각하는 대책은 뭡니까? 물론 재인쇄겠지."

"일단은 보고부터 드리고 지금부터 급히 대책을 검토하겠습니다.”

“지금부터 검토하겠다니! 재인쇄 말고 무슨 대책이 있나!”

목차는 1년차 신입 직원이 입력했고, 시간이 부족한 탓에 오쿠다이라의 지시대로 교료가 아니라 책료, 즉 인쇄 회사의 책임교료로 끝냈던 것이다.

“아무튼 한 시간 내로 대책을 마련해서 전화해 줄 수 있습니까!”

오쿠다이라는 감정을 억누르려 애쓰는 듯한 말투로 우라모토에게 말하고 전화를 끊었다.

“사고 쳤나? 어떡한다…….”

통화를 듣고 있던 영업 제2부 부장 모리 노부히사가 날카로운 목소리로 물었다. 통통한 체구를 팔걸이의자 등받이에 맡기며 천장을 올려다보았다.

“정말 죄송합니다. 우리 측의 실수니까 재인쇄를 해야 하지 않을까 하고…….”

우라모토는 머리를 감싸 쥐며 모리 부장과 상의했다.

팔짱을 낀 모리 부장 옆에서 나카이도가 “재인쇄를 그렇게 쉽게 결정할 수는 없지” 하며 끼어들었다.

모리 부장은 팔걸이의자를 나카이도 쪽으로 돌리며 “그렇지?” 하고 맞장구쳤다.

“1만 부를 재인쇄하면 고스란히 적자가 나는 거야. 게다가 무엇보다 5월 30일 간행에 맞출 수 없게 돼.”

재인쇄를 피할 방법은 두 가지.

"생각해 볼 수 있는 방안은, 그 목차 한 페이지만 교체하거나……."

모리 부장이 낯을 찡그리며 중얼거렸다.

오자가 난 페이지를 책등 쪽으로 바짝 잘라내고 수정된 페이지를 붙여 주는 것이다. 책 가장자리로 그 페이지만 튀어나오지 않도록 면밀한 작업을 요한다.

"스티커 붙이는 방법도 없는 건 아닙니다만."

나카이도가 다른 방법을 제시한다. 실용서라면 오자에 스티커를 붙여 수정하는 방법도 쓴다. 하지만 문예서에서는 그런 예가 거의 없다.

한 장만 교체할 것인가 스티커를 붙일 것인가.

어느 방법을 택하든 사내에 동원 가능한 인력을 최대한 모아서 제본소로 대거 출동해야 한다. 인해전술이며 장시간에 걸친 작업이 될 것이다.

전에도 제본까지 끝낸 초판 1만 부짜리 비즈니스서에서 오자가 발견된 적이 있는데, 그때는 영업부나 데이터 제작부, 총무부 직원 20명이 밤새 스티커를 붙여서 해결했다.

이번에도 작업량은 비슷할 것이다.

"사내에 알려서 작업할 인원을 모으죠."

"아직 일러. 아예 수정하지 않는다는 선택지도 없는 건 아니니까."

나카이도가 입을 열었다. 말투는 자연스럽지만 내용은 놀라웠다.

"나카이도 씨, 잠깐만요. 실수한 곳을 고치는 건 당연한 일일 텐데요."

"그건 우라모토 씨 생각이고."

"그럼 고치지 않고 넘기자는 겁니까? 제가 할 말은 아닙니다만."

"고칠지 말지를 포함해서 모든 결정권은 고객에게 있어. 출판사가 저자와 상의해서 결정할 일이야. 우리는 성심성의껏 사죄하고 그 결정에 따르면 돼."

반론이 떠오르지 않는다. 나카이도의 말은 지극히 당연하다.

"만약 우라모토 씨가 저자라면 어떻게 생각할까. 양보할 수 없는 간행일과 오자 한 글자. 어느 쪽이 중요할까."

이유는 알 수 없지만 후치타는 5월 간행을 강력히 고집하고 있다.

"그렇군. 게다가 본문이 아니라 목차에서 한 글자잖아."

모리 부장이 누구에게랄 것도 없이 허락을 구하는 투로 말했다. 부장으로서는 고객의 판단에 따라 그냥 넘어가는 쪽에 한 가닥 희망을 걸고 싶은지도 모른다.

"혹시 모르니까 고치지 않고 출간한다는 방법도 있다는 것을 고객에게 말해 둬야겠지."

나카이도가 부드럽게 말했다.

"알겠습니다."

집어든 수화기가 무겁게 느껴지고 오쿠다이라의 휴대 전화 번호를 누르기도 망설여진다.

내용을 전하자 아니나 다를까, 아니, 상상 이상의 거친 노성이 돌아왔다.

"고치지 않고 낸다고? 10주년 기념작인데 그걸 받아들일 리가 없잖아요."

"후치타 씨와 상의해 보셨습니까?"

"그런 황당한 상의를 어떻게 하란 말입니까! 설마 고치지 않고 넘어가려고 하는 건 아니겠죠."

"혹시 모르니까 고치지 않는다는 방법을 포함한 여러 가지 선택지를 저자분께 말씀드려서 저자가 선택하게 하는 게 좋지 않을까 해서 말씀드리는 겁니다."

나카이도의 조언을 그대로 전했다.

위태로운 통화에 가슴이 아프게 오그라드는 가운데 상대방 처지에 선다는 것이 이런 것인가 하고 실감했다. 자칫 책임을 회피하려고 궤변을 늘어놓는다는 오해를 사기 십상이다. 그래도 생각해 볼 수 있는 선택지를 전부 고객에게 제시해야 한다.

"말도 안돼요. 대책은 우리가 정할 테니까 그만 끊읍시다."

오쿠다이라가 고압적인 말을 남기고 전화를 끊었다. 연락할 때까지 기다리라는 말이다.

그런데 1시간 뒤 오쿠다이라가 전화해서 뜻밖의 결론을 전해

왔다.

"그냥 내도 좋답니다."

재인쇄도 수정도 없이 그대로 도매상에 입고하라는 지시였다.

"나는 재인쇄를 강력히 제안했지만 후치타 씨는 기필코 5월에 간행해야겠답니다. 5월 31일이 열두 번째 결혼기념일이라면서."

벌이가 없던 작가 시절부터 내조해 온 부인에게 데뷔 10주년 기념작을 선물하고 싶다. 후치타의 개인적이고도 강력한 바람이라고 한다.

쑥스러워 이유도 밝히지 못하고 그저 '5월 간행'을 고집했던 것이다.

그런데 오자가 발견되어 게이단샤의 오쿠다이라가 재인쇄를 강력히 제안했다. 그 제안을 거절하기 위해 5월 간행을 고집하는 까닭을 어쩔 수 없이 밝혔던 것이다.

후치타는 해당 페이지를 교체하거나 스티커를 이용한 수정도 거부했다고 한다.

5월 간행이 최우선이거니와 오자가 목차에 딱 한 글자라면 상처도 크지 않다고 판단했다는 것이었다.

"도요즈미인쇄의 운이 쇠심줄마냥 질기네요. 중판 때는 확실히 고쳐 주세요."

오쿠다이라의 비아냥거리는 소리가 가슴에 박힌다.

"대단히 죄송합니다. 그 때는 확실히 수정하겠습니다."

회사를 대표하여 사죄하는 것도 영업맨의 일이다.

"우리 뜻과 달리 저자가 꼭 그대로 내라고 하시니까 이번에는 어쩔 수 없죠. 5월 안에 내는 게 우선이라 그냥 넘어가겠다고 하시니."

오쿠다이라는 질책하기보다 낙담한 투로 탄식하며 전화를 끊었다.

"오만방자가 뭐래?"

나카이도의 물음에 우라모토는 간단히 대답했다.

"이번엔 어쩔 수 없답니다. 저자 후치타 씨도 그렇게 말씀하셨답니다."

주눅 든 목소리로 보고하지만 안도하는 기분이 고개를 든다.

하지만 나카이도가 침통한 표정으로 한숨을 지었다.

"편집자에게 어쩔 수 없다는 소리를 듣는 게 제일 괴롭지…… 그게 반복되면 우리는 신뢰를 잃고 일감을 놓치게 돼."

우라모토는 자신의 안이함이 부끄러웠다.

"이번 일로 실감했겠지. 인쇄 회사는 모노즈쿠리가 아냐. 실수를 저질러도 고객이 그냥 내라고 하면 따라야 하는 거야. 그런 일이야."

나카이도는 지친 얼굴로 말했다.

예정대로 5월 30일 출간된 후치타 시게루 데뷔 10주년 기념작 『슬로우 스타터』는 게이단샤가 대대적으로 홍보한 보람이 있어 발매 1주일 만에 4천 부 중판이 결정되었다.

2쇄 작업에서 목차의 '불이 닿는 곳'은 '볕이 닿는 곳'으로 수정되어 아무 일도 없었던 것처럼 인쇄되었다.

그동안 목차의 오자를 지적하는 독자의 클레임도 없었고 화제에 오르지도 않았다.

하지만 '어쩔 수 없다'는 말이 우라모토의 뇌리에 박혀 가시지 않았다. 확인을 거른 탓에 『슬로우 스타터』 초판본은 '어쩔 수 없이' 세상에 내보내고 말았다.

예정에 없던 새치기 작업에도 불평 한 마디 없이 교정쇄를 출력해 준 후쿠하라, 수많은 디자인 시안을 오쿠다이라에게 제시한 우스타, 만족스러운 컬러가 나올 때까지 시험 인쇄를 거듭한 노즈에와 지로 씨.

모두가 쏟은 노력을 오자 한 글자가 무위로 돌려 버렸다.

우라모토는 2쇄가 완성되었다는 소식에 안도하는 한편 흠이 있는 1만 권을 생각했다.

"어쩔 수 없지."

우라모토는 소리 내어 말해 보았다.

이 말을 흘린 오쿠다이라의 심정, 결혼기념일에 맞춰 부인에게 증정하기 위해 오자를 용인한 후치타 시게루의 심정.

상상만 해도 면목 없고 한스러웠다.

책의 탄생은 저자와 편집자, 여러 방면에 걸친 수많은 관계자에게 두루 축복받는 일이어야 한다. 어쩔 수 없이 세상에 나오는 책은 애초에 있어서는 안 된다.

그러려면······ 실수 없이 작업 하나하나를 잘 마쳐야 한다.

"가쿠 짱, 오늘 책료지가 왔어요."

아르바이트 기미요 씨가 게이단샤에서 보낸 책료지를 가져다주었다.

서버에 있는 책료 데이터와 함께 데이터 제작부에 넘기고 공장에 인쇄를 의뢰해야 한다.

우라모토는 DTP 오퍼레이터의 진행관리표를 살펴보았다. 작업 예약에 실수는 없는지 확인했다.

탄생을 기다리는 책은 인쇄 회사의 준비 부족을 헤아려 주지 않고 끊임없이 들어온다.

우라모토는 오자 한 자가 남긴 상처를 가슴에 새기고 손맡에 있는 책료지를 꼼꼼하게 점검했다.

"오오······."

우라모토는 저도 모르게 탄식을 내뱉고 말았다.

수정 지시대로 반영되지 않은 곳을 하나 발견한 것이다. 하마터면 또 사고가 날 뻔했다.

2장

나
가
시
노
의
바
람

장마를 맞은 밤하늘에서 빗방울이 간간히 듣기 시작했다. 우라모토 마나부는 유라쿠초 선 고코쿠지 역으로 뛰어들었다. 우산을 펴지 않아서 조금 득을 본 기분이다.

중앙 홀로 가는 계단을 내려가 개찰구로 선 순간 안주머니에서 업무용 휴대폰이 울렸다.

또 무슨 문제가…… 긴장하며 받았다.

"아, 여보세요."

귀에 익은 상냥한 목소리에 저도 모르게 긴장이 풀린다.

"무슨 일이야?"

"몇 번을 전화해도 받지 않아서 업무용 휴대폰에 건 거야."

가방 주머니에서 개인용 휴대폰을 꺼내서 확인했다.

'부재중 전화 3건 가키자키 유카리'

유카리의 부재중 전화가 3통, 문자가 2개 있었다.

"미안, 개인 전화를 가방에 넣어 두고 있었네."

서적 인쇄 영업맨은 하루에 전화를 수십 통 받는 일도 드물지 않다. 트러블이 계속될 때는 업무용 휴대폰의 착신음에 공포마저 느낀다.

"오늘은 올 수 있어?"

"응, 오늘은 괜찮아."

지난주부터 매일 사고 처리에 쫓기느라 유카리의 집에서 데이트하자는 약속을 번번이 취소했었다.

후지미노 공장의 인쇄기 스케줄을 변경하는 등 급한 일들이 이제야 일단락되었다.

"나는 곧 집에 도착해. 먼저 가서 기다릴게."

"나도 지금 전차를 타니까 30분이면 도착해. 또 무슨 사고만 터지지 않는다면."

플랫폼에 내려서자 마침 세이부이케부쿠로 선 호야행 직통전차가 들어왔다.

"업무용 휴대폰은 그만 꺼 버려."

"그러게, 끊어 버릴까."

그렇게 말하고 함께 웃었다. 물론 농담이다. 우라모토는 통화를 마치고 전차에 탔다. 유카리는 인쇄 영업의 고충을 잘 안다. 우라모토도 유카리의 업무를 이해하고 있다. 두 사람은 전에 영업맨과 고객의 관계였기 때문이다.

그녀는 중견 과자제조사 다이쇼제과 홍보부에서 크리에이티브 스태프로 일하고 있다. 다이쇼제과는 창업 때부터 홍보와 광고를 주요 전략으로 삼고 역량을 키워왔다. 광고 제작은 광고 회사에 외주를 주지만 기획은 사내 크리에이티브 스태프가 전적으로 담당한다.

한편 우라모토는 이전 직장인 월드인쇄 패키지영업부에서 다이쇼제과 담당자로 일하며 홍보부에 드나들었다.

바로 지난주에 다이쇼제과의 신제품 '가리초코딸기바'가 발매되었다.

세이부이케부쿠로 선 네리마 역에 내려 편의점에서 '가리초코딸기바'를 샀다. 가랑비 내리는 거리를 우산을 들고 서둘러 걸어서 유카리 집에 도착했다.

인터폰을 누르자 유카리는 "이게 얼마만이야" 하고 야유하며 웃는 얼굴로 문을 열어 주었다.

"자, 선물."

신제품 '가리초코딸기바'가 든 비닐봉지를 건네자 유카리는 "오, 우리 아이들이네" 하며 과장된 몸짓으로 받았다.

예전에 우라모토는 다이쇼제과가 전사적으로 개발한 '가리초코바'의 패키지 인쇄를 수주했다.

기본 디자인은 유카리가 고안하고 도안은 외부 디자이너에게 맡겼다. 오른쪽 하단의 노란 말풍선에는 '야마다도 놀란 참신한

식감'이라는 캐치 카피가 들어간다.

일러스트, 사진, 문자 정보를 어떻게 배치해야 매대에서 구매자의 눈길을 끌까. 구매욕을 자극할까. 조금이라도 적확한 안을 찾고자 한 팀이 되어 의견을 나누었다.

어떤 패키지 디자인에서나 반복되는 작업이지만 유카리는 특히 타협을 허락하지 않는 담당자여서 우라모토에게는 까다로운 상대였다.

처음 만날 때부터 차분한 가운데 파리하게 타오르는 정열 같은 것을 감춘 여성이었다.

"배고프다."

그렇게 말하고 유카리는 가스레인지에 오뎅을 데웠다. 유카리는 곤약을 몹시 좋아해서 한여름에도 오뎅을 먹는다.

우라모토는 집 안을 둘러보며 이 집의 가구들을 신혼집에 어떻게 배치할까, 멍하니 생각했다. 선반 위에는 과자에 사은품으로 주는 굿즈가 예쁘게 줄지어 있었다. 유카리의 컬렉션이다.

"아, 나 봤어."

유카리가 침대에 있던 태블릿을 집어 들었다. 화면에는 도요즈미인쇄 홈페이지의 채용정보 페이지가 떠 있었다. 우라모토의 페이지도 영업부 고참으로서 사진과 함께 마련되어 있다.

"가쿠 짱, 꽤 미남인걸. 실물보다 2할쯤 낫네."

"고맙군. 2할이란 소리는 좀 그렇지만."

유카리에게 홈페이지 주소를 알려 주긴 했지만 막상 눈앞에서 보니 조금 쑥스럽다.

"그런데 신제품 매출은 어때?"

"음, 그게 출발이 그저 그러네."

원조 가리초코바도 발매 초기에는 출발이 시원치 않았다.

"발매한 지 겨우 닷새니까 지금부터 시작이야. 어쨌거나 내가 관여한 신제품이 전국 매장에 깔려서 내 손에까지 들어오다니 역시 뿌듯하네."

우라모토는 '가리초코딸기바' 패키지를 들고 감탄했다.

"그러하옵나이까."

유카리는 종종 쑥스러움을 감추려고 이렇게 예스러운 말투를 쓴다.

전에 원조 가리초코바가 매대에 진열되었을 때도 인쇄 영업맨과 고객이라는 처지를 넘어 함께 기뻐했었다.

"이 딸기색, 조금 칙칙하지 않아?"

"그러게. 전임자의 귀한 의견 잘 들었나이다. 가쿠 짱, 차라리 도요즈미인쇄에서 패키지도 해 보는 건 어때? 그러면 우리가 또 같이 일할 수 있을 텐데."

패키지 인쇄 영업은 원래 우라모토가 원하던 업무가 아니었다.

그렇다고 불만을 품진 않았다. 몇 가지 상품 패키지의 인쇄를 맡으며 모노즈쿠리를 하고 있다는 고양된 감정을 얻었으니까.

그리고 무엇보다 그 일을 한 덕분에 이 사람을 만날 수 있었다.

"인쇄 회사는 모노즈쿠리이다…… 후후후, 좋은 말씀을 하셨네."

유카리가 도요즈미인쇄 홈페이지를 보며 빙글빙글 웃었다. 채용정보 페이지의 제목으로 올라와 있어서 절로 눈길이 간 모양이다.

"학생들에게 주관적인 이상을 얘기하지 말라고 화낸 사람도 있어."

"하지만 그런 점이 가쿠 짱의 훌륭한 점이기도 해."

우라모토도 예전에 일에 치여 축 처져 있던 유카리를 격려한 적이 있다. 완구과자 '초코캡슐'을 리뉴얼할 때 화려한 판촉을 원하는 영업부와 한정된 예산으로 판촉물을 만들어야 하는 홍보부 사이에 마찰이 발생했었다. 유카리는 우라모토와 업무 상담을 하는 자리에서 뜻밖에 나약한 소리를 했었다.

"나는 남들이 하고 싶어 하는 일들을 조그맣게 줄여 버리고 있을 뿐인지도 몰라요."

그때 우라모토는 평소 생각하던 바를 그대로 말했었다.

"가키자키 씨는 조그맣게 줄여 버리고 있는 게 아니라 '많이 팔고 싶다'고 생각하는 사람들의 생각을 현실적인 형태로 만들어 주고 있는 겁니다."

사은품으로 넣어 주는 완구를 디자인하는 일도 그렇고 다양한 판촉 툴도 그렇다. 회사 동료들의 발상을 꼴을 갖춘 물건으로 구현하는 유카리의 일에 우라모토는 평소 존경심을 품고 있었다.

서로 상대방 일을 존중하는 마음은 지금도 변함이 없다.

"거창한 말은 했지만 요즘은 말썽을 뒤처리하느라 경황이 없어. 업무 실적이 이 지경이니 그 말도 설득력이 떨어지겠지……."

업무에서 나카이도를 능가하겠다는 목표를 세웠다. 하지만 그게 비웃음을 살 목표였음을 실감하고 있다.

"가쿠 짱은 먼 데만 보며 초조해하는 거 아냐?"

유카리는 뿔테 안경을 밀어 올리며 가만히 말했다. 그리고 선반 위 사은품 완구 컬렉션으로 시선을 돌렸다.

"초조해하지 말고 눈앞에 있는 일을 하나씩 가시적인 것으로 만들어 나가면 그걸로 충분하지 않을까?"

현실에 두 발을 붙이고 일하라는 말과 같은 의미일 테지만 울림은 전혀 다르다. 예전에는 업무상 전우, 그리고 지금은 인생의 전우가 들려주는 말이다.

심기일전한 이튿날 아침, 우라모토는 게이단샤 편집부에 찾아가 신참 편집자 오다 겐토의 자리로 향했다.

오다는 2년차지만 요령 있게 일하는 젊은이로, 인쇄 영업에서도 일하기 수월한 상대이다.

"오다 씨, 다다음달쯤 나올 신간의 진척 상황은 어떤가요?"

요즘 오다 측에서 아무 기별이 없어서 물어 보았다. 그러자 오다는 시선을 살짝 내리며 말했다.

"실은 월드 쪽에 발주하기로 했습니다. 죄송합니다."

충격적인 거래 중단 통보였다.

인쇄 회사 선정은 대체로 편집자 재량에 맡겨진다.

"저희가 일하면서 뭔가 미진한 점이 있었나요……."

"그런 건 아닙니다. 그냥 월드 쪽이 더 단가가 싸고 납기가 빨라서요. 영업자가 자꾸 제안하기에 한번 맡겨 보기로 한 겁니다."

지난 반년쯤 월드인쇄의 톱 세일즈맨이 게이단샤 문예출판부에 빈번하게 출입했다. 그는 최신식 설비로 저비용과 신속한 납기가 가능하다는 점을 내세우며 영업했다.

"저희 회사 영업부의 힘이 부족해서 면목이 없습니다. 월드 쪽도 별색 배합 같은 일은 아직 완전히 기계화하지 못했을 것 같은데, 그런 일감이 있으면 꼭 저희에게 연락해 주십시오."

오다는 "네, 다음에 연락드리죠"라는 판에 박힌 대답을 하고 컴퓨터 모니터로 시선을 옮겼다.

"우라모토 씨, 오다 씨한테 손절당한 거야? 어떡하나, 나도 월드 쪽으로 갈아타 버릴까나~."

뒤를 지나가던 오쿠다이라가 짓궂게 말했다.

"아이고, 오쿠다이라 씨, 좀 봐주세요."

"농담이 아니라 확실히 일하지 못하면 월드 쪽에 다 빼앗겨요."

오쿠다이라가 소리 죽여 말했다. 마냥 협박은 아닐 것이다. 사실 지난달에도 단행본 일감을 월드인쇄에 빼앗겼다.

"뭐, 이런저런 어려운 요구를 들어주는 건 도요즈미 말고는 없으니까."

이 역시 엄연한 사실이다. 게이단샤와 거래할 때 월드인쇄보다 우위에 있는 요소는 관련 회사여서 오래전부터 거래해 왔다는 것, 걸어서 드나들 수 있어서 긴밀히 소통할 수 있다는 것.

"우라모토 씨, 믿겠습니다."

"뭐든 맡겨 주십시오. 우리는 오쿠다이라 씨의 엄격한 지도에 단련되었으니까요."

우라모토는 책을 만들고 싶어 월드인쇄에서 도요즈미인쇄로 옮겼다. 공교롭게도 지금 그 월드인쇄에 책 만드는 일을 빼앗기고 있다.

회사로 돌아가 마음을 가다듬고 사무 업무를 처리하지만 개산 견적서를 첨부한 메일을 엉뚱한 거래처에 보내고 말았다. 주소록에서 수신자를 선택할 때 한 칸 아래 주소를 클릭하고 만 것이다.

당황해서 전화로 사과하고 다시 보냈지만 사소한 실수로 거래처의 신뢰를 해치고 말았다. 기본적인 업무 하나 제대로 처리하지 못하고 있다.

자신의 한심한 모습에 머리를 감싸고 있는데 건너편에서 나카이도가 컴퓨터 모니터를 노려보며 큰소리로 말했다.

"어떡하나, 2호기의 7월 둘째 주 수요일 스케줄이 여전히 비어 있어."

생산관리부에서 전 사원에게 메일을 보낸 것이다.

"노노 씨, 어떻게 좀 해 봐야겠는걸."

모리 부장이 옆자리 영업 제1부 부장 노노미야에게 말했다.

"우리한테 기대 봐야 당장은 무리입니다. 우리가 무슨 도깨비

방망이도 아니고."

노노미야는 7대 3으로 가른 머리를 쓰다듬으며 차갑게 대답했다.

"기대자는 게 아니라 함께 어떻게든 해 보자는 거지."

"지난달 펑크도 우리가 만화로 메웠잖아요."

노노미야는 본래 무뚝뚝한 남자이지만, 만화를 끔찍이 좋아해서 만화영업의 외길을 걸었고 영업 현장을 뛰던 시절에는 빠르고 꼼꼼한 일처리로 고객의 신뢰가 두터웠다고 한다. 감과 배짱으로 실적을 올리는 모리 부장과는 대조적인 유형이다. 부장으로 승진한 뒤에는 부하직원의 영업 관리에 능력을 발휘하여 영업 제1부는 안정된 실적을 올리고 있다.

"그쪽은 뭐 끼워 넣을 건수 없어요?"

노노미야가 안경 너머로 차가운 시선을 영업 제2부에게 던진다.

"아 참. 우라모토, 어째 요즘 게이단샤의 오다 씨에게 기별이 없네. 슬슬 일감이 들어올 때잖아?"

모리 부장이 살았다는 듯 들뜬 목소리로 말했다. 무서운 후각이다. 주기를 생각해 보면 오다가 담당하는 단행본을 인쇄할 시기였다.

"죄송합니다. 오다 씨는 앞으로 월드 쪽과 거래하겠답니다."

"뭐? 금시초문이군. 물먹은 건가?"

모리 부장은 창백한 얼굴로 물었다. 우라모토는 "죄송합니다"

하고 다시 사과했다. 물먹는다는 말의 무게에 숨이 답답해진다.

"만화에서 중판이 세 건 들어왔다고 합니다."

나카이도가 다시 컴퓨터 모니터를 보며 고했다.

영업 제1부의 야마노가 외근을 나가서 보고한 것이다.

"갑자기 게이단샤에서 『맞선 보는 아저씨』 제1권, 『스파이 산시로』 제5권, 『제멋대로 과장 요코시마 스구루』 제25권 등 모두 세 종을 중판하기로 했다는 연락이 왔습니다. 탈고 예정은 7월 25일. 인쇄는 7월 둘째 주에 2호기에 배정할 수 있습니다"

이번에도 인쇄기의 빈 스케줄을 만화로 메우게 되었다.

"다행이네요."

노노미야는 그리 기뻐하는 기색도 없이 혼잣말하듯 담담하게 말했다.

"미안하군. 만화밖에 없구먼."

모리 부장의 말은 마냥 과장이 아니었다. 잡지와 서적의 시장 규모는 활황기의 4할로 축소되었지만 만화는 대략 1할 감소에 머물고 있다.

문예서는 더욱 어려운 상황에 있다. 이번처럼 인쇄기 스케줄에 공백이 생기면, 바로 작년까지만 해도 확보해 둔 일감의 인쇄 일정을 미리 당겨서 해결하기도 했다. 하지만 요즘은 만화에 기대는 일이 많다.

모리 부장은 면목이 없는지 "담배 한 대 피고 올게" 하며 자리를 떴다.

"오다 씨에게 물먹은 일감을 어떻게 만회한다?"

나카이도가 컴퓨터 모니터를 들여다보며 물었다. 우라모토는 할 말이 없었다. 뭐라고 대답할까 고민하다가 "좋은 책을 만드는 수밖에 없겠죠"라고 대답했다.

"중판을 찍을 만큼 좋은 책을 만들면 만회할 수 있습니다. 디자인 파트를 두고 있는 우리 회사의 강점이죠."

나카이도가 고개를 들고 실망을 드러냈다.

"그 전에 왜 물먹었는지는 확인했나?"

"월드가 더 싸고 빠르기 때문이랍니다."

"정말 그뿐일까? 얼마 전에 오다 씨에게 엉뚱한 컬러 견본을 전달했었지?"

지적을 받으니 기억이 났다. 분명히 지난 2월 일감이 몰려 있던 날, 오다에게 바니스 넣은 것과 뺀 것을 섞어 5부를 전달해야 하는데 바니스 뺀 것만 5부 전달해 버렸던 것이다.

"소소한 실수였죠. 사과하고 즉시 가져다 주었는데요."

"그런 작은 실수가 신뢰를 해치지. 좋은 책을 만든다는 둥 뜬구름 잡는 소리 하기 전에 당장 눈앞에 있는 작업에 집중하는 게 어때."

컬러 견본을 엉뚱하게 전달한 것이 직접적인 원인은 아니라고 해도, 마침 오다의 불신이 깊어졌을 때 월드인쇄 영업자가 자꾸 찾아오자 거래처를 바꾸게 되었을 가능성도 충분히 있다.

무력감에 빠져 있을 때 희망의 빛처럼 전화 한 통이 왔다.

평소 거래가 없던 분유칸의 편집자가 단행본 인쇄 상담을 청했다. 분유칸은 20년 전 창립한 신흥 출판사. 픽션과 논픽션에서 두루 화제작을 양산했으며, 기획력과 영업력으로 빠르게 성장했다.

아마쿠사라는 남성 편집자는 말투로 짐작건대 꽤 젊은 것 같다. "꿈에 그리던 구사카 도요노부 작가와 마침내 계약하게 되어 우리 회사로서도 최대한 공을 들여 만들어 보고 싶습니다."

1980년대부터 제일선에서 왕성하게 집필해 온 베테랑 역사 소설가 구사카 도요노부이지만 분유칸에서는 지금껏 원고를 받아 본 적이 없다. 그런데 이번에 삼고초려 끝에 승낙을 받았다고 하니 대단한 실행력인 것이다.

능히 그럴 만한 젊음과 열정이 수화기를 통해서도 느껴진다.

먼저 얼굴도 익힐 겸 시부야에 있는 분유칸 본사에 찾아가 아마쿠사를 만나기로 했다.

통화를 마친 우라모토가 모리 부장에게 보고했다.

"분유칸이 스폿 의뢰를 했단 말이지…… 별일이군."

분유칸은 게이단샤처럼 자사 관련 인쇄 회사를 두고 있지 않아서 규모가 가장 큰 월드인쇄에 인쇄부터 제본까지 일괄로 발주한다. 그 분유칸이 이번에 월드인쇄가 아니라 도요즈미인쇄의 문을 두드렸다. 게이단샤에서 물먹은 일감을 만회할 기회였다.

"우라모토, 자네의 전 직장에서 일감을 빼앗아 봐."

모리 부장은 농담처럼 말하며 웃었지만 눈은 웃지 않았다. 20여 년 전 게이단샤 이외에 신규 고객을 개척하던 시절에 모리가 거둔 실적은 회사의 전설이 되었다. 일찍이 도요즈미인쇄의 불도 저라 불리던 최강 영업맨의 피가 펄펄 끓어오르는 모양이다.

"나카이도와 함께 가지그래."

모리 부장의 제안에 우라모토는 "저 혼자서도 괜찮습니다"라고 대답했다.

"자네를 못 믿겠다는 게 아냐. 아주 큰 일감이 될지도 모르니까 두 사람이 대응하는 게 낫겠다는 거지."

"부장님 지시라면 같이 가겠습니다."

나카이도가 대답했다. 우라모토가 "아뇨, 저 혼자서"라고 다시 말했지만 나카이도가 고개를 저었다.

"괜찮아, 우라모토 씨 공을 가로채진 않을 테니까. 그냥 동행만 하는 거야."

회사 차가 모두 나가 있어서 우라모토와 나카이도는 전차를 타고 분유칸으로 가게 되었다. 가는 도중에 두 사람의 휴대 전화에 잇달아 착신음이 울렸다.

음성녹음에 있는 메시지를 확인했다.

"게이단샤 오쿠다이라인데요, 『만안 경찰 24시』 재교 교정이 사흘쯤 늦어질 것 같습니다. 아무튼 앞으로 사흘쯤 기다려 주세요. 연락 부탁드립니다."

"뭐지?"

"오쿠다이라 씨입니다. 재교가 사흘 늦어진다고. 나카이도 씨 한테 온 연락은 뭐죠?"

"호코쿠샤야. 『주정뱅이 기사』 입고는 아직 멀었냐고 재촉하는군."

전차 안이라 자세한 업무 이야기를 하는 건 좋지 않다. 두 사람 모두 입을 다물었다.

시부야 역에 도착하자 두 사람은 개찰구를 나오기 무섭게 각자 휴대폰을 꺼내 연락했다. 흐린 하늘 아래 거리는 몹시 무덥다. 각자 휴대 전화를 귀에 대고 미야마스자카를 천천히 걸어 올라갔다.

소란한 역전에서 조금 멀어져서야 통화가 끝났다. 한숨 돌릴 새도 없이 분유칸 본사에 도착했다.

"엄청 컸네……."

나카이도는 5층 빌딩을 올려다보며 낮은 소리로 중얼거렸다.

"나카이도 씨, 여기 와 본 적 있어요?"

"응, 예전 사무실에 한 번. 신참 때 분유칸에서 스폿 작업을 의뢰받은 적이 있어."

분유칸은 고속성장을 하면서 사무실을 두 번 옮겼다.

입구에는 회사 로고를 새긴 석판이 박혀 있었다. 로고는 붓글씨로 '友'자가 적혀 있는 하드커버 책 모양이다. 현관홀은 2층 천장까지 트여 있는 세련된 구조였다. 처음 방문하는 우라모토는 들뜬 기분으로 내부를 둘러보았다.

5층 사옥의 계단을 통해 3층 편집부로 올라가자 키 크고 얼굴이 작은 남자가 나와 맞아 주었다. 치노팬츠에 반소매 셔츠라는 편안한 복장 때문인지 흡사 대학생처럼 보였다.

작은 회의실로 안내받아 먼저 명함부터 교환했다.

"도요즈미인쇄의 우라모토라고 합니다. 전화 주셔서 감사합니다."

우라모토가 명함을 내밀자 상대는 "명함, 명함" 하고 혼잣말을 하며 치노팬츠 뒷주머니에서 명함지갑을 꺼냈다.

'분유칸 편집 제1부 아마쿠사 게이고'

건네받은 명함은 모서리가 조금 구겨져 있었다.

이 젊은 고객, 괜찮을까? 첫 만남부터 걱정이 되었다.

요령 없는 편집자를 만난 서적 인쇄 영업맨은 조만간 끔찍한 일을 겪는다.

우라모토는 아마쿠사의 눈을 쳐다보며 단도직입적으로 물었다.

"분유칸은 인쇄를 거의 다 월드인쇄에 맡기더군요."

"예, 보통은 월드에 맡기지만 이번 건은 얘기가 잘 안 돼서."

"얘기가 잘 안 됐다고 하시면……."

"제가 생각하는 사양과 비용 등 여러 가지에서 합의가 안 돼서요. 뭐, 간단히 말하면 제가 짜증이 나서 '관둡시다'라고 끝내 버렸죠."

"그래서 저희 회사에 문의하셨군요. 감사합니다."

먼저 월드인쇄에 의뢰했지만 계약에 이르지 못했다는 것이다.

"실은요, 제가 소설은 이번에 처음 맡아 봅니다."

아마쿠사는 왠지 목소리를 낮춰 말했다. 얼굴에서 소년 같은 순수한 흥분이 엿보인다. 좋게 말해서 닳고 단 구석이 없다.

"하지만 실은 소설을 아주 좋아하거든요. 그래서 이번에 끝내주는 소설을 만들고 싶은 겁니다."

아마쿠사가 말하는 '끝내주는'은 물론 '굉장한', '훌륭한'이라는 뜻이다.

"역사 소설을 좋아해서 소설을 만들고 싶어 분유칸에 입사했는데 엉뚱한 기획 업무에 쫓기느라……."

분유칸의 편집자들은 서적과 잡지를 가리지 않고 담당한다. 입사 2년차인 아마쿠사는 지금까지 실용서와 자기계발서를 10권 이상 담당했고 그밖에 잡지 편집 어시스턴트도 한다고 한다.

너무 바빠서 잠이 부족한지 눈이 빨갛게 충혈되어 있다.

"윗사람들은 기획을 더 내놔라, 간행 건수를 늘려라 하고 압력을 넣지만, 나는 양보다 질로 승부하고 싶습니다. 그렇다면 내가 제일 좋아하는 역사 소설 분야에서 끝내주는 책을 만들어 보자고 생각한 겁니다."

"그래서 구사카 도요노부 씨에게 집필을 의뢰하신 거군요."

"네. 구사카 선생의 사인회에 불쑥 찾아갔다가 꾸중을 듣고 나중에 사과하러 갔었죠."

아마쿠사는 사과할 때 구사카의 전작을 얼마나 깊이 읽었는지를 말하며 집필을 의뢰했다고 한다.

분유칸에서 책을 낸 적이 없는 구사카를 설득한 힘은, 응원하고 싶어지는 젊음, 그리고 미숙함과 짝을 이룬 열정인지도 모른다.

"제목은 『나가시노의 바람』이고 간행 예정은 9월입니다."

오다-도쿠가와 연합군의 철포 부대에 패한 다케다 측의 무장 야마가타 마사카게의 삶을 그리는 소설인데, 개고도 거의 다 끝났다고 한다.

아마쿠사는 소설의 줄거리를 열띠게 설명했다.

야마가타는 주군 다케다 가쓰요리에게 퇴각을 진언하다가 실패하자 동료와 물잔을 나누고_{다시 만날지 어떨지 알 수 없이 헤어질 때 치르는 의식} 시타라가하라를 향해 부대를 이끌었다. 그는 다케다 기마 군단의 종언을 깨닫고 철포 부대를 향해 죽음의 돌격 명령을 내린다.

"우라모토 씨도 꼭 읽어 보세요! 패자와 약자의 역사를 써 온 구사카 선생의 정점이라고 할 수 있죠."

인쇄 영업을 하는 우라모토에게 소설의 매력을 들려주는 그에게는 '돕고 싶다'고 생각하게 만드는 뭔가가 있었다.

"이건 아직 구상 단계입니다만……."

그렇게 말머리를 놓고 아마쿠사는 제작 설계를 설명했다. 표지의 대략적인 방침도 생각해 두었고 마방책_{기마군을 막기 위해 오다 노부나가가 고안한 나무 울타리} 너머에서 한줄기 바람처럼 돌격해 오는 다케다 기마 군단 그림을 표지로 쓰고 싶다는 뜻도 밝혔다.

양피지에 엠보싱 가공으로 요철을 주어서 마방책을 부각시키며 책등에는 축광 잉크로 다케다 가문家紋을 찍어 어두운 곳에서 확 띄게 하겠다고 한다. 그밖에 절단면은 전국시대 정예 부대가 갑옷과 기치에 쓰던 붉은 색으로 마감하는 등 의욕적인 아이디어가 줄줄이 나온다.

"구사카 선생께 말씀드렸는데 '훌륭하네!' 하고 기뻐하시더군요."

그야 당연히 기쁘겠지. 달리 예를 보기 힘든 호화판이니까.

"월드가 못하겠다면 달리 맡길 만한 회사가 없는지 알아보니 도요즈미인쇄가 좋지 않느냐는 소리가 있었습니다. 그러니 꼭 맡아 주셨으면 좋겠습니다."

"찬물을 끼얹는 것 같아 죄송합니다만 가격 설정은 괜찮을까요? 자세히 계산해 본 것은 아니지만 경험상 달리 예를 찾기 힘들 만큼 호화판이어서, 과연 구사카 선생의 회심작답긴 합니다만, 조금……."

우라모토는 말을 신중히 고르며 의견을 밝혔다. 아마쿠사는 처음 담당해 보는 소설에 열의와 정성만 앞세우는 것처럼 보였다.

"부서 회의에서는 초판 5만 부에 1800엔을 붙이기로 했습니다."

아마쿠사는 자랑스레 대답했다. 우라모토는 나카이도와 눈을 맞췄다. 아마쿠사가 말한 호화판 사양에 1800엔을 설정하면 채산이 맞지 않을 것이다.

"원가율이나 손익분기점은 시산해 보셨나요?"

"사양이 어느 정도 정해지면 제가 해 볼 겁니다."

대형 출판사에서는 원가율과 손익분기점을 업무부가 시산한다. 하지만 분유칸에는 업무부가 따로 없다.

"출판사 내부에서 제작 설계의 방향성이 대략 정해졌을 때 저희와 상담하는 게 좋을 것 같습니다만……."

"아뇨, 곧 할 겁니다. 아직은 제 머릿속에 있죠."

회사 내에서 회의도 하기 전에 월드인쇄에 제안했단 말인가. 옆에 앉아 있는 나카이도와 눈을 맞췄다. '역시' 하는 마음의 소리가 들리는 듯했다.

이런 안건은 조목조목 구체적으로 좁혀 나가야 한다.

"구사카 선생의 야심작인데다 아마쿠사 씨가 처음 담당하는 소설이군요. 우선은 중판으로 갈 수 있는 설계부터 해 보시는 게 좋지 않을까 생각합니다만."

아무리 훌륭한 책을 만들어도 가격이 너무 비싸면 독자가 멀어진다. 정가를 최대한 제한하여 독자가 구매할 만한 책을 만들기 위해서 편집자는 디자이너나 인쇄 회사와 머리를 맞대고 지혜를 짜낸다.

"책 사양에 대해서 먼저 상사 분들과 상의해 보시는 게 어떨까요."

우라모토가 조언했다. 나카이도가 자꾸 우라모토를 힐끔거린다. 주제넘은 말은 삼가라는 신호일까.

"다들 바쁘셔서…… 제가 제일 말단이라 상담하기가 쉽지 않네요."

아마쿠사가 쓴웃음을 짓는다. 약점도 스스럼없이 드러내는 무방비한 모습이 우라모토에게는 오히려 신선하게 느껴졌다.

"괜찮으시면 저희 회사 디자인 파트와 상담해 보실 수도 있습니다만."

"디자인은 구사카 선생이 바라는 대로 고구레 요이치 씨에게 의뢰하게 될 것 같습니다."

아마쿠사 입에서 튀어나온 이름에 저도 모르게 "오오!" 하고 놀라는 소리가 나왔다. 고구레 요이치는 수많은 베스트셀러의 장정을 담당한 거장이다.

"고구레 씨하고는 연락해 보셨습니까."

"아뇨, 앞으로 해야죠."

아무래도 모든 이야기가 아마쿠사와 작가 구사카 사이에서만 오간 상태인 듯했다.

일단은 계획이 어느 정도 구체화되어 사양을 전달해 주면 우라모토 측에서 개산견적서를 보내기로 하고 상담을 마쳤다.

헤어질 때 우라모토는 자기 이력을 아마쿠사에게 이야기했다.

"실은 전에 월드인쇄에서 영업을 했었습니다."

"네? 그랬습니까. 미리 말씀해 주셨으면 좋았을 텐데요."

월드인쇄에 불만을 잔뜩 늘어놓은 아마쿠사는 난처한 듯 쓴웃음을 지었다.

"하지만 저는 서적이 아니라 상품 패키지 인쇄를 담당했어요."

"월드에서 왜 도요즈미로 옮기신 겁니까?"

"책을 만들고 싶어서요. 특히 문예서를 만들고 싶어서 서적 인쇄가 중심인 도요즈미인쇄로 옮겼죠."

"저랑 같군요. 이야, 우라모토 씨에게 부탁하길 더욱 잘했다는 생각이 듭니다."

아마쿠사의 배웅을 받으며 계단을 통해 1층 로비로 내려왔다. 현관홀에서 회색 슈트에 살집도 적당하고 키도 적당한 남자가 스쳐지나갔다. 우라모토의 시선은 남자의 목깃에 달린 회사 로고에 빨려들었다. 'W'. 월드인쇄 영업맨이다.

자동문을 향해 걸으며 우라모토는 나란히 걷는 나카이도를 곁눈으로 힐끔 쳐다보았다. 나카이도도 월드인쇄 영업맨을 알아본 듯했다.

사옥 밖으로 나오자 우라모토는 "이제 겨우 카운터펀치 한 방 먹였네"라고 중얼거렸다.

아마쿠사하고는 앞으로 오래도록 거래하게 될 것 같다. 그런 예감이 든다. 시부야 역을 향해 미야마스자카를 내려가면서 우라모토는 기대감으로 가슴이 부풀었다.

하지만 나카이도가 어두운 얼굴로 말했다.

"이 일은 급하게 떠맡지 않는 게 좋겠어."

"왜요?"

갑작스런 찬물이 우라모토는 납득이 가지 않았다.

"아마쿠사 씨 혼자 의욕만 앞서서 하는 얘기이고, 앞으로 어떻게 될지 아직 몰라. 가령 수주하더라도 단발로 끝나기 쉬운 안건이야."

"모처럼 분유칸과 거래를 틀 기회입니다. 더구나 월드한테서 빼앗아 오는 거고."

"일감을 놓고 월드와 싸워 봐야 서로 제 살 파먹기야."

"그럼 그냥 당하기만 하라는 겁니까?"

"월드는 출판인쇄 점유율을 석권할 작정으로 움직이고 있어. 싸우는 방식부터가 차원이 달라. 우리는 기존 고객을 소중히 여기고 신규 거래처 획득도 지금의 고객을 바탕으로 확대해 나가야 한다고 봐."

우라모토는 귀한 고객을 월드인쇄에 빼앗겼다. 게이단샤의 오다에게 물먹은 것이 아무리 생각해도 분하다.

"업계 전체가 성장하는 추세라면 경쟁사 고객을 야금야금 빼앗아 와도 좋겠지. 하지만 우라모토 씨는 종이책 매출이 극적으로 회복될 거라고 보나?"

"회복은 안 되더라도 좋은 책은 팔리는 게 사실이죠."

"물론 그래. 하지만 그 좋은 책을 만드는 것은 작가나 출판사 몫이지 우리 업무 영역이 아냐."

그렇다고 영역 밖은 아니다. 그렇게 반론하고 싶었지만 나카이도가 계속 말했다.

"우라모토 씨는 책을 만들고 싶어서 도요즈미인쇄를 택했다고 하지만, 종이책의 전체 매출을 보면 앞으로 성장할 일은 없어. 그 현실을 직시하지 못하면 그만두는 게 나아."

회사 설명회 때가 생각난다. 섣부른 희망을 품고 들어오는 신졸 채용자는 오래 버티지 못한다.

"그렇게 어려운 상황을 직시하면서 나카이도 씨는 어떻게 이렇게 여유롭게 있을 수 있죠?"

나카이도는 "여유롭긴 개뿔" 하고 웃으며 말을 이었다.

"나는 여차하면 부모님 가업을 거들면 어떻게든 먹고살 수 있어."

"가업이 뭔데요?"

"팥소 공장. 팥소 만드는 회사야. 야마나시 고향집에서 형님이 물려받아 운영하고 있지. 사원이 서른 명쯤 되는 작은 회사지만."

종전 직후 조부가 창업하고 70여 년 동안 제빵회사나 화과자점에 납품하고 있다고 한다.

"팥소 업계도 화과자나 팥빵 수요가 줄어서 쉽지 않아. 하지만 3대째인 형님은 아들에게 물려주겠다고 애쓰고 있지."

그 지역의 관록 있는 화과자점에게 팥소를 쓰는 일본식 과자를 개발한다면 지원하겠다고 제안하거나, 거래하는 제빵 회사에 팥소를 넣은 식빵을 제안하여 상품화하는 등 기존 고객과의 관계를 심화하고 있다고 한다.

"아버지가 그러더군. 팥소 기계를 쉼 없이 돌아가게 하는 것은 고객과의 신뢰 관계라고. 그 신뢰 관계는 사원들이 매일 하는 작업을 통해서 쌓이는 거라고."

"하루하루 할 일을 실수 없이 마치는 것, 그런 말이군요."

나카이도가 했던 그 말에는 팥소 공장을 운영해 온 부친의 사고방식이 스며 있는지 모른다.

"인쇄 회사도 마찬가지야. 매일 하는 작업을 통해 고객의 신뢰를 얻고 일감이 끊이지 않게 하는 것. 인쇄기 다섯 대를 쉼 없이 돌리는 것이 생존의 바로미터야."

"나카이도 씨는 왜 도요즈미인쇄를 선택한 거죠? 인쇄업계는 성장이 막혔다, 현실을 직시하지 못할 거면 그만두는 게 낫다고 하시면서, 왜죠?"

"인연이랄까. 구직 활동을 하다가 들어온 곳이 도요즈미인쇄였어. 할 수 있는 만큼 다 해 보자는 생각으로 일해 왔는데, 어느덧 입사 17년차더군."

늘 냉정해서 메마른 인상을 풍기는 나카이도 입에서 '인연'이란 인간미 넘치는 말이 나온 것이 뜻밖이었다.

"우라모토 씨는 어때. 침몰을 대비한 탈출용 보트는 마련되어 있나?"

"아뇨, 저는 아무것도 없어요."

우라모토의 아버지는 요코하마의 식품회사에서 일하는 샐러리맨. 가업을 잇는다는 선택지도 없다.

"나카이도 씨는 인생 설계도 확실하게 해 놓았군요."

"쉽게 탈출용 보트를 이용할 생각은 없어. 다만 늘 최악의 상황을 상정하면서 그런 사태를 부르지 않겠다는 각오로 일하고 있을 뿐이지."

미야마스자카를 다 내려가 역전 인파 속으로 들어갔다.

"이야기가 많이 샜지만 이번 분유칸 건은 헛물켜지 않도록 조심하는 게 좋아."

1주일 뒤 아마쿠사가 개략적인 제작 설계를 메일로 알려 주었다. 디자이너는 고구레 요이치. 아마쿠사가 구상하던 호화찬란한 구상과는 딴판으로 현실적이고 효과적인 사양으로 변해 있었다.

그 메일을 근거로 우라모토는 개산견적서를 냈다.

나카이도의 우려에 아랑곳없이『나가시노의 바람』수주는 금세 결정되었다.

후지미노 공장 관리동 회의실에 무거운 공기가 흐르고 있었다.

노즈에 마사요시는 일이 어려워지겠다고 직감했다.

"불가능한 작업은 아냐. 다만 할 거냐 말 거냐가 문제지."

지로 씨가 신음하듯 말했다.

참석자 손맡에는 본사에서 정기편으로 온 제작설계서 사본이 배포되어 있었다. 다들 사본을 내려다보며 떨떠름한 표정을 숨기지 않았다.

매월 두 번 열리는 라인관리자 회의는 임박한 작업에 관한 정보를 공유하고 과제를 확인하기 위한 것이다. 오늘 안건은 인쇄를 한 달 앞둔『나가시노의 바람』초판 5만 부. 의뢰주는 이번에 스폿 발주를 한 분유칸, 장정은 거장 고구레 요이치라고 적혀 있어서 평소의 여타 작업과는 차원이 달랐다.

"영업부 형아들은 아무 생각이 없나? 종이 발주와 인쇄기 스케줄도 빡빡하잖아. 이 시기면 명절 연휴 직후라 엄청 바쁠 텐데."

"어차피 아무 생각 없이 주는 대로 넙죽넙죽 받아왔겠죠."

──담당 영업자 우라모토 마나부.

제작설계서 사본에 나오는 영업 담당 이름을 보고 노즈에는 내심 혀를 찼다.

분유칸이 선택한 장정가 고구레 요이치는 인쇄 회사를 괴롭히는 디자이너로 업계에 유명하다. 개성이 강한 장정가는 종종 무리한 작업을 들이민다.

"개략이 이 정도니 본 게임에서는 훨씬 까다로워지겠지."

지로 씨가 손에 든 것은 고구레가 작성한 러프 이미지였다.

"이 가느다란 선 좀 봐. 죽어 봐라 이거지. 어떡하나."

1호기 기장 시바타가 다리를 꼬며 허탈한 웃음을 짓는다. 동정심도 조금 섞인 웃음이지만 어차피 자기 일이 아니다. 이 작품을 인쇄할 기계는 노즈에가 관할하는 5호기이다.

제작설계서에 따르면 엠보싱의 요철로 마방책을 도드라지게 하고 연초록 초원이 피로 물든 풍경을 풀잎 한 가닥 한 가닥이 구별될 정도로 그린다고 한다.

그것을 인쇄기로 실현하기란 지극히 어렵다.

먼저 풀밭 부분만 빼 놓고 인쇄하고 나서 흰색으로 남아 있는 풀밭 부분을 나중에 인쇄하는 '노크아웃' 인쇄를 해야 한다.

면 전체에 흙 색깔을 인쇄하고 그 위에 풀의 초록색을 얹는 오버프린트 방식으로 하면 혼색으로 색조가 달라져 버린다. 위에 얹는 컬러가 먹처럼 진한 색일 때는 문제가 없지만 연초록이므로 이런 방법을 쓸 수 없다. 노크아웃은 판이 1밀리미터라도 어긋나면 실패한다. 일반 인쇄용지로도 어려운 이 작업을 표면에 요철이 있는 엠보싱 종이에서 성공하려면 정신이 아뜩해질 정도로 정밀한 가공이 요구된다.

개산견적서를 내면서 우라모토가 노즈에게 전화로 공정 산출을 요구했다.

"분유칸의 신참 편집자가 처음 담당하는 소설이랍니다. 월드 쪽과 얘기가 잘 안 돼서 우리에게 들어온 작업입니다. 모쪼록 좋은 결론을 부탁드립니다"

우라모토의 후텁지근한 목소리에 진저리를 쳤다.

기술적 난점을 산더미처럼 나열하여 공정수를 늘려서 제품에 단념케 하는 편법이 머리를 스쳤다. 하지만 공정수를 사실대로 제시해서 영업맨에게 판단을 맡기는 것이 기술자의 정도이다.

"준비를 해 두되 나중에 뒤엎어 버리는 방법은 없을까."

지로 씨가 턱수염을 쓸며 중얼거렸다.

"그건 영업부에서 할 일입니다. 우리는 확정된 사양을 충실히 재현하면 그만이고."

"그야 그렇지. 미스터 꿍, 요즘 제법 관록이 붙었네. 자리가 사람을 만든다더니, 맞는 말이야."

완벽하게 대비해 두지 않으면 그 불안감은 부하직원들에게 전

염된다.

"영업 쪽에 연락해서 확실히 해 두자고."

그 자리에서 우라모토의 휴대 전화에 전화를 걸었다. "우라모토입니다"라는 대답 너머로 바람 소리가 들린다. 우라모토는 밖에 나가 있는 듯했다.

"지금 『나가시노의 바람』 작업 공정을 짜고 있는데, 사양 변경은 없나?"

"겁나는 소리네. 변경은 절대 없을 거라고 장담하고 싶지만…… 소소한 변경은 늘 있었잖아."

"당신 특기인 싹 갈아엎는 거나 다름없는 대대적인 사양 변경은 없느냐고 묻는 거야."

"내가 그렇게까지 신뢰를 잃었나."

"신뢰하지 않는 거야 오래된 일이지만, 이번에는 의뢰주가 평소 거래가 없던 분유칸인데다 장정을 고구레 요이치 씨가 한다잖아. 작업 직전에 사양을 변경해서 또 휘둘리지나 않을지 지로 씨가 걱정하고 있어."

우라모토는 잠시 말이 없었다. 그리고 "없어"라고 단언했다.

"알았네. 예정대로 준비하지."

"분유칸도 상당히 공을 들이고 있어. 신입 편집자가……."

통화를 마치려고 할 때 우라모토가 급하게 보태는 말소리가 들렸지만 그냥 끊었다.

"사양이 대폭 변경되는 일은 없다고 약속 받았어요."

"자네 통화는 여전히 징그럽게 냉랭하구먼."

"나긋하게 군다고 작업이 진척되는 건 아니니까요."

"우리 가끔은 같이 한잔 마시고 기분 좀 풀자고."

어이없다는 듯이 웃는 지로 씨에게 "다음에 하죠"라고 대답했다.

오전조가 퇴근하는 16시. 지갑을 열어 보니 1천 엔 권 두 장밖에 없다. 낭비를 막으려고 평소 현금은 거의 지니지 않지만, 월급날이 이틀이나 남았는데 당장 가진 돈이 2천 엔이라니 아무래도 주눅이 든다.

계좌에서 당장 쓸 용돈을 출금하려고 은행 ATM에 들렀다. 잔고를 조회하니 1만 엔이 채 안 된다. 계좌에 3천 엔만 남기고 5천 엔을 출금했다. 아무도 없는 ATM 코너에서 "잊은 물건은 없는지 확인해 주시기 바랍니다. 이용해 주셔서 감사합니다"라는 자동 안내 방송이 흘러나왔다.

통장의 출금 내역에 죽 인쇄되어 있는 것은 집세, 전기세, 수도세처럼 꼭 필요한 경비가 대부분이다. 그중에 매월 처남 계좌로 이체되는 목돈이 있다.

'하루카와도시아키 100,000'

'하루카와도시아키 80,000'

'하루카와도시아키 130,000'

착실하게 생활하는데도 돌아오는 게 전혀 없다는 기분이다. 출금 내역을 바라볼 때마다 생각한다.

나는 무엇을 위해 일하고 있지?

처남 도시아키는 꿈을 말하는 남자였다.

연극단원으로 활동하며 27세가 되도록 마땅한 직업도 없고 저금도 없던 처남이 심각한 병에 걸렸다. 부모는 일찍 타계하여 달리 의지할 가족도 없었다. 그 구멍을 매형 노즈에가 메워 주고 있다.

『개미와 베짱이』는 게으르게 살다가 죽은 베짱이에게 착취당한 개미 이야기였을까.

조용한 ATM 코너 안에서 통장을 덮자 다시 이명이 시작되었다.

ATM 코너에서 나왔다. 자동차 달리는 소리에 신경을 돌려 보았다.

──가끔 한잔 마시고 기분을 풀자.

지로 씨의 말에 이끌린 것처럼 지방도로에 면한 꼬치집에 들어갔다. 2년쯤 전 지로 씨를 비롯한 공장 동료들과 술을 마시고 처음 와 본다.

아직 5시도 안 되었지만 주점은 근처 단골로 보이는 중늙은이들로 북적였다.

노즈에는 카운터석에 앉아 생맥주 한 잔과 '조금은 괜찮겠지' 하는 마음으로 파닭과 염통과 간을 한 꼬치씩 주문했다.

간만에 마시는 맥주가 내장에 스며들었다. 취기로 몸이 풀어지자 마음도 서서히 풀어졌다. 파닭 꼬치를 안주로 생맥주 한 잔을 비우자 이명 현상도 사라졌다.

접시에 염통과 간이 남아 있었다.

한 잔만 추가하면 되겠군, 하고 스스로 타이르고 고구마소주 미즈와리를 주문했다.

그리고 배낭에서 단행본 한 권을 꺼내 카운터 위에 펼쳤다.

모토미야 고타로의 엽기 미스터리 『행방불명의 집』. 두 달 전 노즈에가 인쇄한 소설이다.

노즈에는 미스터리 소설을 즐겨 읽는다. 복잡한 수수께끼를 풀다 보면 일상에서 해방되는 기분이 들기 때문이다. 서적 인쇄에 종사하는 자로서 자신의 돈으로 사 읽고 싶지만 여유가 없어 도서관에서 빌려다 본다.

"어디 빈자리가 있나."

주점 내 소음 사이로 귀에 익은 목소리가 날아왔다. 포렴을 헤치며 들어선 남자와 눈이 마주쳤다.

당황해서 외면하려고 했지만 이미 늦었다.

"어이, 미스터 꿍! 이 친구 보게, 한잔하자고 할 때는 싫다고 하더니 여기서 꿍한 얼굴로 혼자 마시나?"

"죄송합니다."

지로 씨는 노즈에 옆에 털썩 앉아 병맥주를 시켰다.

"요즘 피곤하지 않아? 괜찮은 거야?"

"피곤해요. 이명 증상도 있고."

"그럴 땐 '아뇨, 괜찮습니다'라고 말해야지."

카운터 너머에서 주인이 얼른 병맥주를 내놓았다. 노즈에가 받아 들고 지로 씨의 잔에 따랐다.

"요즘 영업부의 답답한 일처리 때문에 죽겠어요. 특히 우라모토가 가져오는 일감에 휘둘려서 부하들도 힘들어합니다."

"그 아이 말이군. 저도 나름 애쓰는 것 같던데. 왜 그렇게 싫어하지?"

"이상을 말하니까요."

스스로 놀랄 정도로 냉큼 대답이 나왔다.

"그 사람뿐만 아니라 이상을 말하는 놈들은 믿을 수 없어요. 독선적이고 자기 생각을 관철하기 위해서라면 남들 희생도 마다하지 않는 자들이니까."

지로 씨는 "자네 말부터가 꽤 독선적인 것 같은데" 하며 고개를 갸웃했다.

퇴근길로 보이는 중년 남성 세 명이 들어와 카운터석에 앉았다. "병맥주", "하이볼", "나도 하이볼" 하고 저마다 주문하고 주인이 내준 물수건으로 얼굴을 닦으며 흡족한 표정을 짓는다.

노즈에도 2년쯤 전까지는 그들처럼 종종 동료들과 술을 마시러 왔다. 일을 끝내고 마시는 술은 달았다. 하루 노동을 마치고 누리는 소소하지만 확실한 행복이었다.

"이상을 떠드는 인간은 대개 무책임한 놈들이죠."

투병하기 전의 처남 얼굴이 어쩔 수 없이 뇌리에 떠오른다. 결혼 전 양가 상견례 때 처남만 수다스러웠다. 취직하지 않고 계속 연극을 할 거라면서.

"저는 회사 같은 조직에서 얌전히 일하며 살 사람이 못 됩니다."

그 말에는 '나는 특별한 사람이니까'라는 자아도취가 깔려 있는 게 훤히 보이는 듯했다. 자기가 출연하는 연극을 보러 오라고 했지만 적당한 구실을 대고 사양했다.

"이상을 말하는 놈이니 뭐니는 젖혀 두고…… 기왕 매일 하는 일인데 가능하면 즐겁게 일하는 게 좋지. 자네, 나긋하게 군다고 일이 진척되는 건 아니라고 했었지?"

"예. 사실이 그렇잖아요."

"하지만…… 냉랭하게 일하는 거, 간단히 말해서 재미없잖아."

"원래 그런 거잖아요. 재미없는 일, 귀찮은 일을 하니까 월급이 나오는 거고."

노즈에에게는 일에서 재미를 찾는다는 발상이 없었다. 일은 생계를 위한 수단이고, 그래서 더 제대로 하려는 것이다.

"자네는 천생 미스터 꿍이군. 귀찮은 일이지만 어차피 해야 할 일이라면 최대한 기분 좋게 하는 게 낫지."

지로 씨는 잔에 남은 맥주를 다 비우고 손수 따랐다.

"열여덟 살에 수습사원으로 처음 잉크를 만질 때 나를 가르치던 기술자가 그러더군. '잉크와 종이는 호흡이 맞아야 해. 종이는 숨을 쉬지. 살아 있는 생물이야'라고 말이야."

또 그 이야기. 벌써 수십 번은 들었지만 차마 그 말은 하지 않았다.

노즈에는 염통 두 점을 씹으며 지로 씨 이야기에 귀를 기울였다.

"잉크를 배합해서 필요한 색을 만들지. 똑같은 작업의 반복인데 나오는 결과는 매번 다르단 말이야. 종이에 묻혀 보면 더욱 그래. 그날의 습도나 온도, 종이의 상태, 이런저런 조건이 뒤얽혀서 뜻대로 나오질 않아. 인쇄기도 그럴 거야."

"정말 기계 주제에 기계적으로 작업하게 해 주질 않아요. 잉크양 설정, 판 세팅, 종이 쌓는 방식. 그런 것들이 딱딱 맞지 않으면 녀석은 금방 성깔을 부리죠."

각 기계마다 역할 분담이 있기도 하지만 기계마다 버릇이나 개성 같은 것이 있다.

"나도 까다로운 작업이 들어오면 아침에 출근하고 싶지 않을 때도 있어. 그런데 손을 움직이다 보면, 참 신기하지, 이런저런 잡념들이 싹 사라지거든."

"사실 쓸데없는 생각에 빠질 틈이 없죠."

컬러가 기대한 대로 나올지, 비뚤어지지도 않고 지저분한 얼룩도 없이 본문을 인쇄할 수 있을지. 늘 신경을 쓰며 작업에 몰두한다. 그때는 평소의 근심거리도 잊는다.

이명을 겪는 것도 작업을 마치고 조용한 곳에 있을 때이다.

"컬러가 생각대로 나온 날은 일을 잘했다 싶고 실패한 날은 기분도 찜찜하고 주눅이 들지. 기술자의 하루하루는 그 둘 가운데 하나야."

극단적인 단순화이긴 하지만 오늘 하루 일 잘했다고 느끼는 날이 많은 게 당연히 더 좋다.

주점 미닫이문을 열고 남녀 네 명이 들어왔다. 자리는 거의 만석. 술이 제법 들어갔는지 자리마다 목소리가 커지고 있다. 해방감 가득한 기분 좋은 소란이다.

"지로 씨, 인쇄 회사는 모노즈쿠리라고 생각하세요?"

"갑자기 뭔 소리야. 우리에게 책이란 제조하는 게 아니라 찍는 거야. 모노즈쿠리라고 생각해 본 적 없어."

"그렇죠."

"하지만 모노즈쿠리라고 생각해서 일이 조금이나마 재미있어진다면 그것도 나쁘지 않지. '인쇄 회사는 모노즈쿠리이다'. 나는 나쁘지 않다고 생각해."

"지로 씨가 말하니까 또 다르게 들리네요."

"내가 카리메로머리에 알 껍데기를 뒤집어쓴 까만 병아리 캐릭터로 유명 만화의 주인공가 있잖아."

"카리스마겠죠."

6시 반, 주인이 텔레비전 채널을 바꾸었다. J리그 우라와레즈의 시합 중계가 시작되려 하고 있었다. 축구 관전은 얼마 안 되는 취미 가운데 하나이다. 요즘은 경기장에 갈 여유도 없어서 가끔 텔레비전을 보며 조용히 레즈를 응원하고 있다.

"먼저 실례할게요. 이걸 보기 시작하면 끝날 때까지 자리를 뜨지 못할 겁니다."

노즈에가 텔레비전을 가리키며 말했다.

"뭐? 이제 겨우 6시 반이야."

"집에 가서 아이들과 텔레비전으로 보려고요."

함께 축구 시합 중계를 보며 축구 이야기를 하면 아이들의 앙금도 풀릴지 모른다.

"그래? 계산서는 두고 가."

"아뇨, 더치페이로 하죠. 오늘은 내 돈으로 마시는 데 의미가 있는 거니까요."

"이상한 놈일세. 좋아, 알았어. 다음엔 자네가 기절할 때까지 마실 수 있게 내가 한턱 쏘지."

"즐거웠습니다."

술값은 1200엔. 뒷덜미를 끌어당기는 듯한 아나운서의 목소리를 들으며 주점을 나섰다.

집에 돌아가 보니 식탁에 무말랭이무침과 말린 전갱이구이가 준비되어 있었다. 식탁 너머에 멜론이 든 상자가 놓여 있었다.

"뭐야 이건?"

설거지하는 사오리의 등을 향해 물었다.

"아, 그거…… 도시아키가, 보낸 거야. 매형 고맙다고."

사오리는 싱크대를 향한 채 설거지하는 손길을 멈추지 않고 말했다.

대형 그물무늬 멜론은 요란한 나무상자에 담겨 있었다. 백화점

식품매장에 진열될 법한 고급 멜론이다. 5천 엔은 넘을 것이다.

상식에 얽매이지 않는 처남의 웃는 얼굴이 눈앞에 떠오른다.

'무슨 생각으로 사는 놈인지.'

노즈에는 온몸의 피가 끓어오르는 듯한 분노를 억제하려고 "고급 멜론이네. 먹기 아까우니까 장식품으로 쓸까" 하고 냉소했다.

사오리는 아무 반응도 없이 설거지를 하고 있다.

"이 돈은 어디서 나서……."

저도 모르게 중얼거린 한 마디에 사오리의 어깨가 움찔 떨었다.

"오늘 밤 냉장고에 넣어 두었다가 내일 자를게."

"난 됐어. 셋이서 먹어."

분노를 진정시키고 냉장고에서 보리차를 꺼내 컵에 따랐다. 사오리가 설거지하던 손을 멈추었다.

"어디서 술 마시고 온 거야?"

노즈에는 순간 입을 다물고 숨을 삼켰다. 그러나 이내 생각을 바꿨다. 술을 마시면 어때서.

"안 돼?"

"아니, 그런, 그런 말이 아니라…… 미안해."

"안 되느냐고 묻잖아!"

거실 너머 아이들 방의 맹장지가 살짝 움직였다. 문틈으로 고타인지 요타인지 눈동자가 보였다. 눈이 마주친 순간 맹장지가 닫혔다.

우라모토 마나부는 스톱워치를 확인했다. 제한시간 3분까지 20초 남았다.

"뭔가를 시작하기로 결심하는 데 너무 늦는 경우란 없습니다. 그걸 가르쳐 준 후치타 시게루 씨의 『슬로우 스타터』. 여러분께 꼭 권해 드리고 싶습니다."

우라모토는 『슬로우 스타터』 2쇄 단행본을 가슴 높이로 쳐들어 보이고 발표를 마쳤다. 참석자들이 모두 젓가락을 내려놓고 박수를 쳐 주었다.

참석을 원하는 사람들이 점심시간에 휴게실에서 부정기적으로 여는 '도요즈미 비블리오 배틀'. 추천하고 싶은 책을 가져와 각자 발표하고 참석자들의 투표로 가장 읽고 싶은 책을 선정한다. 두 달 만에 참석한 우라모토는 두 번째 우승을 기대하게 하는 반응을 느끼고 있었다.

오늘의 마지막 발표자는 데이터 제작부의 후쿠하라 에미. 7번의 우승을 자랑하는 여왕이 등단했다. 압도적 독서량을 통해 오늘은 어떤 작품을 내놓을지, 참가자들의 뜨거운 시선이 집중된다.

후쿠하라는 소프트커버 단행본을 발표용 북스탠드에 세웠다.

"제가 추천하고 싶은 책은 이겁니다."

표지에는 복면 레슬러가 상대 레슬러에게 래리어트 기술을 구사하는 사진이 실려 있다.

"《프로레스매거진》의 별책『시사사자의 모양을 띤 오키나와의 상징 래리어트』입니다."

참석자들은 점심을 먹던 손길을 멈추고 웅성거렸다.

"후쿠하라 씨 프로 레슬링 팬이었어요?"

"아뇨, 프로 레슬링은 한 번도 본 적 없어요. 그런데 지난주에 이 책을 읽고 나니 보고 싶어지네요."

청중의 의문에 답하면서 후쿠하라의 발표는 이미 시작되고 있었다.

프로 레슬링 잡지《프로레스매거진》에 연재된 것을 모아 별책으로 만든『시사 래리어트』는 오키나와의 한 섬에서 결성된 지역 프로 레슬링단 '추라우미 프로 레슬링'의 궤적을 단장 '시사 가면의 다케루'가 쓴 자전적 소설이다.

세 명을 단원으로 해서 결성된 약소 프로 레슬링단은 관객도 없는 모래사장 링에서 매주 3번 흥행을 계속한다. 진검승부 흥행 탓에 온몸은 상처투성이가 되었지만 그런 그들 주위에 야유를 날리는 취객들, 여름 방학을 맞은 초등학생들이 모여들면서 관중이 늘었다. 야유는 응원 소리로 바뀌고 단원도 늘고 팬이 생겨서 마침내 지역 프로 레슬링단이라는 커다란 흐름을 불러일으킨다.

맨몸 하나로 레슬러라는 꿈을 이룬 단장 시사 가면의 다케루. 그러나 그의 앞에는 경영자가 겪어야 할 고민들이 기다리고 있었다.

"현실은 소설보다 기이하다고 하죠. 저는 이 지방 프로 레슬링단의 궤적을 읽으며 픽션과 논픽션의 경계를 알 수 없게 되었고 이 이야기에 몰입해 갔습니다."

고락을 함께한 동료의 이탈, 단체의 분열 위기, 이벤트 회사의 사기로 겪은 자금난. 출범 20주년을 맞아 나이와 함께 쇠퇴해 가는 필살기 시사 래리어트를 젊은 단원들에게 넘기고 링을 떠나기로 결심하는데…….

"그러나…… 시사 가면의 다케루 씨는 지금도 링에 오르고 있습니다. 그 이유를 여러분이 이 이야기의 마지막 장까지 읽고 확인하시기 바랍니다."

매번 숨은 명작을 발굴하는 그녀의 발표에는 책의 은총을 공유하고자 하는 마음과 핵심적인 내용에 대한 언급을 삼가는 절묘한 배려가 있었다.

"마지막으로…… 장기 휴가를 낼 수 있다면 '추라우미 프로 레슬링'을 보러 오키나와에 가 볼 생각입니다."

후쿠하라는 상사 시라오카 에리코를 힐끔 쳐다보며 오키나와 여행을 선언하고 웃는 얼굴로 발표를 마쳤다.

"읽고 싶네!"

"프로 레슬링이 보고 싶어지네."

오늘 발표 중에 가장 요란한 박수가 터졌다. 우승은 누가 봐도 분명했다. 우라모토는 다음 기회를 다짐하며 후쿠하라에게 존경을 담아 박수를 보냈다.

책을 만드는 회사에서 책을 사랑하는 사람들이 모여 서로 일독을 권하는 이 시간은 농밀하고 행복한 한때였다.

책이 팔리지 않는 세상이 되었다는 사실 따위는 다 잊어 버릴 만큼.

──21시, 분유칸, 아마쿠사 씨와 상담 후 복귀.

저녁 8시 20분 우라모토는 화이트보드에 오늘의 마지막 일정을 써 두고 회사를 나섰다. 아마쿠사에게 『나가시노의 바람』 초교지를 전하기로 되어 있었다.

장마가 끝난 직후부터 도쿄는 맹렬한 무더위가 이어져 저녁이 되어도 전혀 시원해지지 않는다. 손수건으로 땀을 훔치며 유라쿠초 선 고코쿠지 역 플랫폼에 내려서자 우라모토의 휴대 전화에 문자가 왔다.

'우라모토 씨, 오늘 약속을 바꿨으면 합니다.'

문자에는 다른 장소의 URL이 첨부되어 있었다.

약속 장소로 지정된 곳은 신주쿠의 주점이었다.

우라모토는 놀랐다. 지금까지 고객을 접대한 적은 있어도 편집자에게 접대를 받아 본 적은 없다. 황당하게 무리한 요구라도 내놓으려고 하나. 불안이 스친다.

아마쿠사는 상석에 앉아 기다리고 있었다. 의자 등받이에 몸을 맡긴 채 졸고 있다. 조는 얼굴을 가리려는지 뉴스보이캡을 눈까지 내려오게 눌러썼다.

다국적풍 실내는 젊은 손님들로 북적였다. 안쪽 반개실에서는 건배소리가 들려왔다.

"제가 늦었군요."

우라모토가 말을 건네자 아마쿠사가 움찔하며 얼굴을 들었다.

테이블에는 구사카 도요노부의 대표작 『에치고의 새끼 호랑이』 문고본이 놓여 있었다.

우에스기 겐신의 양자로서 중압을 안고 에치고를 이끈 우에스기 가게카쓰의 고뇌와 그 인품을 그린 장편 소설이다.

"수고하셨습니다."

아마쿠사는 피곤한 얼굴로 모자를 벗었다. 우라모토는 저도 모르게 "어?" 하고 놀라는 소리를 냈다.

"출가했어요."

훤히 드러난 까까머리를 오른손으로 어루만지며 아마쿠사는 힘없이 웃었다.

아마쿠사의 자학적인 이야기에 따르면 모 거물 사회학자와 만나기로 해 놓고 늦잠 때문에 약속을 어겨서 신서 집필 이야기가 취소될 뻔했다고 한다.

"반성하는 뜻에서 머리를 밀었습니다."

"그 사회학자분께는 용서를 받았어요?"

"푸르딩딩한 까까머리 보고 싶지 않으니 당장 돌아가라고 하더군요."

아마쿠사는 감자 같은 머리를 가리켰다.

"그래도 간신히 원고는 받기로 얘기가 되었습니다."

"잘됐군요. 다 아마쿠사 씨의 인덕 덕분이죠."

역시 이 젊은이에게는 도와주고 싶게 만드는, 상대방을 혹하게 하는 구석이 있다.

"이건 『나가시노의 바람』 초교쇄입니다. 아마쿠사 씨가 처음 담당하는 소설이 드디어 교정쇄가 되었군요."

우라모토는 애써 밝게 말하며 교정쇄 봉투를 내밀었다.

아마쿠사는 교정쇄를 꺼내 들춰보았다.

"고맙습니다. 감개가 무량하네요."

교정쇄를 사랑스러운 눈빛으로 바라보던 아마쿠사가 이내 우울한 표정으로 돌아가 지친 웃음을 짓는다.

"만들고 싶었던 소설 단행본을 겨우 만들 수 있게 되었는데…… 정작 이 작업에 전혀 시간을 내지 못하고 있습니다."

생맥주 중짜를 절반쯤 비웠을 뿐인데 아마쿠사의 얼굴이 새빨개졌다.

"실용서나 잡지 쪽 업무가 바쁜가요?"

"그렇기도 하지만 간행 종수를 늘리라는 압박을 받고 있어서…… 편집부원마다 기획서를 매달 최소한 10개를 제출하고 매달 4종 이상 출간하랍니다."

도서의 전체 매출이 하강 곡선을 그리는 가운데 언제 어떤 책이 히트할지 알 수 없다. 따라서 끊임없이 기획안을 내고 제작해나간다. 이것이 편집부의 방침이라고 한다.

"쉽게 말해서 마구 쏘다 보면 하나는 적중할 거란 말이죠."

"편집자에게도 목표량이 부과되는군요."

우라모토와 같은 인쇄 영업맨에게 기간별 매출이나 인쇄기 가동률이 목표량이 되는 것처럼 편집자도 높은 목표량에 쫓기고 있는 것이다. 간행 종수나 부수가 적으면 추궁을 당한다.

"기획안이 술술 떠오르는 것도 아니고 시간적으로도 벅찹니다. 요즘은 업무 밖 인간관계는 거의 사라졌어요."

아마쿠사는 취한 눈으로 개인적인 이야기를 시작했다. 학창 시절부터 사귀던 여자와 두 달 전 헤어진 것, 너무 바빠 친구들이 모이는 술자리에 나가지 못해 친구들과 소원해지고 있다는 것 등.

"아마쿠사 씨, 어차피 우리 나이쯤 되면 동창과 어울리는 일이 거의 없어집니다. 그래도 진짜 친한 멤버들과는 가늘고 길게 만남이 이어지죠."

인생 선배나 되는 것처럼 말하네, 하고 경계하면서도 "10년쯤 더 산 사람의 경험이니까 참고하시길"이라고 덧붙였다.

"뭐 지금은 『나가시노의 바람』을 만들고 있다는 것만이 유일한 버팀목입니다."

아마쿠사는 희미하게 웃으며 맥주잔을 비우고 이번에는 하이볼을 주문했다.

"구사카 도요노부 씨 작품은 심금을 울립니다."

아마쿠사는 테이블에 둔 문고판 『에치고의 새끼 호랑이』를 집어 들고 취한 눈으로 표지 그림을 들여다보았다. 비사문천毘沙門天

의 '毘' 자가 그려진 기치 앞에 눈을 감고 앉아 있는 무장이 바로 우에스기 가게카쓰이다.

"아버지가 재팬무비의 임원이세요. 그 아버지 백으로 분유칸에도 들어갈 수 있었던 겁니다."

재팬무비라면 분유칸의 많은 책을 영화로 만들고 있는 제작 회사이다. 아버지가 책을 좋아하는 아들을 분유칸에 입사시키려고 연줄을 동원했다고 한다.

"아마쿠사 씨가 담당한 소설도 아버님 회사에서 영화화할 수 있겠군요."

우라모토는 그렇게 말하다가 흠칫 입을 다물었다. 부모 연줄을 활용하라는 말 아닌가.

"뭐 그렇겠죠."

아마쿠사는 쓸쓸하게 웃으며 말했다.

안쪽 반개실에서는 저희들끼리 웃고 떠드는 소리가 들려 온다. 아마쿠사는 거의 아무것도 먹지 않고 하이볼을 마시며 『나가시노의 바람』에 거는 기대와 향후 할 일에 대한 불안을 토로했다. 우라모토도 아마쿠사의 페이스에 맞춰 술을 마시며 최대한 공감하는 태도로 이야기를 들어 주었다.

입사 2년차인 아마쿠사에게는 요즘 매일 엄격한 지시가 떨어지고 있다고 한다.

"회사 사람한테는 이런 말도 할 수 없고 친구에게 일 얘기를 해 봐야 무슨 소린지 알 수 없을 테고. 우라모토 씨가 딱이에요."

서로 마지막 잔을 비웠다. 우라모토는 계산서를 집어 들었다.
그러자 아마쿠사는 "잠깐만요" 하며 테이블 위로 상체를 숙였다.

"우라모토 씨, 더치페이로 하시죠."

"아뇨, 이건 우리 회사에서."

"오늘은 일이 아니라 사적으로 만나 얘기한 거니까요."

몹시 취했고 정신적으로도 피로가 쌓인 것처럼 보인다.

"알겠습니다. 오늘은 깔끔하게 더치페이로 하죠."

"우라모토 씨, 『나가시노의 바람』이 출간되면 축배를 들자고
요."

"좋죠……."

우라모토가 대답하자 아마쿠사의 표정에 생기가 살아났다. 정
말로 소설을 좋아하나 보다.

"선배 편집자들도 깜짝 놀랄 끝내주는 책을 만듭시다."

업무가 커다란 장벽에 부딪힌 아마쿠사를 외부인인 우라모토
가 직접 도울 수는 없다. 우라모토가 할 수 있는 유일한 일은 현
안으로 올라 있는 『나가시노의 바람』을 책으로 실현하는 데 진력
하는 것이다.

"우라모토 씨, 괜찮으시면 이거 읽어 보세요."

아마쿠사는 구사카 도요노부의 『에치고의 새끼 호랑이』를 우라
모토에게 내밀었다.

"귀한 책이네요."

"나는 단행본도 갖고 있으니까요. 꼭 읽어 보세요."

실은 우라모토도『에치고의 새끼 호랑이』는 학창 시절에 두 번이나 읽었다. 하지만 아마쿠사의 후의를 받아들였다.

"교정쇄, 분실하지 않게 조심하시고요."

아마쿠사하고는 주점 앞에서 헤어졌다. 아마쿠사는 몹시 취했지만 회사로 돌아간다고 한다. 가방에 넣은 교정쇄도 걱정이지만 아마쿠사의 상태도 걱정이었다.

우라모토는 신주쿠 역에서 야마노테 선을 타고 만원 전차에서 문고본『에치고의 새끼 호랑이』를 폈다.

주위 승객은 대부분 스마트폰을 들여다보고 있고 책을 보는 사람은 우라모토뿐이었다.

'에치고의 호랑이인 아버지는 까마득히 먼 존재다. 하지만 새끼 호랑이는 강자를 따르며 살아남았다.'

양부 우에스기 겐신의 뒤를 이어 도요토미−도쿠가와 시대를 살아 간 가게카쓰의 생애를 이야기하는 프롤로그의 한 문장이다. 이 작품을 늘 곁에 두는 아마쿠사는 영화계의 호랑이인 아버지의 그늘 밑에서 발버둥치고 있을 것이다.

이번『나가시노의 바람』도 부친 다케다 신겐에게 풍림화산風林火山의 기치를 물려받은 다케다 가쓰요리의 고뇌를 중신 야마가타 마사카게의 시각으로 이야기하는 방식을 취하고 있다.

이 책이 완성되면 아마쿠사도 위대한 부친의 그림자와 지금보다 더 자신감 있게 맞설 수 있을지 모른다.

취한 머리로 그런 생각을 하며 규칙적인 전차 소리에 맞춰 이야기를 읽어 나갔다.

분유칸의 아마쿠사와 연락이 닿지 않게 된 것은 주점에서 만난 뒤 명절 휴가 직전이었다. 편집부에 매일 전화를 해도 자리에 없고 휴대 전화에 직접 걸어도 받지 않았다.

연휴가 끝나도 아마쿠사와 연락이 닿지 않았다. 본문은 재교쇄가 끝나는 단계까지 진척되어 있었다. 이제 슬슬 표지나 띠지 등의 인쇄를 위해 판을 만들어야 한다.

그때 걸려 온 전화 한 통이 도요즈미인쇄 영업 제2부를 뒤흔들었다.

"가쿠 짱, 고구레 씨라는 분이 바꿔 달라는데."

아르바이트로 일하는 기미요 씨가 곤혹스런 얼굴로 수화기를 내밀었다.

"고구레 씨라면, 그 고구레 씨 말예요?"

"어느 고구레 씨인지는 몰라도 느낌이 아주 안 좋은 사람이네요."

기미요 씨가 낯을 찡그렸다. 모리 부장을 비롯한 영업 제2부의 직원들도 아연 긴장했다.

"전화 바꿨습니다. 영업 제2부 우라모토입니다."

"구사카 도요노부의 『나가시노의 바람』은 댁이 담당하시오?"

"예, 제가 담당합니다."

"분유칸 편집자, 그 젊은 사람하고는 도무지 연락이 안 돼. 댁과 직접 얘기해야겠소."

인쇄 회사와 장정가 사이에는 출판사 편집자가 존재한다. 인쇄 회사와 장정가가 직접 논의하는 일은 거의 없다.

"실례합니다만 분유칸에서도 알고 있나요?"

"얘기해 두었소."

고구레는 귀찮다는 듯이 우라모토의 말허리를 잘랐다.

"표지 그림을 바꾸기로 했소."

"어떻게 바꾸실지 개요라도 말씀해 주시면……."

"샘플을 보여 줄 테니 바로 사무실로 오시오."

"몇 시쯤이 좋을까요."

"못 들었소? 바로 오라니까."

그대로 전화가 끊겼다.

분유칸에 전화해 보았지만 아마쿠사는 여전히 자리에 없었다. 전화를 받은 스즈키라는 남성 편집자에게 아마쿠사와 꼭 연락하고 싶다고 전했다.

그러자 스즈키는 말하기 거북한 듯이 입을 열었다. 실은 출판사의 어느 누구도 연휴 전부터 아마쿠사와 연락을 하지 못하는 상태라고 했다.

불길한 예감이 스쳤다. 아마쿠사의 휴대 전화에 걸어 보았지만 여전히 받지 않았다.

"하는 수 없지. 우선 고구레 씨 사무소에 가 보는 수밖에 없겠어."

통화를 듣고 있던 나카이도가 떨떠름한 표정으로 말했다.

"고구레 씨에게 반론은 하지 마. 일단은 얘기만 듣고 오라고. 우리가 판단할 수 있는 것은 청부할 수 있는 일인지 아닌지 뿐이야. 우리가 힘들겠다 싶으면 분유칸에 말해서 다른 인쇄 회사를 알아보라고 하는 수밖에."

우라모토는 외부 디자이너에게 직접 호출받았다는 사실을 생산관리부 고세키에게 보고했다. 그는 무슨 일이 있어도 작업 의뢰에 응하겠다는 즉답을 하지 말라고 못을 박았다.

고구레의 디자인사무소는 조시가야에 있었다. 오토와에서 가까운 것이 불행 중 다행이었다.

아라카와 선 선로 너머에 있는 한적한 주택가의 작은 목조 주택 문기둥에서 '고구레 요이치 디자인사무소'라는 표찰을 발견했다.

인터폰을 누르고 이름을 고하자 "열려 있소"라는 무뚝뚝한 소리가 흘러나왔다.

현관에서 안으로 들어가는 복도에는 서가가 나란히 서 있었다. 막다른 곳에 있는 방을 조심스레 들여다보았다. 회색 맨투맨을 입은 마른 남성이 책상 앞에서 작업 중이었다. 수많은 베스트셀러의 장정을 만든 대가이지만 옷차림에는 무신경한 듯했다.

"자, 먼저 이걸 보시오."

고구레는 책상 위의 종이 다발을 가리켰다.

"소프트커버로 변경해서 이 안으로 갈 거니까."

고구레가 가리킨 것은 가제본(책 두께 등을 감각으로 확인하기 위해 백지로 제본한 견본)에 표지를 두른 것이었다. 그러나 애초의 지정은 고급 하드커버였다.

"고급 하드커버라고 알고 있었는데, 괜찮을까요?"

"괜찮을까라니. 당신은 시키는 대로 인쇄하면 돼."

고구레는 거친 목소리로 일갈했다. 우라모토는 당황해서 "죄송합니다"라며 고개를 숙였다. 말 붙일 염도 못 내겠다.

"고구레 선생의 디자인을 구현해야 할 사람으로서 변경 이유만이라도 들을 수 있었으면 좋겠습니다만."

고구레는 귀찮은 표정으로 견본을 집어 들었다. 그리고 엄지로 페이지를 차르르 훑어 보았다.

"이렇게 페이지를 훑으면 기마 무사가 움직여요."

"오…… 플립 북이군요."

책을 펼치니 왼쪽 페이지 좌상단의 제목 하시라 위에 말 실루엣이 그려져 있다. 엄지로 페이지를 차르르 넘기면 군마가 땅을 박차고 약동하는 동작이 나타난다.

페이지를 넘기기 쉽도록 소프트커버로 변경한 걸까.

"표지 그림은 뭐랄까요…… 아마쿠사 씨에게 들었던 이미지와는 많이 다르군요."

"그러니까 바꿨다고 했잖소."

변경하기 전에는 시타라가하라 초원이나 마방책 그림이었는데 지금 눈앞에 있는 것은 납빛으로 그려진 기마 무사들 그림이었다. 기마 무사의 윤곽은 주위 색보다 조금 연한 은색으로 실루엣이 그려져 있다.

납빛 일색인 표면에는 광택을 위해 유광 PP 가공을 하여 역사소설 이미지와 동떨어진 메탈릭한 인상을 줄 생각이라고 한다.

"구사카 작가가 나한테 전화를 했는데, 그때 서로 아이디어를 낸 결과가 이거요. 쇠의 차가운 느낌을 전면에 드러내 보자는 결론이었소."

우라모토는 저간의 상황을 대강 눈치 챘다.

톱클래스에서는 작가와 북 디자이너가 서로 친한 경우가 많다. 아마도 구사카와 고구레가 직접 이야기해서 전면적으로 변경했을 것이다.

"비처럼 쏟아지는 납탄에 쓰러지는 다케다 기마 부대의 비애를 이렇게 촉감과 질감으로 표현하는 거지."

마상에서 창을 휘두르며 돌진하는 기마 무사들은 회색으로 그려져 있다.

"그리고 PP 위에 UV도 두툼하게 올리고. 작렬하는 총탄을 표현하는 거요."

특수인쇄 공정이 한 가지 더 늘었다. 유광 PP 가운데 지정하는 부분에는 UV잉크를 인쇄한 뒤 자외선을 쪼여 경화시킨다. 기술적으로는 가능하지만 구체적인 것은 회사로 가져다가 비용을 확인해 봐야 한다.

"이 까만 알갱이들은 뭘까요."

가만 보니 까맣고 미세한 알갱이들이 고르게 뿌려져 있다.

"화약이오. 견본은 토너를 흔들어서 처리했지만 실제 인쇄 때는 다네가시마_{포르투갈산 철포가 최초로 전해진 규슈 가고시마 현에 있는 섬으로, 초석, 유황, 숯 조달에 유리하여 전통 화약 생산이 활발했다} 화약을 뿌려서 스캔하게 될 거요."

"진짜 화약을 쓴다는 건 아니겠죠?"

우라모토는 설마하며 조심스레 물었다.

"진짜 화약이 아니면 의미가 없지. 다네가시마의 전문가한테 협조를 부탁해 두었소."

화약 가루를 스캔해서 까만 알갱이들만으로 화상 데이터를 만들어 따로 레이어를 만든다. 그 레이어를 표지 일러스트 데이터 위에 겹치겠다는 것이다.

왜 꼭 진짜 화약이어야만 하는지 우라모토는 이해할 수 없었다. 게다가 화약을 스캔해야 할 사람은 도요즈미인쇄 직원들이다. 이마에 배는 비지땀과 함께 터무니없는 건을 맡고 말았다는 것을 깨달았다.

"표지는 아트포스트, 면지는 머메이드지 블랙."

사용하는 종이는 표준적인 거라서 조금 안도한 우라모토가 "아, 예, 예" 하며 고개를 끄덕인다.

"그리고 표지 커버에는 탄트셀렉트 TS-8을 쓰고."

"알겠습......."

우라모토는 대답하다 말고 저도 모르게 고개를 갸웃거렸다.

탄트셀렉트는 팬시지라 불리는 특수 용지 가운데 하나로, 표면에 요철 엠보스 가공이 되어 있다. 천 같은 독특한 감촉이 특징이다.

"유광PP로 표면이 매끈매끈해지면 요철 감촉이 지워지는데 그래도 될까요?"

"내가 왜 당신에게 설명해야 하지?"

"엠보스 종이와 PP는 상반되는 것 같아서……."

"누가 상반된다고 합디까."

유광PP 가공은 광택 있는 PP(폴리프로필렌) 필름을 압착해서 표면에 붙이는 가공이다. 커버 표면 보호와 광택을 위해 많은 단행본에 쓰인다. 하지만 엠보스지 위에 유광PP를 붙여 버리면 종이의 요철이나 천 같은 감촉이 사라져 버린다.

절대 반론하지 말라는 나카이도의 충고가 머리를 스쳤지만 이 점만은 아무래도 확인해 두지 않으면 곤란하겠다 싶었다.

"요철 있는 종이에 유광PP를 붙이면 말끔하게 접착되지 않아 미세한 기포가 생기기 쉽고 색이 흐릿해 보일 수 있습니다…… 유광PP를 올릴 거라면 용지는 일반적으로 코트지가 적당하지 않을지요."

"당신은 평범한 걸 무난하게 만들고 싶은 거요?"

고구레는 실망한 얼굴로 우라모토를 쳐다보았다.

"아뇨, 문예서는 매 작품이 주문 제작이라고 생각합니다."

"그럼 잠자코 인쇄나 하쇼."

이해할 수 없다. 아니, 고구레로서는 우라모토의 이해 따위는 아무렴 상관없겠지만, 그래도 생각하지 않을 수 없다. 우라모토는 수첩 메모란에 '엠보스', '유광PP', 'UV 두텁게'라고 적어 놓고 곰곰히 생각했다.

고구레는 초조한지 "못 알아듣는군" 하고 중얼거렸다.

"마방책이오."

검지로 허공에 우물 정 자를 쓴다.

물론 두루마리그림으로 전해지는 나가시노 전투 장면에 따르면 마방책은 통나무를 격자 형태로 짠 것이어서 우물 정 자를 늘어 놓은 것처럼 보인다.

"탄트셀렉트 TS-8의 천 무늬로 마방책을 표현한다는 건가요?"

우라모토는 호통을 들을 각오로 물었다.

"그렇지!"

고구레는 마치 스위치가 켜진 것처럼 벌떡 일어나 소리쳤다. 천의 감촉이 아니라 무늬를 살린다는 거였나.

"하지만 마방책 격자는 그렇게 잘지 않은 것 같은데……."

"나무로 만든 울타리 따위야 아무렴 어떤가. 다케다 기마 부대를 무찌른 시대의 벽을 표현하는 거지. 일제 사격이라는 납빛 마방책, 그게 곧 철벽이지."

고구레는 머리카락이 헝클어지도록 고개를 흔들며 테이블에 있는 견본 위에 손바닥을 얹었다.

"통나무 마방책 앞에 일제 사격이 만들어내는 촘촘한 철의 커튼이 빈틈없이 쳐져 있었지. 그 커튼을 기어코 돌파해서 칼을 휘두르는 기적의 기마 무사, 바람이 된 그 무사야말로 명장 야마가타 마사카게!"

고구레가 흥분한 얼굴로 견본 커버를 거칠게 벗겨내자 표지가 드러났다.

"납빛 너머에서 빨간 갑옷을 두른 기마 무사 하나가 뛰어나온 거야!"

책상 위에서 책을 뒤집어 책 뒤쪽에 있던 표4를 손바닥으로 탕 쳤다. 거기에는 정예 부대의 기마 무사 하나가 크게 그려져 있었다.

"실제로 야마가타 마사카게는 오다-도쿠가와 진에 도달하기 직전에 죽었소. 하지만 구사카 도요노부는 야마가타 마사카게의 최후를 다르게 묘사했지."

우라모토는 고구레의 기백에 압도되었다. 고구레는 책 제작에 관한 모든 사항을 자기 뜻과 기술로 결정할 수 있는 창조주였다.

나카이도의 말이 과장이 아니라는 것을 깨달았다. 반론은 하지 마, 그냥 듣기만 하고 돌아와. 그 조언도 이해할 수 있었다.

하지만 우라모토는 아무래도 석연치 않았다. 나도 책 제작에 참여하고 있다. 작가나 장정가와는 전혀 다른 방면에서 보다 나은 책을 세상에 내보내기 위해 매일 일하고 있다.

"의도하시는 점은 잘 알겠습니다. 훌륭하다고 생각합니다. 그러나 이걸 손에 집어들 독자가 그걸 이해할까요?"

"이해 못해도 상관없소. 조금이라도 느끼면 그걸로 됐어."

이 말에 우라모토는 소름이 돋았다. 별색의 미묘한 색감을 재현하려고 수없이 시험 인쇄를 반복하는 노력도 결코 헛된 것이 아님을 고구레가 말해 준 것이었다.

좋은 제품을 만들고 싶은 심정은 우라모토도 마찬가지였지만 인쇄 영업을 하는 입장은 또 다르다. 이토록 과감한 사양 변경이라면 분유칸의 의사를 확인하기 전에는 아무 말도 할 수 없다.

게다가 대대적인 사양 변경은 없을 거라고 노즈에와 약속한 바 있다. 우라모토는 갈등하면서 고구레에게 물었다.

"컬러 말씀입니다만, 별색도 사용합니까."

"기마 무사 윤곽선에 실버 별색, 제목에 골드 별색."

"6도 인쇄로군요……."

우라모토의 목구멍에서 쥐어짜는 듯한 신음이 흘러나왔다. CMYK에다 G(골드)와 S(실버) 별색을 준비해서 CMYKGS의 6도 인쇄를 해야 한다. G와 S는 비용이 각각 두 배가 든다. 게다가 UV를 두껍게 올리고 유광 PP까지 올리면 종이에 실제로 인쇄해 보기 전에는 색감을 전혀 예측할 수 없다.

"본문 용지는 솔리스트."

솔리스트는 본문 용지 중에서는 고급에 속하며 게이단샤에서도 단행본에 종종 사용한다. 예산 범위 안에서 가능할까? 우라모토는 한숨이 새려는 것을 참으며 말없이 생각했다.

"비용은 괜찮소. 어떻게든 될 거요."

"그럴까요?"

"내가 이 분야의 일선에서 몇 십 년을 일했을 것 같소."

고구레가 괜찮다고 하니까 정말 어떻게든 될 것 같은 기분이 들었다.

"그러나 TS-8이 예산 범위 내에서, 더구나 필요한 양을 구할 수 있을지 없을지……."

"구할 수 있을지 없을지라니. 당연히 구하는 거지."

막무가내 말투에 압도되어 우라모토는 저도 모르게 "예" 하고 대답했다.

커버, 표지, 면지 등 각 파트에 쓸 모든 종이를 대리점이나 지업사 한 곳에 일괄로 발주할 수 있다면 단가가 낮아질지 모른다.

커버에 쓸 TS-8이 문제다. 국내 각 회사가 조금씩은 갖고 있겠지만 단행본 5만 부를 만들 만한 재고가 있느냐 하면 이야기는 달라진다.

"독서는 체험이오. 커버 그림에 진짜 화약 가루가 찍혀 있다는 걸 알면 독자들 콧구멍에 화약 냄새가 진하게 풍길 거요. 납빛의 금속적인 장정에서 쇠붙이 앞에 쓰러진 패자의 역사를 무의식적으로 느끼는 거지."

편집적이긴 하지만 열정적인 사람이라고 느꼈다. 하지만 요구 수준이 전혀 다른 차원이라 우라모토로서는 미처 감당하기 힘들다.

"그쪽이 못하겠다면 나도 이 일은 포기하겠소. 구사카 작가의 작품을 책임질 거라면 타협 없이 전력을 기울이고 싶소."

고구레는 그렇게 말하고 벽걸이 시계를 쳐다보았다.

"저희 회사도 전력을 기울이겠지만 사양 변경은 저희 회사 혼자서 결정할 수 없는 일이니 분유칸 측에 확인을 해 봐도 되겠습니까."

"뭐 알아서 하시오. 미안하지만 곧 다음 손님이 오기로 돼 있어서."

그 자리에서 분유칸에 전화해 승낙을 받아 두고 싶었지만 시간이 없었다. 고구레에게 USB 메모리를 건네받았다.

"커버 데이터가 다 들어 있소. 이걸 분유칸에 보여 주시오."

우라모토는 고구레의 사무소를 나오자마자 휴대 전화로 분유칸 편집부에 전화했다. 아마쿠사의 선배 편집자 스즈키가 받았다.

"고구레 요이치 씨를 만나 이야기했습니다만, 급히 상의드릴 게 있어서 전화 드렸습니다."

우라모토는 조시가야 상가를 오토와 방면으로 걸으며 사양과 종이의 변경에 대하여 설명했다. 분유칸에 사양 변경을 확인하고 개산견적을 다시 내야 한다.

아울러 고구레가 지정한 커버 용지 '탄트셀렉트 TS-8'을 1주일 안에 수배할 수 있는지 확인해 둘 필요가 있다. 만약 국내 업자나 제조사 창고에 재고가 없다면 해외에서 구해야 한다.

여기까지 설명하자 스즈키가 우라모토의 말허리를 잘랐다.

"잠깐만요. 얘기가 거기까지 진행되었단 말입니까."

고구레 측과의 작업 조정을 나 몰라라 하던 주제에 이건 무슨 말인가. 부아가 치민다.

"죄송합니다. 원래대로라면 분유칸 측에 먼저 얘기해야 할 일이죠. 그런데 어쨌거나 고구레 씨는 사양 변경이 받아들여지지 않으면 그만두겠다고 하십니다."

"작가가 고구레 씨에게 장정을 맡긴다고 지명했으니 고구레 씨가 그만두겠다고 하면 곤란하죠…… 어떡하나."

스즈키는 아마쿠사 실종의 뒷감당을 하고 있다. 귀찮게 여기는 것도 무리가 아니다.

"일단 변경할 경우의 개산견적을 다시 작성해 주시겠습니까. 원가 시산을 다시 해 봐야 하니까."

"알겠습니다. 다만 종이 조달이 가능하다는 게 전제입니다만. 탄트셀렉트 TS-8을 커버 5만 부, 예비 5천 부 분량을 1주일 안에 구해야 합니다."

"종이 수배는 그쪽에서 어떻게 좀 해 주세요."

업무부가 따로 없는 분유칸 같은 출판사와 거래할 때는 인쇄 회사가 직접 대리점이나 도매상에 종이를 발주할 때가 많다. 다만 이번 일은 귀한 종이를 대량으로 구매해야 한다.

"혹시 특수지 재고를 많이 갖고 있는 대리점을 아시나요? 괜찮으시면 소개해 주셨으면 합니다만."

밑져야 본전이란 생각으로 분유칸 측에 물어보았다. 하지만 모른다는 냉정한 대답이 돌아왔다.

"저는 회의가 있어서 이만. 잘 부탁드립니……."

말이 채 끝나기도 전에 전화가 끊겼다. 스즈키도 자기 기획을 여러 건 진행 중이라 바쁠 것이다.

본사로 가는 언덕길을 무거운 걸음으로 오른다.

인쇄를 의뢰해 준 아마쿠사는 실종 상태이다. 『나가시노의 바람』이 무사히 간행된다고 해도 분유칸과 계속 거래할 가능성은 희박하다.

언덕을 오르던 우라모토의 가슴에 문득 깊은 허무감이 드리워졌다. 책이 점차 팔리지 않는 세상인데 책 한 권의 장정에 이렇게 연연하는 것은 대체 무엇을 위해서일까.

더 나아가 나는 무엇을 위해 일하는 것일까.

아마쿠사의 휴대폰에 연락해 보았지만 여전히 응답이 없다.

아무튼 지금은 일단 해 보는 수밖에 없다.

우라모토는 스스로를 달랬다. 아마쿠사가 소식이 끊긴 지금, 자신이 버티지 못하면 『나가시노의 바람』을 예정일에 간행할 수 없게 된다.

복귀하자마자 종이를 수배했다. 거래하는 대리점 여러 곳에 전화로 물어보았지만 재고가 없었다. 대리점에서는 제조사에도 문의해 보았다고 했다.

초조하게 다른 대리점이나 도매상 홈페이지를 찾아보는데 외근하고 돌아온 모리 부장이 걱정스러운 목소리로 물었다.

"어떻게 됐어, 고구레 요이치 씨와 만난 일은."

"대대적인 사양 변경이 있습니다. 이전 사양은 흔적도 없이 사라졌고요."

"그래? 일정이 빡빡하네. 분유칸에서도 알고 있나?"

"네. 돌아올 때 분유칸에 전화했습니다. 개산견적을 다시 내기로 했습니다."

졸지에 경과가 양호하다는 보고가 되고 말았다.

"오, 진도가 빠르네."

모리 부장이 우라모토를 추켜세웠다. 불리한 점도 보고해 두어야 한다.

"하지만 후지미노 공장에 대대적인 사양 변경은 없을 거라고 해 두었거든요. 약속을 어기게 되었습니다."

"공장 쪽에는 내가 사과해 두지."

노즈에는 직접 사과하고 설명하고 싶었다.

"제가 설명하겠습니다. 말씀만이라도 고맙습니다."

"알겠네. 하지만 공장에 사양 변경을 통고할 때는 반드시 생산관리부를 통하게. 우리가 공장 쪽에 사과하는 건 그다음이야."

모리 부장은 매사 앞지르는 우라모토의 버릇을 간파하고 있었다.

생산관리부에는 당장 사양 변경을 보고해야 할까? 하지만 아직 분유칸과 조정이 이루어지지 않은 상태에서 보고하면 혼란만 생길지 모른다.

노즈에의 말이 머릿속에 재생되었다.

'전서구로군.'

'나카이도 씨였다면 다른 진행 스케줄을 조정하거나 사전에 밑밥을 깔아 놓고 일감을 가져오지. 당신은 늘 생산관리부에 애원할 줄밖에 모르잖아.'

지금 상태로 생산관리부에 가서 상의하면 애원하는 거나 다름없게 된다.

우선은 영업 담당으로서 최소한의 준비를 갖춰 놓고 보고해야 한다. 생산관리부에 보고하는 일은 종이 수배가 가능하다는 걸 확인한 뒤에 하기로 했다.

우라모토는 종이 확보에 성공했다는 것을 전제로 회사 도장이 빠진 개산견적서를 작성해서 고구레에게 받은 디자인을 첨부하여 분유칸의 스즈키에게 메일로 보냈다.

사태가 진전되지 않은 채 이틀이 지나고 있었다.

기대했던 대리점들에서 재고가 별로 없어 구하기 힘들겠다는 연락이 잇달아 들어왔다.

나카이도나 모리와 상의할까 했지만 차마 말을 꺼내지 못했다. 시간이 지날수록 사태는 악화될 뿐이다. 그럴수록 더욱 상의하기가 어려워진다.

고민을 품은 채 맞은 저녁.

"우라모토, 분유칸의 사양 변경 건은 어떻게 됐어? 생산관리부에서 공장에 작업 변경 의뢰를 하지 않으면 시간에 맞출 수 없게 될 텐데."

모리 부장이 물었다. 겨드랑이에 식은땀이 밴다.

"죄송합니다, 지금 이야기하고 오겠습니다."

"잠깐만. 생산관리부에 운은 띄워 두었겠지?"

모리 부장의 물음에 우라모토는 "아뇨, 아직 아무 얘기도 안 했는데요" 하고 조심스럽게 대답했다.

"뭐라고? 그렇다면 공장에서는 사양 변경에 대해 아무것도 모른단 말이군."

할 말이 없다. 무력감에 입술을 깨물었다.

"지금 어떤 상황이지?"

건너편 자리에서 듣고 있던 나카이도가 끼어들었다.

"실은 사방이 꽉 막혀 있어서……."

우라모토는 고구레와 이야기한 이후 지금에 이르는 경위를 설명했다. 모리 부장과 나카이도의 표정이 금세 험악해진다.

"써 볼 대책은 다 써 보자고. 간행일을 미룰 수 없는지 당장 얘기해 봐."

나카이도가 수화기를 우라모토에게 내밀었다.

즉시 편집부 스즈키에게 전화해서 상의를 시작했다.

"종이를 못 구하면 인쇄를 할 수 없으니 간행일을 조금 조정할 수 없겠습니까."

"간행일은 미룰 수 없어요. 구사카 씨와 9월 2일로 합의했습니다."

"그래도 어떻게든 다시 상의해 주실 수는 없을까요?"

우라모토는 미안해하면서도 매달렸다.

"애초에 그 종이가 아니면 안 되는 겁니까? 솔직히 나는 종이 선정에는 관여하지 않아서."

탄트셀렉트 TS-8 채택은 고구레와 우라모토가 알아서 정하지 않았느냐는 말을 하고 싶은 것이다.

"당장 구할 수 있는 비슷한 종이로 대체한다거나 하는 절충안으로 어떻게 안 되겠어요?"

그 말을 고구레 씨한테 할 수 있습니까? 그 말이 목구멍까지 차오른다.

"대책을 검토해서 다시 연락드리겠습니다."

우라모토는 온몸의 피가 끓는 기분을 달래며 전화를 끊었다. 간행일은 바꾸기 어렵다. 종이는 구할 수 없다. 꽉 막힌 우라모토는 책상에 팔꿈치를 괴고 머리를 감싸 안았다.

"어떻게 해야 하나."

고구레와 직접 만나 상의하는 역할을 떠맡은 것은 분유칸 내부에서 책 사양에 관한 의사 결정이 이루어진다는 것이 전제였다. 하지만 현실은 전혀 달랐다. 장정가와 출판사 사이를 인쇄 영업맨이 조정하는 이례적인 사태가 벌어졌다.

"비상사태로군. 끙끙거린다고 책이 만들어지진 않아."

나카이도가 일어섰다.

"왜 좀 더 일찍 상의하지 않았나."

모리 부장이 벌레 씹은 표정으로 의자 등받이에 몸을 던졌다.

"담당으로서 책임지고 사태를 정리한 뒤에 상담을 청해야 한다고 생각했습니다."

"일을 그렇게 너무 깔끔하게만 진행하려고 하지 마. 쩔쩔매도 좋으니까 선배나 상사에게 울며불며 매달려도 돼. 책을 기한 내에 완성시키는 게 제일 중요하니까."

나카이도의 그 말에 우라모토는 정신이 번쩍 들었다. 그렇다. 책임지고 사태를 정리하다니, 듣기 좋으라고 하는 말이다. 실은 말 꺼내기가 힘들어 미루고 있었던 것 아닌가.

"죄송합니다. 도와주십시오."

기한이 촉박할수록 인쇄기 스케줄도 조정이 힘들어진다.

"시간이 없군. 종이 재고가 있는 업자를 찾아보자고."

"웬만한 대리점은 전부 알아보았는데 어디나 재고가 없고 구하기도 힘들다고……."

"전부 알아봤다고 자신할 수 있나."

나카이도의 물음에 대답할 말이 궁하다.

"모르는 대리점이나 종이 도매상에도 샅샅이 물어볼 테니까 우라모토 씨는 게이단샤 업무부에 전화해서 물어봐."

"게이단샤에요? 다른 출판사 일을 부탁하는 건 아무래도 좀 그렇습니다만."

물론 업무부의 요네무라 신코라면 많은 대리점을 알고 있을 것 같지만, 폐 끼치기가 망설여진다.

"도와주지 않을까? 신뢰 관계 여하에 달렸겠지만."

그렇게 말한 나카이도가 즉시 인터넷으로 대리점을 검색하고 전화를 걸기 시작했다.

죄송합니다. 면목 없지만 도와주시겠습니까. 쥐어짜내는 듯한 필사적인 목소리로 재고가 조금이라도 없는지, 달리 가져올 만한 계열 대리점은 없는지 묻고 있다.

체면에 연연할 때가 아니다.

우라모토는 수화기를 들고 게이단샤 업무부의 단축다이얼을 눌렀다.

신호음을 들으며 수화기를 꽉 쥔다. 종이에 해박해서 뭘 물어도 막힘이 없는 요네무라라면 도와줄지 모른다. 하지만 늘 시간에 쫓기는 그녀의 모습을 떠올리니 가슴이 답답해진다.

전화를 받은 요네무라는 대뜸 "급한 건입니까?"라고 확인했다.

"예, 급히 상의드릴 일이 있어 전화 드렸습니다만."

우라모토는 탄트셀렉트 TS-8을 도요즈미인쇄에서 확보해야 한다는 것과 저간의 사정을 설명하고 도움을 청했다. 간간히 대답하며 듣고 있는 요네무라의 목소리는 분명히 신경이 날카로웠다.

"미안합니다, 지금 곧 장정 회의가 있는데……."

"역시 바쁘시군요. 죄송합니다."

통화하기가 가장 곤란한 시간대였던 모양이다. 하지만 요네무라가 말없이 전화를 끊으려고 하지는 않았기에 밑져야 본전이라는 생각으로 조금 더 매달려 보았다.

"혹시 지금 바로 떠오르는 대리점이 있으면 가르쳐 주시겠습니까."

요네무라는 당장은 힘들다며 웃었다. 역시 틀렸구나 싶어서 체념하려는데 그녀가 말했다.

"장정 회의가 1시간이면 끝날 예정이니까 그 뒤에 알아볼게요. 제시간에 댈 수 있을지."

"고맙습니다."

우라모토는 전화기를 향해 연방 고개를 숙이고 수화기를 내려놓았다.

요네무라의 연락을 기다리며 우라모토는 나카이도와 함께 전국의 대리점과 종이 도매상에 전화를 돌렸다.

1시간 반 뒤 요네무라가 도매상 목록을 메일로 보내 주었다. 목록의 한 회사에 동그라미가 쳐져 있었다.

바로 우라모토의 휴대 전화가 울렸다. 요네무라였다.

"메일로도 보냈지만 기후 현에 있는 이나바야마지업입니다. 영업 담당 사이토 씨라는 분에게 얘기해 두었으니 바로 전화해 보세요. 수량이 아슬아슬하니까 지금 바로 재고를 확보해 두는 게 좋아요."

"감사합니다."

종이는 일단 가망이 보인다. 우라모토는 고마움과 안도를 느끼는 한편 분하기도 했다. 나카이도가 개입하자 꽉 막혀 있던 사안이 금세 움직이기 시작하다니.

모리 부장이 "그럼 다음은 사내 작업 조정이군" 하며 한숨을 쉰다.

"생산관리부에는 제가 연락하겠습니다."

우라모토가 수화기를 들려고 하자 모리 부장이 막았다.

"아냐, 내가 연락하지. 긴급사태니까."

모리 부장은 즉시 내선으로 생산관리부에 연락했다. 사양 변경의 개요를 간략하게 보고하고 데이터 제작부와 공장에 작업 의뢰를 부탁했다.

옆에서 모리 부장의 통화를 들으며 우라모토는 무력감에 가슴이 먹먹했다. 자기가 문제를 깔아뭉개고 있던 탓에 사태를 더 악화시켜 버렸다.

모리 부장은 통화를 마치자 "데이터 제작부에도 얼굴을 비치고 와야지" 하며 자리에서 일어섰다.

"그렇지, 후지미노의 노즈에한테는 자네가 사과해 줘."

모리 부장은 우라모토의 심정을 배려하여 이것만은 맡겨 주었다.

"고맙습니다……."

노즈에에게 한 약속을 어겼다. 위장이 쥐여 짜이는 듯 오그라든다.

후쿠하라 에미는 재교쇄 저자 교정을 다시 한 번 바라보며 감개에 젖었다. 구사카 도요노부의 마지막 퇴고 부분을 모두 입력한 참이다. 오늘 중으로 교정팀의 확인을 받으면 작업이 끝난다.

구사카의 역사 소설은 중학교 1학년 때 도서관에서 읽었다. 그 후 그의 작품이라면 전부 읽고 있다.

좋아하는 작가의 원고를 접할 수 있는 이 일은 역시 나의 천직이야, 라고 새삼 생각한다.

영업 제2부의 우라모토가 또 캔커피를 가져다주었다.

DTP 오퍼레이터들 사이에서 우라모토가 주는 커피를 마신 사람에게는 갑자기 일거리가 몰려든다는 소문이 돌던데.

"늘 고생하네요. 잘 되고 있지요?"

우라모토는 모니터를 들여다보러 올 때마다 미안한 표정으로 그렇게 물었다.

1주일 전 영업부 모리 부장과 생산관리부 고세키가 굳은 표정으로 시라오카와 담판하러 찾아왔다. 매 홀수 페이지의 하시라 위에 기마 무사 실루엣 아이콘을 추가했으면 좋겠다는 급한 작업 의뢰였다.

후쿠하라는 즉시 움직여서 마무리했다.

화승총 화약을 스캔하는 난해한 작업도 끼어들어, 화상제판팀이 스캐너 앞에서 시행착오를 거듭한 끝에 간신히 커버 판을 만들어냈다.

우라모토는 책임을 통감하는지 표정이 어둡다.

조금이라도 기운을 북돋아 주자. 후쿠하라는 모니터에 페이지를 리드미컬하게 넘겨서 보여 주었다.

"페이지를 빠르게 넘기면 이렇게 됩니다."

"말이 달리네요. 매끄러운 동영상이군요."

"0.1밀리미터 단위로 미세조정을 했어요."

기마 무사 실루엣 화상을 홀수 페이지마다 한 점씩 레이아웃해야 했다.

페이지 위 하시라는 인디자인의 일괄 설정으로 처리할 수 있지만 이 플립 북 애니메이션은 전부 수작업으로 해야 했다.

"정말로 감사합니다. 이번에 데이터 제작부에나 공장에나 너무 폐를 끼쳤습니다."

우라모토가 낯을 찡그린다. 장정가 고구레 요이치에게 휘둘리고 종이를 구하느라 속 썩이는 등 힘겨운 상황이라고 한다.

"덕분에 어렵게나마 여기까지 올 수 있었네요."

우라모토는 봉투에서 커버 교정지를 꺼냈다. 제작 때 실제로 쓸 종이로, 교정지 전문업체에 맡겨 출력한 것이다.

"굉장히 좋은 커버네요."

납빛으로 그려진 기마 무사가 돌진한다. 이론으로는 설명할 수 없는, 직감에 호소하는 뭔가가 있다. 무리한 변경 요구 이야기를 전해 들었지만 '훌륭하다'는 생각에는 변함이 없다.

"실제보다 컬러가 꽤 연하지만 후지미노에서 실제로 잉크를 배합해서 인쇄하면 괜찮아요. 그제 고구레 씨한테도 OK를 받았습니다."

처음에는 피에 젖은 초원이 중심인 선명한 컬러의 디자인이었다고 한다.

"그 정도로 심한 변경이라면 공장 사람들한테 또 한 소리 들으셨겠어요."

후쿠하라는 '나는 화나지 않았으니까 괜찮다'라는 의미를 담아서 말했다.

"네, 사양 변경이 없을 거라고 약속했었거든요. 쉽게 넘어가지 않을 거라고 각오하고 노즈에 씨에게 사과 전화를 했는데, 맥 빠질 정도로 흔쾌하게 알았다고 하더군요."

"역시. 우라모토 씨의 인덕 때문인지도 모르죠."

"아뇨. 아마 포기한 것 같아요…… 그러니까 더 미안해서."

"우라모토 씨, 너무 미안해하지 않는 게 좋을 것 같아요. 공장 사람들도 일이니까요."

"그렇긴 하지만 사과하는 것도 영업맨의 일이거든요. 아무튼 미안합니다."

영업맨에게는 자기와는 전혀 다른 어려움이 있다는 것을 알았다.

"만약 모든 책이 전자책이 된다면 이런 고생은 안 하게 될지도 모르죠. 종이 구하러 뛰어다닐 필요도 없고 제작 설계에 속을 썩일 필요도 없고."

우라모토는 옆에 있는 전자책팀을 쳐다보았다. 12명으로 이루어진 팀이 매일 전자화되는 작품의 판을 만들고 있다. 이퍼브(EPUB)라는 전자책 표준 규격에 맞춰 변환하는 작업이다.

전자책화 되는 작품이 매년 증가하여 전자책팀은 올해 2명을 증원했다.

"결국 어느 작품이나 단말기로 읽게 될 테니까요."

후쿠하라가 토트백에서 이북 단말기를 꺼냈다.

"오, 후쿠하라 씨도 갖고 있었군요. 후쿠하라 씨는 종이책만 읽는 줄 알았는데."

"오퍼레이터로서 일단 전자책과도 친숙해지자 생각해서요."

시판되는 이북 단말기는 대부분 모노크롬 사양이므로 커버 디자인이나 컬러에 공을 들여도 화면에서는 흑백이 된다.

"아무리 책 제작에 공을 들여도 단말기로 읽으면 소용없게 돼 버리죠."

우라모토는 후쿠하라의 이북 단말기를 보며 쓸쓸하게 말했다.

그때 우라모토의 휴대 전화가 울렸다. 우라모토는 "잠깐 실례할게요"라고 양해를 구하고 받았다. "우라모토입니다" 하는 목소리에는 겸손과 긴장이 섞여 있다.

처음에는 생기 있는 미소로 대답하던 우라모토의 표정이 점점 험악하게 변하더니 끝내 미간을 찡그리며 아무 말이 없었다.

"말대꾸 같아서 죄송합니다만…… 색교에 OK를 주셔서 종이를 벌써 구해 놓은 상태입니다. 그것도 고구레 선생님의 예정에 없던 변경 지시로 어렵게 거래처를 찾아서 구한 겁니다."

틀림없다. 상대는 고구레이다.

휴대 전화에서 흘러나오는 상대방 목소리가 희미하게 들린다. 내용은 잘 알아듣지 못하지만 꽤 큰 목소리로 소리치는 것 같았다.

"취소는 불가능합니다. 오늘 공장에 반입되어 개봉과 검품까지 마쳤으니까요."

갈라진 목소리가 수화기에서 흘러나온다. 상대방도 전혀 물러서지 않는 듯했다.

"공장 직원들을 데려오라고요……? 죄송합니다만 그건 양해해 주십시오. 공장 직원들은 정신없이 바쁩니다. 제가 가서 말씀을 들어 보겠습니다."

의연한 태도로 대답하던 우라모토가 이내 "여보세요?" "고구레 선생님?"을 반복하더니 "끊겼나?"라며 휴대 전화를 안주머니에 넣었다.

"교정지의 컬러가 아무래도 마음에 들지 않으니 커버 용지를 더 고급으로 바꾸랍니다. 제멋대로군요."

"거의 횡포네요."

"미치겠네. 잉크 양과 주의할 점에 대하여 공장 담당자와 직접 이야기할 수 있게 하라면서 물러서질 않네요. 더구나 작업에 관여하는 공장 직원을 전부 조시가야 사무실로 데려오라고 하십니다."

그런 요구에 응하면 인쇄기를 한나절 이상 세우게 된다. 불가능한 이야기였다.

"제게 좋은 생각이 있어요."

후쿠하라는 우라모토에게 해결책을 제시했다. 공장과 본사의 연락 체제에는 전부터 개선할 여지가 있다고 느끼던 참이었다.

도시락 반찬은 계란말이와 양배추채. 노즈에 마사요시는 뭉개진 계란말이를 젓가락으로 어렵게 먹었다. 아내가 간을 제대로 맞추지 못했는지 너무 짜다.

요즘 아내와 아이들하고는 거의 대화가 없다.

점심식사를 마친 노즈에는 배신자가 도착하기를 기다렸다.

관리동 회의실에서는 인터넷 화상 회의가 준비되고 있었다. 인쇄공 다카노가 노트북에 웹 카메라를 연결하고 화면을 조정했다. 그 능숙한 손놀림에 공장 사람들이 혀를 내두른다.

신입 직원이지만 컴퓨터나 시스템을 다룰 때만은 베테랑처럼 움직인다. 어릴 때부터 인터넷을 접하며 자란 세대이기 때문일까.

"수고하십니다."

우라모토 마나부가 들어왔다. 오늘의 이 번거로운 자리를 만든 장본인이다.

"당신한테 아무것도 기대하지 않아. 오늘도 고구레한테 떠밀려서 시키는 대로 하게 될 줄 각오하고 있으니까."

"오늘만큼은 나도 할 말을 확실하게 할 거야. 미안해."

우라모토와 말 섞을 생각은 없었지만 얌전한 표정으로 사과하자 고언 한 마디쯤은 하고 싶어졌다.

"왜 고구레와 직접 얘기한 거야. 디자이너의 요구는 편집자를 통하는 게 기본일 텐데."

"원래 담당 편집자가 갑자기 회사에 나오지 않게 돼서 고구레 씨 요구대로 직접 만나 얘기하지 않을 수 없었어."

졸지에 담당이 된 선배 편집자는 인수인계도 받지 못한 탓에 『나가시노의 바람』에 대해서 아무것도 모른다고 한다. 제작 설계를 상세히 아는 사람은 우라모토뿐이다.

"그렇다면 백 보 양보해도 어쩔 수 없지. 하지만 대대적인 사양 변경은 없을거라고 했던 약속을 깼네."

"미안해."

"이제 당신의 미안하단 소리에 질렸어. 그래, 오늘은 고구레가 시키는 대로 재변경을 위한 회의를 하는 건가."

"재변경은 어떻게든 피하고 싶어. 그걸 위한 회의야."

고구레가 지정한 특수 용지 탄트셀렉트 TS-8 5만 부 분량을 어렵게 구입했다. 하지만 고구레는 자기가 했던 말을 뒤집고 더 고급 종이를 쓰겠다고 한다. 탄트셀렉트 TS-8은 어제 후지미노 공장에 들어왔다.

"구입한 종이는 도요즈미인쇄가 알아서 소화하면 되지 않느냐고 고구레 씨가 말하더군."

"그런 횡포가 어딨어."

지나친 억지에 노즈에가 격앙했다. 그 순간 아차 싶었다. 이 분노는 우라모토가 맞닥뜨린 부조리에 공감하는 것 아닌가.

"노즈에 씨 말대로야. 횡포지. 하지만 어떻게든 결론을 내지 않으면 책이 완성되지 않아. 게다가 막무가내 요구이지만 이 고비만 넘기면 끝내주는 책이 나올 것 같은 기분이 들거든."

"끝내주는 책이라니, 뭔 소리야."

"담당 편집자가 그랬어. 자기가 처음 담당하는 소설이니까 끝내주는 책으로 만들고 싶다고."

"한가로운 소리 하고 있네. 그 편집자가 튀는 바람에 이런 곤욕을 치르면서."

노즈에는 다시 생각해 보았다. 역시 이상을 운운하는 자는 무책임하다.

화상 회의를 준비하던 다카노가 "연결되었습니다"라고 큰소리로 말했다.

"수고하십니다. 그쪽 화면에 잘 나오나요?"

컴퓨터 스피커에서 여성 목소리가 나왔다. 화면에는 생활감이 안 느껴지는 실내가 비춰지고 있다.

고구레 요이치 디자인사무소의 한 방이다. 검은 티셔츠에 하얀 면바지를 입은 편안한 옷차림의 여성이 화상 카메라 위치를 미세 조정하고 있다. 통신이 연결된 것을 확인하자 그녀는 "수고하십니다"라고 이쪽에 인사를 건넸다.

"데이터 제작부의 후쿠하라입니다. 잘 부탁드립니다."

어디서 들은 기억이 있다. 데이터 제작부에서 작업이 제일 빠르다고 소문난 오퍼레이터이다. 입고데이터의 DTP 입력 담당자 기입란에서 '후쿠하라'라는 이름을 종종 보았다.

본사 DTP 오퍼레이터와 얼굴을 마주할 기회가 거의 없어 같은 회사에 다닌다는 실감이 희박하다.

"후쿠하라 씨, 화면에 너무 꽉 차게 찍히네요."

우라모토가 웃으며 지적하자 후쿠하라는 웃음기도 없이 "실례합니다"라고 하며 카메라에서 한 발 떨어졌다.

"준비되면 바로 시작하겠습니다."

화면 중앙에 나타난 것은 오렌지색 맨투맨을 입은 수염 난 남자. 고구레 요이치이다.

고구레 옆에는 분유칸의 남성 편집자가 앉아 있다. 실종된 신입 편집자의 뒷감당을 하느라 불려왔을 것이다.

"변경할 것들을 설명하겠소."

대뜸 본제를 꺼낸 고구레는 처음부터 자기 하고픈 말만 빠르게 나열했다.

아무래도 탄트셀렉트에 은별색을 쓰니까 원하던 색감이 나오지 않는다고 생각을 바꾼 듯하다.

"용지는 더 고급지로 바꾸고 격자무늬는 스테인리스 매시를 써서 선으로 표현합니다."

이것은 회의가 아니다. 고구레는 일방적으로 결정 사항을 전달해서 지시할 작정으로 말하고 있다.

노즈에는 권위를 내세워 고압적으로 말하는 인간을 끔찍이 싫어한다. 하지만 고구레 요이치의 작업은 훌륭하다. 매킨토시 모니터에는 창조성과 기술을 모아 낸 정치한 도안이 떠 있다. 고구레의 권위는 진짜이고 재능과 노력으로 얻은 것이다.

역시 책이란 이런 몇몇 사람들이 만드는 게 아닐까.

하지만 인쇄 공정을 담당하는 사람으로서 할 말은 해 두어야 한다.

이대로 있다가는 일방적 지시만 듣고 끝나 버릴 것이다.

"이미 탄트셀렉트에 인쇄하는 걸 상정하고 잉크의 점도 등을 조정해 두었습니다. 무엇보다 이제 와서 종이를 바꾼다면 일정을 지킬 수도 없습니다."

노즈에는 화면을 똑바로 쳐다보며 말했다.

"못한다고? 고급지라면 내일이라도 구할 수 있을 텐데. 그보다, 나는 컬러가 정확히 나오지 않을 거라는 말을 하고 있는 거요. 댁들의 리스크도 생각해서 하는 말이오."

"이 건을 처음 들었을 때부터 리스크는 잘 알고 있었습니다."

노즈에도 불가능하지는 않다고 생각한다. 하지만 고구레를 설득할 수 없다.

"됐으니까 잠자코 시키는 대로 하면 되잖소. 하라니까!"

성마르고 까다롭다고 들었지만 짐작 이상이다.

"가령 종이를 다시 구해서 인쇄한다고 치고. 이미 반입된 2톤이나 되는 탄트셀렉트는 어떻게 됩니까. 고구레 씨에게 색 교정을 확인받은 후 종이를 발주했다고 영업 담당에게 들었습니다만."

뼈 있는 말이 되었다. 나쁜 버릇이란 것을 알면서도 저도 모르게 이렇게 되고 만다.

"똑같은 말 반복하게 하지 마시오. *거기 앉아 있는 영업자에게 말했다니까! 종이는 다음 작업 때 쓰면 될 거라고*"

우라모토가 "말대꾸를 하는 것 같아서 죄송합니다만" 하며 끼어들었다.

"탄트셀렉트 같은 특수한 종이를 다음 작업 의뢰를 기다렸다가 사용하는 것은 어렵습니다. 분유칸에서 종이 대금을 어떻게 처리할지를 생각해 봐도 어려운 문제 아니겠습니까. 어떻게 생각하십니까, 스즈키 씨."

"으음, 그게……."

갑자기 답변을 요구받은 분유칸의 스즈키는 모호하게 고개를 끄덕였다.

"*자잘한 이야기는 됐소. 어떻게든 처리하란 말이야. 고객의 주문이나 조정 요구도 못 받아들인다면 무엇을 위해 영업하는 거야.*"

우라모토는 "무엇을 위해……" 하며 말끝을 흐렸다.

"책을 만들기 위해섭니다."

"*책을 만들어? 당신이?*"

고구레는 목소리도 키우지 않고 차갑게 웃고 있다.

"물론 제가 만드는 것은 아닙니다. 하지만 저를 포함해서 인쇄 영업이나 인쇄공이 없으면 책이 완성되지 않는 것도 사실입니다."

"지금 농담하자는 건가."

고구레는 우라모토의 말이 끝나기도 전에 날카로운 목소리로 말했다.

"나는 내가 만든 디자인에 전적인 책임을 지고 있어. 정해 주는 대로 일하면 매월 돈이 나오는 톱니바퀴하고는 다르다고."

"선생님, 한 가지 말씀드려도 되겠습니까."

지금까지 말없이 듣고 있던 지로 씨가 손을 들었다.

"선생님이 두뇌이고 모터니까 주위 톱니바퀴들은 아무 생각 말고 뱅뱅 돌기만 하면 된다는 말씀이십니까."

"댁의 이상한 비유는 듣고 싶지 않아."

"실례했습니다. 하지만 아무리 성능 좋은 모터라도 모터 하나만으로는 아무것도 만들어 낼 수 없는 것도 사실입니다."

고구레는 화면 저쪽에서 이쪽을 노려보고 있다.

"톱니바퀴가 없으면 아이디어는 실현되지 않아요. 그림의 떡이나 마찬가지죠."

열화처럼 화를 내는가 싶더니 고구레는 '호오' 하고 비웃는 투로 장단을 맞춰 주었다.

"톱니바퀴에도 자존심이 있습니다. 특히 우리 같은 기술자들은 누가 우리 보고 못한다고 단정하면 해 낼 수 있다고 말하고 싶어지게 마련이지요. 실제로 가능하다고 생각합니다. 이 일은 저희에게 맡겨 주시면 안 되겠습니까."

"지금 나한테 시비 거는 건가."

"그렇게 들으셨다면 어쩔 수 없는 일이지만요."

고구레는 "실없는 인쇄공들이군"이라고 내뱉었다.

"그럼 당신들 생각대로 하든지. 그 대신 실패하면 고급지로 바꿔서 재인쇄해야 해"

"고구레 씨, 그렇게 되면 비용이……."

분유칸의 스즈키가 곤혹스런 얼굴로 끼어들었다.

"무슨 소리야. 그거야 도요즈미인쇄가 부담하겠지. 간행 예정일에 맞추지 못하면 위약금도 물어야 하고. 안 그런가."

제멋대로 사양을 변경해서 인쇄 회사를 휘저어 놓은 주제에 그 부담까지 인쇄 회사더러 떠안으라고? 노즈에는 '장난하는 겁니까'라는 소리가 목까지 차오르는 것을 꾹 참았다.

그때 우라모토가 화상 카메라를 향해 한 발 나섰다.

"알겠습니다. 실패하면 저희 회사에서 비용을 부담할 테니까 이대로 진행하게 해 주십시오."

노즈에는 귀를 의심했다. 날선 말들이 오가며 점점 격해지던 양쪽이 쥐죽은 듯 조용해졌다.

"좋아, 그렇다면 해 보라고. 얘기 끝났군."

고구레의 노여움을 산 결과 예정에 없이 도요즈미인쇄의 주장대로 종이를 바꾸지 않고 진행하게 되었다. 하지만 실패하면 그 부담은 도요즈미인쇄가 지게 된다.

분유칸의 스즈키는 곤혹스런 표정으로 "괜찮겠습니까?"라고 물었다. 하지만 우라모토는 "괜찮습니다. 상부에는 미리 상의해 놓았으니 맡겨 주십시오"라고 결정짓고 말았다.

"담배 한 대 피우고 올 테니까 그동안 정리해 둬."

화면 저쪽에서 고구레가 후쿠하라에게 뒷정리를 시키고 담배를 물더니 방을 나갔다. 분유칸의 스즈키도 고구레를 따라 나갔다.

"우라모토 씨, 괜찮으세요? 혼자 비용 부담까지 약속하고. 상부와 상의 같은 거 안 했잖아요."

후쿠하라가 모니터 너머에서 목소리를 낮춰 물었다.

"전혀 괜찮지 않죠…… 이 약속, 위에는 비밀로 해 둬야겠어요. 후쿠하라 씨, 다른 사람한텐 비밀로 해 주세요. 공장 분들도 우리끼리만 아는 얘기로 합시다."

"고구레 씨가 원하는 컬러가 나오지 않으면 어떻게 할 거예요?"

"네? 그런 걱정은 별로 하지 않는데요."

우라모토가 웃으며 말했다.

"지로 씨나 노즈에 씨가 할 수 있다고 했으니까 될 겁니다."

"이거 왜 이래. 엄청 과대평가해 버리는구먼."

지로 씨가 호탕하게 웃었다. 하지만 노즈에는 현장 책임자로서 제정신이 아니었다.

"품의도 올리지 않고 비용 부담을 약속하다니, 말도 안 돼. 아마추어도 아니고. 만에 하나 컬러가 나오지 않으면 어쩔 거야."

노즈에는 새삼 힐난했다. 우라모토는 미간을 찡그리고 "어떻게 해야 하나" 하며 난처한 표정을 지었다.

"그때 가서 생각하는 수밖에 없지……."

"변함없이 무대책이로군."

"하지만 백 퍼센트 믿어."

우라모토는 진지하게 단언했다. 믿는다는 소리를 듣고도 이토록 화가 나는 것은 왜일까.

"좋아, 우라모토 형아가 모가지 당하지 않도록 고구레가 원하는 물건을 만들어 보자고. 그럼 아까 그 약속도 없던 게 되겠지."

지로 씨가 기세를 올리자 후지미노 공장은 새삼스레 단결하자는 기이한 분위기에 휩싸였다.

노즈에는 이제 확실하게 느꼈다. 우라모토의 이런 점이 싫은 것이다. 동시에 이런 점이 부럽기도 했다.

인쇄 회사는 모노즈쿠리라는 둥 백 퍼센트 믿는다는 둥 근거 없는 단정에 기대어 큰 돈을 너무 쉽게 걸어 버린다.

그때 우라모토 왼손 약지에 반지가 있는 것이 처음으로 보였다.

"당신, 애들은 몇 살이지?"

"아이는 아직 없어. 곧 결혼할 참이니까."

지로 씨나 다른 직원들은 작업을 위해 회의실을 나갔다. 화상 카메라를 정리하는 다카노 외에 노즈에와 우라모토만 남았다.

"노즈에 씨는 쌍둥이 아들이 있다고 했지? 부럽네."

책임져야 할 대상이 아내와 두 아들뿐이었으면 얼마나 행복할까. 바로 2년 전까지만 해도 지극히 평범한 가정이었다는 생각이 들었다.

"바쁘겠지만 조만간 둘이 한잔하자고."

우라모토의 말에 노즈에는 고개를 저었다.

"사양하지. 입으로만 한잔하자는 사람은 믿을 수가 없어."

"그러지 좀 말고. 내가 여러 가지로 힘들게 했잖아. 서로 일 얘기도 할 수 있으면 좋고."

노즈에는 꼬치집 카운터에서 우라모토와 나란히 앉아 있는 광경을 상상했다.

"우리는 일하는 이유가 근본적으로 달라. 둘이 마셔 봐야 힘 되는 얘기가 나올 일도 없고."

공장동으로 돌아가려고 메모장과 볼펜을 작업복 윗주머니에 넣었다. 우라모토는 심각한 표정으로 책상 위 한 점을 응시하며 말했다.

"그럼 노즈에 씨는 무엇을 위해 일하지?"

무엇을 위해. 요즘 스스로 누차 물었지만 답을 찾지 못한 물음이다. 아니, 답을 안다고 생각하고 싶지 않은 것인지도 모른다.

"돈이지."

망설이지 않고 대답했다. 막상 말하고 보니 새삼 개운해졌다.

"받는 돈만큼 책임을 진다. 그 이상도 이하도 아냐."

돈을 위해서, 생계를 위해서 매일 온 힘을 다해 일하는 것이다.

이틀 뒤『나가시노의 바람』초판 5만 부 인쇄가 시작되었다.

본문 인쇄는 아침부터 5호기를 거의 풀가동시켜 무사히 끝났다.

저녁부터 5호기로 커버 인쇄.

18시가 지나자 우라모토가 야식을 잔뜩 사 들고 공장에 나타났다. 야식은 관리동 냉장고에 넣어 두었다.

"방해 되니까 거기 앉아 줘."

노즈에는 한가롭게 공장 안을 어슬렁거리는 우라모토에게 주의를 주었다.

"미안. 그런데 그 신입이 제법 성장했네."

우라모토가 가리킨 것은 신입직원 다카노. 종이를 들어 올려 세팅하는 동작에 안정감이 느껴진다. 종이를 1백 매 정도씩 양 가장자리를 잡고 손가락으로 퉁겨 공기를 넣는다.

종이가 잘 떨어지는 게 중요하다. 노즈에는 팔레트로 다가가 작업 중인 다카노에게 소리쳤다.

"잠깐 확인할게."

종이와 종이 사이에 적당한 공기층이 생겼는지 엄지손가락으로 종이 가장자리를 퉁겨서 감촉을 확인한다.

"그래, 좋아. 그대로 세팅해."

"알겠습니다."

다카노는 긴장한 모습으로 급지부에 탄트셀렉트 TS-8을 쌓아 나갔다.

인쇄부 준비 작업은 노즈에가 한다. 우선은 통이라 불리는 롤러 두 개를 세팅한다.

첫 번째 판통에는 활자가 찍힌 알루미늄 쇄판을 감는다. 쇄판은 활자 등의 화선 부분이 친유성, 그 밖의 부분은 친수성으로 처리되어 있다. 쇄판 표면에 잉크와 물을 동시에 공급하면 물과 기름의 반발성 때문에 잉크는 친유성 화선부에만 묻는다.

두 번째 판통은 고무 블랭킷을 감은 블랭킷 통. 쇄판 화선부에 묻은 잉크는 블랭킷 통에 박리(오프)되었다가 종이에 전사(세트)된다.

옵셋인쇄라 불리는 이 방식 덕분에 대량의 고속 인쇄가 가능해졌다.

"5호기, 확인 완료했습니다."

커버 인쇄를 시작한다. 잉크통에는 이미 별색인 골드와 실버가 준비되어 있다.

가느다란 그물무늬가 있는 탄트셀렉트에 납빛을 베다로 칠하고 무사의 실루엣을 오버프린트한다. 면밀한 작업이다.

쿵, 철컥.

올려다봐야 할 정도로 커다란 5호기가 으르렁거리며 움직이기 시작한다. 첫 10매가 순식간에 배지부로 토해져 나온다.

"미스터 꿍, 농도계로 체크해 줘. 괜찮아?"

"농도는 좋아요."

돈을 위해 매일 온 힘을 다한다. 힘의 원천은 고집이다. 조금이라도 능숙하게, 긍지를 가질 수 있는 방식으로 일해야 한다는 고집.

처음 출력된 한 부를 지로 씨에게 건네주었다. 지로 씨가 잡아먹을 것처럼 색을 확인한다. 색조를 체크하는 지로 씨의 눈매는 늘 무섭다. 농도계로는 판별할 수 없는 색의 본질을 블루베리 껌의 영험을 받은 눈으로 잡아낸다.

"안 돼, 틀렸어."

지로 씨가 고개를 저었다.

"윤곽선의 실버가 주변 색에서 붕 떠 버렸어. 조금 가라앉지 않으면 안 돼."

별색의 품질관리는 지로 씨의 전결 사항이다. 왜 불합격인지는 지로 씨밖에 모른다. 노즈에 등은 그의 눈을 믿고 인쇄기를 운전한다.

"이런 젠장. 틀림없이 잘 나올 줄 알았는데!"

지로 씨가 파지를 바구니에 처넣으며 쓴웃음을 짓는다.

교정지에 맞춰 미리 농도를 설정해 두었다. 하지만 동일한 설정으로 인쇄를 해 보자 결과는 달라지고 말았다.

다시 미세조정을 해 보는 수밖에 없다.

파지를 내며 실패를 거듭한 끝에 책이 완성된다. 실패하면 낙담하고 잘되면 안도한다.

"이 빌어먹을 종이가 살아 있단 말이야."

지겹다는 듯이 말하는 지로 씨의 표정은 어딘지 기뻐하는 것 같기도 하다. 종이는 호흡을 한다. 그때그때 날씨나 습도 등에 따라 상태가 미세하게 변한다. 종이의 변화에 따라 잉크 양이나 인쇄기 설정을 맞춰야 한다.

"미스터 꿍, 압을 바꾸면 어떻게 될까."

"해 볼까요?"

블랭킷 통과 압통이라 불리는 두 개의 롤러 간격을 수백분의 1 밀리미터 단위로 조정하고 인쇄 압을 바꾸어 잉크나 물 공급량 등을 아주 조금씩 조정하며 시행착오를 반복한다. 안 돼, 또 틀렸어. 실패할 때마다 불안이 차오른다.

7번째 시험 인쇄한 결과를 지로 씨에게 건네주었다. 무서운 얼굴로 몇 초간 응시한 뒤 고개를 끄덕였다.

"좋아, 딱이야."

뜻대로 되지 않아 몇 번을 다시 했기 때문에 잘 되었을 때는 재미있다.

21시, 노즈에 등은 늦은 휴식에 들어갔다. 관리동에서 우라모토가 테이블 가득 도시락과 음료를 펼쳐 놓고 기다리고 있었다.

"자, 다들 야식 좀 드세요. 요 정도밖에 준비하지 못했습니다만."

"호화판 편의점 도시락이 총출동했네. 우라모토 형아가 우리를 저렴하게 구워삶겠다는 건가."

지로 씨가 웃으며 제일 먼저 새우튀김 도시락과 녹차 페트병을 집어 들었다.

"노즈에 씨도 하나 들지그래?"

"집에서 싸 왔어."

노즈에는 배낭에서 도시락 꾸러미를 꺼냈다.

"요즘 세상에 야식 사 들고 와서 사내 접대라니."

"사내 접대라고 할 정도로 대단한 건 아냐. 이번에 특히 공장 분들에게 신세를 단단히 졌으니까 미력하나마 정성이라도."

용돈으로 야식을 사다가 동료들을 위문하다니 노즈에라면 하지 못할 행동이다. 최근 2년 넘게 후배에게 밥을 산 적도 없다.

"몇 번이나 말하지만 우리가 무리한 일감을 받아들이는 것은 영업부를 위해서도 당신을 위해서도 아냐. 일이니까 하는 거지. 번번이 이렇게 야식을 사 들고 오면 지갑이 버티지 못할 텐데."

"일을 떠나서 고마움을 느끼고 표하고 싶을 때도 있어."

나긋하게 군다고 작업이 진척되는 건 아니니까요. 지로 씨에게 했던 말이 떠오른다.

공장 사람들 여섯 명과 우라모토가 회의실 테이블에 둘러앉아 즐겁게 늦은 저녁을 먹고 있다.

"도시락에 딸려 오는 소스로는 부족해서 이렇게 오버프린트소스 위에 또 소스를 뿌리는 상황을 인쇄에 비유하고 있다하는 거야."

지로 씨는 로커에 상비해 둔 불독소스우스터소스로 유명한 일본의 조미료 회사를 꺼내다가 새우튀김뿐만 아니라 쌀밥이나 스파게티에까지

고루 뿌렸다. 노즈에나 공장 직원에게는 익숙한 광경이지만 우라모토는 소스의 바다에 빠진 도시락을 놀란 눈으로 쳐다보았다.

"이거 정말 드시게요?"

지로 씨는 "안 먹으면 뭐하게" 하며 도시락 부식으로 딸린 소스 범벅 스파게티를 젓가락으로 먹었다.

"지로 씨한테 걸리면 뭐든지 질척한 소스 도시락이 되거든요."

다카노가 우라모토에게 설명한다. 지로 씨는 "소스만 뿌리면 뭐든지 맛있지" 하며 우라모토의 김 도시락에 소스를 끼얹었다.

기함하는 우라모토에게 지로 씨는 "맛있으니까 먹어 봐"라고 권했다. 우라모토는 소스에 젖은 김을 주저주저 먹고는 "의외로 괜찮네요"라고 중얼거렸다. 일동이 오오, 하며 웃음을 터뜨렸다.

흡족해진 지로 씨는 "중간 농도 소스의 점도가 딱 좋아, 우스터 소스는 속건성이 좋아서 돈까스 옷에 잘 스미지" 하며 잉크에 빗대어 소스 사용법을 설명했다.

노즈에는 저도 모르게 튀어나오는 웃음을 얼른 지우고 우메보시를 꼭꼭 씹었다.

오늘 현장은 어려운 작업이 많지만 좋은 분위기에서 이루어지고 있다.

휴식시간 뒤에도 작업은 순조롭게 진행되어 23시에 커버를 포함한 5만 부 인쇄가 끝났다. 밤새 건조시키면 마무리 공정에 들어갈 수 있다.

"이제 내일 아침 일찍 UV와 유광 PP 가공만 마치면 끝나는군.

거기까지 끝내면 다 된 거야. 제작이 끝나면 정기편으로 보낼 테니까 고구레 아저씨한테도 보여 주라고. 문제없을 테니."

장정가에게 확인을 받을 의무는 없지만 오히려 우리의 긍지를 보여 주고 싶다.

"다행입니다…… 솔직히 실패했다면 나로서는 온전히 책임지기 힘든 이야기였어요."

"무책임의 극치로군. 일단 모가지 당할 일은 없겠네."

우라모토도 나름의 방식으로 영업맨의 자존심을 보여 주었는지 모른다.

"고마워."

"고맙다는 소리 들을 이유 없어. 일이니까."

노즈에는 돈을 위해, 생계를 위해 일하고 있다. 이명 현상을 겪는 밤을 지새고 아침을 맞으면 도망치고 싶은 기분도 든다.

하지만 일단 공장에 들어가면 저도 모르는 사이에 모든 것을 잊었다. 손을 움직이는 동안은 목전의 인쇄물을 더 잘 만드는 일에 몰두한다.

"미스터 꿍, 수고했어. 오늘 작업은 역시 되구먼."

"그렇죠? 하지만 의외로 재미있었어요."

어차피 하는 일이면 조금이라도 재미있는 게 낫다. 그것은 분명한 사실이다.

자정에 『나가시노의 바람』 본문과 표지 커버를 실은 팔레트를 공장 구석에 지게차로 옮겨 두었다. 이로써 노즈에의 긴 하루가 끝났다.

로커룸에서 옷을 갈아입는데 폴더식 휴대 전화가 울렸다.

"도시아키가 갑자기 상태가 나빠져서 지금 병원에 가 보려고
해."

사오리의 목소리는 눈물로 떨리고 있었다.

결국 올 게 온 건가. 말하지는 않았지만 예상하고는 있었다.

"그래? 조심해서 다녀와."

걱정하는 말로 전화를 끊으면서도 노즈에는 고개를 쳐드는 기
대감을 없앨 수 없었다. 이제 마음 편히 가족과 나를 위해 일할
수 있을지 모른다. 하루하루 내 할 일을 완수하고 받은 돈을 온전
히 처자식에게만 쓸 수 있다.

어서 해방되고 싶다. 이런 생각이 싫어서 뿌리치려 했지만 그
렇게 되지 않았다.

9월 들어서도 무더운 날이 이어진다. 그러나 밤이 되면 바깥공
기에 가을 기미가 느껴진다.

이케부쿠로 역에 내려 문 닫기 직전인 미카와야서점으로 뛰어
들어간 우라모토는 추천 코너 앞에서 살짝 탄성을 질렀다. 『나가
시노의 바람』이 특설 코너에 높이 쌓여 진열되어 있었다.

메탈릭한 커버가 서가 중앙에서 이채를 발하여, 내 자식이니까
예뻐 보인다는 점을 감안하더라도 그 존재감이 도드라진다. 이건
정말로 끝내주는 책인지도 모른다.

분유칸에 전화해서 『나가시노의 바람』을 도매상에 입고했다고 보고하면서 아마쿠사 소식을 물었더니 거의 예상하던 대답이 돌아왔다.

"아마쿠사는 이번 달로 퇴사하게 되었습니다"

우라모토는 평대에 진열된 『나가시노의 바람』을 한 권 집어 들고 망설임 없이 맨 마지막 페이지를 폈다.

저자 약력 아래에 이 책의 제작에 관여한 업체들이 죽 기록되어 있다.

'펴낸곳 주식회사 분유칸

인쇄 도요즈미인쇄 주식회사

제본 주식회사 호코쿠샤'

판권은 책의 엔딩 크레딧이다. 제작에 관여한 모든 이의 이름을 실을 수는 없지만 '도요즈미인쇄주식회사' 너머에는 노즈에나 지로 씨, 후쿠하라, 우라모토의 이름도 새겨져 있다. 종이 구입처를 알아봐 준 게이단샤 업무부의 요네무라 신코나 기후의 이나바 야마지업 사람들도 잊어서는 안 된다.

그리고 주식회사 분유칸 너머에는 편집자 아마쿠사 게이고의 이름도 새겨져 있는 것이다.

아마쿠사가 실종된 탓에 우라모토가 뒷감당하느라 고생했다. 아마쿠사에게 원망과 분노가 전혀 없다고 하면 거짓말이다.

하지만 이상하게도 유감스럽다는 심정이 앞선다.

축배를 들자고 약속했던 그날의 주점을 기억한다. 우라모토는 그날 이것이 바로 모노즈쿠리라는 실감을 새파란 신입 편집자와 공유했었다.

폐점시간 22시까지 아직 15분 남았다. 우라모토는 서점 내 서가를 둘러보았다. 도요즈미인쇄뿐만 아니라 다른 인쇄 회사에서 만든 책들도 경합하듯 진열되어 있었다.

우라모토는 서점을 돌아다니는 것이 좋았다. 어느 책이나 커버나 띠지 등에 정성을 들인다. 커버 일러스트나 컬러, 띠지 카피, 종이의 촉감.

작가, 출판사의 편집자나 영업홍보 담당, 인쇄 회사나 제본 회사 사람들, 도매상 사람들. 수많은 노력의 결정체가 서점에 다다라 이렇게 자리 잡고 있다.

내가 관여한 책이 서점 서가에 나란히 꽂힌 모습을 보면 우라모토는 용기를 얻는다.

책이 점차 팔리지 않게 되고 있는 시대에 한 권의 책 장정에 정성을 쏟는 것은 무엇을 위함일까. 그 답은 알 수 없지만 적어도 지금은 『나가시노의 바람』을 완성했다는 사실이 기쁠 뿐이다.

"잠시 후 문을 닫습니다. 돌아가실 때 잊으신 물건이 없는지 확인해 주시기 바랍니다. 오늘도 미카와야서점을 방문해 주셔서 대단히 감사합니다."

서점 안에 〈반딧불螢の光 스코틀랜드 민요 올드랭사인Auld Lang Syne의 일본 번안곡〉 선율과 함께 폐점 안내 방송이 흐르기 시작했다.

손님들은 많은 선택지 중에서 오늘의 한 권을 구매할지 말지를 고민하며 바쁜 시선으로 서가를 훑어본다.

서점은 책과 사람의 만남을 중개하는 곳이다. 서점의 서가는 양서를 한 권이라도 더 팔고 싶은 점원들의 열정을 보여 주고 있다.

서가 여기저기에 붙은 판촉 홍보물은 대개 점원이 손으로 써서 만든 것들이다.

〈136페이지의 한 문장에 인생이 변한다?〉
〈점장의 강추! 읽고 나면 느낌을 나누고 싶어지는 책〉
〈본점의 오리지널 컬렉션 – 고양이 이야기만 모았습니다!〉

우라모토는 다시 신간 코너로 돌아와 평대에 쌓인 『나가시노의 바람』 앞에 섰다. 그때 진회색 슈트를 입은 초로의 남성이 『나가시노의 바람』을 한 권 집어 들었다.

감사합니다. 하마터면 그 말이 튀어나올 뻔했다.

단행본 소설을 만들고 싶다는 아마쿠사의 꿈은 이루어졌다. 서점 매장의 평대에 쌓아 놓은 것도 모자라 표지가 잘 보이도록 서가에 집중 진열되어 방금만 해도 한 독자에게 선택되었다.

휴대 전화 연락처에서 아마쿠사의 업무용 휴대 전화 번호를 찾아 연락해 보았다. 호출음이 몇 번 울렸다. 아마쿠사는 아직 업무용 휴대 전화를 갖고 있을까? 휴대 전화에서는 음성사서함 서비스의 자동음성만 흘러나올 뿐이다.

"안 받네……."

누구에게랄 것도 없이 중얼거리고 휴대 전화를 슈트 안주머니에 넣었다.

다시 책 표지를 확인했다. 납빛 바탕에 실버 별색의 가느다란 실루엣으로 그려진 기마 무사들. 커버를 벗기고 표지를 보니 선명한 붉은색으로 그려진 무사 하나가 당장이라도 책 밖으로 뛰어나올 듯 약동감 있게 그려져 있다.

"안녕하세요."

중년여성 점원이 조용히 인사하며 『나가시노의 바람』 코너에 엽서만 한 POP를 세웠다.

'시대의 벽에 부딪쳐 쓰러져 간 남자들. 어리석다고 비웃겠습니까?'

본문을 정독하지 않으면 나올 수 없는 캐치 카피였다. 컬러매직으로 화승총과 기마 무사 일러스트가 곁들여져 있다.

번지수가 틀렸는지 모르지만 POP를 세워 준 그녀에게 고맙다는 말을 하고 싶었다.

"실례합니다. 저는 『나가시노의 바람』의 인쇄를 담당한 사람입니다."

우라모토는 망설임을 떨쳐 내고 명함을 내밀었다. 여성 점원은 조금 당황한 표정으로 "아, 네"라며 명함을 받아 들었다. 인쇄 회사 직원에게 명함을 받는 것은 거의 없는 일일 것이다.

여성 점원의 명찰에는 '모리타 가즈요'라고 적혀 있었다.

"훌륭한 진열이군요. 점원 분들이 손수 만드셨나요?"

모리타 가즈에는 "네?" 하며 잠시 당황한 표정으로 서가를 둘러보고 "그렇습니다"라고 웃는 얼굴로 대답했다.

"POP와 패널도 전부 직접 만들었어요."

"사진을 찍어도 괜찮을까요?"

"그럼요, 얼마든지!"

우라모토는 휴대 전화 카메라로 미카와야서점이 온갖 공을 들여서 꾸민 진열대를 촬영했다. 자신도 탄생에 한몫 거든 책의 화려한 자태. 그 사진을 아마쿠사의 업무용 휴대 전화에 메일로 보냈다. 싫어할지도 모르지만 최소한의 기념으로.

'아마쿠사 씨. 『나가시노의 바람』 초판이 미카와야서점 추천코너에 집중 진열되어 있습니다. 점원들이 손수 만든 POP도 설치되었습니다. 축하드립니다.'

그러자 곧 착신음이 울렸다. 우라모토는 일단 서점 밖으로 나갔다.

"예, 도요즈미인쇄 우라모토입니다."

쾌활한 목소리로 받았지만 대답이 없다. 잠시 침묵이 흐르다가 기침 소리가 들렸다.

"오래간만입니다. 아마쿠사입니다."

자다가 일어났는지 패기 없는 목소리였다. 집 안에 있는지 주위 소음이 전혀 없다. 우라모토도 "오랜만입니다"라고 목소리를 조금 낮추었다.

"제가 이달 말로 퇴사하게 되어서."

"들었습니다."

아마쿠사는 "뭡니까, 알고 있었어요?"라고 맥 빠진 듯이 말했다.

"끝내주는 책이 나왔습니다."

"나는 아무것도 한 게 없는걸요…… 여러 가지로 면목이 없습니다."

"아뇨. 아마쿠사 씨가 없었다면 『나가시노의 바람』은 세상에 나오지 못했을 겁니다."

"글쎄요…… 아무튼 고맙습니다. 멋진 기념사진이 되었어요."

침묵이 흐른 뒤 우라모토는 가장 묻고 싶었던 질문을 했다.

"정말로 그만두는 겁니까."

전화 저쪽의 아마쿠사는 대답이 없다.

"모처럼 처음으로 담당하신 소설이 이렇게 훌륭한 책으로 완성되었는데, 아깝습니다."

우라모토가 만류해도 아마쿠사의 퇴사라는 결과가 뒤집어지는 일은 없을 것이다. 괜한 오지랖이라고 여기면서도 개인적으로 생각하는 바를 전했다.

"미안하지만, 만약 고구레 씨와 연락하는 일이나 사양 결정의 실패를 자책해서 퇴사하시는 거라면 정말 아깝다는 생각이 들어서요. 이번 업무에서 뭔가 벽에 부딪쳐서, 혹은……."

그러자 아마쿠사는 웃으며 "아뇨, 아뇨" 하고 막았다.

"좀 더 현실적인 문제였습니다. 실적을 올리지 못했기 때문이
죠."

간행 종수나 판매 부수에 대한 월간 목표량을 달성하지 못해서
상사에게 엄중한 추궁을 받고 심신이 모두 지쳐 버렸다고 한다.

"『나가시노의 바람』에 좀 더 시간과 노력을 기울이고 싶었지
만 다른 기획에서 성과를 내지 못하고 있었어요. 그래서 병행하
던 안건이나 기획안 발굴에 쫓기느라 『나가시노의 바람』 업무까
지 어정쩡해졌지요. 이쪽이고 저쪽이고 전부 어중간한 상태라
몸도 마음도 지칠 대로 지치고 뭐가 뭔지 알 수 없게 되어 버려
서……."

아마쿠사가 부딪힌 벽은 더 크고 근본적인 것이었다.

"우라모토 씨…… 좋아하는 일을 하며 살아간다는 거, 어렵네
요."

월드인쇄에서 도요즈미인쇄로 옮겼던 우라모토도 책 제작이라
는 원하는 일에 종사하면서도 어려움에 직면해 있다.

"그래요, 어려운 건지도 모르죠. 그럼 어디선가 또 인연이 닿는
다면."

"뭐, 인연이 있다면요. 하지만 없을지도…… 편집 일에 맞지 않
는 것 같아서요."

앞으로 할 일은 정해진 게 전혀 없으며, 한동안 쉬고 나서 생각
해 보고 싶다. 아마쿠사는 그렇게 말했다.

"퇴사 인사와 사죄 말씀 한 마디라도 드리고 싶어서 새삼스럽

지만 전화 드렸습니다. 정말 죄송했습니다."

마지막으로 아마쿠사는 몇 번이나 사과하고 전화를 끊었다.

당신이 구사카 도요노부를 설득하지 못했다면 이 책은 세상에 나오지 않았다.

그러니까 가슴 활짝 펴고 말해도 좋다고 생각한다.

이 책은 내가 만들었다고.

설사 책 만드는 일을 떠나더라도 이 책은 분명 당신이 이 세상에 남긴 발자국이다.

우라모토는 서점 안으로 돌아가 『나가시노의 바람』을 한 권 집어 들고 계산대로 향했다.

3장

페이퍼백 라이터

푸른 하늘이 유난히 높은 가을날 오후. 점심식사도 거른 채 원고 정리를 끝낸 우라모토는 오후 2시가 되어서야 늦은 점심을 먹으려고 본사 근처 찻집에 들어갔다. 계산대에서 샌드위치와 브랜드 커피를 주문한 그가 쟁반을 들고 빈자리를 찾았다.

　계산대 근처 테이블에서는 게이단샤의 오쿠다이라가 색 바랜 파란 파카를 입은 남자와 마주 앉아 심각한 얼굴로 이야기하는 중이었다. 아마 상대는 별로 안 팔리는 젊은 작가일 것이다.

　오쿠다이라가 일방적으로 말하고 작가로 보이는 남자는 불쾌한 얼굴로 듣고 있었다.

　"안녕하세요."

　우라모토는 대화에 방해가 되지 않도록 살짝 인사하고 다른 빈

자리를 찾는데 오쿠다이라가 불러 세웠다.

"우라모토 씨, 잠깐 여기 같이 앉으시죠?"

4인석 가운데 두 자리가 비어 있다. 무슨 일인가 싶어 궁금해진 우라모토가 "실례합니다" 하고 고개를 숙이며 오쿠다이라 옆자리에 쟁반을 내려놓았다.

"이쪽은 소가베 슌 씨."

신인 미스터리 작가 소가베 슌. 게이단샤 크라임노벨대상에서 특별상을 수상했고 데뷔해서 8년이 지나는 동안 20권의 단행본을 발표했다.

소가베의 작품은 대부분 게이단샤에서 간행되었고 인쇄는 도요즈미인쇄 후지미노 공장에서 맡았다. 3개월 후에 출간할 신간도 도요즈미인쇄가 진행하기로 했고 영업 담당은 우라모토였다.

"소가베 씨, 이쪽은 늘 인쇄를 해 주시는 도요즈미인쇄의 우라모토 씨."

오쿠다이라가 소개하자 우라모토는 공손하게 소가베에게 명함을 내밀었다.

"디자인도 저희 회사의 투모로게이트디자인에서 담당하고 있습니다. 마침 오늘 디자이너가 소가베 씨 신작의 러프 디자인을 작업하는 중입니다."

소가베는 앉은 채 우라모토를 올려다보며 "아, 이분이 인쇄 회사 담당이군요······" 하고 내키지 않는 목소리로 말했다. 그러더니 품평하는 눈초리로 우라모토를 힐끗 쳐다보고는 명함을 한 손으로 받아 테이블에 아무렇게나 내려놓았다.

우라모토는 오쿠다이라가 권하는 대로 의자에 앉았다. 업무로 만나는 작품을 전부 읽는 것은 아니지만 소가베 슌은 좋아하는 작가 가운데 한 사람이어서 우라모토는 이전에 펴낸 작품도 읽은 바 있다.

"지난번에 『잭나이프 미궁』도 아주 재미있게 읽었습니다."

"흠, 나는 전혀 재미없습니다만⋯⋯."

소가베의 움푹 팬 눈두덩에서 안광이 이글이글 타는 듯하다.

"『잭나이프 미궁』은 뜨지도 못하고 초판 4천 부로 끝나 버렸어요. 아니, 데뷔작부터 스무 번째 작품까지 판판이 초판으로 끝났습니다."

"소가베 씨, 그만하세요."

오쿠다이라가 말려도 듣지 않고 소가베는 계속했다.

"장정도 밋밋하고 프로모션도 어중간하고. 그래서는 팔릴 책도 안 팔리지."

자기 책이 팔리지 않는 것은 장정이나 판촉 탓이라고 말하는 듯하다.

"오쿠다이라 씨, 인쇄 회사를 바꿔 주세요. 나는 다음 작품이 마지막일지도 모른단 말입니다. 마지막 기회라면 책을 좀 제대로 만들어 달란 말입니다."

"마지막이니 뭐니 전부 소가베 씨 멋대로 하는 말 아닙니까. 우라모토 씨도 뭐라고 말 좀 해 주세요."

갑자기 말을 해 달라고 하지만 두 사람 사이에 분위기가 험악한 까닭을 알 수 없었다.

"무슨 일 있었나요?"

"소가베 씨가 SNS에 이상한 글을 올려 버렸어요……."

오쿠다이라가 상황을 설명했다. 소가베가 SNS에 '다음 작품이 중판을 찍지 못하면 작가 노릇 그만두겠다'라고 선언했다고 한다.

"이게 문제의 글입니다. 이것 때문에 조금 시끄럽습니다."

오쿠다이라가 내민 스마트폰 화면에는 어그로니 여론몰이니 하는 비난과 소가베에 대한 비방 중상이 줄줄이 이어지고 있었다.

"우라모토 씨라고 했죠? 그냥 타성에 젖어 인쇄하지 말고 생각을 좀 해 주세요."

소가베가 우라모토를 노려보며 말했다.

"소가베 씨, 우라모토 씨한테 불평하는 건 잘못입니다. 도요즈미인쇄는 우리가 지시하는 사양대로 인쇄할 뿐이니까."

오쿠다이라가 끼어든다. 변호해 주는데도 우라모토는 내심 '그건 아니지!'라고 소리쳤다.

"뭐요? 디자인도 이쪽 회사에서 한다고 했잖소! 그럼 제대로 만들어 줘야지. 나로서는 수명을 깎아서 쓴 책이란 말이오. 뭐 어차피 당신들한테는 수백 권 수천 권 가운데 하나일 뿐이겠지만."

"그렇지 않습니다."

우라모토의 말투가 저도 모르게 날카로워졌다. 소가베가 치켜

뜬 눈초리로 이쪽을 노려본다.

"문예서, 특히 단행본 인쇄는 그때그때 주문 제작으로 진행되기 때문에 한 권 한 권 공을 들입니다."

소가베는 여전히 우라모토를 노려보고 있다.

"공은 무슨. 거짓말 하시네. 당신들, 기껏해야 4천 부라니까 생각 없이 만들고 있잖아. 출판사에나 인쇄 회사에나 돈이 안 되는 책이니까."

소가베가 성난 눈초리를 오쿠다이라에게 돌리며 말했다.

"오쿠다이라 씨, 난 알아요. 오쿠다이라 씨는 실적을 올려 주는 베스트셀러 작가한테만 관심을 보인다는 소문이 다른 편집자들과 작가들 사이에 자자하니까. 나 같은 만년 초판 작가를 담당하게 돼서 얼마나 귀찮았을까."

"아니, 뭐라고 하셔도 상관없지만…… 어떤 책이든 잘 팔리길 바라는 마음으로 제작하는 게 당연하지 않습니까."

오쿠다이라는 팔짱을 끼고 안타까운 듯 한탄했다.

"그럼 팔릴 만한 장정을 만들어 주셔야지!"

소가베는 테이블을 검지로 톡톡 두드리다가 푸석푸석한 머리카락을 양손으로 쥐어뜯었다.

"저도 번지수가 틀린 말이라는 거 압니다…… 결국은 작품에 힘이 없기 때문이죠. 재미있다고 생각하는 사람은 쓰고 있는 나뿐이고. 꼴좋군."

"그게 아니라니까요. 좋은 작품이 반드시 팔린다는 보장도 없기 때문에 작품 탓이다 장정 탓이다 하는 논쟁 자체가 의미가 없단 말입니다. 아무튼 기운 내서 계속 씁시다."

오쿠다이라가 좋은 말로 격려했지만 소가베는 무거운 표정으로 남은 커피를 입에 물더니 양치하듯 헹구고 나서 삼켰다.

"부탁합니다. 작품은 내 자식이나 마찬가집니다. 그걸 맡기는 것 아닙니까. 우라모토 씨, 다음 작품은 부디 잘 부탁드립니다."

이번에는 테이블에 양손을 짚고 고개를 숙이며 쥐어짜는 목소리로 애원했다. 정서가 상당히 불안한 듯하다.

"이러지 마세요."

우라모토의 제지에도 아랑곳없이 소가베가 테이블에 이마를 찧듯이 고개를 숙인다.

"다음 신간도 당연히 온 힘을 다해서 제작하겠습니다. 그러니까 안 팔리면 그만두겠다는 말씀은 마십시오. 감정에 휩쓸려 SNS에 글을 올린 탓에 수습할 수 없게 되었잖습니까, 그렇죠?"

오쿠다이라가 소가베를 달랬다.

"아니, 진심입니다. 다음 작품도 실패하면 작가 짓 때려치우기로 결심했습니다. 아예 인간이길 그만둬 버릴까 하는 생각도."

테이블 위의 한 점을 응시한 채 중얼거리는 소가베를 건너편에서 바라보던 오쿠다이라가 어이없다는 표정으로 "왜 그런 황당한 말씀을……" 하며 고개를 젓고 있다.

"소가베 씨는 왜 그렇게 생각하시게 된 겁니까?"

우라모토는 감정이 격해 있는 두 사람을 자극하지 않으려고 최대한 차분하게 물었다.

소가베는 "나한텐 소설밖에 없어요"라고 중얼거렸다.

"소설 쓰는 것 말고는 할 줄 아는 게 없으니까. 자신감과 긍지를 품고 할 수 있는 일은 이거밖에 없다고 생각하며 써 왔습니다."

중학생 시절부터 소설을 썼다는 소가베. 친구가 없던 그에게는 최고로 행복한 시간이었다. 고교 졸업 후 슈퍼마켓에 취직했지만 윗사람과 맞지 않아 1년 만에 퇴사한 것이 경력의 전부다.

"특별상 수상 연락을 받는 순간 내가 살아갈 길이 정해졌다고 확신하고 지금까지 써 왔습니다."

"천직이군요……."

그 말을 하는 순간 코가 찡하고 안구 속에 뜨거운 것이 스며나왔다. 달리 할 줄 아는 게 하나도 없다고 해도, 이것밖에 없다고 생각할 수 있는 일을 만난다면 얼마나 좋을까.

"소설밖에 없죠? 그러니까 더욱 앞으로도 차분하게 계속 써 가는 수밖에 없잖습니까."

"오쿠다이라 씨, 8년이나 나를 담당하고도 모르겠습니까. 천직이라고 생각하기 때문에 이제는 확실하게 결판을 내고 싶은 겁니다."

혼을 담아 써도 응답이 없다. 서른 살을 눈앞에 두고 결판을 짓고 싶다고 한다. 성급하게 구는 것처럼 보이기도 하지만 본인 아니면 알 수 없는 고통이 있는지도 모른다.

소가베는 찻집 벽시계를 올려다보고 의자 밑에 놓아 둔 가방을 집어 들었다.

"그만 돌아가겠습니다. 원고를 고쳐야 하니까."

입고일은 다음 주 화요일, 나흘 남았다. 우라모토는 불안에 싸였다. 지금 단계에서 여전히 원고를 고치고 있다면 이번에도 늦을 가능성이 있는 것 아닌가.

오쿠다이라가 "일요일 23시 59분까지입니다"라고 소가베에게 말했다. 마감 말일까. 소가베는 아무 대답도 없이 거칠게 의자를 밀어내며 일어섰다.

"중요한 얘기니까 다시 한 번 말씀드립니다. 일요일 23시 59분이 데드라인이에요. 그때까지 반드시 원고를 주세요."

"예, 압니다."

소가베는 귀찮다는 듯이 말하고 소매에 묻은 빵부스러기를 오른손으로 털었다.

오쿠다이라가 "아니, 모르시는 거 같은데요!"라고 거친 목소리로 말했다. 그 목소리에는 친구를 질타하는 듯한 울림이 있었다.

소가베는 오쿠다이라를 마주 노려보았다. 무서운 눈빛, 내내 싸워 온 사람의 눈이다. 하지만 오쿠다이라는 주눅 들지 않았다.

"원고에 대한 집착과 마감을 어기는 것은 전혀 다른 차원의 이야기입니다. 원고가 완성되었다고 책이 만들어지는 게 아닙니다. 해야 할 일이 많이 남아 있습니다."

소가베는 "안다니까요"라고 초조하게 말하고 오쿠다이라는 또

"그걸 모르니까 늘 늦는 겁니다"라고 힐난했다.

"인쇄 회사 사람들은 줄타기하듯 아슬아슬한 스케줄로 일하고 있어요. DTP 오퍼레이터, 공장 인쇄공, 그리고 영업부 사람들. 원고가 제때 들어오지 않으면 그 이후 공정이 전부 틀어져 버립니다. 소가베 씨에게는 고작 하루 이틀이지만 우라모토 씨에게는 심각한 작업 손실이 됩니다."

소가베가 마감을 지키지 않는 것은 늘 있던 일이다. 게다가 요즘은 보기 드문 손글씨 원고이기 때문에 도요즈미인쇄에서 타이핑해서 데이터를 만들어야 한다.

"빡빡한 스케줄에 구멍이 난다는 게 어떤 것인지 압니까. 이번을 계기로 마감을 지켜 주세요."

우라모토는 말 한번 잘했다고 내심 호응하면서도 지금까지 오쿠다이라의 갑작스런 사양 변경으로 휘둘린 날들이 주마등처럼 머리를 스쳐 복잡한 심정이 되었다.

"알았다니까요. 약속합니다. 대신 그쪽도 좀 진지하게 제작해 주세요."

소가베가 찻집을 나가는 것을 확인하자 오쿠다이라가 어색한 웃음을 지었다.

"우라모토 씨, '남 말 하네' 하고 생각했죠? 솔직한 분이라 얼굴에 다 보입니다."

"아뇨, 그건……."

오쿠다이라는 "됐어요, 됐어"라며 웃었다.

"내 허물은 젖혀 두고 감히 저 사람에게 한 마디 했습니다. 미안합니다. 바쁘실 텐데 붙잡아서."

"아뇨, 저도 공부가 되었습니다."

"책은 혼자 만드는 게 아니라는 걸 이해시키고 싶어서 마침 우연히 만난 우라모토 씨에게 동석을 부탁한 겁니다."

오쿠다이라는 차분한 투로 말했다.

"내가 신참일 때부터 저 사람을 담당해 왔어요. 끈끈하고도 지겨운 사이죠."

소가베는 게이단샤가 아닌 다른 출판사에서도 의뢰를 받아, 3개 출판사를 통해 다섯 권을 간행한 바 있다. 하지만 재계약은 없었다. 매출이 시원치 않은데다 고집까지 세기 때문에 다른 출판사에서는 이후 의뢰가 오지 않는 것이다.

"인간성에는 조금 어려운 점도 있지만 나는 소가베 슌의 작품을 좋아합니다. 주위에서 응원해 주면 아마 성공할 수 있을 겁니다. 그래서 방금도 우라모토 씨의 힘을 슬쩍 빌렸던 거고요."

오쿠다이라가 "고맙습니다"라고 또 인사한다. 평소의 '오만방자'하고는 인상이 사뭇 다르다. 품행이 불량한 친구를 대신해서 사과할 줄도 아는 좋은 친구처럼 보인다.

"매번 이번에는, 이번에는, 하며 히트를 기대하는 마음을 품고 내지만 늘 초판으로 끝났죠. 작품은 좋은데……."

인쇄 회사 영업맨으로서 무엇을 할 수 있는지를 우라모토는 생각했다.

"여전히 내 실적이 부족한 탓인지."

"오쿠다이라 씨의 실적 말입니까?"

"내가 10만 부 넘는 작품을 전보다 더 많이 담당해서 압도적인 실적을 올린다면 출판사 눈치를 보지 않고 소가베 슌 같은 신진 작가에게도 홍보비를 제대로 투자해서 출시할 수 있겠죠."

오쿠다이라가 오만해 보이는 이유를 우라모토는 문득 알 수 있을 것 같았다.

거물 작가한테는 저자세, 신인이나 어린 작가에게는 고자세. 오쿠다이라의 권위주의와 차별적인 모습에는 숨은 목적이 있었던 것이다.

"소가베 씨가 했던 말은 완전한 오해예요."

"뭐, 뒤에서 뭐라고 하든 상관없어요. 여하튼 실적이 전부니까."

자기 실적을 자화자찬하는 것도 소가베 슌 같은 재능 있는 작가를 발굴하고 육성하는 데 힘을 쏟아 부을 기반을 만들기 위함이다.

"돕고 싶어요."

오쿠다이라는 테이블의 한 점을 응시하며 불쑥 중얼거렸다.

"소가베 슌을 돕고 싶은 마음도 있지만, 그것만이 아닙니다. 그의 작품이 널리 읽히지 않는 것은 출판계에 큰 손해니까."

"그렇군요. 다음 작품은 꼭 중판을 찍죠."

중판을 위해 인쇄 회사가 할 수 있는 일은 별로 없어 보이지만.

보다 좋은 책을 만드는 일 말고 무엇이 있을까.

무엇을 보고 좋은 책이라고 하는지는 알 수 없지만, 역시 좋은 책을 만들어 부응하는 수밖에 없다.

"그 사람이 멋대로 배수진을 쳐 버렸으니 담당 편집자로서도 좌우지간 중판을 실현해야 합니다. 우라모토 씨도 잘 부탁합니다."

"예, 오늘 중으로 우스타 씨가 오쿠다이라 씨에게 러프 디자인을 보낼 겁니다."

회사로 돌아와 우스타의 작업 진척을 확인하려고 투모로게이트디자인을 들여다보았다. 일감이 줄을 서 있는 우스타는 충혈된 눈을 비비며 매킨토시 모니터를 들여다보고 있었다.

"고생이 많으시네요, 우스타 씨."

우라모토는 편의점에서 사 온 에너지음료 '불독'을 우스타의 책상에 놓아 주었다. 좋아하는 음료를 받은 우스타는 "고맙습니다"라며 동그란 얼굴로 활짝 웃었다.

"소가베 슌 씨의 신작을 위한 러프 디자인은 어떻게 되고 있어요?"

"이야, 정말 재미있네요."

우스타는 교정이 안 된 원고 사본을 오쿠다이라에게 받아 둔 터였다. 재미있게 읽은 모양이다. 그러나 우라모토가 궁금한 것은 감상이 아니라 커버디자인 진척 상황이다.

우라모토는 우스타의 투지를 고무하려고 소가베가 제기한 클레임을 전했다.

"소가베 씨는 자기 작품이 팔리지 않는 건 장정 탓이래요. 억울하지 않습니까?"

"으음, 그거 좌시할 수 없는 말이군요."

우스타는 창으로 비껴드는 햇빛에 눈을 껌뻑이며 양팔을 벌려 크게 기지개를 켰다.

"그렇죠. 근데, 러프 디자인은 얼마나 진척되었는지⋯⋯."

"벌써 끝났어요. 아까 오쿠다이라 씨에게 보냈습니다."

우스타는 많은 섬네일 가운데 하나를 클릭했다.

한가운데 권총을 든 주인공을 배치하고 배경은 9개 칸으로 분할되어 주인공의 추억의 장소들이 실루엣으로 그려져 있다.

연인과 맞잡은 손, 평화로워 보이는 작은 집, 갓난아기를 안은 얼굴. 지켜야 할 것들을 위해 처음이자 마지막으로 완전 범죄를 시도하는 남자의 한 순간을 표현했다.

"이거, 러프 디자인 맞습니까? 완성도가 높네요."

"글을 읽다 보니 구체적인 영상이 팍팍 떠오르더군요."

"정말 좋은데요!"

됐다. 이 작품은 틀림없이 많은 독자에게 전해질 것이다.

우스타 자리에서 전화기가 울렸다. 우스타는 수화기를 들고, "네, 네, 그래요?" 하고 편안한 투로 대답했다.

짧은 통화가 끝나자 우스타는 "후우" 하고 한숨을 토했다.

"오쿠다이라 씨가 웬일로 아주 좋아하네요. 많이 팔려야 할 텐데.”

에너지음료를 비운 우스타가 산책하러 나간다며 자리를 비웠
다.

그때 우라모토의 휴대 전화가 울렸다. 제본소 호코쿠샤였다.
업무 연락일까 아니면 나쁜 소식일까.

“우라모토 씨, 이거 죄송합니다.”

젊은 사장 이모리 다이스케의 목소리가 휴대 전화에서 튀어나
왔다. 나쁜 소식이구나.

한 작가의 기사회생을 향한 꿈을 이야기하다가 졸지에 사고 수
습을 해야 하는 현실로 끌려 돌아왔다.

“무슨 일인데요?”

“본문에 먹이 쏟아진 것처럼 나왔어요.”

순서대로 페이지를 추리는 정합 작업을 하던 여성 직원이 발견
했다고 한다. 정합기에 접지물을 세팅하다가 7번째 접지물 맨 앞
페이지에서 얼룩을 발견했는데, 제본은 1만 부 가운데 이미 9할
이상이 끝난 상태라고 한다.

겨드랑이에서 식은땀이 흐르고 위장이 쿡쿡 쑤시며 오그라들
었다.

“발견해서 다행이군요. 얼룩 크기가 얼마나 됩니까?”

“글쎄…… 지름이 한 5밀리 되려나”

“5밀리나요?”

우라모토는 휴대 전화를 귀에 댄 채 허공을 올려다보았다. 인

쇄 과정에서 나온 얼룩치고는 거대하다고 해도 과언이 아니다. 3 밀리미터만 돼도 활자 하나가 다 가려진다. 치명적인 인쇄 사고였다.

"요즘 이런 불량이 조금 많아진 것 같지 않아요? 지난주에도 비슷한 일이 있었는데."

지난주에는 실용서 8천 부를 작업했는데, 녹아웃 인쇄에서 판이 틀어져 제목 윤곽의 일부가 하얗게 되고 말았다. 이것도 제본소에서 발견하고 표지 커버를 전부 재인쇄한 뒤 다시 제본소에 보냈다.

후지미노 공장은 대체 일을 어떻게 하는 건가. 노즈에는 뭘 한단 말인가. 고개를 드는 우려를 일단 한쪽으로 밀어 두었다.

설사 공장의 실수라 해도 외부에 사죄하는 것은 영업맨의 역할이다.

"폐를 끼쳐서 정말 죄송합니다. 바로 사람을 보내서 검품 작업을 하겠습니다."

후지미노 공장에 쓴소리 한 마디 하고 싶었지만 검품 작업을 할 인력을 수배하는 일이 먼저다.

물론 우라모토도 제본소로 달려가 작업해야 한다. 오늘도 퇴근이 늦어질 것 같다.

사흘 뒤 월요일, 게이단샤 업무부와 자재부에 볼일을 마친 우라모토는 점심시간 전에 편집부를 찾아갔다. 오쿠다이라는 자기 자리에서 손글씨 원고를 읽고 있었다.

"소가베 씨가 어제 23시 55분쯤 원고를 가져왔어요. 예정대로 오늘 중에 도요즈미인쇄로 사본을 줄 수 있겠군요."

"고맙습니다. 마음이 놓이네요."

앞으로 6백 매가 넘는 손글씨 원고를 데이터로 만들어야 한다일본은 400자 원고지를 기준으로 한다. 이를 위해 후쿠하라 에미에게 오후 이후의 스케줄을 비워 두라고 일러두었다.

"이번 작품은 굉장해요…… 이게 초판으로 그친다면 나야말로 편집 일을 때려치워야 할 겁니다."

원고를 바라보는 오쿠다이라의 충혈된 눈이 촉촉해졌다.

"다만 한 가지 고민되는 문제가……."

목소리를 낮춘 오쿠다이라에게 불길한 기운이 감지되었다. 우라모토는 한 발 다가서며 귀를 기울였다.

"마지막 퇴고 때문에 주인공이 전혀 다른 인물이 돼 버렸어요……."

"오오……."

우라모토는 저도 모르게 상체를 젖혔다.

오쿠다이라에 따르면 거듭된 퇴고로 원고가 새카맣게 되자 소가베는 마지막 수정에서 원고를 처음부터 다시 썼다. 그 결과 고등학교 기간제 교사였던 주인공이 인기 없는 소설가로 변해 버렸다는 것이다.

원고 맨 앞에 적혀 있는 제목은 『페이퍼백 라이터』.

"이야기 내용도 많이 달라졌어요. 소가베 씨는 제목도 이렇게 고치고 주인공을 팔리지 않는 소설가로 바꾸겠다고 하더군요."

"대단한 각오로 퇴고한 거네요……."

"그렇죠. 죽이 되든 밥이 되든 중판을 찍고 싶은 겁니다. 그러니까 우리 역시 무슨 일이 있어도 작가의 각오에 부응하는 책을 만들어야 해요. 우라모토 씨, 어떻게 하면 좋을까요."

아이디어를 구하는 모습은 아니었다. 오쿠다이라는 이미 방침이 선 듯했다.

"양장 제본으로 갈까요? 지금까지 소가베 씨의 작품은 전부 평범한 사양으로 출간했죠."

우라모토는 어련무던한 안을 제시했다. 오쿠다이라가 빙긋이 웃었다.

"그 반대로 가야죠. 페이퍼백 같은 책으로 가고 싶어요."

페이퍼백은 간이제본 책이다. 본문 용지는 저렴한 갱지를 쓰고, 표지는 커버가 없고, 면지나 추가 면지도 넣지 않고 제작하기 때문에 자연히 판매가격이 낮아진다.

"좌우지간 독자가 부담 없이 집어 들 수 있는 정가를 매기고 싶어요. 그러자면 먼저 게이단샤 역사상 가장 단순한 단행본을 만들어야 합니다. 미안합니다."

무슨 말이 필요한가. 결국은 오쿠다이라가 말하는 대로 따르는 수밖에 없다.

"그렇다면, 우스타 씨가 보낸 러프 디자인은……."

"훌륭하긴 한데…… 일단 백지 상태에서 다시. 어쨌든 미안합니다!"

오쿠다이라는 사과한 입술에 침이 채 마르기도 전에 새로운 커버 이미지를 말하기 시작했다. 그는 볼펜을 들고 새하얀 노트에 가로쓰기로 '페이퍼백 라이터'라고 썼다.

"이거면 충분해. 딱 제목만. 깔끔한 레이아웃과 스타일리시한 폰트로. 비틀즈의 화이트앨범 재킷처럼."

네 이놈 오쿠다이라…… 분노를 숨기며 우라모토는 오쿠다이라의 설명을 들었다.

엉뚱한 아이디어이지만 그는 진지하다. "정가를 최대한 낮춘다", "아무 장식도 없는 새하얀 커버는 서점 매대에서 오히려 더 튄다", 작가 생명을 건 소가베를 위해 궁리한 대책이다. 결과를 쟁취하기 위해서는 기발한 대책도 신속한 방향 전환도 마다하지 않는다. 그것이 오쿠다이라의 방식이다.

"만에 하나 이 커버로도 팔리지 않으면 극단적인 쪽으로 밀고 간 오쿠다이라 씨가 비난을 들을 텐데요……."

"소가베 슌은 이 작품과 동반 자살할 작정이에요. 그 각오에 부응할 수 있는 사람은 담당자로 계속 일해 온 나 정도밖에 없으니까."

오쿠다이라는 작품을 한 권이라도 많이 팔기 위해 마지막까지 발버둥치며 동요하고 있다. 평소의 무리한 요구와 오만한 말투도 그런 갈등의 다른 표현인지 모른다.

"그 원고, 잠깐 볼 수 있습니까."

휘갈겨 쓴 난잡한 글자가 원고지의 네모난 칸 위에서 날뛰고 있다. 행마다 퇴고 흔적이 여기저기 남아 있었다. 처절한 작업의 궤적을 목도한 기분이다.

"*나한텐 소설밖에 없습니다.*"

소가베의 말에 거짓은 없었다.

"당연한 말이지만…… 페이퍼백은 간결한 체제로 만들기 때문에 장기 보존은 기대할 수 없습니다. 그래도 꼭 가격을 제한하는 방향으로 갈 겁니까?"

소가베가 전부를 건 작품을 페이퍼백으로 만들어도 될지 영업 맨으로서는 망설임이 앞선다.

"소가베 슌에게는 지금이 전부예요. 아무리 디자인이 멋지고 장기 보관이 가능한 책을 만들어도 당장 읽히지 않으면 소용이 없습니다."

지금이 전부다. 오쿠다이라의 대답에 우라모토의 망설임은 사라졌다.

"소가베 씨가 『페이퍼백 라이터』라면 오쿠다이라 씨는 페이퍼백 에디터, 그리고 우리 인쇄 회사는 페이퍼백 메이커로군요."

"라이터, 에디터, 메이커라. 좋네."

다음 대책을 궁리한다. 중판을 위해 인쇄 회사가 할 수 있는 일은 무엇일까.

"오쿠다이라 씨, 프루프는 만들 건가요?"

"물론이죠. 소가베 슌을 응원하는 서점에 빠짐없이 보낼 겁니다."

프루프는 간이인쇄 책자이다. 서점 점원이나 서평가 등에게 미리 보내서 읽게 하는데 좋은 평가를 받으면 서점 매대, 신문, 잡지 등의 추천을 받을 수 있다.

"주제넘은 말이지만 이번에는 책 제작을 극한까지 간소화하는 만큼 프루프에는 최대한 공을 들이는 게 어떨까요? '프루프 고급화 작전'입니다."

얼핏 스친 착상대로 말한 작전 이름에 오쿠다이라가 고개를 갸웃거렸다.

"주위에서 응원해 주면 소가베 씨는 성공할 수 있다고 했었죠?"

"네, 그랬죠."

"많은 사람을 우군으로 만들기 위해 프루프에 공을 들이자는 겁니다."

"재미있군…… 하지만 우라모토 씨, 프루프에 공을 들인다는 게 구체적으로 어떤 겁니까?"

"가령 표지를 컬러로 한다든지 해서 호화판 프루프를 전국 서점과 서평가에게 보내는 겁니다."

서점이나 서평가는 각 출판사 편집자나 영업자로부터 늘 많은 프루프를 받고 있다. 프루프는 새하얀 표지에 제목과 홍보 문구, 편집 담당자 연락처 등이 기입된 간략한 것이 대부분이다. 흑백

책자가 넘쳐나는 가운데 컬러 표지를 붙인 프루프가 도착하면 눈길을 끌지 않을까.

"해 볼 가치가 있지 않을까요?"

"재미있긴 하지만 그렇게 되면 프루프 제작비가 들잖아요. 그만큼 책 가격에 전가되면 이도 저도 아니게 됩니다. 아니면 도요즈미인쇄 쪽에서 부담해 줄래요?"

오쿠다이라는 엄지와 검지로 동전 모양을 그려 보였다.

머릿속에 '나중에 성공하면 갚는다'는 말이 스쳤다. 도요즈미인쇄가 프루프를 봉사 가격으로 제작하고 게이단샤는 판촉에 공을 들인다. 그 결과 중판이 실현되면 프루프 제작비도 회수할 수 있다.

"회사로 돌아가 말해 보죠."

"우라모토 씨, 멋진데요! 아시다시피 나는 누가 뭘 해 준다고 하면 마다하지 않는 사람이거든요. 기대하겠습니다."

멋지게 제안하긴 했지만 일단은 품의를 통과시켜야 한다.

아니나 다를까 회사에 돌아와 모리 부장과 상의해 보았지만 즉시 거부되었다.

"서비스로 호화판 프루프를 만들어 갖다 바치자고? 우라모토, 우리가 무슨 자선단체인 줄 아나."

"그냥 무상 봉사가 아닙니다. 투자죠. 고급 프루프를 만들어 판촉을 성공시키면 중판으로 연결되어 앞으로 수주가 증가할 겁니다. 프루프도 전보다 더 많은 부수로 수주할지 모릅니다."

"계속 가정형으로 말하는군. 그런 불확실한 가능성에 투자할 여유가 있다고 보나? 예전이라면 얘기가 다르겠지만."

모리 부장은 내뱉듯이 말하고 자리에서 일어섰다.

"예전이라면 달랐을지 모른다…… 세상이 달라졌다는 말씀이군요."

우라모토는 한숨을 쉬며 건너편 나카이도에게 말했다. 나카이도는 작업하는 손을 멈추지 않고 "그래서 뭐?" 하고 쌀쌀맞게 응했다.

"부장님은 포기하라고는 한 마디도 하지 않았어. 다만 꿈 같은 얘기에 장단 맞춰줄 수 없다고 했을 뿐이야."

"한 사람이 작가 생명을 걸었어요. 게이단샤 오쿠다이라 씨도 이번에는 필사적입니다. 이럴 때 도요즈미인쇄가 할 수 있는 일이 있지 않을까요?"

"그건 우라모토 씨 생각일 뿐이고."

"아뇨. 한 작가의 운명이 걸려 있습니다. 게다가 신진 작가를 키우겠다는 출판사의 사명감에 인쇄 회사도 공헌할 수 있다는 걸 보여 줄 수 있는 기회입니다."

나카이도는 "그래?" 하고 중얼거리더니 날카로운 투로 말했다.

"도요즈미인쇄는 중소기업이야. 하지만 당신 얘기는 대기업의 이미지 광고처럼 들려."

"무슨 뜻이죠?"

우라모토는 물었다. 진의를 확인하기 위해서가 아니다. 정곡을

찔린 분함의 다른 표현이다.

"이상이나 이념은 있는데 구체성이 없어."

"구체성이요? 어떻게 구체적 근거를 제시해야 하는지……."

"뭘 고민해. 인쇄기 가동률이야."

나카이도는 단언했다. 지극히 당연하다.

"지난달 후지미노 공장의 평균가동률은 전년 동월 대비 2퍼센트 줄었어. 이 수치를 우라모토 씨는 어떻게 보나."

"수치상으로는 약간의 감소이지만 그 이면을 보면 문제는 뿌리가 깊죠."

영업부의 분투로 적은 부수의 초판본을 많이 수주해서 어렵게 일정한 가동률을 확보하고 있다. 한편 많은 수주 건이 들어오는 탓에 인쇄기 판 교체나 신규 설정이 빈번해져서 공장의 작업 부담이 커졌다. 가동률을 어렵게나마 유지하고 있는 것은 최소 인원으로 공정을 관리하고 있는 공장 덕분이기도 하다.

"지난달은 문고판 중판도 저조해서 전년 동월 대비 1할이나 줄었어. 이건 우연한 감소일까."

"……유감이지만 우연은 아니겠죠."

출판물 시장은 매년 축소되고 있다. 지난 10년간 시장 규모가 2할이나 줄었다. 당연히 인쇄되는 서적의 절대적인 수량도 줄고 중소 인쇄 회사는 도태되고 있다. 게이단샤 관련 회사인 도요즈미인쇄도 예외가 아니다.

"'이렇게 하면 인쇄기 가동률을 높일 수 있다'는 방향 하나로 윗

사람을 설득할 수 있다면 당신이 원하는 일은 실현할 수도 있어."

나카이도가 시험하고 있다. 우라모토는 마음을 가다듬고 궁리했다. 소가베 슌이나 오쿠다이라의 필사적인 바람과 꿈을 어떻게 인쇄기 가동률과 연결한다?

"이 건은 인쇄 회사에게도 매출을 늘릴 수 있는 기회입니다. 소가베 슌의 차기작 『페이퍼백 라이터』는 시금석이 될 겁니다. 팔리지 않던 작가의 작품이 중판되면 향후 가동률 회복에 도움이 될 겁니다. 소가베 작품은 도요즈미에 발주해 달라고 게이단샤에 당당하게 말할 수 있습니다."

"그렇군. 조금 구체적인 주장이 되었지만 아직 부족해."

"뭐가 부족할까요."

"즉효성이랄까. 먼 훗날 가동률 회복에 도움이 될 거라고 해서는 설득력이 떨어져."

구체적이고 즉효성 있는 타개책. 나카이도가 설정한 허들은 지금의 우라모토에게는 너무 높다.

하지만 이 허들을 넘어 보여야 하지 않겠는가. 인쇄기 가동률과 소가베, 오쿠다이라의 희망을 양립시킬 방안을 찾아내자.

"좀 더 생각해 보고 부장님에게 다시 시도해 보죠."

시대가 변해 가는 것은 어쩔 수 없는 일이고 책 제작에 종사하는 사람들은 생활이 힘들어졌다. 하지만 한탄한다고 무엇이 좋아지는 것은 아니다.

소가베도 오쿠다이라도 시대 흐름을 핑계대지 않고 필사적으로 발버둥 치고 있다. 나도 발버둥 쳐 보자.

악에 받친 몸부림이라도 좋다. 인쇄 회사가 할 수 있는 일을 찾아보자.

"후쿠하라 씨, 늘 미안해요."

"정말 열심이네. 고마워."

하판부 사람들이 노고를 알아주는 말을 해 준다. 하판부는 판을 내리는 일을 하는 부서이다.

"도울 수 있어서 영광이죠. 책의 은혜를 깊이 느낄 수 있는 시간이니까."

작업대 위에는 검은 46판 필름이 놓여 있다. 디지털 제판이 보급되기 전에 쓰이던 사진제판 필름이다. 총 64페이지 분량이 앞뒤 32페이지씩 붙어 있다.

현재 도요즈미인쇄에서는 필름의 데이터화를 진행하고 있다. 하판부가 통상 업무를 하는 틈틈이 한 장씩 스캐너로 처리하여 디지털데이터로 회사의 공유 서버에 저장하는 중이다.

신구판 데이터가 64테라바이트의 초대용량 클라우드에 저장되고 있다.

"후쿠하라 씨, 하던 작업은 괜찮아?"

"네, 마침 잠깐 시간이 난 참이에요."

데이터 제작부의 DTP 오퍼레이터에게도 가끔 작업이 비는 시간이 있다. 그 시간에 후쿠하라는 리더인 시라오카 에리코를 도와 하판부 필름 스캔 작업을 한다.

후쿠하라가 스캔하는 필름은 1980년에 간행된 『헤이케모노가타리 외전』 단행본. 역사 소설가 구사카 도요노부가 전국에 이름을 알린 출세작이다.

"『헤이케모노가타리 외전』은 초등학교 6학년 때 학교 도서실에서 빌려 읽었어요."

"오, 후쿠하라 씨는 어릴 때부터 어려운 책을 읽었군."

"이 책을 계기로 겐페이 전투 시대에 호기심을 품게 되었어요."

하판부 바로 옆에 있는 대형 스캐너의 판독면에 필름을 세팅하여 스캔하는 작업을 하는 동안 후쿠하라는 책으로부터 받은 은혜를 조금씩 갚는 것 같아 가슴이 뿌듯해지곤 한다. 게다가 하판부 사람들이 들려주는 예전에 고생했던 이야기도 좋았다. 활판 인쇄 시절에 활자를 하나씩 골라 게라상자에 나열해서 판을 만들던 이야기는 몇 번을 들어도 재미있다.

후쿠하라는 입사 후 연수에서 하판부 부장에게 들은 이야기를 내내 가슴에 새기고 있다.

'판이라는 것은 책의 도장이라고 생각하면 돼. 도장은 한 번 만들면 수정할 수 없지. 그러니까 신중하게 만들고 조심해서 다뤄야 해.'

레이아웃을 짤 때 줄바꿈 위치 하나만 틀려도 판을 전부 다시 제작해야 한다. 변경이나 수정이 비교적 쉬운 디지털 세계에 있으면 그 심각함을 잊기 쉽다.

필름의 데이터화 작업은 판이라는 것이 책의 도장이라는 사실을 새삼 떠올리게 해 준다.

"오늘은 이쯤에서 끝낼까. 다음에 또 부탁해."

회사 필름보관실에는 방대한 필름이 보존되어 있다. 데이터화 작업은 매일 자투리 시간을 활용해서 일정 분량을 조금씩 진행해야 한다.

자리로 돌아오자 시라오카가 말했다.

"후쿠하라, 오늘은 손글씨 원고를 입력해야 해. 원고는 아직 전달받지 못했나?"

"슬슬 올 때가 된 것 같은데요……."

시라오카는 오퍼레이터들의 작업을 혼자 관리하므로 부하들의 작업 내용을 세세하게 파악하고 있다.

오늘 저녁부터 사흘간은 오랜만에 손글씨 원고를 입력하는 작업을 하게 된다. 보통 손글씨 원고는 전문 타이프라이터에게 외주를 주어서 입력하지만 도요즈미인쇄에서는 종종 일본어 워드프로세서검정 준1급 자격증이 있는 후쿠하라에게 입력을 맡긴다. 손글씨 원고를 입력하는 일을 맡고 싶어서 딴 자격증이다. 4백자 원고지 수백 매짜리 장편 소설을 입력하는 작업은 중노동이지만 후쿠하라는 내심 이 일이 좋았다.

계획상으로는 손글씨 원고는 게이단샤에서 오는 정기편으로 전달받게 되어 있다.

후쿠하라는 자리에서 일어나 로커룸 근처 철제 선반으로 가 보았다. 아르바이트로 일하는 기미요 씨가 14시 편을 이미 회수한 걸까. 서적 원고 도착박스를 확인했지만 텅 비어 있었다.

일단 다른 작업을 하려고 자기 자리로 돌아왔다. 그때 엘리베이터홀에서 영업부 우라모토가 손님과 함께 사무실로 들어왔다.

"오만방자다."

선배 오퍼레이터들이 소리 죽여 말했다. 왜 왔을까.

우라모토가 오쿠다이라를 안내하며 이쪽으로 걸어왔다. 시라오카가 얼른 자리에서 일어나 오쿠다이라에게 목례했다.

오쿠다이라는 다른 곳도 아닌 후쿠하라 책상 옆에서 걸음을 멈추었다.

"일하시는데 실례합니다."

평소에 가끔 멀리서 보던 '오만방자'하고는 조금 인상이 달랐다.

"오쿠다이라 씨가 후쿠하라 씨에게 꼭 직접 전하고 싶다고 하셔서요."

우라모토가 상황을 설명했다. 후쿠하라는 자리에서 일어나 오쿠다이라에게 인사했다.

"소가베 슌 씨의 다음 작품 『페이퍼백 라이터』 원고입니다."

오쿠다이라는 겨드랑이에 끼고 있던 게이단샤 봉투에서 내용물을 꺼내 후쿠하라에게 내밀었다. 커다란 더블클립으로 고정된 B4 복사지 다발이다.

"아, 네, 수고스럽게 직접 와 주셨군요."

후쿠하라는 원고를 받아 페이지를 팔랑팔랑 넘겨보았다. 판독이 쉽지 않은 독특한 버릇이 있는 필체였다.

"퇴고 내용이 많아 몇 군데는 글자를 알아보기 힘들지도 모르겠습니다만…… 아무튼 미안합니다."

"대단하네요……."

원고지에 팽개쳐진 듯한 글자들이 지면에서 튀어나올 것 같았다. 더구나 도처에 퇴고 흔적, 아니 전투 흔적이 보인다.

후쿠하라는 오쿠다이라가 이 원고를 직접 전하러 온 까닭을 이해했다.

"소가베 슌의 작가 생명이 걸려 있습니다. 뭐, 그분이 혼자서 걸어 버린 거지만."

"네, 우라모토 씨한테 들었습니다."

"아무튼 잘 부탁드립니다."

오쿠다이라가 고개를 깊이 숙였다.

"토씨 하나 실수하지 않고 빠짐없이 입력하겠습니다. 열심히 해 볼게요."

후쿠하라는 원고 사본을 이마 높이로 쳐들며 공손히 말했다.

"일하시는 데 방해해서 죄송합니다, 여러분. 잘 부탁드립니다."

오쿠다이라는 데이터 제작부 일동에게 다시 머리를 깊이 숙이고 돌아갔다.

"오만방자가 어쩐 일이지? 사람이 변한 것 같네."

시라오카가 의아한 표정으로 중얼거렸다.

"아뇨, 오쿠다이라 씨는 원래 저런 편집자인지도 모릅니다. 작가나 작품을 위해서 때로는 오만해지기도 하고 싹싹하게 굴기도 하죠. 보다 좋은 책을 만들기 위한 방편이 아닐까요."

우라모토가 말했다.

후쿠하라는 원고 사본을 책상에 내려놓고 다시 한 번 뒤적여 보았다. 행 삭제나 단축이 매우 많다.

"이 페이지는 거의 삭제네…… 수정도 많지만 대량 삭제가 많아요."

"가격을 낮추려고 분량을 최대한 줄였다고 합니다. 오쿠다이라 씨가 그렇게 조언했다고 해요. 일단은 조금이라도 많은 사람이 읽을 수 있게 하자고."

"그런데 이렇게 심하게 삭제하면…… 줄거리가 변해 버리지 않나요?"

삭제, 삭제, 삭제.

삭제 지시가 도처에 기입되어 있다. 하지만 삭제한 부분 전후를 읽어 보면 무턱대고 줄인 것은 아님을 알 수 있었다. 줄거리를 건드리지 않고 어떻게 하면 줄일 수 있을까. 소가베가 갈등한 흔적이 어지러울 만큼 많은 퇴고로 남은 것이다.

페이지 수를 줄이려고 본문을 줄이면 이야기가 죽기 쉽다. 책을 몹시 좋아해서 방대한 이야기를 읽어 온 후쿠하라는 알고 있었다.

작가의 생명을 건 작품에서 소가베는 더욱 위태로운 다리를 건너는 쪽을 택했다.

"인쇄 회사가 할 수 있는 것은 보다 나은 책을 만드는 거라고 생각해요. 하지만 좋은 책이란 뭘까를 고민해 보면 답은 하나가 아니죠. 꼭 디자인이 좋다거나 만듦새가 튼튼하다는 것이 전부가 아니라는 걸 가르쳐 주는 것 같아요."

보다 좋은 책을 만든다. '인쇄 회사는 모노즈쿠리이다'라고 공언한 우라모토다운 말이다.

"만듦새는 간소해도 더 널리 읽히는 책이 어떤 의미에서는 더 좋은 책이겠죠."

"정말 그런 것 같습니다."

내가 할 수 있는 일은 이 난삽한 손글씨 원고를 독자의 눈과 마음에 전할 수 있는 형태로 변환하는 것이라고 후쿠하라는 생각했다.

——작업 중 절대로 말 걸지 말 것.

모니터 위에 세워 둔 이 카드는 작업 개시 스위치이다.

이 일은 역시 천직이다. 독해가 어려운 글자들을 주의 깊게 읽어 나가면서 새삼 그렇게 확신했다.

후쿠하라는 타인의 노력이나 슬픔에 감정이입해서 눈물짓는 것을 좋아하지 않는다. 하지만 이 원고에서 소가베 슌의 내적인 절규를 듣자 북받쳐 오르는 감정을 참기 힘들었다.

후지미노 공장 5호기는 그날 하루 작업의 고비를 맞고 있었다.

라이트그린 별색 인쇄를 앞두고 표지 커버 시험 인쇄를 마쳤다. 지로 씨는 배지부에 출력된 종이를 힐끗 쳐다보고 낯을 찡그렸다.

"미스터 꿍! 싱거운 차 같은 색이잖아! 잉크 양이 너무 부족해."

지로 씨가 호통 치자 노즈에는 조정판을 확인했다. 잉크 양이 어제 인쇄한 만화에 맞는 수치로 설정되어 있었다.

"죄송합니다."

"안 돼. 다른 사람과 교대하고 자넨 쉬어."

시키는 대로 노즈에는 관리동으로 물러났다. 분한 생각도 들지 않는다. 무엇을 해도 기운이 생기지 않았다.

전화가 울렸다. 사무실에는 노즈에 말고는 아무도 없어서 하는 수 없이 수화기를 들었다.

"영업 제2부 나카이도입니다만."

"수고하십니다."

"모레 반입 예정인 시대 소설 『오오에도 토리모노초』에서 겹침 사고가 났어. 이번에도 영업부부터 총무부까지 제본소로 총출동해서 검품해야 해."

종이 급지가 잘못되어 두 장이 겹쳐서 들어가면 백지가 발생하게 된다.

"제본소 접지기 오퍼레이터가 발견했다는군. 하마터면 낙장본이 출하될 뻔했어."

"죄송합니다."

노즈에는 사과하면서 '또야' 하고 남 일처럼 생각했다.

"우라모토 씨가 여기저기 사과해서 진화하고 있네."

"저희가 폐를 끼쳤군요. 이번에는 제가 가서 사죄하겠습니다."

"누구 잘못이든 사과는 고객과 직접 만나는 영업부 일이야."

"그렇군요. 공장 사람 갖고는 얘기가 안 된다는 말이군요."

수화기 저쪽에서 침묵이 흘렀다.

"이렇게 뻐딱하니 조만간 또 무슨 사고를 내겠군."

동감이다. 또 남 일처럼 그렇게 생각했다.

"공장에서 무슨 일이 벌어지고 있는지 궁금하군. 얼마 전까지만 해도 노즈에 씨 현장에서는 이런 일을 보기 힘들었는데."

"별일 없습니다. 모든 게 제 불찰입니다."

"모든 걸 자기 탓인 척하며 넘어가는 건 도망가는 거와 다를 게 없어. 구체적으로 원인을 말해 주지 않겠나."

"어쩔 수 없잖아요. 사실이니까."

나카이도는 납득이 되지 않는다. 침묵만 흐르는 수화기가 나카이도의 불만을 말해 주고 있었다.

"이런 일이 반복되면 일감이 끊겨. 우리 부장님도 공장장에게 전화할 테니까 그리 알고 있게."

거친 소리와 함께 전화가 끊겼다. 냉정한 나카이도가 격분할 정도로 공장에서 실수가 이어지고 있었다.

모든 게 자신의 부주의 탓이라는 건 그냥 한 말은 아니었다.

두 달 전의 그때를 고비로 노즈에 내부에서 톱니바퀴가 어긋나기 시작했다. 아무한테도 알리지 않고 처남 도시아키의 장례를 치르고 나니 무거운 짐을 부린 것처럼 홀가분한 마음에 말수가 많아졌다. 아내 사오리는 유일한 혈육을 잃은 것이다. 그걸 알면서도 노즈에는 말할 수 없는 해방감을 억제할 수 없었다.

남편이 들떠 있다는 것을 사오리가 알아챘다.

"뭐가 그리 신나서."

사오리가 혼잣말처럼 말했다. 비난도 비꼬는 것도 아니고, 모든 감정을 지워낸 듯한 목소리였다.

노즈에 가슴에 가득 차 있던 해소할 길 없는 감정이 불에 닿은 가스처럼 폭발했다. 다음 순간 노즈에는 좌탁 위에 있던 책을 들고 양손으로 책등을 찢어 두 권으로 만들고 말았다. 사오리가 두 아이에게 사 준 게이단샤 역사 만화『오다 노부나가』, '아빠가 만든 책'이었다. 찢어진 뒤표지에서 낱장이 떨어져 나왔다. 소중한 것을 파괴했다는 자각에 감정이 뒤집혀 판권 페이지를 박박 찢어 산산조각으로 만들었다.

아이들이 울음을 터뜨리지 않았다면 자제할 수 없었을지도 모른다.

그 뒤로 사오리는 말이 없어지고 겁먹은 아이들은 노즈에에게 다가오지 않았다. 하루 종일 일하고, 말이 없는 아내와 겁에 질린 아이들이 사는 싸구려 연립으로 돌아가는 매일이다. 자신이 무엇을 위해 일하는지 알 수 없게 되었다.

왜 이렇게 되었을까. 만약 돈이 많았다면, 만약 도움을 청하는 친척이 또 있었다면…….

모자를 벗고 책상에 양 팔꿈치를 괴고 머리를 감싸는데 전화가 또 울렸다. 우라모토였다.

"프루프를 컬러 표지로 만들되 코스트는 최대한 낮추고 싶은 데……."

중판에 성공하지 못하면 은퇴하겠다는, 소가베 슌이 작가 생명을 건 승부작이라고 한다. 만약 승부에 져서 작가를 그만두면 그다음에는 어떻게 하겠다는 것일까.

"인쇄 회사에서 할 수 있는 일이 있다면 해 보고 싶어."

내기에 가담해서 열을 올리고 있는 우라모토. 이상을 말하는 자는 언제나 무책임하다.

하지만 이때 노즈에는 생각지도 못한 말을 떠벌이고 있었다.

"그런 일을 한다고 뭐가 재미있을까?"

"나는 재미있을 거라고 생각해. 도요즈미인쇄도 신진 작가를 응원하며 출판사와 함께 중판을 향해 뛰는 거지. 전체 출판 부수는 줄기만 하는데, 아무 짓도 안 하면 인쇄 회사는 점점 말라비틀어질 거야. 그렇다면 일감을 늘릴 궁리를 해 봐야 하지 않겠어?"

"그렇군."

인쇄 회사가 수주량을 늘리려고 출판사를 거들고 나선다는 것은 물론 희귀한 이야기이다.

"마냥 꿈 같은 이야기가 아냐. 중판이 걸리면 회사도 이득이잖아."

"생각해 보지. 우리 잘못으로 영업에 폐를 끼쳤으니 빚도 갚아야 하고."

"고마워. 컬러 프루프니까 할 일이 조금 많아질지 모르지만."

컬러 프루프, 할 일…… 노즈에 머리에 지금까지 떠오른 적이 없던 한 가지 방법이 떠올랐다.

"아…… 좋은 생각이 하나 있어. 할 일을 최소한으로 줄일 방법이."

우라모토가 노즈에의 다음 말을 기다렸다.

"데쿠노를 사용하는 거야."

이것밖에 없다고 확신했다. 하지만 수화기 저쪽의 우라모토는 아무 반응이 없다. 잠시 뜸을 두었다가 신음 같은 소리가 들렸다.

"그 녀석이 할 수 있을까……."

"어차피 돈 먹는 짐 덩어리잖아. 놀려 두는 것보다는 낫지."

노즈에는 통화를 마치자 거의 들어가 본 적이 없는 건물로 갔다. 길이 30미터는 될 법한 ㄷ자 모양의 거대한 기계는 도입한 지 3년 이상 지난 지금도 완전한 신품처럼 보인다.

잉크젯 디지털 윤전인쇄기 'DCN5963'.

통칭 데쿠노5963. 연결된 디지털 제본 시스템 '오메가 라인'까지를 통틀어 '데쿠노'라고 부른다기계명 'DCN'을 '데쿠노'로 읽은 것인데, '데쿠노'는 '멍청이=데쿠노보'를 연상케 한다.

데쿠노는 3년 전 게이단샤와 14억을 공동 출자하여 도입했다. 설치한 장소는 도요즈미인쇄가 창고로 쓰던 건물이다. 인쇄부터 제본까지 전 공정을 원스톱으로 해결한다는 사전 홍보에 더하여 대대적인 광고와 함께 도입한 데쿠노였지만, 거의 가동하지도 못하고 유지관리비만 축내고 있다. 데쿠노를 비바람으로부터 보호하는 건물은 '데쿠노당※'이라는 비웃음까지 받고 있었다.

데쿠노의 최대 강점은 원스톱 시스템이라는 것이다. 보통 인쇄와 제본은 별개의 기계로 처리하지만 데쿠노는 디지털 제본 시스템이 결합되어 있어 제본까지 하나의 기계로 처리할 수 있다. 한편 데쿠노를 활용하는 작업은 인쇄 물량이 적거나 도판이 적은 간행물로 제한된다. 결국 데쿠노로 인쇄할 수 있는 인쇄물은 일부에 지나지 않았다.

그렇다면 컬러판 프루프라는 판촉물이야말로 데쿠노가 감당할 수 있는 범위 아닌가.

노즈에는 기대를 품고 데쿠노당으로 들어갔다. 데쿠노는 인기척 없는 건물 안에서 마치 문 닫은 유원지의 거대한 놀이기구처럼 조용히 누워 있었다.

"규 씨 계세요?"

"오, 마 군이군. 여기야."

목소리만 들린다. 규 씨, 즉 야마기와 규는 거대한 데쿠노 뒤에 있었다. 노즈에는 데쿠노 뒤로 돌아갔다. 한 손에 바인더를 들고 데쿠노를 점검하는 규 씨가 보인다.

규 씨는 3년 전 뇌일혈로 쓰러졌다가 기적적으로 목숨을 건졌다. 정년까지 앞으로 1년. 좀처럼 가동하지 않는 이 돈 먹는 짐 덩어리를 매일 관리하고 있다.

"무슨 일이야."

규 씨는 데쿠노를 손으로 짚으며 천천히 걸었다. 왼발에 가벼운 마비가 남아 다리를 조금 끄는 모습을 보인다.

"데쿠노에게 좋은 일감이 생길 것 같아서요."

노즈에는 우라모토가 말한 '프루프 시프트 작전'을 설명했다.

"어이, 데쿠노 군, 네가 활약할 때가 왔다. 내내 잠만 처잤으니까 이번에 확실하게 일해야 해. 알았지."

규 씨는 웃으며 데쿠노 폐열 덕트를 탁 쳤다.

데쿠노가 신품이나 다름없는 상태를 유지하는 이유는 별로 가동하지 않은 덕분도 있지만 규 씨가 관리해 왔다는 점도 크다.

규 씨는 다른 직원들이 거의 찾지 않는 데쿠노당에서 거의 가동되지 않는 거대한 기계, 데쿠노 군이라는 조롱이나 듣는 이 기계를 혼자서 성실하게 관리하고 있다.

"이놈도 이제는 꽃을 한 번 피웠으면 좋겠는데."

"여기서 성과를 내면 사내에서도 데쿠노의 존재 가치가 재평가될지 모릅니다."

노즈에는 희망적 관측인데도 그렇게 단언했다. 규 씨가 마지막까지 기분 좋게 일하기를 바랐다.

노즈에가 입사한 10년 전, 규 씨는 1호기 기장이었다. 기계에 해박해서 노즈에는 인쇄기의 기본을 규 씨에게 배웠다. 지금은 쓰지 않는 기계를 관리하고 있지만 누구나 그의 업적을 알고 있어서 뭐라고 하는 사람은 없다.

"짐 덩어리나 다름없는 놈이니 가끔은 제대로 된 일도 해 줄 줄 알아야지."

규 씨는 그렇게 말하고 다시 데쿠노를 손으로 짚었다. 그 모습을 보니 또렷하게 기억나는 말이 있었다.

'인쇄기는 같이 일하는 동료야. 귀하게 대하면 보답해 주지.'

막 입사했을 때 들었던 말인데, 규 씨는 심각한 병으로 쓰러졌지만 여전히 변하지 않았구나.

노즈에는 관리동으로 돌아가 본사 영업 제2부의 단축다이얼을 눌렀다.

"아까 그 건 말인데, 부탁이 있어."

반드시 데쿠노로 인쇄와 제본을 하고 싶다.

그렇게 말하려고 할 때 우라모토가 "나도 부탁이 하나 있어"라고 입을 열었다.

"안 그래도 지금 전화하려던 참이야. 마음이 통했네."

우라모토의 살가운 말이 마디마디 거슬린다.

"지난 달 데쿠노 가동률이 어느 정도인지 알아? 바로 알려 주면 좋겠어."

"계산할 것도 없어. 거의 가동된 적이 없으니까. 아마 지난주에 어느 고교 동창회 회지 같은 것을 찍었던 모양인데."

"고마워! 그 정도면 됐어. 돌파구가 보이네."

들뜬 목소리로 인사하더니 전화가 끊겼다. 변함없이 피곤한 놈이다.

『페이퍼백 라이터』는 단행본 제작에 있어서 하나의 도전이라
할 만합니다.”

본사 3층 영업부의 작은 회의실에서 우라모토 마나부는 열변을
토했다. 맞은편에는 모리 부장과 나카이도가 듣고 있었다.

테이블에는 몇 가지 내용이 요약되어 있는 A4 한 장이 놓여 있
다.

“책 판매 대책은 출판사가 고민하고 인쇄 회사는 출판사 지시
대로 인쇄만 한다. 다행히 중판이 결정되면 추가로 일감을 수주
한다. 이렇게 출판사만 바라보고 일해도 괜찮은 걸까요?”

“괜찮지 않지. 그런데 무슨 말을 하고 싶은 거지?”

모리 부장은 가볍게 흘려듣고 있었다.

『페이퍼백 라이터』는 말 그대로 페이퍼백 사양으로 만들고 프
루프에 공을 들인다는 대담한 전략을 게이단샤에 제안하고 싶습
니다.”

모리 부장은 A4 요약문으로 시선을 떨어뜨린 채 비곗살 접힌
턱을 왼손으로 고물고물 만지작거리고 있다.

“프루프 시프트 작전 말이군. 용감하네. 구체적으로 어떻게 하
자는 거지?”

“5백 부 특별 프루프를 제작해서 전국 서점에 배포하여 매장에
서 판촉을 하도록 강력하게 지원하는 겁니다. 한편 단행본은 가

격을 1200엔 정도까지 크게 떨어뜨려 구매 장벽을 낮춥니다."

"호화판 프루프를 5백 부나 찍으면 게이단샤의 홍보비 예산을
초과하지 않을까?"

단행본의 단가는 작가의 인세 외에 홍보비, 출판사 인건비, 도
매점 및 서점의 이윤, 종이 값, 디자인비, 인쇄비 등으로 구성된
다. 판촉에 돈을 많이 쓰면 이미 정해 둔 홍보비를 초과할 수 있
다.

"특별 프루프의 인쇄비와 제본비는 받지 않는 쪽으로 생각하고
있습니다."

"그러니까 말했잖아. 우리가 무슨 자선사업 하는 곳이냐고."

"중판에 들어가면 회수할 수 있습니다."

"우라모토, 언제부터 출판사 직원이 됐어?"

"출판사의 시각도 필요하다고 말씀드리는 겁니다. 인쇄 회사도
협조해서 판매 부수를 올리고 인쇄 작업량을 늘리자는 겁니다."

우라모토는 지지 않고 반론했다. 나카이도는 요약문으로 눈길
을 떨어뜨린 채 말이 없었다.

"아니, 이론적인 얘기는 알겠는데, 그 '특별 프루프' 제본비까지
고스란히 우리가 부담하나? 제본은 어디다 부탁하고?"

"도요즈미인쇄에서 제본합니다."

"우리는 제본기가 없잖아. 무슨 말인지 모르겠군."

모리 부장이 고개를 갸우뚱했다.

"특별 프루프 제작에 데쿠노를 사용합니다."

비장의 카드를 내놓았다. 모리 부장의 표정이 즉시 변했다. 요약문을 보고 있던 나카이도도 고개를 들었다.

"오, 데쿠노 말인가. 그래, 그걸 돌리면 우리가 제본까지 마칠 수 있다는……."

모리 부장은 데쿠노가 있다는 사실도 잊고 있었던 모양이다.

"인쇄부터 제본까지 논스톱으로 끝낼 수 있는 기계는 국내에 달리 찾을 수 없습니다. 다만 단행본 제작에 써먹을 수 없어서 썩히고 있는 거죠. 부장님, 데쿠노의 최근 가동률이 어느 정도인지 아십니까?"

"그러고 보니 모르겠군. 얼마나 가동했지?"

인쇄 영업맨은 가동률에 민감하다. 모리 부장이 놓치지 않고 물었다.

"데이터 제로. 가동률을 산출할 것도 없는 거죠. 지난주에 어느 고교 동창회 기념지를 인쇄한 게 전부라고 합니다만."

나카이도가 "그렇게 심한가……" 하고 중얼거렸다.

"이번 안으로 성과가 난다면 데쿠노 활용책으로도 효과적입니다."

잉크젯 디지털 윤전인쇄기 데쿠노는 PDF 데이터로 직접 인쇄하기 때문에 쇄판이 필요 없다. 4도 인쇄라도 큰 비용을 들이지 않고 해낼 수 있다.

"우리 경영진은 돈 먹는 짐 덩어리 데쿠노를 어떻게 처리할지 골치를 앓고 있어요. 데쿠노 가동률을 높이는 프로젝트로 제안하면 이 기획을 받아들일 것 같은데요."

나카이도가 저도 모르게 지원 사격을 해 주었다.

"당장의 성과로서 데쿠노의 효과적 활용을 제시할 수 있습니다. 그리고 고급 프루프로 단행본에서 중판이 실현되면 중장기적으로는 문고본 제작 때 일감을 늘리는 효과도 있습니다. 그렇게 되면 2년 뒤, 3년 뒤 각 인쇄기 가동률에도 좋은 영향을 기대할 수 있겠죠."

우라모토도 나카이도에 지지 않고 가동률로 밀고나갔다.

모리는 눈을 감고 말없이 고개를 몇 번 끄덕였다. 그러더니 "좋아" 하고 눈을 떴다.

"우라모토, 좋은 접근법이야. 그다음은 나한테 맡겨. 윗사람들은 내가 설득하지."

"고맙습니다."

모리 부장은 "상무님한테 얘기하고 오지" 하고 나갔다. 왕년에 불도저라 불리던 영업부 맹장인 그는 조직 내에서도 여차하면 부하들을 힘차게 밀어주는 사람이다.

"나카이도 씨, 지원, 고맙습니다."

"다 가동률을 위해서야."

나카이도는 그렇게 말하고 살짝 웃었다.

"그나저나 설마 데쿠노를 끄집어낼 줄이야."

"실은 노즈에 씨 아이디어입니다."

"노즈에가? 재미있는 생각을 했군."

"저는 나카이도 씨와 노즈에 씨의 아이디어를 듣고 그대로 움직였을 뿐입니다."

"데쿠노 가동률을 공략한 것은 우라모토 씨의 파인 플레이야."

"늘 가동률로 공략하는 나카이도 씨를 흉내 냈습니다."

다양한 생각과 의지가 좋은 방향으로 모아지고 있다.

협의를 마치자 우라모토는 데이터 제작부를 들여다보았다. 후쿠하라는 자리에 없었다. 프루프를 제작하려면 손글씨 원고를 입력해서 만든 교정쇄의 데이터가 필요하다.

후쿠하라의 작업은 어떻게 진척되고 있을까. 입력을 시작하고 사흘째. 손글씨 원고의 입력은 원래 시간이 많이 걸리는 작업이지만 조금 걱정이다.

자리로 돌아와 사내 메일을 확인해 보니 방금 후쿠하라의 메시지가 들어온 참이었다.

'작업 완료했습니다. 한 글자도 빠짐없이.'

공유 서버를 확인하니 레이아웃에 맞춘 교정쇄 데이터가 저장되어 있었다. 시라오카의 검증도 거친 완성판이다. 후쿠하라에게 사내 메일로 고마움을 표했다.

그때 모리 부장이 기획안을 들고 돌아왔다.

"우라모토, 상무님 내락까지 받았네. 데쿠노를 써먹을 기회라고 하니까 상무님 눈빛이 달라지더군. 품의를 올려 줘."

소가베와 오쿠다이라의 열망, 그리고 도요즈미인쇄의 작은 도전이 담긴 기획이 움직이기 시작했다.

데쿠노가 인쇄와 제본을 하는 것을 처음 보았다.

노즈에는 데쿠노당 안에서 규 씨의 작업을 돕고 있었다.

건물 내부는 인기척이 없고 휑한 탓인지 조금 쌀쌀하다.

"롤지 장착 확인했습니다."

데쿠노는 운전기다. 1만 미터짜리 롤지에 인쇄하여 접지기로 보내면 한 번 접을 때마다 종이를 절단해 나간다.

"규 씨, 데이터는 다 입력한 겁니까?"

노즈에는 걱정이 되어 물었다. 데쿠노는 데이터를 읽어 잉크젯으로 인쇄하는 디지털 인쇄를 한다. 물리적인 판은 필요 없는데, 노즈에로서는 그것이 얼른 이해가 되지 않았다.

"면 배치가 끝난 본문 데이터와 표지용 화상 데이터만 있으면 돼. 그다음은 이놈이 알아서 해 주니까."

규 씨는 조정판 앞에 서서 데쿠노를 올려다보았다.

"어이, 데쿠노보'멍청이', 좋은 꿈 꾸게 해 주라."

가동시키자 거대한 몸에서 상상하기 힘들 만큼 섬세한 가동음이 건물 내에 메아리친다. 조용한 가동음은 이 기계의 강점 가운데 하나다.

"이거, 가동을 시작한 거군요."

"그래. 조용하지? 커다란 덩치치고는 얌전한 놈이라니까."

컬러 표지를 두른 프루프가 한 권 또 한 권 배출구로 나왔다. 작업은 매우 느리지만 인쇄에서 접지, 정합, 제본까지 다 혼자 해

치운다.

느리고 우직한 직원을 연상케 하는 차분한 작업이었다.

"이제야 50부 완성인가. 450부 남았군. 자기 페이스를 고수하는 놈이라니까."

이렇게 공을 잔뜩 들인 호화판 프루프는 본 적이 없다. 보통이라면 제작비가 높아지겠지만 원스톱 데쿠노 덕분에 저비용으로 가능해졌다.

업무에서 재미를 추구하는 것은 모순된 생각이라고 여겼는데. 하지만 지금은 다르다. 재미있는 일이 아니면 버틸 수 없다.

노즈에는 제본 라인에서 흘러나오는 소책자의 행렬을 바라보며 기원했다.

파이팅!

숨 막힐 것 같은 이 꽉 막힌 일상에 작으나마 바람구멍을 내줘!

"간만에 일하는 것치고는 상태가 좋군. 기분이 좋은 모양이야."

규 씨는 흘러나온 완성품을 한 부 집어 들고 상태를 확인했다.

"규 씨는 하나도 안 변했군요."

"뭐가."

"말 못하는 기계에 왜 말을 거는 거죠?"

노즈에는 답을 알면서도 물었다.

"같이 일하는 동료잖아. 인쇄공은 인쇄기와 함께 일하는 거니까."

10년 전과 다름없는 답이 돌아왔다.

"규 씨, 데쿠노는 문고본 소량 중판에도 사용한 적 있죠?"

"그래. 수백 부 단위의 소량 중판이라면 종종 하고 있지."

"최대한 돌리면 하루에 어느 정도나 제작할 수 있나요?"

"글쎄, 마이페이스로 움직이는 놈이니까 문고라면 한 7, 8천 부 정도."

데쿠노는 규 씨의 말에 천천히 고개를 끄덕이는 것처럼 재단 공정인 북 트리머로 한 권 한 권 특별 프루프의 세 면을 절단하고 있다.

"단행본이라면 몇 권까지 가능하죠?"

"흐음, 글쎄다. 이놈은 단행본을 만들어 본 적이 없어서."

"『페이퍼백 라이터』는 단행본이지만 글자 그대로 페이퍼백 사양이고, 게다가 백지에 까만색 단색 인쇄입니다."

"게이단샤가 대담한 시도를 하는군. 몇 부나 찍는데?"

"4천 부예요. 커버도 없고 표지는 코트지, 본문 용지는 고급 갱지입니다."

"그렇다면 가능할지도 모르지."

"데쿠노는 페이퍼백 문화에서 태어난 기계로군요."

"그래, 이놈에게는 일본에 끌려온 것이 불행의 시작이지."

데쿠노, 즉 DCN5963은 해외에서 많이 쓰인다. 해외에서는 제작이 단순한 페이퍼백이 많아 데쿠노로 모든 공정을 해결한다.

한편 일본의 단행본은 정교한 디자인이 많다. 때문에 꼼꼼한 공정에 약한 데쿠노는 좀처럼 활용되지 못해 거반 실업 상태에 있다.

"이걸 도입한 우리 역시 알레르기 반응을 보이고 있는 건지도 모르죠."

노즈에는 데쿠노가 도입된 당시의 심정을 돌이켜 보았다.

사람 손을 거의 필요로 하지 않고 자동으로 책을 만들어 낸다니, 말이 되냐며 비웃었다. 노고를 아끼지 않고 일해 온 인쇄 회사 직원으로서의 자부심 때문에 데쿠노를 거부한 것인지도 모른다.

"써먹지 못할 기계라고 치부하며 기존 방식을 정당화하고 싶었던 것인지도 모르죠."

이봐 데쿠노보, 나는 너를 무시하고 있었어. 나뿐만 아니라 공장과 본사 직원들도 대부분 너의 강점을 알려고 하지도 않고 돈 먹는 짐 덩어리로 치부해 왔다. 앙갚음하렴.

노즈에는 관리동으로 가서 우라모토의 업무용 휴대 전화에 연락했다.

"수고! 나도 막 노즈에 씨한테 전화하려고 했는데. 긴히 상의할 게 있어."

노즈에는 긴장했다. 또 무슨 엉뚱한 작업을 밀어 넣으려고 하나?

"무슨 얘기인데?"

"『페이퍼백 라이터』 단행본, 데쿠노로 제작할 수 없을까?"

노즈에는 기분이 오싹해져서 수화기를 꼭 쥐었다.

"나도 방금 그 얘기 하려고 했는데."

"진짜? 이런 우연이 있나. 이심전심이구만."

"상부에 꼭 제안했으면 좋겠어."

"벌써 부장님이 상무님한테 보고해 두었어. 데쿠노 가동률을 높일 방법이라고 하니까 척척 통과되네."

"그렇게 요란한 이야기가 되었나."

"이번『페이퍼백 라이터』를 시범 케이스로 해서 다른 단행본에서도 제안할 수 없을지 생각해 보려고."

데쿠노와 규 씨의 작업이 호응을 얻을지도 모르겠다.

"페이퍼백 사양의 단행본이라는 새로운 선택지를 시장에 제시하는 거지."

몽상가 같은 이야기는 변함없이 거슬리지만 이번만큼은 우라모토에게 감사해야 한다.

"잘 부탁하네."

우라모토를 '전서구'라고 멸시했었다. 노즈에는 지금 그 전서구에게 기대하고 있다. 우라모토는 경쾌하게 고맙다고 말하고 전화를 끊었다.

이사용 박스가 남아 있는 신혼집에서 출근하는 것이 아직 익숙지 않다.

이케부쿠로 역에서 도보로 15분 걸리는 주택가의 목조 2층집으로 이사하고 나흘째 되는 아침이다. 토요일에 유카리와 함께 구청에 혼인 신고를 하여 마침내 가족이 되었지만 집 안은 아직 정리가 되지 않아 신혼생활을 즐길 상황이 아니었다.

"으으, 추워졌네."

11월 말 토요일, 휴일을 이용해서 이사를 마쳤다. 이사로 집 안이 어지러워 여름 이불을 덮고 자 버린 탓에 아침에 일어나니 뼛속까지 얼어 있었다.

우라모토는 옷상자에서 어렵게 와이셔츠를 찾아내 겨우 갈아입을 수 있었다. 유카리는 벌써 갈아입고 식탁에서 멜론빵을 먹는 중이다.

우라모토는 유카리와 달리 아침을 먹지 않는다.

몸단장이 끝나자 스마트폰으로 SNS에 접속하여 『페이퍼백 라이터』를 키워드로 검색했다.

'소가베 슌의 『페이퍼백 라이터』. 게이단샤에서 보낸 화려한 프루프에 깜놀! 읽어 보고 또 깜놀.'

'프루프 그대로 매대에 진열하고 싶네.'

"좋은 기사 났어?"

유카리에게는 '프루프 시프트 작전' 기획을 이야기해 두었다.

"서점 점원들의 코멘트가 늘었어. 프루프가 한창 화제야."

"잘 됐다."

흑백 프루프만 대량으로 도착하는 가운데 화사한 컬러판이 섞여 있으면 눈길을 끌지 않을까. 그 반응이 궁금해서 매일 SNS를 확인하고 있다.

"하지만…… 이 방식이 정말 좋은 건지 종종 의문이 들기도 해……."

원래 우라모토의 아이디어로 시작한 일이었다. 회사에서는 결코 이런 의문을 말할 수 없다. 유카리는 가족이자 업무상 동료였으니 상의할 수 있는 것이다.

"나는 좋다고 생각하는데."

"하지만 과자 회사로 생각하자면 샘플을 호화롭게 포장하고 상품은 싸게 만들겠다는 거나 마찬가지잖아."

"그건 얘기가 조금 다른 것 같은데. 뭐 절반은 맞는 것 같고."

"그럼 나머지 절반은 틀렸다는 건가?"

유카리는 "극단적으로 보자면,"이라고 말머리를 놓고 뿔테 안경을 검지로 밀어 올렸다.

"그『페이퍼백 라이터』라는 책 자체가 샘플 제품 같은 거라고 생각하면 되지 않을까. 독자들로 하여금 일단은 집어 들게 하려는 작전으로서 말이야."

"아니, 그건 아니지. 심혈을 기울인 작품을 샘플이라니."

"샘플에 심혈을 기울이는 게 이상해?"

유카리의 물음에 대답이 궁하다. 그녀는 종종 이렇게 허를 찌르는 발상으로 우라모토의 편견을 깨 준다.

"책은 읽어 줘야 장땡이고 과자도 먹어 줘야 장땡이지. 다이쇼 제과는 B급 감성을 역이용하는 전략으로 마케팅하고 있어. 가쿠 짱의 아이디어는 매우 타당하다고 생각해."

장식 선반에는 포장지에서 오려 낸 그림, 덤으로 끼워 주는 장난감 굿즈 컬렉션이 진열되어 있었다.

"허들을 낮춰서 소비자가 부담 없이 집어 들 수 있는 상품을 만드는 것. 우리 회사는 늘 그렇게 해."

10엔짜리 초콜릿과자부터 미니어처 완구 과자까지 다이쇼제과의 과자들은 대형 메이커 상품에는 없는 '페이퍼백 분위기'를 풍긴다.

"유카리네 회사는 상품도 홍보도 목표가 구체적이군."

"세간에서는 그렇게 볼지 모르지. 하지만 현장 직원으로서는 솔직히 목표는 있는 것 같기도 하고 없는 것 같기도 해."

"무슨 뜻이지?"

"사실 소구한 사람들에게 전해질지 어떨지는 팔아 보기 전에는 모르거든. 다만 누군가의 손에 전해진다는 것은 늘 의식하고 있지."

유카리는 멜론빵의 마지막 한 조각을 입에 넣고 계속 말했다.

"민들레 홀씨에 입김을 후우 부는 심정이랄까. 어디로든 날아가서 꽃을 피웠으면 하는 바람. 이 초콜릿 과자 하나가 부디 누군가에게 선택되기를, 하고 바라는 거지."

"과연 메이커 홍보부 직원은 말하는 것부터 다르네. 누군가의 손에 닿는 단계까지 구체적인 이미지로 그리고 있는 거잖아."

"인쇄 회사도 모노즈쿠리잖아?"

"어, 음, 그렇긴 하지만."

"그럼 책이 독자의 손에 전해질 때까지를 생각해도 이상하지 않지. 아니, 생각하는 게 당연하지."

"그래…… 고마워."

다녀올게, 라는 말을 남기고 나가려는데 유카리가 불렀다.

"도시락, 내 거 싸는 김에 같이 싸 봤어. 괜찮다면 가져가."

유카리에게 논전에서 밀린 것 같기도 하고 격려를 받은 것 같기도 한 복잡한 기분으로 집을 나섰다.

나카이도가 말했었다. 당신 얘기는 대기업의 이미지 광고처럼 구체성이 없다고.

유카리와 이야기를 나누다 보니 나카이도가 했던 말의 의미가 납득되었다.

더 구체적으로 생각하고 움직여라. 간단하지만 쉬이 망각하는 말이다.

인쇄 회사의 미래를 걱정하기 전에 당장 인쇄기 가동률을 확보할 것. 혹은 '인쇄 회사는 모노즈쿠리이다'라고 말하고 싶다면 그 생각을 일상적인 업무에서 증명할 것.

이번 기획에서는 구체적으로 생각하며 행동하고 있다.

그래서 더 망설여지고 불안에 시달린다.

구체적으로 생각하며 행동하면 자기가 얼마나 무력한지 알게 된다.

상념에 빠져 이케부쿠로 역전에 다다르자 업무용 휴대 전화가 울렸다. 조건반사처럼 온몸에 긴장이 치달았다.

메이큐출판의 편집자였다.

"우라모토 씨, 어제 받은 『샐러리맨 탐정단』 재교쇄 말인데요, 일괄변환한 거 맞죠?"

분노한 표정이 눈앞에 선하게 떠오르는 음색이다.

"무슨 착오라도 있나요……."

"바꾸면 안 되는 단어까지 전부 바뀌어 있단 말입니다."

교정 지시에 따라 '불어'를 전부 '프랑스어'로 일괄변환한 탓에 '바람이 불어서'까지 '바람이 프랑스어서'로 변해 버렸다는 것이다.

"정말 죄송합니다…… 바로 재출력해 드리겠습니다."

DTP 오퍼레이터의 초보적인 실수이지만 출판사에 넘기기 전에 영업맨이 점검해서 찾아냈어야 한다.

"우라모토 씨한테 화낼 일은 아닌지 모르지만, 이건 좀 심한 거 아닙니까."

"아뇨, 저도 영업 담당으로서 확인이 부족했습니다. 바로 조치하겠습니다."

"됐어요, 시간도 없고 우리가 수정펜으로 표시해서 저자에게 보내겠습니다. 다만 너무 심하다 싶어서 일단 알려 드리는 겁니다."

일괄변환에 따른 '불어'라는 글자의 엉뚱한 변환을 왜 발견하지 못했을까.

종종 터지는 문제는 진저리가 날 만큼 구체적이다. 그래서 무력감에 시달리지만 도망치지 말고 대면해야 한다.

나카이도는 '꿈'이라고 했다. '하루하루 작업을 실수 없이 마치는 것'은 어떤 의미에서 매우 힘들고 꿈같은 이야기인지도 모른다.

우라모토는 출근하자 곧장 데이터 제작부로 가서 '불어 오변환 사태'을 보고했다. 그러자 리더인 시라오카 에리코의 온화한 미소가 이내 사라졌다.

시라오카는 작업담당자를 확인하고 당사자를 불렀다.

"일괄변환할 때는 조심해야 한다고 몇 번을 말했습니까. '불어'처럼 사용 빈도가 높은 단어를 일괄변환하면 어떤 일이 벌어질 것 같습니까."

시라오카 자리 앞에 선 사람은 뜻밖에도 일처리가 정확하기로 소문난 후쿠하라 에미였다.

"죄송합니다."

"누가 사과하라고 했습니까? 어떤 일이 벌어질 것 같냐고 물었습니다."

"명사 '불어' 말고도 동사 '불어'가 '프랑스어'로 바뀔 수 있습니다."

"잘 알고 있군요. 그럼 확인은 했습니까?"

"확인은 했는데, 빠뜨린 곳이 있었던 것 같습니다."

평소에는 행동거지가 부드러운 시라오카이지만 업무 실수에 대해서는 서릿발처럼 엄격하다. 더구나 감정적으로 화내는 것이 아니라 논리적으로 추궁하므로 더 무섭다.

"어떻게 확인했습니까."

"육안으로 꼼꼼히 확인하려고 했습니다만…….."

"그 확인 방법이 최선이었다고 봅니까?"

"다른 오퍼레이터에게 확인을 부탁하는 등 재확인 과정을 거쳐야 하지 않았을까 싶은…….."

시라오카는 "그것도 한 가지 방법이지만……" 하고 말머리를 놓고 내처 말했다.

"일괄변환으로 '불어'를 바꾸었으면 이번에는 '프랑스어'로 전체 검색을 실행해서 오변환은 없는지 확인해야 합니다. 최소한 이 절차는 밟았어야죠. 어떻게 생각합니까."

후쿠하라는 이제 아무 소리도 못했다. 우라모토는 옆에서 보고 있기가 힘들었다.

"시라오카 씨…… 저도 확인을 제대로 하지 못했습니다. 정말 죄송합니다."

"우라모토 씨는 잠자코 계세요. 확인을 제대로 못한 최종 책임자는 나입니다. 그것과는 별개로 오변환을 그대로 제출한 것은 후쿠하라 씨입니다."

이제 우라모토가 끼어들 여지는 없어 보였다. 안타깝지만 이 자리는 일단 뜨기로 했다.

점심시간에 유카리가 싸 준 도시락을 들고 휴게실로 갔다.

창가 카운터석에서는 후쿠하라가 샌드위치를 먹으며 책상 위로 시선을 떨구고 있었다.

우라모토는 옆에 앉아 "점심 드세요?" 하고 말을 걸었다. 대답이 없다. 낙담한 걸까.

무슨 말을 건넬까 궁리하며 도시락을 열었다.

"부인이 만들어 주었나요?"

옆에서 감정이 실리지 않은 목소리가 날아왔다. 후쿠하라가 곁눈으로 우라모토의 도시락을 가만히 관찰하고 있다.

"깜짝이야, 어떻게 알았어요?"

"레이아웃이 너무 깔끔하잖아요, 동일한 크기로 썰어 가지런히 담은 빵, 곁들인 샐러드에도 정성이 가득하고. 우라모토 씨가 결혼생활을 위해 사흘 전 신혼집으로 이사했다는 이야기를 들었거든요. 그래서 부인 작품인 줄 짐작했어요."

후쿠하라는 곁눈으로 우라모토의 도시락을 보며 미소도 없이 말했다.

신혼집으로 이사한 것은 영업부 사람들에게만 말했다. 아마 아르바이트로 일하는 기미요 씨가 여기저기 퍼뜨렸을 것이다.

"그나저나 시라오카 씨는 변함없이 엄격하네요…… 그렇게 추궁할 것까지는 없는데."

"동정은 필요 없어요."

"아…… 미안합니다."

"분명히 나에게 잘못이 있어서 듣게 된 지적이니까요. 감사한 일이죠."

후쿠하라는 입술을 꼭 깨물었다. 실수가 어지간히 사무쳤나 보다.

"한 가지 알려 드릴 게 있어요. 『페이퍼백 라이터』 재교 수정, 오후에는 끝날 것 같습니다."

"고생하셨어요. 힘들었죠?"

"네. 솔직히 꿈자리에도 나타나더군요. 오쿠다이라 씨의 읽기 힘든 악필에 쫓기는 무서운 꿈이었어요."

저자 교정에서는 저자가 기입한 수정 지시를 편집자가 본 교정쇄에 옮겨 인쇄 회사에 넘긴다. 따라서 DTP 오퍼레이터는 편집자가 수정펜으로 지시한 대로 수정한다.

"오쿠다이라 씨 필체는 정말 독특하죠."

"네, 전광판 글자처럼 이상하게 뭉친 글자예요."

소가베는 재교쇄에도 대량의 수정 사항을 기입했다고 한다.

"오쿠다이라 씨도 그렇게 많은 저자의 수정 사항을 옮겨 적느라 고단했을 겁니다. 작가와 편집자, 그리고 도요즈미인쇄의 기대를 한몸에 받는 작품이잖아요. 저한테도 영광스런 작업이고요. 끝까지 긴장을 늦추지 않고 확인하겠습니다."

역시 그녀에게 이 일은 천직이구나, 라고 새삼 느꼈다.

"지난 실수는 앞으로 업무에서 만회하겠습니다."

"후쿠하라 씨라면 믿고 있습니다."

우라모토는 믿음직한 동료의 말에 안심하며 샌드위치를 크게 베어 물었다.

전국 각지의 서점에 배포된 5백 부의 고급 프루프는 입에서 입으로 소문이 번졌다. 내용을 읽은 점원들이 체인점이라는 울타리를 넘어 서로 협조해서 판촉 준비에 나서는 등 간행 전부터 지지를 보내 주었다.

신제품을 출시할 때 '민들레 홀씨에 입김을 후우 부는 심정'을 우라모토도 실감하고 있었다. 바람을 타고 날아가 어디서든 꽃을 피웠으면 좋겠다고 기원하는 심정.

크리스마스가 임박한 어느 오후, 게이단샤 편집부에 들르니 오쿠다이라가 이쪽을 보며 손짓을 했다. 뭐지? 조심스러운 마음으로 걸어가자 오쿠다이라가 컴퓨터 모니터를 가리켰다.

"뜻 있는 점원들이 합동으로 『페이퍼백 라이터』 패널을 만들어 주기로 했어요."

전국 각지의 서점들에서 수십 명에 이르는 점원들이 보내 준 코멘트가 말풍선으로 소개되고 한가운데 프루프 표지가 배치되어 있다. 『페이퍼백 라이터』 발매와 동시에 매장에 걸 예정이라고 한다.

우라모토는 점원들이 보낸 코멘트를 보다가 눈에 익은 이름을 발견했다.

──미카와야서점 이케부쿠로 역전점 모리타 가즈요.

매대에 『나가시노의 바람』 수제 POP를 세워 주었던 점원이다.

"우라모토 씨 아이디어 덕분에 우리 염원이 확실하게 전해지고 있어요."

각지 서점에 흩어진 호화판 프루프가 하나둘 싹을 틔우기 시작했다.

"소가베 씨 작품 자체에 힘이 있기 때문이겠죠."

"그래요. 하지만 그걸 알릴 계기를 좀처럼 잡을 수 없었잖아요. 눈길을 끄는 프루프가 계기를 만들어 주었어요. 고맙습니다. 우라모토 씨한테 면목이 없군요."

오쿠다이라가 요란하게 고마움을 표했다. 몹시 기뻐한다.

"이제 시작인걸요. 독자에게 책이 충분해 전해지면 그때 축하하시죠."

"그래요. 아직 일희일비할 때가 아니죠. 내가 마음을 단단히 다잡아야 할 때지."

오쿠다이라는 쓴웃음을 지었다. 사실 우라모토도 너무나 기뻤다.

구체적으로 움직이면 망설임이나 무기력에 빠질 때도 많지만 그 앞에는 소소한 성취감이 기다리고 있을 때도 있다.

"마침내 새해와 함께 인쇄하는군요. 잘 부탁드립니다."

"인쇄와 제본을 원스톱으로 해 보겠습니다."

고급 프루프에 페이퍼백 단행본. 어울리지 않는 조합인 만큼 아직은 불안이 남아 있지만 해 보는 수밖에 없다.

오후에는 이케부쿠로의 마이스터출판에서 신서『NO라고 말할 줄 아는 뇌』를 위한 상담을 했다. 연초에 입고하는 문제와 인쇄 일정에 대한 의견을 나누다 보니 상담이 끝난 것은 18시가 지나서였다. 달빛 아래 선샤인거리는 크리스마스 조명으로 꾸며지고 징글벨 노래가 흐르고 있었다. 그대로 귀가하고 싶었지만 연말의 빡빡한 스케줄 때문에 그럴 수도 없었다.

회사로 돌아가기 전에 이케부쿠로 역전의 미카와야서점에 들러 보기로 했다.

3층 문예서 코너 입구에 아크릴제 전시대가 설치되어 있었다. '잠깐 독서 코너'라는 팻말을 세운 자리에『페이퍼백 라이터』서장이 소책자로 만들어져 놓여 있다.

──소설가 소가베 슌이 낯설다면 여기서 서장을 읽어 보세요! 문예서 담당 모리타 가즈요.

저자와 출판사의 허락 아래 일부를 공개한다는 설명이 적혀 있었다.

매장에 들어가 모리타 가즈요를 찾아보았지만 보이지 않았다. 계산대에도 없었다. 퇴근시간대여서 귀갓길에 들른 손님들이 계산대 앞에 줄지어 있었다.

간식이나 먹을까, 하고 미카와야서점 1층에 있는 찻집에 들른 우라모토는 뜨거운 커피와 치즈토스트를 쟁반에 담아 카운터석에 앉았다.

그때 옆에 앉아 있던 여성과 눈이 마주쳤다.

"어!"

"인쇄 회사 분이시죠?"

"네. 전에 인사드린 도요즈미인쇄의 우라모토입니다."

"그때 명함을 드리지 못해서 실례했습니다."

모리타 가즈요는 백에서 명함지갑을 꺼내 명함 한 장을 내밀었다.

──미카와야서점 이케부쿠로점 문예서 담당 모리타 가즈요.

"조금 전에 근무가 끝나서요."

테이블에는 커피 잔 옆에 A4지 다발이 놓여 있었다.

"원고, 인가요?"

"신간의 교정쇄입니다. 퇴근하면 여기서 잠깐 교정쇄를 읽고 나서 귀가하거든요."

모리타는 읽고 있던 페이지의 구석을 접어서 표시해 놓고 제목을 숨기려는 듯 A4지 다발을 뒤집어 놓았다.

미카와야서점 이케부쿠로점에는 늘 신간 교정쇄나 프루프가 어지간히도 많이 전달된다. 모리타는 그것들을 최대한 훑어보고 재미있어 보이는 작품에 대해서는 POP를 세우거나 읽어보기 코너에 비치하는 것을 교섭하는 모양이다.

"일상적인 업무 외에 교정쇄나 프루프를 읽고 판촉까지 준비하시다니 상당히 바쁘시군요."

"뭐 어쩔 수 없죠. 좋아서 하는 일이니까."

"이번에 『페이퍼백 라이터』를 응원해 주셔서 고맙습니다."

"그 책도 우라모토 씨가 인쇄를 맡으셨나요?"

"예. 프루프도 저희 회사에서 제작했습니다."

우라모토가 대답하자 모리타는 "프루프가 훌륭하더군요"라고 반겨주었다.

"모리타 씨는 계속 미카와야서점에서 일하셨습니까?"

"아뇨, 아들을 낳기 전까지는 게야키서점에 일했어요. 미카와야에는 아들이 대학생이 되자 여유가 생겨서 파트타임으로 입사했습니다. 꼭 서점에서 일하고 싶어서요. 그럭저럭 5년이 됩니다. 애고, 연식이 들통났네요."

그렇게 말하고 모리타는 아하하 웃었다.

"전에는 가만히 있어도 책이 팔렸지만 요즘은 그렇지 않아요. 그래서 저도 책을 위해 한몫 거들고 싶어요."

한몫 거든다. 그 말이 우라모토의 가슴에 꽂혔다.

"제 처지에서 할 수 있는 일은 좋은 책들이 매장에서 독자에게 한 권이라도 더 선택받을 수 있도록 하는 거예요."

"본받고 싶군요. 제 처지에서 할 수 있는 일은 보다 나은 책을 만드는 거겠죠."

우라모토는 '책을 만드는 것'이라고 단언했다. 모리타는 말없이 고개를 끄덕였다.

"당연한 말이지만 우라모토 씨와 이야기하다 보면 인쇄하는 사람, 제본하는 사람도 있었지 하는 실감이 듭니다."

책을 쓰는 사람, 기획하는 사람, 제작하는 사람, 배본하는 사람, 그리고 파는 사람이 있다. 평소에는 서로 교류가 없지만 우라모토의 일과 모리타의 일은 하나의 길로 이어져 있다. 그것을 실감하고 든든함을 느꼈다.

모리타는 휴대 전화로 시선을 옮겼다.

"저, 먼저 실례할게요. 남편이 웬일로 일찍 귀가해서 저녁밥을 짓고 있다네요."

"제가 시간을 빼앗았군요. 우리 같이 한몫 거들자고요. 『페이퍼백 라이터』를 위해."

우라모토가 말했다. 모리타는 "열심히 팔게요"라며 소매를 걷어붙이는 시늉을 했다.

부디 독자들 손에 전해지기를.

한 해가 다 저물고 이제 새해 벽두에 『페이퍼백 라이터』가 간행되는 일만 남았다.

후지미노 공장 입구에는 여전히 소나무가 장식되어 있다신년에 각 가정마다 출입구에 소나무 장식을 매다는 풍습이 있는데, 보통 전년도 12월 28일에 매달았다가 새해 1월 7일에 떼어낸다.

미국 프레스테크사의 잉크젯 디지털 윤전인쇄기 DCN5963을 사용한 첫 단행본 제작.

노즈에는 이 동료의 멋진 활약을 옆에서 지켜보고 있었다. 데쿠노당에서 작업을 담당하는 것은 규 씨, 노즈에, 신입직원 다카노 세 명뿐이다.

"잘 되고 있군. 이제 4시간만 지나면 4천 부 완성이야."

15시에 가동을 시작해서 4시간. 드디어 2천 부를 넘겼다.

"수고하는군, 노즈에 씨."

우라모토가 한 여성과 함께 달려왔다. 취재 나왔나? 기대감이 스친다. 데쿠노를 이용한 첫 단행본 제작인 만큼 우라모토가 출판사 홍보 담당자와 상의해서 언론사에 보도 자료를 뿌렸던 것이다.

"미안. 언론사의 취재 요청은 한 건도 없어…… 취재가 없는 대신이라고 하면 뭣하지만, 갤러리를 한 분 모셔 왔는데."

우라모토 옆에서 그 여성이 고개를 숙였다.

"일하시는데 실례합니다. 디지털 데이터에서 제작까지 한 대로 해결하는 잉크젯인쇄기가 있다고 해서 견학하려고 왔습니다."

여자의 논리적인 말투를 듣자 노즈에의 머리에 기억이 떠올랐다. 얼마 전 고구레 요이치와 화상 회의를 할 때 세팅을 맡았던 데이터 제작부의 후쿠하라다.

얼굴에나 목소리에나 표정이 없다. 하지만 눈은 끊임없이 데쿠노의 여기저기를 살펴보고 있다.

"호기심이 왕성하시네."

규 씨가 데쿠노를 살펴보며 옆에서 혜살을 놓았다.

"원래 이 『페이퍼백 라이터』는 손글씨 원고로 들어왔는데, 후쿠하라 씨가 타이핑해서 데이터를 만들었어요."

우라모토가 소개하자 후쿠하라는 말없이 고개를 숙였다.

수백 매 원고를 실수 없이 입력해서 데이터로 만드는 것은 몹시 고단한 일일 것이다. 그 작업을 한 사람을 직접 보니 존경심이 싹튼다.

"고생하셨습니다. 모처럼 오셨으니 간단히 안내해 드리죠."

노즈에는 데쿠노의 작업 공정에 따라 후쿠하라를 안내했다.

데쿠노는 롤지를 천천히 돌리며 인쇄한 뒤 46판 크기의 1절마다 커팅을 해 간다.

"보통 인쇄기라면 여기가 종점이고, 인쇄가 끝난 종이는 건조시켜서 팔레트에 쌓고 제본소로 옮기죠. 하지만 데쿠노에서는 여기가 끝이 아닙니다."

그다음은 제본 과정. 데쿠노는 제본기의 접지기가 하는 작업도 하며 접지물을 만들어간다.

"쇄판은 필요 없겠고 제본까지 일괄로 처리한다면…… 제판, 인쇄, 제본 회사가 한 기계 안에 있는 거나 마찬가지군요."

"그렇죠. 데쿠노는 세 회사가 나눠서 하는 일을 혼자 해치웁니다."

데쿠노를 소개하는 이야기에 점차 힘이 들어간다.

제본 공정의 종점은 완성된 책이 컨베이어벨트를 타고 나오는 것이다. 후쿠하라는 걸음을 멈추고 새로 나오는 책들의 행렬을 가만히 지켜보았다.

"부끄럽지만 제가 작업에 참여한 책이 공장에서 탄생하는 순간을 보는 것은 이게 처음입니다. 이게 바로 우리가 만든 책이군요."

후쿠하라의 얼굴은 변함없이 표정이 없지만 그 눈은 반짝거리고 있었다.

기계를 한 바퀴 돌고 다시 조정판 앞에 도착한 후쿠하라는 규 씨가 데쿠노를 향해 "잘하고 있어. 조금만 더 애쓰면 돼" 하고 말을 건네는 것을 보았다.

후쿠하라가 의아한 표정으로 규 씨를 쳐다보았다.

"규 씨는 늘 저렇게 인쇄기에게 말을 하죠."

노즈에가 설명하자 후쿠하라는 더욱 의아한 표정으로 규 씨를 관찰했다. 그 시선에 응답하듯이 규 씨가 말했다.

"같이 일하는 동료니까."

후쿠하라는 '같이 일하는 동료'라고 혼잣말처럼 따라하고는 고개를 갸웃거렸다.

"사람의 힘만으로는 수천 부 수만 부나 되는 책을 못 만들어요. 당신도 기계와 함께 일하고 있을 텐데."

"네, 그건 그렇죠."

"귀하게 대해 주면 기계도 응답을 해 주지. 같이 일하는 동료니까."

느리지만 착실하게 만들어지는 『페이퍼백 라이터』 초판본을 다카노가 10권씩 포장기로 묶어 팔레트에 쌓아 간다.

가슴 뛰는 장면을 보고 싶다고 우라모토는 생각했다.

데쿠노로 제작한 이 책을 통해 벼랑에 몰렸던 작가가 살아난다. 규 씨가 양지로 복귀한다.

공장에서 만든 책을 두고 부디 많이 팔리기를 간절히 바란 것도 이번이 처음이다.

"노즈에 씨, 여러 가지로 고마워. 페이퍼백 사양으로 처음 만드는 이 책이 많이 팔리게 해 달라고 기도하는 일만 남았군."

"데쿠노가 볕을 보는 것은 우리 공장 사람들한테도 기쁜 일이야. 이번만은 감사하고 싶다."

"아냐, 나야 그저 여러 사람의 아이디어와 조언을 전서구처럼 전하고 연결하기만 했는걸, 뭐."

전서구. 전에 우라모토에게 던진 말이 데쿠노당 벽에 튀어서 노즈에 가슴으로 날아와 꽂혔다. 데쿠노를 쓸모없는 짐 덩어리라고 치부하고 있던 노즈에의 마음에.

"중판을 찍어야 할 텐데."

여기서 태어난 페이퍼백이 작은 기적을 일으키기를 노즈에는 기원했다.

밤 21시, 아무도 없는 관리동으로 돌아와 잔무를 정리하는데 노즈에의 탁상전화가 울렸다. 노즈에는 "뭐지?" 하고 혼잣말하며 수화기를 들었다.

"바쁘신데 죄송합니다. 거기 노즈에 마사요시 씨란 분 근무하십니까?"

남자 목소리다. 자기 이름도 밝히지 않는 무례한 자라고 생각하면서도 가끔 걸려오는 광고 전화와는 어딘지 분위기가 다르기에 노즈에는 경계하며 대답했다.

"제가 노즈에입니다만."

"불쑥 전화드려서 죄송합니다. 저는 월드인쇄 인사부의 스에마쓰라고 합니다. 잠시 통화 괜찮습니까?"

"무슨 일입니까."

남자는 요령 있게 용건을 설명했다.

노즈에의 인생을 바꿀 선택지가 별안간 눈앞에 제시되었다.

우라모토는 매일 업무와 씨름하면서 틈틈이 SNS를 확인했다. 궁금한 정보는 단 하나.

소가베 슌의 신간 『페이퍼백 라이터』의 판매 동향이다.

모리 부장도 자주 판매 상황을 묻는다. 데쿠노를 활용할 길이 열릴지 모른다는 도요즈미인쇄 전체의 기대까지 실려 있는 작품이다.

서점에서 이루어지는 마케팅은 초판 4천 부짜리 작품치고는 이례적일 만큼 성황이었다. 그런데도 매출은 기대처럼 금방 늘지 않았다.

초판을 내고 한 달 뒤, 소가베 슌은 마침내 은퇴를 선언했다.

SNS에 연속으로 올라온 소가베의 긴 글에는 뜻밖에도 감사의 말들이 적혀 있었다. 내 작품이 많은 사람의 도움으로 만들어져 왔음을 알았다, 늦었지만 이제라도 그 사실을 알게 되어서 좋았다고.

우라모토는 게이단샤 편집부의 오쿠다이라를 찾아가 사과했다. 자기가 제안한 '프루프 시프트 작전'이 결실을 거두지 못했다고. 하지만 오쿠다이라는 동요하지 않았다.

"우라모토 씨, 그렇게 사과하면 곤란합니다. 그 멋모르는 양반이 멋대로 은퇴선언을 했지만 반드시 철회하게 만들 겁니다."

"승산은 있는 겁니까."

"벌써 이기고 있어요."

오쿠다이라 목소리는 오만해 보일 만큼 자신만만했다.

그로부터 며칠 뒤 게이단샤의 오쿠다이라가 전화로 소식을 전했다.

"우라모토 씨, 소가베 슌의 『망자의 증언』 문고판의 중판이 결정되었습니다! 3천 부 부탁해요."

하필 은퇴 선언 이후에 문고판 중판이 결정된 것이다.

"전국의 서점에서 몇몇 점원이 『페이퍼백 라이터』를 강력하게 밀어준 덕분입니다."

프루프를 읽고 소가베 슌이라는 작가에 주목한 점원들이 『페이퍼백 라이터』와 함께 문고본 몇 종을 나란히 전시하는 '소가베 슌 페어'를 진행해 주고 있었다.

단행본 중판은 금방 실현되지 않았지만 독자들이 부담이 적은 문고판부터 손에 들기 시작했다. 그러자 예전에 나온 문고판의 판매량이 늘어 몇몇 작품이 중판으로 연결되었다.

그 후 한 달쯤 지나 단행본 『페이퍼백 라이터』의 5천 부 중판이 결정되었다.

약속대로 중판을 해 낸 소가베는 은퇴 선언을 철회했다. 중판 소식을 전하자 소가베 슌은 오쿠다이라에게 사죄하며 펑펑 울었다고 한다.

도요즈미인쇄도 『페이퍼백 라이터』 중판 소식에 다들 흥분했다. 데쿠노의 활로가 열린 점도 있어서 전사적인 길보로 받아들여졌다.

우라모토가 전화로 제일 먼저 그 소식을 전한 곳은 부장도 영업부 동료들도 아니고 후지미노 공장이었다. 데쿠노 오퍼레이터 규 씨는 *"그래? 그렇단 말이지?"* 하고 크게 기뻐했다.

"고마워, 자네와 노즈에 군 덕분에 좋은 꿈을 꿀 수 있었네."

"규 씨, 꿈이 아닙니다. 현실이 되었다고요."

4천 부 초판, 5천 부 중판. 작은 한 걸음처럼 보이겠지만 도요즈미인쇄로서는 커다란 한 걸음이다. 그리고 인쇄 회사가 할 수 있는 일을 하나 더 찾아낸 것인지 모른다.

우라모토는 조금은 보답을 받은 심정으로 『페이퍼백 라이터』 제2쇄 개산견적서를 작성했다.

사이버 드러그

"자, 오래 기다렸지."

일요일 점심인 오늘의 메뉴는 유카리가 손수 만든 오뎅이다.

"이야, 곤약 비율이 높네."

"곤약이 오뎅의 주역이니까."

유카리는 지론을 말하며 우라모토 맞은편에 앉았다.

"가쿠 짱, 이런 뉴스가 났던데."

유카리가 식탁 위로 스마트폰을 내밀었다. 뉴스 앱에 뜬 기사였다.

"'종이책이냐 이북이냐. 대작가가 일으킨 파문'……?"

우라모토는 기사 제목을 작은 소리로 읽었다. 기사 앞머리를 눈으로 조금 좇다가 자기도 이 뉴스의 당사자 중 하나라는 것을 알았다.

많은 작가들이 사바나의 전자책 무제한 구독 서비스 '사바나 프리덤'에 반대하는 가운데 베스트셀러 작가 모로미자와 류이치 씨를 비롯한 여러 작가들이 '전자책을 응원하는 모임'이라는 조직을 결성했다. 이들은 전자책 보급 촉진에 찬성을 표하여 업계에 파문이 일 것으로 보인다.

종이책과 전자책. 이 논쟁은 오래전부터 반복되어 왔다. 하지만 지금까지는 반대하는 작가들의 목소리가 호응을 얻는 등 부정적인 주장이 많았다.

우라모토는 그런 뉴스를 접할 때마다 내심 안도했다.

하지만 이제는 상황이 바뀌어 거물 작가의 찬성 의견이 나온 것이다.

유카리가 "심각한 표정이네" 하며 무와 고보마키^{우엉을 고기로 둘둘 감아 만든 음식}를 접시에 담아 주었다.

"흠…… 모로미자와 씨도 뭘 이딴 캠페인을 시작한 거야……."

인쇄 회사 영업맨으로서는 심경이 복잡하다.

"모로미자와 류이치 씨라면 아마 게이단샤에서도 책을 많이 냈지?"

"응, 신작을 낼 때마다 10만 부는 거뜬해."

"그럼 가쿠 짱 회사에서도 모로미자와 씨 책을 인쇄해?"

"물론이지. 모로미자와 씨 작품은 도요즈미인쇄에 가장 중요한 작업 가운데 하나야."

도요즈미인쇄에서 초판 부수가 10만 부를 넘는 큰 건수는 나카이도가 담당한다.

모로미자와 씨는 작가 생활 30주년을 축하하는 모임에서 전자책 응원단 결성을 선언했다. "디지털화는 시대의 흐름이고 전자책을 애용하는 독자가 늘고 있는 지금, 책을 만드는 측에서도 그 니즈에 부응할 필요가 있다. 독서 생활로 들어가는 문을 넓히는 것은 문학 전체에도 득이 된다"라고 말했다.

우라모토는 기사를 다 읽고도 아무 말이 없었다.

"기존 작가들은 아무래도 종이책을 고집하는 것 같던데, 의외네."

"아니, 게이단샤 편집자한테 들었는데, 모로미자와 씨는 새로운 걸 좋아하는 것으로 유명하대."

모로미자와는 인터넷이 보급되기 시작한 90년대 후반에 일찌감치 홈페이지를 만들어 실험적 소설을 연재했다. 그때는 주변 상황이 받쳐 주지 못해서 큰 주목을 받지는 못했지만.

요즘은 취미로 코딩을 해서 스마트폰용 퍼즐게임 앱을 출시하는 등 50세가 지난 지금도 호기심의 화신 같은 사람이라고 한다.

"재능이 남아도는 사람이 정말 있는 모양이야."

"응, 모로미자와 씨는 시대 변화에 대한 감수성이 아주 예민해. 작품에도 그때그때의 첨단 기술이 등장하지."

모로미자와 류이치 원작으로 올해 영화화된 『제로원 머니』는 가상화폐를 통해 세계를 희롱하는 사기꾼 이야기다. 모로미자와는 컴퓨터에도 조예가 깊어 사이버 테러를 소재로 한 작품도 발표한 바 있다.

"가쿠 짱, 따끈할 때 먹어."

우라모토는 젓가락으로 무를 집어 입에 넣었다. 뜨거운 즙이 분출한다. 입안에서 무를 굴리다가 겨우 넘겼다.

"요즘은 종이책과 이북의 비율이 어느 정도지?"

"적어도 문예서만 보면 아직은 종이책이 압도적이지."

그러나 모로미자와 같은 대작가의 발언이 주목을 받는다면 전자화 흐름이 가속화될 가능성이 있다.

"단순하게 생각하자면 이북이 늘어날수록 종이책은 그만큼 축소되겠네."

유카리는 무서운 말을 아무렇지도 않게 말해 버리고 곤약을 먹었다.

우라모토는 "내 일감도 줄겠지. 그러다 직장에서 잘릴 수도 있고"하며 대수롭지 않은 척 웃었다.

"그땐 내가 가쿠 짱을 먹여 살릴 테니까 걱정 마."

"그때가 되면 잘 부탁합니다."

농담으로 응수하지만 속은 편치 않다.

"하지만 이북 세상이 되면 정말 인쇄 회사의 일감이 없어질까?"

"다 없어지진 않겠지. 전자책도 대개 인쇄 회사가 만들고 있고 우리 회사에도 전자책 부서가 따로 있어. 다만 전자책은 데이터를 한 번 만들어 두면 끝이고 중판이라는 개념이 없으니까. 딱 한 번으로 끝나는 일감이지."

"그렇다면 일감은 확실히 줄어들겠네…… 역시 가쿠 짱은 내가 부양해야겠군."

"뭐 이러니저러니 말이 많지만 종이책이 갑자기 세상에서 사라지진 않아."

될 대로 되라는 투로 말해 보지만, 현실을 외면한 이런 소극적 낙관론이 위험하다는 것은 잘 알고 있었다.

종이책은 독서 인구 감소와 디지털화라는 이중 역풍에 직면해 있다.

"다른 인쇄 회사는 어떻게들 하고 있대?"

"가족이 운영하는 작은 인쇄소들은 대를 잇지 못해서 폐업하고 있어."

우라모토가 월드인쇄에서 일하던 3년 전에도 주변의 작은 인쇄소들이 잇달아 문을 닫았다. 지금은 그 속도가 더 빨라졌을 것이다.

"대기업에 밀려나는 건가…… 일테면 월드인쇄 같은 곳에."

월드인쇄는 디스플레이나 단말기 소재, 주택 내장 소재, IC카드나 증권류, 물류업계를 위한 포장 자재 개발 등 셀 수 없을 만큼 다양한 소재를 취급한다.

종이 매체 인쇄물에서 디지털 분야로 전환하는 데서도 빈틈이 없어, 최근에는 기업에 오랜 세월 보존돼 온 대량의 서류를 디지털화하여 대용량 클라우드 서버에 보관해 주는 서비스에도 진출했다.

"도요즈미인쇄는 신규 사업에 진출하지 않아? 종이책 시장은 줄어들고 있는데."

유카리가 제3자 입장에서 소박하지만 아픈 의문을 던진다.

"회사 안에 디자인 부문을 만드는 등 새로운 사업도 전개하고 있어. 다만 그 폭이 협소하지. 월드인쇄처럼 인력과 자금이 풍족하지 못하니까."

유카리가 우라모토의 눈을 가만히 쳐다보며 물었다.

"가쿠 짱, 후회 안 해?"

"뭘."

"월드인쇄에서 도요즈미로 옮긴 거."

"후회하지 않아."

책을 만들고 싶어서 택한 길이다.

"다행이네. 만에 하나 정말로 일감이 없어져 버려도 괜찮아. 내가 있으니까."

아까 '내가 가쿠 짱을 먹여 살릴 테니까'라고 농담처럼 말할 때와는 달리 말투가 진지하고 따뜻하다.

"고마워. 왠지 맘이 편해지네."

대단한 여자와 결혼했구나, 하고 새삼 감탄하면서도 가족을 부양해야 한다는 책임감에 혼자 주눅 들어 있던 자신이 부끄러웠다.

"하지만 역시 도요즈미인쇄도 패키지 인쇄에 뛰어들어야 한다고 생각해. 식품 패키지는 디지털화할 수 없으니까."

유카리의 농담을 웃으며 흘렸지만 이내 생각을 고쳤다.

식품 패키지는 전자화할 수 없다. 그 당연한 사실에 커다란 힌트가 숨어 있는 것 같았다.

"오, 트위터에서도 한바탕 소동이 벌어졌어."

유카리가 다시 스마트폰을 내밀며 일러 주었다.

요즘 인터넷 뉴스는 SNS를 통해 순식간에 확산된다. 아니나 다를까 모로미자와 류이치의 발언을 다룬 기사는 트위터에서 벌써 논쟁이 되고 있었다.

'종이책과 이북 양쪽을 다 능숙하게 이용하면 되잖아.'

'책 들고 다니는 걸 싫어하는 사람도 있음. 모로미자와 씨 의견에 한 표.'

'이 소설가는 시내 서점이 하나둘 문 닫고 있는 현실을 어떻게 생각하는 걸까.'

오피니언이라 불리는 사람들이나 독자들이 저마다 의견을 포스팅하고 있다.

문고본이 팔리기 시작한 소가베 슌도 이 뉴스를 언급하고 있었다.

'대작가께서 뭐라고 했는지는 몰라도 나는 내 작품을 절대로 이북으로 만들지 않을 거다. 전자책을 어찌 책이라고 할 수 있나. 백 번 죽어 마땅한 발언.'

"소가베 씨는 변함없이 과격하네……."

비방 중상을 비롯한 다양한 포스팅에 대하여 모로미자와는 담담하게 대응하고 있었다.

'소설을 읽는다는 본질에는 변함이 없으므로 나는 종이책이든 이북이든 환영한다. 늘 그런 생각을 갖고 있다.'

"사실 전자책이 편하지. 나도 요즘은 '사바나 프리덤'으로 명작 만화들을 보고 있거든."

유카리는 자리에서 일어나 텔레비전 받침대 옆에 세워 둔 태블릿을 집어 들었다.

외국계 대형 통신판매회사 사바나는 정액제 유료회원용 전자책 무제한 구독 서비스를 시작했다. 제공되는 작품은 15만 권 이상이며, 그 가운데 몇 권을 읽든 요금은 월 1천 엔의 정액제이다.

"요전에는 『마녀 바캉스』 열다섯 권을 내리 봤어. 나야 좋긴 한데 작가들 생계는 괜찮은 건지 걱정되더라."

유카리가 말하는 대로 책을 제작하는 측에서는 부정적인 목소리도 많다. '사바나 프리덤'에 작품이 올라 있는 작가들 중에는 본인 의사와 관계없이 작품이 등록되었다며 삭제를 요구하는 사람이 잇따르고 있다고 한다.

우라모토도 시장 분위기를 파악하려고 '사바나 프리덤'에 접속해서 만화를 보았다. 다음 편을 읽고 싶으면 즉시 다운로드할 수 있다는 편리함에 매혹되면서도 그런 자신이 싫어지는 복잡한 심정이었다.

그때 업무용 휴대 전화가 울렸다. 화면에는 '게이단샤문고 오카베 씨'라고 표시되어 있다. 얼마 전 문고본 출판부에 배치된 남성 편집자이다.

"비상, 비상."

유카리가 조금 낙담한 투로 말했다. 오후에 함께 쇼핑하러 갈 예정인데, 통화 내용에 따라서는 출근하게 되기가 쉽다.

우라모토는 "잘 먹었어" 하며 남은 오뎅 국물을 마시고 통화 버튼을 눌렀다.

초교쇄 출력 일정을 확인하는 전화였다. 우라모토는 가슴을 쓸어내리며 "지금 확인해 보겠습니다"라고 쾌활한 목소리로 대답한 다음 태블릿 단말기를 켰다.

그러고 보니 자신도 언제부턴가 종이 수첩을 쓰지 않게 되었다.

나흘 후 아침에 출근하니 상무 자리 옆에서 모리 부장과 상무가 서서 대화하고 있었다.

두 사람은 심각한 이야기를 나눌 때면 무슨 까닭인지 꼭 서서 이야기한다.

"무슨 일 있나요?"

우라모토는 먼저 출근해 있던 나카이도에게 물었다.

"나도 방금 출근해서 잘 몰라. 방금 전까지 후리하타 씨도 함께 이야기하고 있던데."

후리하타는 전자책 제작부 부장이다. 무슨 일인지 짐작해 보기도 전에 모리 부장이 자리로 돌아와 말했다.

"곧 임시 간부회의가 열려. 나카이도와 우라모토. 바쁘겠지만, 금방 끝날 테니까 회의에 같이 들어가자."

"저희는 간부가 아니잖습니까."

"나중에 설명할 테니까 일단 들어가자고."

회의실로 걸어가면서 부장에게 들은 설명은 "신규 사업을 논의한대"라는 것이 전부였다.

회의실에는 긴 테이블이 ㅁ자 형태로 놓이고 자리마다 자료가 한 장씩 배포되어 있었다.

안쪽에 앉은 상무를 비롯하여 영업본부와 제조본부의 각 부장, 팀 리더들까지 모두 15명 정도가 자리를 잡았다.

우라모토는 테이블에 있는 자료를 보는 순간 저도 모르게 상체를 젖혔다.

"어. 모로미자와 씨 뉴스네……."

지난 일요일 유카리와 오뎅을 먹으며 읽은 기사의 사본이었다.

모로미자와 작품의 영업 담당은 나카이도다. 이 회의에 나카이도를 부른 이유를 알 수 있었다. 그럼 나는 왜 불렀을까. 그걸 모르는 상태에서 회의가 시작되었다.

먼저 모리 부장이 긴급 보고라면서 발언했다.

"모로미자와 류이치 작가가 게이단샤에서 내는 차기작 『사이버 드러그』는 종이책과 전자책을 동시에 출시한다고 합니다."

옆에 앉은 나카이도는 모리 부장의 이야기를 냉정하게 듣고 있었다. 전자책을 동시에 출시하는 것은 요즘 그리 드문 일도 아니다.

"그리고 또 한 가지."

모리 부장의 보고가 계속되었다.

"사바나의 전자책 무제한 구독 서비스 '사바나 프리덤'에도 같은 날 등록하겠다고 합니다. 오늘 오전 10시에 게이단샤에서 보도 자료가 나올 겁니다."

이 소식에 참석자들이 술렁거렸다.

"신작을? '사바나 프리덤'에?"

우라모토는 상체를 앞으로 기울였다. 과연 나카이도도 놀란 얼굴로 주위 반응을 살피고 있었다.

원하는 대로 읽을 수 있게 해 주는 '사바나 프리덤'에 등록된 작품은 주로 출간된 지 오래된 책이나 절판본, 복간판 등이다. 독자가 한 페이지를 읽을 때마다 사바나에서 출판사로 인세를 지불하는 시스템인데, 신작은 거의 등록되지 않고 있다.

모로미자와쯤 되는 베스트셀러 작가가 신작을 등록하는 것은 매우 이례적인 일이다.

"갑자기 왜 그렇게 된 거죠? 모로미자와 씨 신작은 게이단샤에게도 캐시카우잖아요. 그런데 '사바나 프리덤' 시스템을 받아들이겠다니."

데이터 제작부의 시라오카 에리코가 분개했다. 그녀는 모로미자와의 열렬한 팬이다.

"모로미자와 선생이 '신작을 실험적으로 제공해 보고 싶다'고 게이단샤에 직접 요청했다더군요."

상무가 입을 열었다.

"모로미자와 씨 인세도 줄어들 가능성이 있을 텐데요?"

시라오카가 걱정스레 물었다.

"지금 걱정해야 할 건 우리 몫이 아닐까요?"

나카이도가 입을 열었다. 일동의 시선이 나카이도에게 쏠렸다.

"가령 게이단샤가 전자책을 선택할 독자를 상정하고 단행본 초판 부수를 줄일 수 있습니다. 그러면 중판 부수도 줄 것이고 인쇄기 가동률은 떨어지겠죠."

나카이도의 말은 타당하다. 무거운 침묵이 흘렀다.

"그건…… 해 보기 전에는 모르지."

그렇게 대답하는 상무 말투가 어딘지 체념한 것처럼 들린다.

"어쨌든 게이단샤에서는 이 건을 계기로 타사보다 앞서서 전자책에 힘을 쏟을 방침을 세웠다는 겁니다. 관련 회사인 우리도 그렇게 해야 합니다."

상무가 점잖은 투로 모두에게 고했다. 그리고 모리 부장에게 시선을 돌렸다.

"당장 전자책 총괄영업 담당을 둘 겁니다. 그 자리에는 영업 제2부의 우라모토를 임명합니다."

청천벽력이었다. 우라모토는 옆에 앉은 모리 부장에게 "금시초문입니다만" 하고 작은 소리로 말했다.

"지금 말했잖아. 맡아 주겠나?"

모리 부장은 분노하는 표정이었지만 애원하는 듯한 투로 말했다.

'일단은 맡겠다고 해 둬.'

그런 신호 같기도 했다. 우라모토는 "알겠습니다"라고 대답했다.

"우라모토 씨, 잘 부탁해요."

작은 체구에 이마가 넓고 안경을 쓴 남자가 고압적으로 말했다. 전자책 제작부 부장 후리하타이다.

"이번 기획은 저희 전자책 제작부에서도 전력을 다해 수행하겠습니다. 인기 절정에 있는 작가의 신작이 정액제로 콘텐츠를 무제한 구독하는 '사바나 프리덤'에 등록되는 겁니다. 이것은 중대한 변화를 알리는 사건입니다."

후리하타는 손짓 몸짓 섞어가며 열변을 토하기 시작했다. 원래 이렇게 목소리가 큰 남자였나 싶었다.

"지금까지는 솔직히 전자책은 종이책의 덤 같은 위상이었어요. 하지만 나는 처음부터 알고 있었어요. 독자는 솔직하다, 편리한 걸 택할 거다, 라고."

평소 창백하던 후리하타의 얼굴이 발갛게 상기되었다.

"실제로 전자책 만화 시장은 빠르게 확대되는 중입니다. 이미 매출의 10퍼센트를 넘었어요. 전자책 선진국 미국에서는 약 20퍼센트입니다. 그에 비해 문예서는 뒤쳐져 있죠."

"뒤쳐졌다는 말은 적절하지 않은 것 같습니다만."

데이터 제작부의 시라오카가 날카로운 목소리로 반론했다.

"아니, 뒤쳐진 게 맞아요. 종이책을 선호하는 풍조가 뿌리 깊게 남아 있습니다."

후리하타는 시라오카를 쳐다보며 응수했다.

"우리가 생각해야 할 것은 종이책이냐 전자책이냐 논쟁하는 게 아니라 도요즈미인쇄가 살아남을 대책입니다."

나카이도가 끼어들었다.

"그러니까 우리가 살아남으려면 종이책 세계에서 뛰쳐나와야 한다고 말하는 겁니다."

후리하타는 테이블에 있던 이북 리더기를 집어 들었다.

"여기에 모든 책을 저장할 수 있습니다. 종이를 트럭으로 날라 다가 많은 잉크와 전기를 써 가며 인쇄하는 것과 서버에 파일을 올리는 것 중에 어느 쪽이 합리적입니까."

"합리적인지 어떤지는 몰라도 전자책 매출은 아직 전체의 10퍼 센트 정도입니다."

모리 부장이 입을 열었다.

"그 비율도 곧 역전될 겁니다. 지난 5년 동안 종이책 매출이 1 할이나 축소되었지만 전자책은 2.5배나 확대되었어요. 이제 전자 책으로 제작된 작품이 100만 점을 넘었고 태블릿 단말기 보급율 도 20퍼센트를 지나 높아지는 중입니다. 계속 전자책을 경시한다면 도요즈미인쇄는 살아남을 수 없어요."

"경시? 전자책 제작부는 인원이 늘었습니다. 우리 회사도 힘을 쏟고 있잖아요."

모리 부장이 후리하타를 달랜다.

"아니, 더 힘을 쏟아야 합니다. 우리 인쇄 회사는 매일 방대한 종이를 사용하며 책을 찍습니다. 독자 손에 전해질 때까지 여러 회사가 중간에 마진을 빼 갑니다. 이참에 솔직히 말하지만……."

후리하타는 일동을 둘러보더니 호흡을 한 번 고르고 나서 말했다.

"종이책은 기득권 덩어리입니다."

자료를 내려다보던 사람들이 일제히 고개를 들고 후리하타에게 못마땅한 시선을 던졌다.

"후리하타, 적당히 하지."

모리 부장이 후리하타를 노려보았다.

"서적의 중심은 어디까지나 종이책이야. 전자책은 일부 니즈에 대응하는 것이고."

"맞는 말씀입니다. 전자책이 여전히 침투하지 못하고 있죠. 이유를 아십니까?"

후리하타의 물음에 모리 부장은 대꾸하지 않았다. 대신 나카이도가 "간단합니다"라고 목소리를 높였다.

"전자책으로 읽을 필요가 별로 없기 때문이죠."

나카이도가 후리하타를 쳐다보며 대꾸했다.

"호오, 독자들이 과연 책 읽을 수단을 필요성이란 잣대로 선택하는 걸까."

"필요하면 전자책을 이용할 것이고 필요 없다면 이용하지 않겠죠. 달리 뭐가 있겠습니까."

"편리성이지. 많은 독자들이 여전히 전자책의 편리성을 몰라."

"왜 모를까요. 결국 그 편리성을 인정하지 않기 때문입니다."

평소 냉정하던 나카이도가 흥분해서 말했다. 후리하타는 미소를 지으며 "아니, 아냐, 그건 아니지" 하고 중얼거렸다.

"출판업계나 인쇄업계가 독자들에게 전자책이라는 선택지를 제대로 제시하지 않고 있어. 왤까. 변화가 두렵기 때문이지."

우라모토는 내면에 숨어 있는 두려움을 후리하타가 콕 집어낸 것 같은 심정이었다.

"가까운 장래에 인쇄 회사에서 인쇄기가 사라질 겁니다. 종이 책에 대한 고집을 버린 사람만 살아남습니다."

모리 부장이 "무슨 헛소리를" 하며 자리에서 일어났다.

"본인이 무슨 소리를 하는지 알기나 하나. 책은 말이야, 판 짜서 종이와 잉크로 만드는 거라고. 다운로드? 내가 볼 때 그런 건 책이 아냐!"

상무가 "자, 자" 하고 끼어들었다.

"오늘 회의는 그만 끝내지. 곧 게이단샤에서 보도 자료가 나와. 우라모토 군, 잘 부탁하네."

상무가 우라모토에게 한 손을 쳐들어 보였다.

"아, 예. 알겠습니다."

우라모토는 뭘 어떻게 부탁한다는 건지 이해하지 못한 채 대답했다.

모리 부장은 잰걸음으로 회의실을 나갔다. 우라모토도 급히 뒤를 따랐다. 모리 부장의 뒷모습에서는 김이 오르는 것처럼 노기가 뿜어져 나오고 있다.

자리로 돌아와도 모리 부장은 분노한 표정 그대로 컴퓨터 모니터를 노려보고 있었다. 묻고 싶은 것은 많았지만 말을 건넬 분위기가 아니었다.

눈치를 살피고 있는데 모리 부장이 먼저 "미안하다"라고 말했다.

"미리 설명해 줄 시간이 없었어."

"아뇨, 어쩔 수 없죠. 급하게 정해진 일 같은데."

모리 부장은 등받이에 몸을 던지며 "후우" 하고 한숨을 쉬었다.

"나도 모르게 욱하고 말았네. 이러니저러니 말하지만 나부터가 이걸 쓰고 있으면서."

모리 부장은 태블릿을 꺼내 "다운로드도 하고 있고"라며 작은 소리로 말했다. 흥분해서 소리친 것을 후회하는 기색이다.

우라모토는 모리 부장의 이런 인간적인 모습이 싫지 않았다.

"뭐, 후리하타 씨도 상당히 과격한 말을 했으니까 샘샘이죠."

"시대 변화도 알고, 거기에 대응해야 한다는 것도 머리로는 아는데 감정이 따라오질 않아."

모리 부장은 안타깝다는 표정을 지으며 나카이도에게 말했다.

"전자책은 그렇다 치고, 우선은 그동안 해 온 대로 좋은 책을 만들어 주게."

"부장님, 좋은 기회인만큼 이번 『사이버 드러그』는 단행본 업무까지 우라모토 씨에게 맡기고 싶습니다만."

"그래, 좋은 기회긴 하지. 우라모토한테도 슬슬 큰 건을 맡겨 볼까 생각하던 참이니까."

"아, 고마운 말씀이지만……."

나카이도를 뒤쫓으며 언젠가는 능가하겠다는 마음으로 열심히 일하고 있지만 막상 중요한 일을 맡기겠다니까 뒷걸음질 치려고 한다. 이래서는 안 된다.

깊게 숨을 들이마신 우라모토가 마음을 다잡고 말했다.

"알겠습니다. 기꺼이 해 보겠습니다."

"좋아, 모로미자와 류이치 씨가 처음으로 '사바나 프리덤'에 등록한다는 굉장한 덤까지 딸려 있는 일이야. 잘해 보게."

뭐가 뭔지 모르겠지만 여하튼 조금은 긍정적인 분위기가 되었다.

"그런데 부장님, 전자책 총괄영업이라면 무슨 일을 하면 되는 거죠?"

모리 부장은 우라모토의 눈을 지그시 쳐다보다가 말했다.

"……나도 몰라."

"그렇군요. 스스로 생각하란 말씀이군요?"

다시 확인해 보지만 모리 부장은 아무 대답도 없이 자리에서 일어섰다.

"담배 한 대 피우고 오지."

우라모토는 구체적으로 무슨 일을 해야 할지 생각해 보았다. 그때 나카이도가 "생각할 것 없어"라고 말했다.

"아무 일 안 해도 돼."

나카이도가 말하기를, 급조된 전자책 총괄영업이란 직명은 게이단샤에게 우리도 '전자책에도 힘쓰고 있습니다'라는 걸 보여 주려는 포즈일 뿐이라고 한다.

"부장님은 처지가 처지라 대놓고 말하기 힘드시겠지만, 내가 보기엔 그래. 그러니까 우라모토 씨는 지금까지 해 오던 대로 하면 돼."

이름뿐인 직함을 받았다는 말인가.

"그래도 명함 정도는 다시 만들어야겠지."

나카이도가 말했다. 우라모토는 납득이 가지 않았다.

"이름뿐인 직함이고 아무 일 안 해도 된다니, 이상한데요."

"우라모토 씨에게 거북한 자리를 떠넘겨서 미안하군. 부장님도 아마 나한테 부탁하기가 힘드셨을 거야."

"왜죠?"

"솔직히 나는 전자책에는 절대 관여하고 싶지 않거든. 이름뿐인 직함이라도 사양하겠어. 부장님 말대로 그건 책이 아니라고 생각하니까."

나카이도가 좋고 싫고 하는 감정으로 업무를 선택하다니, 뜻밖이었다. 돌이켜 생각해 보면 회의 때 후리하타에 맞서던 그의 태도도 전자책에 대한 거부 반응에서 나온 모양이다.

"그렇지만 전자책을 외면할 수 없는 상황이 다가오고 있잖아요. 어떻게든 대처하지 않을 수 없는 것 아닙니까?"

"구체적으로 어떻게 대처하지? 게다가 대처한다고 해서 도요즈미인쇄에 득이 될까?"

나카이도에게는 언제나 도요즈미인쇄에 득이 되는지 아닌지부터 생각해 보는 시각이 있다.

"전자책 성장도 곧 고비를 맞을 거야. 지금까지 해 온 대로 최소한의 업무만 계속하면 돼."

여지껏 우라모토도 마음속 어딘가에서 그렇게 자신을 달래 왔다. 그러나 전자책 총괄영업 담당이라는 허울뿐인 직함을 받고 보니, 예정에는 없었지만 적극 대처해 보자는 각오가 싹튼다.

"전자책 성장이 고비를 맞을 거라는 근거는 있는 겁니까?"

"인간은 유기체여서 옛날부터 유기물인 종이로 된 책에 친숙했어. 전자책 성장은 일정 비율에서 멈출 거야."

"그건 나카이도 씨의 개인적 견해일 뿐 근거는 별로 없어 보이는데요."

역시 나카이도는 외면하고 있는 게 아닐까. 영업맨으로서 도요즈미인쇄를 지키겠다는 사명감이 너무 강한 나머지 전자책 문제에 냉정함을 잃는 것처럼 보였다.

"가령 전자책이 성장하면 뭐가 어떻게 된다는 거지? 후리하타 씨 말대로 공장에서 인쇄기를 없애기라도 할 건가?"

"그런 말은 한 마디도 하지 않았어요. 종이책과 전자책은 반드시 적대적 관계에 있는 것은 아니라는 이야기였죠. 서로 보완해주는 면도 있다고 생각하지 않으세요?"

"또 이상론으로 얼버무리려고 한다. 전자책이 늘면 종이책이 줄고 우리 일감도 줄어. 간단한 이야기야. 현실을 직시하지 못하는 사람은 그만두는 게 나아."

"현실을 직시하지 않는 건 나카이도 씨 아닙니까?"

결국 말하고 말았다. 토론이 다툼으로 변할 것 같은 분위기였다. 그때 아르바이트로 일하는 기미요 씨가 머플러를 풀며 들어왔다.

"죄송해요. 사이쿄선이 연착하는 바람에 혼났네. 그나저나 꽤 추워요. 콧구멍까지 얼어 버렸어."

창밖에는 시커먼 눈구름이 하늘을 온통 채우고 있어 당장이라도 쏟아질 것 같다.

"안녕하세요. 기미요 씨, 미안하지만 새 명함이 필요하니까 3백 장만 주문해 주세요."

"가쿠 짱, 승진한 거야?"

우라모토는 현재 쓰고 있는 명함에 볼펜으로 '전자책 총괄영업 담당'이라고 적어서 기미요 씨에게 건네주었다.

"이름뿐인 '전자책 총괄영업 담당'입니다."

속으로는 이름뿐인 직함이라고 넘겨 버려도 되는 자리일 리가 없다고 생각하며 자조했다.

오전 10시, 게이단샤에서 보낸 보도 자료가 도착했다.

'모로미자와 류이치의 신작, 발매와 동시에 사바나사의 전자책 무제한 구독 서비스에 등록.'

이 뉴스를 놓고 인터넷에서는 금방 찬반 논쟁이 끓어올랐다.

우라모토는 자기도 당사자의 한 사람이 분명하지만 어떻게 대응해야 할지 판단하지 못하고 있었다.

유카리가 싸 준 도시락을 들고 휴게실로 가니 카운터에 후쿠하라가 앉아 있다.

"오늘은 모로미자와 씨 뉴스로 한바탕 시끄럽네요."

후쿠하라는 하드커버 책에서 눈길을 떼지 않고 말했다.

"그 소동 때문에 전자책 총괄영업 담당이라는 새 직함을 받았어요."

"무슨 일을 하는 자리죠?"

"그게…… 나도 몰라요."

후쿠하라는 "그거 안 됐네요" 하고 중얼거렸다.

"후쿠하라 씨는 왜 종이책을 읽죠?"

"갑자기 무슨 뜬금없는 질문을."

후쿠하라는 책에서 시선을 쳐들고 의아한 표정으로 물었다.

"종이책을 읽는 이유를 생각해 보면 전자책에 어떻게 대응해야 할지 힌트가 보일까 싶어서요."

후쿠하라는 "그래요?" 하며 허공으로 시선을 돌리고 생각에 잠겼다.

"아마, 어릴 때부터 책은 종이책으로 읽는 것이었기 때문이겠죠. 하지만 이것만으로는 이유가 되지 않을 텐데……."

물론 너무나 당연한 대답인지 모른다. 하지만 셀 수 없이 많은 책을 읽어 온 후쿠하라의 말이다. 우라모토는 "어릴 때부터"라고 따라 말하며 머리에 새겼다.

"액정화면으로 읽는 것과 어떤 차이가 있는지를 비롯해서 조금 더 생각해 볼게요."

진지한 표정으로 그렇게 말하고 후쿠하라는 하드커버 책으로 다시 시선을 내렸다.

"에미, 무사시야에서 오셨다."

일요일 아침, 현관에서 엄마가 부르는 소리가 들렸다. 후쿠하라 에미는 자기 방 바깥에 쌓여 있는 종이 박스들을 향해 "그동안 고마웠어"라고 말했다.

"매번 감사합니다!"

역전 헌책방 무사시야서점 주인이 안으로 들어왔다. 책과 작별하는 것은 아쉽지만 다른 누군가에게 양보하는 것이라고 생각하기로 했다.

"잘 부탁드려요."

무사시야서점 주인이 손가락으로 짚어 가며 상자를 헤아린다.

"모두 열여덟 상자. 올해도 많은 장서를 팔아 주셔서 고마워요."

서점 주인은 그림책부터 신서, 실용서까지 책을 폭넓게 사랑하는 사람으로, 후쿠하라가 어릴 때부터 알고 지내던 사이다. 헌책방이 신간 매출 감소에 박차를 가하고 있는 요즘, 조금 떳떳치 못한 기분도 들지만 어릴 때부터 맺어 온 인연으로서 매년 책을 사주러 오고 있다.

후쿠하라는 집에서 실려 나가는 책을 배웅했다.

방은 출입문 쪽을 제외한 3면이 전부 서가로 되어 있다. 단행본과 문고본을 약 6천 권 수납할 수 있다.

후쿠하라는 사이타마 현 아사카 시에 있는 낡은 아파트의 이 방에서 책에 둘러싸여 자랐다. 어릴 때부터 책을 벗 삼아 컸고, 초등학교 5학년 2학기 이후로 책이 유일한 친구가 되었다.

"우리 그룹에 끼워 줄게."

반에서 인기 있는 아이의 선심을 후쿠하라는 받아들일 수 없었다.

그러던 어느 가을날 아침, 신발장에서 신발이 보이지 않았다. 끔찍한 날들의 시작이었다.

책이라는 버팀목이 없었다면 아무런 탈출구 없이 매일을 보냈을 것이다.

"아주 개운하구나."

엄마가 서가의 빈자리를 둘러보며 말했다.

서가를 비우려면 정기적으로 책을 처분해야 한다. 올해는 1천 권 정도를 처분했다.

"올해는 과감하게 비워 봤어."

"어디 임대창고라도 빌리니?"

엄마가 말했다. 엄마는 늘 내 편이다.

학교에 가고 싶지 않다고 멈칫거리며 밝히던 그날, 엄마는 "안 가도 돼"라고 말해 주었다. 기운 차리고 어서 등교하라고 타이를 줄 알았는데 흔쾌히 허락했다. 팽팽하던 마음이 풀어져 후쿠하라는 엉엉 소리 내어 울었다.

그 뒤로 중요한 것들은 책에서 배웠다. 중학교는 도서실에 다니는 셈치고 3년간 결석 한 번 하지 않았다. 통신제 고교에서 공부하는 동안에는 책 만드는 일을 하고 싶다는 생각이 간절해져서 도요즈미인쇄에 취직했다.

"임대창고도 생각해 봤지만 역시 그만뒀어. 그렇게 책을 끌어안고 있는 건 어떻게 보면 책이 쓸모를 펼칠 기회를 없애는 거나 마찬가지잖아."

서점에서 신간이 많이 팔리길 바라지만 무사시야 같은 양질의 헌책방도 필요하다고 생각한다. 후쿠하라 자신도 취직 전에는 돈이 부족해 도서관이나 헌책방을 이용해서 많은 책을 읽었다. 자기가 처분한 책이 가난한 학생에게 전해지길 바란다.

무사시야 주인이 종이 박스를 실어 내는 동안 후쿠하라는 책상 위에 있던 전자책 단말기를 집어 들었다.

마음만 먹으면 책 6천 권의 내용을 이 단말기에 모두 다운로드해서 가방에 넣고 다닐 수 있다.

그래도 후쿠하라는 서점에 드나들며 종이책을 계속 사 읽고 있다.

왜일까. 우라모토에게 질문을 받은 뒤 그 이유를 생각하고 있지만 분명한 답을 찾지 못했다.

"오, 기분 탓인지 성역이 꽤 넓어졌구나."

엄마가 서가 한쪽을 가리키며 말했다. 후쿠하라는 고개를 끄덕였다. 성역이란 절대로 처분할 수 없는 책들을 꽂아 두는 불가침 구역이다. 처분 대상에서 제외된 책들을 구석 쪽 서가에 따로 꽂아 놓고 있다.

"업무에 관련된 책을 꽂기 시작했더니 끝이 없네."

얼마 전에도 소가베 슌의 『페이퍼백 라이터』를 성역 라인업에 추가한 참이다.

"그러게. 조만간 네가 만든 책으로 서가가 꽉 차 버릴지도 모르지."

후쿠하라는 사람이 싫었다. 하지만 책에 관련된 사람들은 좋아할 수 있었다.

엄격하면서도 따뜻한 리더 시라오카, 전폭적인 신뢰를 보여 주며 어려운 업무를 맡겨 주는 우라모토, 소중한 장서를 구입해 주는 무사시야서점의 주인 아저씨. 책에 관련된 사람들은 그녀를 온전한 한 인간으로 인정해 주었다. 그것은 아마 자신이 책을 깊이 사랑하기 때문일 것이다.

책은 후쿠하라에게 중요한 것을 가르쳐 주었을 뿐 아니라 타인과 연결해 주었다.

"왜 그러니, 에미 짱?"

전자책 단말기를 가만히 들여다보는데 엄마가 물었다. 엄마는 수건으로 빈 서가를 닦아 주고 있었다.

"이 단말기에 전부 담아 두면 어떨까 하고 생각해 봤어. 하지만 역시 그건 달라."

두께, 무게, 감촉. 종이나 잉크 냄새, 책장 넘기는 소리, 표지 커버의 탄력. 오감에 구석구석 전해지는 것 전부가 책의 실체라고 생각한다.

"다 실었습니다! 그럼 견적을 내서 나중에 대금을 알려 드릴게요."

무사시야서점 주인은 천여 권의 책을 승합차에 싣고 돌아갔다.

왜 종이책을 읽는가. 우라모토의 의문에 대한 명확한 답은 떠오르지 않는다.

책상에 앉아 전자책 단말기를 부팅했다.

만약 전자책이 종이책을 사라지게 하는 거라면 나는 이 단말기를 미워할 것이다.

왜냐하면 종이책은 어릴 때부터 나에게 용기를 북돋아 준 소중한 존재니까.

하지만 어릴 때 이 전자책 단말기와 만났다면…… 문득 그런 생각이 들어 다시 서가의 성역으로 시선을 돌렸다. 그러자 성역 제일 아랫단에 있던 책 한 권이 후쿠하라의 눈으로 날아들었다.

'에미 짱, 이리 오렴.'

벌써 십수 년이나 펴 보지 않은 그 책을 서가에서 뽑았다. 주름투성이 보관 상자에는 사랑스러운 코끼리와 커다란 집이 그려져 있다.

어린 아이가 찢지 못하도록 박스 종이는 두께가 2밀리미터쯤 된다. 모서리는 둥글게 커팅되어 있다.

'『코끼리네 집』. 마쓰미야 다에코.'

후쿠하라 에미의 기억 속에서 가장 오래된 책. 태어나서 처음으로 만난 책이다. 그림 하나하나가 뇌리에 각인되어 있다. 문장도 기억의 깊은 자리에 새겨져 있다.

머릿속에서 재생되는 것은 엄마의 목소리. 단 한 줄만이 본문과 다른 소리로 재생된다.

'토끼야, 이리 오렴.'

코끼리가 작은 토끼를 자기 집으로 초대하는 이 한 행을 읽을 때면 엄마는 '토끼'를 '에미 짱'으로 바꿔 읽었다.

엄마는 빈 서가를 다 닦자 수건을 개고 있었다.

"엄마…… 고마워."

"갑자기?"

"별일은 없지만…… 고마워."

뭐라고 표현해야 좋을지 몰라 얼른 고개를 꾸벅 숙였다.

"별난 아이네. 뭔지는 모르지만, 그래 알았다."

엄마도 고개를 깊이 숙였다.

사실은 '책이 있는 인생을 만들어 줘서 고마워'라고 말하고 싶었다. 하지만 전부 말로 해 버리면 도리어 제대로 전해지지 않을 것 같아서 그냥 '고마워'라고 말할 수밖에 없었다.

후쿠하라는 양손으로 『코끼리네 집』을 꼭 안았다. 이 책에서 우라모토에게 줄 대답을 찾아냈다.

월요일 아침 후쿠하라는 평소보다 30분 일찍 회사에 도착했다.

영업부 사무실을 가 보니 우라모토는 벌써 출근해 있었다. 수화기를 귀에 대고 연방 고개를 숙인다.

"네, 대단히 죄송합니다. 건조 과정에서 변질되었을 가능성도……."

교정 색조가 주문과 다르다는 클레임이 들어온 듯하다.

"우라모토 씨 통화가 조금 길어질 것 같으니 통화가 끝나면 내선으로 연결해 줄까?"

누구나 인정하는 영업부의 에이스 나카이도가 말했다. 학교였다면 공부 잘하고 모든 급우들이 믿고 따르는 반장 같은 사람이다. 냉정하고 합리적이며 눈치가 빠르다. 후쿠하라는 이런 유형을 경계한다.

"아뇨, 잠시 여기서 기다릴게요."

우라모토가 어떤 일을 하는지 보고 싶다. 통화 상대에게 하는 이야기가 들린다.

"예민한 편집자라서 색 교정을 할 때마다 매번 이래. 컬러가 미묘하게 다르니 다시 뽑아 달라고 하지."

나카이도가 소리 낮춰 상황을 설명해 주었다.

"무슨 실수가 있었나요?"

"그런 건 아니지만, 저쪽에서도 만족할 만한 책을 만들려고 하니까."

"실수를 한 것도 아닌데 이렇게 사과해야 하다니, 이해가 안 되네요."

후쿠하라는 생각하는 바를 솔직하게 말했다. 책 이야기만 나오면 평상심을 찾는다.

"저 편집자는 성의껏 대응하면 결국에는 납득해 주니까."

후쿠하라는 나카이도의 말을 이해할 수 없었다. 잘못한 것도 없는데 왜 사과하느냐는 의문에 '납득해 주니까'라니, 제대로 된 대답이 아니라는 생각이 든다.

"최종적으로 책이 완성되면 돼. 영업맨으로서는 결과만 좋으면 다 잘 된 거니까."

책을 완성하기 위해서 불합리한 일도 감수하며 진행한다. 우라모토의 책상에 있는 봉투를 다시 쳐다보았다. 양이 방대하다. 저만한 작업을 동시에 진행하며 각각의 책을 완성시킨다는 목표를 향해 뛴다. 눈앞에 있는 작업에만 의식을 집중하면 되는 자신의 업무하고는 성질이 전혀 다른 것이다.

나카이도의 휴대 전화가 울렸다. 전화기 액정을 확인한 나카이도의 표정이 굳었다.

"잠깐 실례."

나카이도는 양해를 구하고 휴대 전화를 귀에 대며 복도로 나갔다.

그제야 통화를 마친 우라모토가 등받이에 몸을 맡기며 두 팔을 펴고 상체를 젖히다가 후쿠하라와 눈이 마주쳤다.

"안녕하세요."

"오, 안녕하세요. 언제부터 거기 있었어요?"

우라모토는 회전의자를 돌려 후쿠하라와 대면했다.

"5분쯤 전부터 기다렸어요. 바쁘신 것 같아서."

"미안해요, 전혀 몰랐네."

"어릴 때부터 존재감이 없었으니까, 뭐 부담 느끼지 마세요."

"이렇게 이른 시간에 무슨 일이세요?"

"우라모토 씨가 숙제로 내 준 대답을 가져왔어요."

우라모토가 무슨 영문인지 몰라 생각을 해 보는 눈치다.

"왜 종이책을 읽는가. 인쇄 회사 직원으로서 종이책과 전자책에 어떻게 대응해야 하는가. 어제 하루 종일 생각해 봤어요."

"모처럼 쉬는 날을 그렇게…… 고마워요."

"아뇨, 아주 의미 있는 휴일이었어요."

후쿠하라는 토트백에서 『코끼리네 집』을 꺼내 우라모토에게 내밀었다.

"이건 내가 어릴 때 처음 만난 것으로 기억하는 책이에요. 내 서가에서도 영구보존판만 모아 놓은 자리에 보관해 온 책이죠."

"마쓰미야 다에코 씨다! 나도 어릴 때 몇 권 읽어 봤죠."

"지금은 절판이 됐지만 반년 전에 전자책으로 복간되었어요."

마쓰미야 다에코의 작품은 『새끼고양이 폰탄』 시리즈처럼 부모가 자식에게 물려주며 읽는 명작들이지만, 초기 작품은 절판 상태였다.

"그렇군요…… 종이책으로는 복간하지 못해도 전자판이라면 가능하겠지."

절판된 그림책 중에 요즘 아이들에게 읽히고 싶은 명작이 있어도 판매 부수가 적을 것으로 예상되면 종이책으로 만들 수 없다. 하지만 재고가 발생하지 않는 전자판이라면 복간의 장벽도 낮아진다.

"이게 『코끼리네 집』의 전자책입니다."

후쿠하라가 태블릿을 부팅했다. 사랑스러운 오르골 음악이 스피커에서 흘러나오고 내레이션이 뒤를 이었다.

"『코끼리네 집』. 마쓰미야 다에코."

"낭독과 음악까지 곁들였네…… 대단한걸."

"어느 벤처기업이 절판된 그림책을 복간하는 비즈니스를 시작했어요."

다른 그림책 작가들의 절판본도 전자책으로 복간되고 있다.

"아이가 태어나 처음 만난 책이 이 액정화면으로 읽은 책이라면 그 아이에게는 어떻게 보면 그 책이야말로 둘도 없이 소중한 책이 됩니다."

"맞아요. 게임으로 따지면 우리 어릴 때는 수퍼패미콤이었다면 요즘 아이들은 스마트폰 게임인 것처럼. 그래요."

우라모토는 특유의 동문서답형 공감 능력으로 맞장구치며 이야기에 귀를 기울였다.

"잘 안 팔리는 책이든 서점에서 자취를 감춘 책이든 전자책이라면 절판되지 않고 계속 인터넷에서 살아남을 수 있죠. 이 세상에 한 번 태어난 책에 반영구적인 생명을 줍니다. 이게 전자책의 멋진 점 아닐까요."

"그 점을 잊었구나."

후쿠하라 자신도 『코끼리네 집』을 오랜만에 집어 들고서야 알아챘다. 그렇게 좋아하던 이 책도 종이책으로는 절판되었지만 인터넷상에서는 계속 살아 있다.

"불을 끈 뒤 이불 속에서 액정화면으로 읽은 기억이 곧 책이 될 수 있을지도 모릅니다."

"그렇죠. 요즘 어머니들은 자녀에게 『코끼리네 집』을 전자책으로 사 줄 수도 있겠죠."

"우리는 책을 만드는 사람이잖아요. 독자들이 필요로 한다면 만들어야죠. 이 단말기를 통해서 사람과 이야기가 만나는 거라면 우리도 만들어야죠."

한 사람의 독자로서 철들 무렵부터 종이책의 무게와 감촉을 사랑해 왔다. 시대는 변해서 지금은 액정화면으로도 책을 읽을 수 있다. 이제는 책을 세상에 내보내는 인쇄 회사의 일원으로서 무수한 독자들을 생각하고 있다. 그리고 어린 시절의 자신과 마찬가지로 앞으로 책을 접하게 될 어린 독자들을 생각한다.

멋진 책을 만났으면 좋겠다. 책이 있는 세상에 태어난 기쁨을 누렸으면 좋겠다.

"내가 난생 처음 만난 책은 이런 모양을 하고 있었어요."

후쿠하라는 『코끼리네 집』을 가슴 높이까지 쳐들었다. 어린 아이들이 거칠게 다뤄도 견딜 수 있도록 질기고 두꺼운 종이 상자에 담겨 있다.

"앞으로는 태어나 처음으로 접한 책이 전자책이라는 사람이 늘어나겠죠. 책이 읽히지 않게 되고 있는 가운데 액정화면을 통해 책과 만나는 사람이 조금이라도 많아진다면 그것도 훌륭한 일이라고 생각해요."

내가 사랑해 온 종이책이 줄어드는 것은 괴롭고 쓸쓸하다.

하지만 만약 이 세상의 책이 전부 전자책이 되어 버린다면 나는 전자책을 만든다. 책을 계속 만들어 나가고 싶다. 그것이 후쿠하라가 다다른 하나의 답이다.

"나는 책이 좋아요."

왜일까. 그 말을 입 밖에 낸 순간 눈물이 나고 목소리가 잠긴다.

우라모토는 『코끼리네 집』을 집어 들고 가만히 바라보았다.

"후쿠하라 씨, 고마워요."

무슨 생각을 했는지 우라모토는 서둘러 영업부 사무실을 나갔다.

오후 첫 정기편을 통해 게이단샤에서 모로미자와 류이치의 신작 『사이버 드러그』의 입고 데이터와 지정지가 도착했다. 상하권으로 이루어진 장편이다.

——작업 중 절대로 말 걸지 말 것.

데스크 선반 위에 이 경고문 카드를 세워 놓고 오늘도 사랑하는 책을 위해 작업을 시작했다.

우라모토는 게이단샤 문예편집부의 회의 공간에서 나카이도에게 업무를 인수인계하고 있었다.

상대는 모로미자와 류이치를 담당하는 신인 편집자 무라세 미호. 게이단샤의 마스코트 캐릭터인 엔타네 군이 그려진 롱 티셔츠를 입고 있다. 엔타네 군은 종처럼 생긴 얼굴에 새싹처럼 생긴 상투를 튼 사무라이 캐릭터이다. 상투 끝에 초록빛 책이 쌍떡잎처럼 책장을 펴고 있다.

"정식으로 소개합니다만, 영업 제2부에서 전자책 총괄영업 담당이 된 우라모토입니다."

우라모토는 나카이도의 소개를 받자 무라세에게 명함을 내밀었다. 무라세는 우라모토의 명함을 확인하고 웃는 낯으로 말했다.

"우라모토 씨에게 이렇게 새삼스런 인사를 받으니까 좀 이상하네요."

"죄송해요. 인수인계의 마지막 절차라서."

우라모토는 무라세에게 작업을 의뢰받은 적은 없지만 사흘이 멀다 하고 편집부에 드나든 덕분에 평소 인사는 나누며 지냈다. 늘 쾌활하게 "수고하십니다!"라고 인사해 주는 무라세에게는 좋은 인상을 갖고 있었다.

"마지막이라뇨! 됐어요, 도요즈미인쇄 분들은 한 식구나 마찬가지니까."

"고맙습니다, 모로미자와 씨가 앞으로 더욱 전자책에 주력하겠다고 하셔서 저 우라모토가 차기작 지원 업무를 담당하게 되었습니다."

"든든하네요. 잘 부탁드립니다."

나카이도에게 들은 사전 정보에 따르면 무라세 미호는 열심히 일하는 편집자이며 작가의 신뢰도 두텁다. 그리고 업무가 무섭게 빠르다고 한다.

"모로미자와 씨의 짓궂은 행보 때문에 우왕좌왕입니다. 머릿속이나 책상 위나 뒤죽박죽이에요."

말과는 달리 무라세는 "아하하" 하고 즐겁게 웃고 있다.

신작 『사이버 드러그』를 '사바나 프리덤'에 등록하고 싶다는 모로미자와의 발언이 나온 뒤 보도 자료가 발행되기까지 걸린 시간은 불과 이틀. 무라세가 직접 문안을 작성해서 홍보부에 품의를 채근했다고 한다.

"하지만 안심했어요. 다음『사이버 드러그』는 나카이도 씨와 우라모토 씨 두 분이 힘을 모아 만반의 태세를 갖춰 주실 테니까."

"아뇨, 우라모토가 담당할 겁니다."

나카이도가 말하자 무라세는 "농담이에요, 농담"이라며 웃었다.

"하지만 나카이도 씨, 그렇게 매정하게 말하지 말고 앞으로도 계속 잘 부탁드려요."

나카이도는 미소를 지으며 눈인사로 응했다.

"그런데 전자책에 힘을 쏟을 방침이라니, 도요즈미에서 뭘 어떻게 하겠다는 거죠? 별로 내키는 얘기는 아니잖아요, 전자책 총괄영업 담당 우라모토 씨."

"아뇨, 저희는 전자책 데이터를 만드는 일도 해 왔으니까요."

우라모토는 말끝을 흐렸다.

"나는 개인적으로 전자책을 좋아하지 않아요. 하지만 편집자 처지에 그렇게 말하고 있을 수도 없고……."

무라세가 불평하며 클리어 파일에서 꺼낸 것은 계약서 서식이었다.

"인기 작가들과 협상해서 디지털 콘텐츠 계약을 맺어 오라는 지시가 편집부에 떨어졌어요."

저작권자인 저자의 허락 없이는 전자책 발행이 불가능하다. 하지만 문예 방면의 인기작가 중에는 반대파도 많다. 그런 가운데 모로미자와 쇼크의 영향으로 게이단샤 내에서 전자책 종수를 늘리려는 움직임이 활발해지고 있다고 한다.

"우라모토 씨도 협력해 주실 테고, 우리 파이팅 해 봐요!"

"잘 부탁드립니다. 제가 할 수 있는 일이 있다면 기꺼이."

무라세와 이야기하면 기운이 솟는다. 긍정적인 마음이 된다.

"그런데 어떻게 만들어야 할지……."

무라세는 엔타네 군이 그려진 메모장과 볼펜을 꺼내 우라모토에게 시선을 향했다.

"우라모토 씨는 뭐 좋은 아이디어 없어요? 막연해도 좋아요."

"한 가지가 있긴 한데……."

우라모토는 준비해 두었던 안을 무라세에게 설명했다.

특제 박스로 장정하자는 안이다. 전자책 분야에 참가한다는 방침을 밝히는 한편 종이책에는 디지털로는 불가능한 가치를 부여하겠다고 밝히자는 것이다.

"저렴한 전자책을 통해 처음으로 모로미자와를 접하는 독자도 있을지 모릅니다. 한편 종이책이 아니면 얻을 수 없는 가치가 돋보이는 책도 만들 수 있죠."

옆에서 나카이도가 '그만해'라는 시선을 던지고 있었지만 무라세는 상체를 기울이며 흥미를 보였다.

"종이책과 전자책 중에 어느 쪽을 읽고 싶은가 하며 비블리오 배틀을 제시하는 겁니다. 어떨까요."

우라모토는 전자책이 늘면 종이책이 준다는 딜레마와 함께 전자책 총괄영업 담당 직함을 놓고 고민하던 중이었다. 그러다가 후쿠하라의 이야기에서 힌트를 얻었다. 전자책의 강점과 종이책의 강점을 나란히 제시하고 세상에 질문을 던지면 어떨까?

디지털화를 역풍이 아니라 순풍으로 받아들인다면 종이와 디지털 양쪽의 매력을 보다 선명한 형태로 제시할 수 있다. 그렇게 하면 양자는 적대적 관계가 아니게 된다.

나카이도는 '또 이상론이군' 하고 말할지 모른다. 하지만 이상론인지 아닌지 해 보기 전에는 알 수 없다.

박스 장정 아이디어는 『코끼리네 집』에서 얻은 힌트였다.

"패키지는 디지털화할 수 없으니까 거기에 부가가치를."

이 발상은 '과자 패키지는 디지털화할 수 없어'라는 유카리의 말에서 착상한 것이었다.

무라세는 "그렇군요"라며 고개를 크게 끄덕이고 노트에 볼펜으로 '박스 장정, 디지털화 못해'라고 기록했다.

"가령 상하권 두 권을 붙여 놓으면 장정 박스의 등에 그려진 그림이 연결된다든가 박스 안쪽에 모로미자와 씨의 메시지를 인쇄한다든가."

"좋네요. 생각하기에 따라서는 좋은 디자인 아이디어가 더 떠오를 것 같아요."

무라세는 엔타네 군 캐릭터 메모장에 뭐라고 적었다.

아날로그, 디지털, 대결.

"예전에 유행했던 박스에 담는 두터운 하드커버 상하권과, 쉽게 다운로드할 수 있는 전자책. 독자는 과연 어느 쪽을 택할까, 라는 아날로그와 디지털의 대결. 이렇게 부추기면 모로미자와 씨도 호응해 줄지 모릅니다."

"그래요, 마침 『사이버 드러그』도 디지털 세계 이야기거든요."

"재미있는 요소가 있어야 모로미자와 선생의 마음도 움직이겠죠."

무라세는 눈동자를 반짝이며 신이 나서 말했다.

"가령…… 이렇게 화려한 영구보존판이라면……."

희희낙락 메모장에 번호를 붙여 가며 메모해 나가는 무라세.

"표지는 합성피혁지에 금박으로 제목을 인쇄하고 박스는 별색을 써서 액정으로는 재현할 수 없는 색으로 만들고…… 종이는 연크림색 모조지 90그램짜리를 써서 두께를 확보하고 싶어요."

"상하권이면 상당한 볼륨감이겠군요. 너무 두껍지 않을까요?"

"그게 좋아요. 손아귀에 딱 잡히는 중후한 느낌이 좋잖아요."

"일부러 중후함을 강조하는 거군요."

감탄하며 맞장구치는 우라모토 옆에서 나카이도는 책상 위의 한 점을 지그시 쳐다본 채 말이 없었다.

"정가는 세전 2300엔 이내로 하고 싶어요."

무라세는 메모장에 필기하면서 상정 가격을 말했다.

"그런 사양으로 2300엔은……."

무리가 아니냐고 말하려는데 그보다 먼저 무라세가 "이렇게 갑시다" 하며 상체를 앞으로 내밀었다.

"초판 15만 부, 상하권 30만 부는 바라볼 수 있어요. 규모의 경제를 취하면 가능해요. 모로미자와 씨의 금자탑이 될 책을 만들고 싶어요. 홍보를 강화해서 미디어에 많은 기사가 나오게 해야죠."

무라세는 메모장에 적어 놓은 키워드를 볼펜으로 여러 번이나 동그라미를 쳤다.

"모로미자와 씨와 우리 부장님은 내가 설득할게요. 우라모토 씨도 공범이에요."

"알겠습니다. 힘써 보겠습니다."

협의를 마치고 우라모토는 내심 궁금하던 것을 무라세에게 물었다.

"무라세 씨는 옷이며 소지품이 모두 엔타네 군이군요."

"아, 이거요. '엔타메는 엔노타네'엔타메'는 entertainment의 일본식 약어. 엔노타네緑の種 = 엔타네緑種 = 행운의 씨앗. 무라세는 라임을 이용한 말장난을 한 것이다.' 실은 엔타네 군 캐릭터도 내가 원안을 그렸어요. 그러니까 나에게는 이게 정장이죠."

무라세는 티셔츠의 엔타네 군을 손가락으로 집어 보이며 해맑게 웃었다. 이 사람은 자기가 하는 일을 좋아하는 게 틀림없구나. 그래서 이 사람과 대화하면 나까지 덩달아 기운이 나는 것이다.

"아, 슬슬 나가 봐야 해요. 우라모토 씨, 다시 한 번 잘 부탁드려요!"

무라세는 그 말을 남기고 근무상황표가 있는 화이트보드 앞으로 잔달음질쳐 다가가 자기 일정을 적어 넣었다.

'모로미자와 씨 협의 NR.'

NR은 노 리턴. 회사로 돌아오지 않고 곧장 퇴근하겠다는 말이다. 무라세는 고무줄로 머리를 뒤로 한데 묶고 엔타네 군 셔츠 위에 가볍게 재킷을 걸쳤다.

행동 하나하나가 활력이 가득해서 보기만 해도 기운을 받는 기분이다.

"오쿠다이라 씨, 베개에 눌린 머리가 그대로네요. 그거 패션인가요?"

무라세는 백에 노트북을 넣으며 비스듬한 건너편에 앉아 있는 오쿠다이라에게 농담을 던졌다.

"알았어, 얼른 꺼지셔."

오쿠다이라는 퉁을 주지만 얼굴은 웃고 있다.

무라세는 "앗 죄송!" 하며 익살을 떨고 잔달음질로 나갔다.

"얌전한 데라곤 눈을 씻고 찾아도 없다니까요."

오쿠다이라가 쓴웃음을 지으며 무라세의 뒷모습을 쳐다보았다.

"파워에 압도되네요."

우라모토는 고무된 기분으로 대답했다. 기운을 나눠 받은 듯한 고양감이었다.

"모로탄을 3년 동안이나 감당할 직원은 무라세 정도밖에 없죠."

모로탄이란 '모로미자와 담당'의 약어이다 담당_{担当}의 일본어 독음은 '탄 토'. 편집자들 사이에서 공포의 모로탄이라고 불리는 역할로, 어느 출판사에서나 담당이 자주 바뀐다.

"저 친구만큼 씩씩하지 않으면 모로탄으로 일 못하죠."

오쿠다이라는 먼 곳을 바라보는 눈빛으로 말했다. 오쿠다이라 도 전에 모로탄이었지만 1년 만에 해임되고 그 후임으로 무라세 가 일해 왔다. 초베스트셀러 작가 담당에서 해임된 오쿠다이라는 당연히 분했겠지만 무라세에게는 시기나 질투를 사지 않는 자질 이 있는지도 모른다.

"우라모토 씨는 무라세 담당, 무라탄이군요. 나카이도 씨한테 골치 아픈 일을 떠맡았네요."

나카이도는 쓴웃음을 지으며 고개를 저었다.

"천만에요, 영광인걸요."

우라모토가 황송해하자 오쿠다이라는 "어허, 그게 아니라니까" 하며 과장되게 목소리를 죽이는 시늉을 했다.

"우리 무라세, 무서운 사람입니다. 조심하세요."

우라모토는 그 말이 이해가 가지 않았다. 쾌활하고 명석해서 대화를 하면 몹시 즐겁고 태도도 싹싹해서 도무지 무서운 점을 찾아볼 수 없었는데.

도요즈미인쇄로 돌아가는 우라모토는 기분이 몹시 좋았다. 더 불어 책 제작을 고민할 편집자를 만났다고 생각했다.

"무라세 씨, 무서운 사람인가요? 느낌이 아주 좋은 분이던데."

"음, 무라세 씨는 사명감 넘치는 편집자여서 같이 일하기가 즐거운 사람이지."

그렇게 말하고 나카이도는 긴 한숨을 지었다.

"그런데 왜 한숨이세요?"

"우라모토 씨가 꼼짝없이 함정에 빠졌어. 느낌이 좋지 않아."

"무슨 뜻이죠? 아무리 봐도 누굴 함정에 빠뜨릴 사람처럼 보이진 않던데."

"무라세 씨의 경우는 악의가 없다는 게 최대의 함정이야."

나카이도의 아리송한 설명에 우라모토는 고개를 갸웃거렸다.

"박스에 담은 양장 제본에 정가는 2300엔 이내. 멋진 아이디어를 제공한 끝에 가격까지 합의해 버렸잖아."

"아뇨, 아뇨, 합의한 적 없어요. 어디까지나 하나의 안으로서 논의했을 뿐이죠."

"무라세 씨 머릿속에서는 합의한 걸로 되어 있어."

"업무부에서 발주를 받기 전에는 계약서로 약속한 것은 아니지 않습니까."

"맞아. 계약서는 안 썼지."

나카이도는 '계약서'를 강조해서 말했다.

"동료 간의 약속이었다면 어떻게 되지?"

"서로 좋은 품질을 추구하는 과정에서 코스트에 무리가 있다면 진지하게 말해야죠."

나카이도는 "정론이군. 그러니까 틀렸다는 거야"라고 고개를 저었다.

"그녀는 업무 중에 한 약속은 죽어도 지키는 사람이야. 구두 약속이라도. 바꿔 말하면 우리쪽에서 약속을 깨는 것도 절대로 용서하지 않아."

그래서 무라세가 '무섭다'는 것일까.

"무라세 씨는 도요즈미인쇄를 동료나 동지처럼 대해 주지. 고마운 일이지만, 아주 무서운 편집자야."

"뭐가 무섭다는 건지 역시 모르겠어요."

"함께 일하기가 즐거운 고객은 때로는 가장 무서운 고객이기도 해."

"그럼 나카이도 씨는 지금까지 무라세 씨와 어떻게 업무를 진행했습니까."

우라모토는 물었다. 무섭다느니 함정에 빠졌다느니 겁나는 말을 하고 있는데, 전임자인 나카이도는 무라세를 어떻게 대해 왔는지 궁금했다.

"내가 먼저 뭘 제안하지 않았고 무라세 씨가 그리는 이미지를 충실히 실현하려고 해 왔지."

우라모토는 석연치 않았다. 물론 제작 설계는 원래 인쇄 회사가 관여할 영역이 아니다. 하지만 인쇄와 제본에 대해서라면 제안할 수 있지 않을까.

"그녀는 문예부 마스코트 캐릭터를 고안해서 통과시킨 사람이야. 언제든 아이디어가 남아돌 만큼 많아서 주위에서 뭐라고 귀

띔해 주지 않아도 스스로 좋은 책을 만들 수 있지."

괜한 말은 삼가라는 것일까.

"분명히 충고했어. 동료나 동지처럼 생각해 주니까 무서운 거라고. 다만 우라모토 씨에게는 우라모토 씨 나름의 방식이 있을 테니까, 맡겨 보지."

결국은 알아서 해 보라는 말이다.

그날 저녁 무라세에게 메일이 왔다.

'모로미자와 씨에게 말씀드렸습니다. 지금까지 박스로 장정하는 책은 내 본 적이 없다면서 아주 기뻐하더군요. 종이책과 전자책의 경쟁이라는 구상도 재미있다고 했어요. 이거 꼭 해내자구요!'

메일 끝에 제작 설계 내용이 조목조목 정리되어 있었다. '아직은 막연한 구상입니다만'이라는 전제를 달았지만 종이 및 잉크의 종류, 띠지의 컬러와 카피, 표지 커버 구상, 장도비라 이미지 등으로 구성된 자세한 설계였다. 디자이너하고도 벌써 협의를 하고 왔다고 한다.

사양에 관한 큰 틀이 일찌감치 나와 버렸다. 과연 업무 처리가 무섭게 빨랐다.

하지만 우라모토가 느끼는 것은 두려움보다 무라세라는 편집자와 책을 만들게 되었다는 고양된 감정이었다.

도요즈미인쇄 벚꽃놀이 야유회 안내 전단지는 노즈에의 집 좌탁에 그대로 놓여 있었다.

노즈에는 고타와 요타를 거의 강제로 끌어내서 오미야공원으로 갔다. 사오리는 '컨디션이 안 좋다'며 집에 남았다.

"다녀올게."

현관에서 운동화를 신으며 주방을 향해 말했지만 사오리는 대답이 없다.

후지미노 역에서 전차를 갈아타고 오미야 공원까지 약 1시간. 고타, 요타는 말없이 책을 보고 있었다. 두 아이 모두 여전히 역사 만화에 빠져 있다. 고타는 『미나모토 요시즈네』, 요타는 『도쿠가와 이에야스』. 두 아이가 흥미롭게 읽을 만한 인물을 사오리가 골라 주었을 것이다. 발행사는 게이단샤가 아니다.

가쿠메이칸의 위인전 시리즈였다.

"이거 말고 또 뭘 읽었지?"

"도요토미 히데요시라든지 아시카가 다카우지라든지……."

요타가 주뼛거리며 대답했다. 노즈에의 눈치를 살피며 말하는 기색이 역력했다.

2년 전 두 아이에게 사 입힌 파란 플리스는 보풀투성이가 되었고 소매와 기장도 짧아졌다. 이제 새 옷을 사 줘야겠다. 앞으로는 평범한 생활을 할 수 있을 테니까.

더구나 노즈에가 결단만 내리면 더 여유로운 살림도 가능하다.

노즈에는 월드인쇄에 대답을 유보하고 있었다. 휴대 전화로 그 메일을 열어 보았다.

'제목 : 인쇄제조부 매니저 모집에 대하여'

월드인쇄 인사부가 제시한 조건은 우라와 공장의 라인 매니저. 과장 대우로 연봉은 현재보다 30퍼센트 많다. 별색 배합에는 기계화할 수 없는 영역이 있고 컬러를 종이 위에 재현할 수 있는 숙련된 기술자도 부족하기 때문에 지로 씨와 노즈에를 함께 스카우트하려는 것 같다.

돈만 생각했다면 즉각 응했으리라.

그러나 아무래도 마음에 걸리는 점이 있었다.

옮긴다면 처음에는 책 인쇄를 지휘하는 자리에서 일하겠지만, 사업 전개 과정에서 배치가 달라질 수 있다고 한다.

'나는 책을 계속 만들고 싶은 걸까?'

고타와 요타는 오미야공원 역에 도착할 때까지 흔들리는 전차 안에서 역사 만화에 빠져 있었다.

구름이 살짝 낀 연푸른 하늘 아래 오미야공원은 많은 꽃놀이 인파로 북적거렸다.

만개한 벚나무 가로수 아래 도요즈미인쇄 일행은 파란 시트를 깔고 회식을 시작했다. 대강 훑어보니 50명이 넘는다. 공장과 본사의 직원들이 술자리를 갖는 것은 매해 한 번 있는 벚꽃놀이 때 정도이다.

"참으로 야무진 신부네. 우라모토한테는 딱 어울려."

우라모토가 직원들과 어울리고 있다. 우라모토 옆에는 뿔테 안경을 쓴 여성이 앉아 곤혹스런 웃음을 짓고 있었다.

그러고 보니 우라모토가 신혼이라고 했다.

나도 신혼이던 10년 전, 이런 벚꽃놀이 때 사오리를 데려와 지로 씨를 비롯한 공장 동료들에게 짓궂은 농담을 들었는데.

그때 사오리는 곤혹스러워하면서도 눈이 마주치면 웃음으로 응해 주었다.

10년 전 풍경을 떠올리며 노즈에는 파란 시트의 구석 쪽에 자리를 잡으려고 했다. 고타와 요타는 노즈에 뒤에 숨으려는 것처럼 졸졸 따라온다. 사람이 너무 많아 당황한 것 같았다.

"아, 노즈에 씨, 어서 오세요."

공장 후배 다카노가 금세 노즈에를 알아보고 인사했다.

"어이, 미스터 꿍! 왜 그런 구석에 앉으려고 그래."

지로 씨도 큰소리로 알은척을 하므로 노즈에는 구두를 벗고 마지못해 파란 시트에 둥글게 앉은 사람들 사이로 들어가 앉았다. 주뼛거리는 고타와 요타에게 이리 오라고 손짓하자 조심조심 들어왔다.

빙 둘러앉은 무리의 한가운데 있는 캔 맥주를 집어 들고 뚜껑을 땄다.

"자, 자, 오늘 세 번째 건배다!"

지로 씨가 분위기를 살리며 건배를 선창했다. 비스듬한 건너편에 앉은 우라모토가 캔 맥주를 들고 무릎걸음으로 다가왔다.

"노즈에 씨, 여긴 내 아내 유카리."

"저희 남편이 늘 신세를 지고 있습니다."

우라모토의 처는 무릎을 꿇고 앉아 다소곳이 고개를 숙였다. 다부진 인상을 풍기는 여성이다.

"후지미노 공장의 노즈에라고 합니다."

우라모토가 노즈에 옆에 앉은 고타와 요타를 쳐다보았다.

"오호. 쌍둥이 아드님이구나. 진짜 똑같이 생겼네! 안녕. 이름이 뭐지?"

두 아이는 이렇게 허물없이 다가오는 사람을 질색한다. 요타는 입을 다물고 있고 고타만 기어들어 가는 목소리로 "안녕하세요"라고 대답했다.

"여기 모두 회사…… 친구?"

고타가 주뼛주뼛 물었다.

"그래, 그래. 여긴 다 아빠의 회사 친구란다. 너희 아빠가 꿍한 얼굴을 하고 있지만 친구도 많고 영 못 쓸 사람은 아니란다."

지로 씨가 뒤에서 노즈에의 어깨를 탁 치며 간이화장실 쪽으로 비척비척 걸어갔다.

우라모토의 부인이 고타와 요타에게 과자를 내밀었다.

"간식을 조금 준비해 왔어요. 아이들도 많이 참가할 거라고 해서."

"초코캡슐인가요?"

노즈에도 어릴 때 몇 번 먹어 본 적이 있는 과자이다. 고타와 요타는 자석에 끌리는 양 초코캡슐로 얼굴을 가까이 기울였다.

"요즘은 캡슐 초코가 일반 초코에서 크런치 초코로 개량되어 이름도 가리초코캡슐이 되었답니다.”

고타와 요타는 저마다 가리초코캡슐을 집어 들고 포장을 찬찬히 살펴보았다. 쪼들리는 살림 때문에 완구과자도 제대로 사 주지 못했다.

“그거 말고도 많아.”

우라모토의 부인이 보스턴백에서 비닐봉지를 꺼냈다.

“와, 가리초코바! 야마다도 놀라는 새로운 식감!”

말이 없던 요타가 몸을 내밀며 말했다. 그러고 보니 2, 3년 전 두 아이가 텔레비전 광고를 흉내 내던 것이 생각났다. 실제로 근무하던 남성 직원을 회사를 대표하는 소박한 캐릭터로 내세워서 만든 광고였다.

“알고 있었네! 기분 좋은걸. 고마워.”

우라모토의 부인은 정말로 기쁜지 들뜬 목소리로 말했다.

“이 사람이 다이쇼제과 홍보부에서 일하고 있어요.”

우라모토가 옆에서 설명했다.

“우리가 만든 제품이 가게에 진열되어 있고 사람들이 사 먹고 사용하고 좋아하고. 몇 번을 봐도 기분이 좋아요. 혼신의 힘을 다해서 제품을 만들어 내는 제 일에 보람을 느끼죠.”

‘인쇄 회사는 모노즈쿠리이다.’

우라모토의 섣부른 긍지에는 부인의 영향이 있는지도 모르겠다는 생각이 든다.

데이터 제작부의 여성 직원 등이 우라모토의 부인에게 이런저런 말을 건네며 업종 간 교류의 이야기꽃을 피운다.

그럭저럭 하는 사이에 고타와 요타의 엉덩이가 들썩이기 시작했다. 아이들 시선이 향하는 곳을 보니 커다란 벚나무 아래 몇몇 아이들이 모여서 놀고 있었다.

두 아이의 시선을 느꼈는지 머리를 땋아 내린 여자애가 이쪽으로 걸어왔다.

"저기서 아이들이 유카리 언니한테 받은 과자 굿즈를 갖고 놀고 있어."

머리를 땋아 내린 여자애가 쪼그리고 앉아 고타와 요타에게 같이 놀자고 말했다. 초등학교 고학년쯤 되었을까. 얼굴을 본 순간 누구 딸인지 금방 알 수 있었다.

"눈치 빠른 것도 나카이도 씨를 쏙 뺐구나."

노즈에는 고타와 요타의 손을 잡고 돌아가는 여자애의 뒷모습을 보며 웃었다.

"눈치 빠른 아빠는 저쪽에서 활약 중이고."

우라모토가 가리킨 옆 시트에서 나카이도가 공장 직원들과 담소하며 친분을 쌓고 있는 듯했다.

"나카이도 씨에게 질 수 없다는 것은 아니지만 우리도 잠시 일 얘기를."

맥주를 다 마신 우라모토가 종이컵에 청주를 따르며 이야기를 꺼냈다.

"모로미자와 류이치의 신작이 곧 교정쇄로 나올 거야. 공장 분들에게 또 신세를 져야 할 것 같은데, 잘 부탁해."

"모로미자와 건은 나카이도 씨 담당 아닌가?"

우라모토는 다운재킷 주머니에서 명함지갑을 꺼내 노즈에에게 한 장 내밀었다.

'영업 제2부 전자책 총괄영업 담당 우라모토 마나부.'

"이거랑 모로미자와 류이치의 신작이 무슨 관계지?"

"다음 신작은 발매와 동시에 사바나의 전자책 무제한 구독 서비스에도 등록이 될 거야."

"그 얘기는 알고 있는데."

노즈에를 비롯하여 인쇄 공장 면면들은 이 이야기에 냉담했다. 본능적으로 받아들이지 못한다고 해도 과언이 아닐 것이다. 노즈에에게 전자책이란 자기 일을 빼앗아 가는 적일 뿐이다.

"앞으로는 디지털의 시대라는 건가. 열심들이군."

노즈에는 냉소적으로 말했다. 하지만 우라모토는 "그런 게 아냐"라며 고개를 저었다.

"두 가지를 나란히 제시해서 선택하게 한다는 거야. 종이책에는 종이책만의 매력이 있지. 그걸 제대로 보여줄 기회이기도 해."

중후한 하드커버에 박스를 추가한다고 한다.

"또 쓸데없는 생각을 했나 본데……."

노즈에는 몹시 못마땅한 투로 말했다. 박스 인쇄는 해 본 적이 없기 때문이다. 우라모토는 "자세한 것은 차차 정해지겠지" 하며 일단 이야기를 끝냈다.

그때 휴대 전화가 요란하게 울렸다.

우라모토의 부인이 '또야?'라는 듯이 쳐다보았다. 우라모토는 주말에도 종종 전화를 받고 불려나가는 모양이다.

우라모토는 화면을 보며 혼자 투덜거리더니 "우라모토입니다" 하고 전화를 받았다.

"안녕하세요! 게이단샤의 무라세입니다."

휴대 전화에서 여성의 씩씩한 목소리가 흘러나왔다.

"네, 안녕하세요."

우라모토는 순간 자세를 영업 모드로 바꾸어 휴대 전화를 귀에 대고 고개를 꾸뻑 숙였다. 그러더니 파란 시트 밖에 있던 운동화를 꿰신고 소란한 사람들 곁에서 멀어졌다.

"요즘 저렇게 수시로 여자랑 전화 통화를 하던데, 정말 업무 전화가 맞겠죠?"

우라모토의 부인이 담담하게 말했다. 입가에 미소를 띤 것이 의심하는 기색은 없었다.

"몰래 딴짓 하고 다닐 그릇은 아닌 것 같은데요."

노즈에는 종이컵에 절반쯤 남은 청주를 한 번에 비웠다. 우라모토의 부인은 "제가 한잔" 하며 '이치노쿠라' 한 되들이 병을 들고 빈 종이컵에 따라 주었다.

"저 사람이 월드인쇄에 있을 때 알게 되셨나요?"

"네, 맞아요. 남편이 다이쇼제과의 패키지 인쇄를 수주하고 있었어요."

"월드에서 도요즈미로 옮길 때 어떠셨어요?"

노골적으로 묻지는 않지만 월드인쇄의 후한 대우나 안정된 자리를 버린 우라모토를 어떻게 생각하는지 궁금했다.

"기뻤어요. 저이는 늘 책을 만들고 싶다고 했거든요."

"하지만 책이 점점 팔리지 않고 있잖아요."

"뭐, 어차피 일하는 거라면 좋아하는 걸 만드는 게 낫죠."

우라모토의 부인은 그렇게 말하고 청주 잔을 입에 댔다.

가끔 위태로운 우라모토의 업무 태도 뒤에는 가족의 이해가 있다는 것을 알 수 있었다.

"저이가 월드에 있었기 때문에 서로 알게 되었고 도요즈미로 이적했기 때문에 여기서 이렇게 벚꽃놀이를 하고 있잖아요. 인연의 끈이 여러 가닥 이어져서 지금 여기 있는 거라고 생각하고 있어요. 도요즈미인쇄, 좋은 회사니까요."

"그래요. 좋은 회사죠."

입 밖에 내고 보니 정말이라는 생각이 들었다.

"책이 안 팔리면 패키지 인쇄도 해 보는 게 어떠냐고 늘 농담하곤 했는데, 그랬더니 이번에는 책 박스를 인쇄하겠다면서 아까 이야기로 연결되네요."

통화를 마친 우라모토가 "실례했습니다"라며 웃는 낯으로 돌아왔다.

고타와 요타가 장난을 치다가 이웃 그룹의 시트로 들어가려고 했다.

"어이, 그쪽으로는 들어가지 마."

노즈에가 주의를 주자 두 아이는 금세 표정이 얼어서 얌전해졌다. 나카이도의 딸이 다시 손을 잡고 커다란 벚나무 밑으로 데려갔다.

"노즈에 씨는 젊은 나이에 두 아이의 아빠가 돼서 저렇게 잘 키워 왔으니, 대단해."

우라모토는 고타와 요타 쪽을 쳐다보며 감탄했다.

"그 반대야. 나 같은 쓰레기라도 애들을 낳을 수는 있더라는 것뿐이지."

"아니, 무슨 겸손한 말씀을."

우라모토가 노즈에의 종이컵에 청주를 따라 준다.

"아냐, 남의 불행을 은근히 기뻐하는…… 쓰레기 같은 인간이야."

"어, 잠깐만. 노즈에 씨, 갑자기 왜 그래."

처남의 죽음에 회심의 미소를 짓고 아들이나 물건에다 화풀이를 해 대는 쓰레기. 취기 탓에 그런 말까지 하려고 하는데 누가 등을 콱 찔렀다.

"짜증나는 소리 지껄이며 심각한 척하네, 이 무뚝뚝한 미스터 꿍!"

지로 씨였다. 이미 만취 상태였다. 한손에 캔 맥주를 들고 유쾌하게 웃으며 이번에는 다른 직원에게 지근덕거린다.

"아까 얘기하던 작업, 부담 갖지 말고 우리한테 맡겨."

"노즈에 씨가 해 줄 거야? 마음이 놓이네."

"눈앞에 떨어진 작업에 쫓기는 동안은 너저분한 일들도 싹 잊을 수 있거든."

"그게 뭔지 알 것 같아."

우라모토는 순진하게 웃는 얼굴로 호응하며 청주를 벌컥 들이켰다.

"단, 조건이 있어."

"어, 노즈에라면 황당한 조건이기가 쉬운데. 아냐, 뭐든지 말해."

"그 작업은 내가 1호기로 할 수 있게 해 줘."

노즈에는 우라모토의 눈을 똑바로 보며 말했다.

"조건이, 그게 다야?"

"그래."

"하지만 1호기는 시바타 씨 담당일 텐데."

"시바타 씨한테 얘기해서 내가 작업할 테니까. 그러니까 모로미자와 류이치의 차기작 인쇄는 영업부가 생산관리부에 잘 얘기해서 1호기에 할당하게 해 달라고."

노즈에는 종이컵의 청주를 절반만 꿀꺽 넘기고 이유를 이야기했다. 취직해서 처음 맡은 기계가 1호기였다는 것, 1호기는 이제 곧 교체를 위해 해체되리라는 것.

"마지막으로 한 번만 더 1호기와 일하고 싶어. 인쇄기는 같이 일하는 동료니까."

"너무 멋져요."

우라모토의 부인이 몸을 내밀며 감탄했다.

"노즈에 씨, 이 사람이 그런 얘기에 약해."

노즈에는 비틀거리는 다리로 일어섰다.

"시바타 씨!"

옆 시트의 시바타에게 소리쳤다. 시바타는 "어이" 하고 대답했다.

"1호기, 내가 한번 돌리게 해 주십쇼. 부탁합니다."

노즈에는 일어나서 고개를 깊이 조아렸다. 몹시 취한 것 같다.

"좋아! 뭔 얘기인지는 몰라도, 오케이."

"어허, 이러시면 곤란합니다. 그런 얘기는 생산관리부를 통해 주셔야지."

생산관리부 고세키가 종이컵을 한 손에 들고 그의 입버릇인 '곤란합니다'라는 말로 끼어들자 주위에서 웃음이 터졌다.

"뭔지는 모르지만 미스터 꿍이 웬일로 의욕을 보이는군. 건배!"

땅거미가 지려고 하는 오후 5시, 지로 씨의 선창으로 모두 "건배"를 합창했다. 등롱이 켜지기 시작한 벚나무가로수 아래, 노즈에는 종이컵에 남은 준마이 청주를 들이켜고 숨을 토했다.

"우라모토 씨, 할 수 있다고 하셨잖아요. 할 수 있어요. 파이팅."

게이단샤 편집부 회의 공간에서 우라모토는 무라세 미호의 기백에 눌려 궁지에 몰리고 있었다.

우라모토가 게이단샤 업무부에 제출한 개산견적액은 상하권 각 15만 부, 총 30만 부에 7천 300만 엔. 업무부에서 견적을 받아 본 무라세는 우라모토에게 긴급히 만나자고 호출하는 전화를 했다.

"죄송합니다, 도저히 이 가격 밑으로는 견적이 나오질 않아서."

책의 정가는 종이나 잉크, 인쇄, 제본비 외에 도매상이나 서점의 마진, 작가에게 주는 인세, 출판사의 판매관리비 등을 종합한 뒤 일정한 이익이 나도록 설정된다.

정가를 설정할 때는 업무부가 편집부에 손익분기점을 제시한다. 분기점이 높으면 정가도 높게 설정되어야 한다.

상하권 각 15만부에 정가 2천 700엔을 설정하고 인쇄비와 제본비 상한액을 산출하면 약 6천 900만 엔.

개산견적서의 7천 300만 엔과 큰 차이가 난다.

"우라모토 씨, 약속하셨잖아요."

무라세 목소리에 실망의 기색이 역력하다. 사실은 계약서로 약속한 것은 아무것도 없다.

"저어…… 좋은 책을 만들고 싶은 마음은 물론 변함이 없습니다. 그러니까……."

"뭐가 장벽이 되었을까요? 종이 값은 교섭을 하면 원가율도 조금은 낮출 수 있어요. 업무부와 상의해 보죠. 요네무라 씨를 설득할 테니까 지금 같이 가실래요?"

무라세는 어디까지나 '하면 된다'는 자세를 버리지 않는다.

"박스가 없으면 6천 900만 엔 미만으로 만들 수 있지만⋯⋯."

"그건 안 돼요. 모로미자와 씨와 약속했으니까. 박스가 포함된 양장 제본 상하권 세트, 그것을 전자책과 동시 출시하기로요. 아날로그와 디지털의 경쟁이에요."

"그럼 가령 정가를 조금만 올릴 수는 없겠습니까."

이제는 업무부 요네무라가 관장하는 영역이지만 우라모토는 감히 제안했다. 둘이서 요네무라를 찾아가도 결국 같은 말을 듣게 될 것이다.

"정가 2천 500엔을 넘으면 구매 의욕이 급격히 떨어질 수 있어요."

무라세는 오른손을 턱에 괴었다. 서로 제작 설계서로 시선을 떨군 채 답답한 침묵만 흐른다.

"월드 쪽은 가능하다고 했단 말예요."

침묵을 깬 무라세의 발언에 우라모토는 등줄기가 얼어붙었다.

"월드 쪽에서 견적을 받았습니까?"

"아뇨. 다만 어제 월드 영업맨이 오다 씨를 찾아왔기에 금액만 빠진 제작 설계서를 잠깐 보여 주었을 뿐이에요."

신인 편집자 오다는 1년 전부터 월드인쇄와 거래하고 있다. 월드인쇄는 오다를 발판으로 다른 편집자가 진행하는 대형 작업을 가로채려고 하는 듯하다.

"상한액을 말하니까 그 자리에서 할 수 있다고 하더라고요."

수주를 가로채려고 출혈 할인도 마다하지 않을 것이다. 아무리 최신예 설비를 갖춘 월드인쇄라도 무라세가 말하는 상한액 6천 900만 엔으로는 거의 이익을 낼 수 없을 테지만.

"나는 도요즈미인쇄와 일하고 싶어요. 계속 같이 일해 온 동료니까. 박스에 넣어 보자는 아이디어도 우라모토 씨가 제공한 것이고."

무라세는 우라모토를 대담하게 쳐다보며 말했다.

"하지만 월드에선 가능한 상황이라면 왜 월드에서 견적서를 받지 않느냐는 이야기가 나오겠죠."

자기가 제공한 아이디어가 채산성 악화를 부르고 일감을 빼앗기는 결과를 초래할 수도 있는 상황이 되고 말았다.

"조금 시간을 주십시오. 회사에 돌아가서 다시 한 번 얘기해 볼 테니까."

만약 무라세가 월드인쇄에서 정식으로 견적서를 받는다면 도요즈미인쇄는 거래처를 잃을지도 모른다.

"괜찮아요. 나는 도요즈미인쇄를 신뢰하니까!"

이런 긍정적인 말이 지금은 도리어 가슴에 아프게 꽂힌다. 교섭은 평행선 상태로 달리다가 결국은 우라모토가 회사로 돌아가 다시 한 번 상의해 보는 것으로 끝났다.

회사로 돌아와 모리 부장에게 경과를 보고했다. 이야기를 듣는 모리 부장의 표정이 금세 날카로워졌다.

"왜 좀 더 일찍 상의하지 않았나!"

"죄송합니다……."

우라모토는 모리 부장에게 머리를 깊이 조아렸다.

무라세가 작가 모로미자와나 게이단샤 내 각 부서와 즉시 의견을 조정한 탓에 어느새 우라모토는 제작 설계와 가격 설정 틈새에서 오도 가도 못하게 된 것이다.

"월드는 무라세 씨와 거래를 트기 위해 무조건 출혈 할인을 해 주겠죠."

"당연히 그러겠지."

"대형 수주를 지키려면 도요즈미인쇄에서도 어느 정도 가격을……."

"절대로 안 돼!"

모리 부장은 우라모토가 하려는 말을 앞질러 부정했다.

"우리 체력으로 월드와 가격 싸움을 해 봐. 이길 수 있을 리가 없잖아! 전 사원의 급료를 절반으로 줄여도 질 거다."

모리 부장의 말대로 월드인쇄와 체력 차이가 너무 벌어졌다.

"우리가 월드보다 우월한 점은 뭐지?"

"책 제조에 특화된 기술과 경험, 게이단샤에 대해서는 오랜 신뢰 관계입니다."

이것만은 확실하게 말할 수 있다. 도요즈미인쇄 영업맨으로서 우라모토는 자사의 기술을 확신한다.

"그렇지. 승부처는 가격이 아냐. 알겠어, 우라모토? 무리한 할인 가격 앞에 기다리는 게 뭔지 아나?"

"다음번에도 계속 할인 가격을 요구받겠죠……."

"그것만이 아냐. 품질 저하, 신뢰 실추, 수주 중단, 그러면 오도 가도 못해서 다시 무리한 가격 인하에 나서겠지. 무한 추락의 악순환이다."

인쇄업계만이 아니라 가격 인하 소모전으로 피폐해지다가 망한 회사는 많다.

"나도 처지가 처지인지라 이렇게 강하게 말할 수밖에 없지만…… 담당으로 일하던 시절에는 열성적인 고객한테 낚여서 이번과 같은 실수를 종종 저질렀지. 안 그래, 나카이도?"

"네, 저도 가격 인하에 덜컥 합의했다가 혼난 적이 있었죠."

나카이도가 쓴웃음 지으며 대답했다.

"어떻게든 이 개산견적으로 납득시켜야 해. 만에 하나 수주를 잃어도 내가 책임진다."

이런 말까지 나오니 우라모토는 아무 소리도 할 수 없었다. 모리 부장은 자기 책임으로 떨어질 위험을 감수하고라도 안이한 가격 경쟁을 포기할 각오였다.

"내일 다시 찾아가서 성심성의껏 얘기해 봐. 내가 같이 갈까?"

"아뇨. 저 혼자 가게 해 주세요."

우라모토는 무라세에게 다시 한 번 부딪혀 보고 싶었다. 할 말을 충분히 하지 못했다고 느끼고 있었다. 그러자 건너편에서 나카이도가 일어섰다.

"제가 같이 가죠."

"아뇨, 일단은 제가 혼자."

우라모토는 거반 오기가 나서 고개를 저었다.

"무라세 씨 담당의 전임자로서 동행하고 싶네. 옆에서 지켜보기만 할 거야. 우라모토 씨 방식으로 무라세 씨를 설득해 봐."

"알겠습니다. 감사합니다."

우라모토는 어떻게 이야기해야 무라세에게 진심을 남김없이 전할 수 있을지 내내 궁리했다.

다음날 후지미노 공장에 전화해서 오후조 노즈에를 찾았다.

"바쁜데 미안하군. 노즈에 씨, 나 좀 도와주겠어?"

우라모토는 모로미자와 작품을 월드인쇄에 빼앗길 위기에 있음을 설명했다.

"내일 다시 한 번 게이단샤에 찾아가서 현 견적액을 수용하도록 설득할 거야. 같이 가 줄 수 있을까?"

후지미노 공장의 기술자가 영업 프레젠테이션에 동석하는 것은 보통은 있을 수 없는 일이다.

"내가 가서 무슨 도움이 된다고?"

"이번 커버는 DIC380 별색에 은분을 섞지. 잉크 기계 배합으로 쉽게 재현할 수 있는 색이 아니라고 생각해."

"DIC380에 은분이라."

노즈에는 수화기 너머에서 컬러차트를 확인하는 듯했다. DIC380은 진초록을 기조로 하며 울창한 밀림을 연상케 하는 색이다. 『사이버 드러그』 장정 사양서에 따르면 커버는 DIC380에 은분을 뿌려서 사이버 세계의 이미지를 내는 디자인이라고 한다.

"당연히 기계 배합만으로는 힘들지. 잉크를 없을 데가 합성피혁지라면 더욱 어려워."

"월드는 저렴한 비용으로 가능하다고 했다더군."

"지로 씨한테 그런 소리 하다가는 한 대 얻어맞지……."

노즈에는 실소와 함께 독설을 했다.

"이번 일은 모로미자와 류이치가 '사바나 프리덤'에 등록하겠다고 선언한 화제작이야. 코스트만으로 인쇄 회사를 바꿀 일이 아니라는 것을 이해시키겠다는 거지."

"알았어. 내일 오전 11시에 본사로 가지."

이튿날 아침 노즈에는 카키색 작업복 차림으로 본사에 나타났다.

"예복 말고는 변변한 양복이 없어서, 이게 내 정장이야."

"좋아, 각오가 딱 보이네. 나도 반듯하게 차려입어야지."

우라모토는 허리띠를 조이는 심정으로 넥타이를 고쳐 맸다.

"미안해, 노즈에 씨. 공장 작업은 괜찮아?"

나카이도가 노즈에게 물었다.

"오늘은 오후조니까 괜찮아요. 끝나는 대로 공장으로 갈 겁니다."

우라모토는 나카이도, 노즈에와 함께 개산견적서를 들고 게이단샤 문예편집부를 방문했다. 금액란의 숫자는 어제 제출한 것과 조금도 달라지지 않았다. 1엔도 양보하지 않겠다는, 작심하고 내민 무반응의 반응이었다.

납득할 수 있도록 설득하겠다고 단단히 벼르며 무라세와 마주 앉았지만 개산견적서를 가운데 놓고 숨 막히는 침묵만 흐를 뿐이었다.

노즈에는 하릴없이 무릎 위에 손을 둔 채 백지로 남아 있는 메모장으로 시선을 떨구고 있었다.

"난감하네요."

무라세가 한숨 섞인 소리로 중얼거렸다. 월드인쇄에서 견적서를 받는 것도 어쩔 수 없다는 것일까.

"실은 여기 우라모토 씨가 예전에 월드인쇄에서 근무했습니다."

나카이도가 불쑥 우라모토의 이력을 꺼냈다.

"네? 그랬어요?"

우라모토는 이야기해도 좋을지 망설이면서도 고개를 끄덕였다.

"네. 그래서 월드의 대단한 능력은 충분히 알고 있죠."

"우라모토 씨는 왜 도요즈미로 옮기셨어요?"

"책을 만들고 싶어서요."

우라모토는 도요즈미인쇄로 옮긴 경위를 무라세에게 이야기했다.

"책 제작에 관한 한 도요즈미가 어디에도 지지 않죠. 그러나 도요즈미가 쓰러지면 저는 책을 만들 수 없게 됩니다."

우라모토는, 도요즈미인쇄는 함부로 가격 경쟁에 뛰어들지는 않는다는 의지를 담아서 말했다.

"이번에 별색 지정인 DIC380에 은분 첨가는 합성피혁지에 재현하기가 매우 어려운 색입니다. 후지미노 공장의 노즈에가 설명드리겠습니다."

노즈에에게 바턴을 넘겼다. 노즈에는 가만히 한 점을 응시한 채 좀처럼 설명을 시작하지 않았다. 낯선 자리에 끌려온 탓에 긴장한 것일까.

"이번 별색에 대해서는……."

노즈에는 책상 위 컬러차트를 가리키며 마침내 이야기를 시작하는가 싶더니 이내 멈췄다.

"월드는 이번에 지정된 미묘한 색조를 충실하게 재현하지 못합니다."

노즈에는 대뜸 결론부터 단언했다. 못 한다고 단언한 것이다. 설명이 제대로 되지 않았다.

"노즈에 씨, 왜 재현할 수 없는지, 어떤 점이 어려운지를 설명해야……."

우라모토가 재촉하자 노즈에는 "자세한 설명은 필요 없습니다"라고 강하게 말했다.

"얼마 전에 제가 월드 측에게 스카우트 제안을 받았습니다."

놀란 우라모토가 옆에서 가만히 보고 있던 나카이도와 저도 모르게 얼굴을 마주 보았다.

"어머, 우라모토 씨와 나카이도 씨도 처음 듣는 표정인걸요?"

무라세가 동그랗게 뜬 눈으로 두 사람 표정을 번갈아 살펴보았다.

동요하는 우라모토와 나카이도에 아랑곳없이 노즈에는 계속했다.

"별색 기술자도 월드 측에서 같은 제안을 받았습니다."

"뭐! 지로 씨도!"

우라모토는 진행 중인 안건도 잊고 엉뚱하게 큰 소리를 내고 말았다.

"월드 쪽에서는 별색 잉크를 기계로 배합하는 효율화를 추진 중입니다. 하지만 미묘한 색조는 기술자의 손작업이 아니면 불가능하죠. 그리고 인쇄기를 돌려서 그 잉크를 종이에 얹었을 때의 컬러도 그 기술자와 손발을 맞출 줄 아는 숙련된 인쇄공이 없으면 제대로 재현할 수 없습니다."

우라모토는 할 말을 잃고 있었다.

지로 씨와 노즈에의 기술을 월드인쇄에서 탐낸다는 사실이 자랑스럽기도 했다.

"기계 배합으로는 안 되는 부분이 있기 때문에 월드 측에서 도요즈미인쇄의 기술자들을 빼 가려고 하는 겁니다. 연봉도 30퍼센트 인상된 금액을 제시했고."

"그래서, 노즈에 씨는 어떻게 하실 겁니까."

"거절했습니다."

무라세의 물음에 노즈에는 바로 대답했다.

"30퍼센트 더 준다는데? 왜죠?"

"책을 만들고 싶어섭니다."

이번에도 즉각 대답했다. 우라모토는 가슴 깊은 곳에서 불끈 솟구치는 덩어리를 가까스로 억눌렀다. 책을 만들고 싶다. 똑같은 심정이다.

"월드인쇄는 워낙 다양한 것들을 인쇄해서 장차 어떤 라인에 배치될지 알 수 없다, 하지만 도요즈미인쇄에 남으면 나는 계속 책을 만들 수 있다, 그렇게 판단한 겁니다."

무라세는 잠시 침묵하고 있다가 엔타네 군 메모장에 '책을 만든다'라고 적었다.

"우라모토 씨가 월드에서 도요즈미로 옮긴 이유도……?"

"네, 책을 만들고 싶어섭니다."

"흠, 그렇군요. 알겠어요. 저도 같은 마음입니다."

우라모토는 거듭 호소했다. 일정한 이익을 지속적으로 확보해야 책을 계속 만들 수 있다. 그러므로 안이한 가격 인하는 일시적으로 고객에게 이익이 되더라도 자제해야 한다.

"저희 회사는 장인과 숙련된 인쇄공의 기술로 책을 계속 만들고 있습니다. 부디 이 금액으로 견적을 받아 주셨으면 합니다."

전해야 하는 말, 아니, 전해야 하는 말 이상을 전했다.

"2천, 480엔…… 해 볼까……."

무라세가 엔타네 군 메모장에 숫자를 적으며 신음 같은 목소리로 중얼거렸다.

"다음 장정 회의 때 회사 사람들을 설득해 볼게요. 월드에서는 견적을 받지 않겠습니다."

전해졌구나.

"감사합니다. 잘 부탁드립니다."

우라모토는 고개를 깊이 숙였다. 나카이도도 "잘 부탁합니다"라고 고개를 숙였다.

"아뇨, 우라모토 씨와 여러분의 말씀을 들으며 저, 반성했습니다……."

"반성, 입니까…… 반성해야 하는 건 저 같습니다만."

"아뇨. 도요즈미 측은 한편이라는 안이한 생각에서 정작 중요한 금액을 구체적으로 얘기하지 않은 채 사양을 결정해 버린 제가 실수한 거죠. 하마터면 동료의 목을 조를 뻔했네요. 죄송했습니다!"

무라세는 책상에 양손을 짚고 머리를 깊이 숙였다.

"그 대신, 약속해 주세요. 최고의 품질로 책을 완성시키겠다고."

"물론 약속드립니다."

"좋아, 방침이 섰어요. 해 봅시다. 박스에 담은 양장 제본 상하권으로 4천 960엔!"

무라세는 평소의 쾌활함을 되찾고 엔타네 군 메모장을 탁 소리나게 닫았다.

게이단샤를 나와 도요즈미인쇄로 돌아가는 길에 우라모토는 노즈에에게 고맙다고 말했다.

"노즈에 씨, 정말 고마워……."

"내가 뭘 한 게 있다고. 잠깐 내밀하게 오가던 얘기를 밝혔을 뿐이지."

한 걸음 뒤에서 걷던 나카이도가 "심장마비 오는 줄 알았어" 하고 쓴웃음을 지었다.

"노즈에 씨, 그런 중대한 일은 외부인한테 말하기 전에 내부에 먼저 알려달라고."

"얘기할 생각도 없었는데……."

"그런데 아까는 왜 얘기할 마음이 든 거지?"

나카이도의 물음에 노즈에는 고개를 갸웃거리며 대답했다.

"글쎄, 왤까요. 내 선택이 옳았는지 확인하고 싶었는지도 모르죠."

"그래, 확인은 됐나?"

우라모토가 물었다.

"잘 한 건지 어떤 건지는 모르겠지만 후회하지 않는다는 건 알았지."

"그럼 다행이네. 잘 했든 못 했든 후회만 안 하면 돼."

책을 만들고 싶다. 우리는 같은 마음이니까.

"점심이나 먹고 들어가는 게 어때."

나카이도의 제안에 노즈에가 고개를 저었다.

"이제 곧 오후반 교대 시간이라서, 여기서 이만."

노즈에는 작업복 차림 그대로 유라쿠초 선 고코쿠지 역을 향해 걸어갔다.

"무라세 씨는 괜찮을까요? 설득하겠다고 말하긴 했지만."

"이제 괜찮아. 그 사람은 업무 약속은 꼭 지키니까."

"대단하군요……."

"그러니까 상대방도 자기처럼 헌신적으로 일한다고 생각하지. 개인 대 개인의 관계라면 그런 생각도 어느 정도 통하겠지만 회사 대 회사에서는 그렇지 않아."

"그래서 나카이도 씨는 무라세 씨에게 아무것도 제안하지 않고 상대방 의도를 그대로 실현하는 데만 열중했던 건가요……?"

방어에 집중하면서 혹시 무리한 점이 있다면 확실하게 의사를 표시한다.

나카이도는 무라세의 성격을 파악하고, 예상되는 리스크를 회피하며 일해 왔던 것이다.

"나는 상대방에 맞춰 주는 건 잘해도 상대방을 바꾸지는 못해. 무라세 씨는 이번 건으로 자기 약점을 깨달았을 거야. 우라모토 씨니까 할 수 있었던 거지. 똑같은 영업부 사람으로서 옆에서 지켜보자니 애간장은 탔지만."

"늘 죄송합니다……."

"이번에는 우라모토 씨 승리야."

나카이도의 말이 이토록 기쁠 수 없지만, 한편 과대평가 받는다는 느낌도 들었다. 편집자의 성격까지 감안하며 업무를 추진하는 노련함은 나카이도에 한참 못 미친다.

무라세 미호가 전화해서 '슬픈 뉴스'라는 말로 소식을 전했지만, 말투에는 절박감이 별로 없었다.

"애고, 큰일이 났네요. 하지만 솔직히 담당으로서는 마음이 놓이기도 합니다만."

종이책을 팔고 싶다는 속마음을 숨기지 못하는 무라세의 얘기를 들으며 우라모토는 전자책 총괄영업 담당으로서 어떻게 반응해야 좋을지 당혹스러웠다.

"우리 회사에서도 실망할 사람이 한 명 있는데……."

통화를 마친 우라모토는 전자책 제작부로 향했다. 후리하타에게 상황을 전하자 얼굴이 이내 벌게지더니 이야기를 마치기도 전에 폭발해 버렸다.

"사바나는 대체 무슨 생각을 하는 거야!"

도요즈미인쇄 본사 2층에 후리하타의 노성이 울려퍼졌다.

우라모토는 뭐라고 해야 할지 궁리하며 후리하타의 자리 옆에 서 있었다.

간밤에 전자책 무제한 구독 서비스 '사바나 프리덤'에서 게이단샤의 등록 작품이 하나도 남김 없이 사라져 버렸다.

"이러면 또 백지상태로 돌아와 버린 거잖아."

후리하타는 책상에 양 팔꿈치를 대고 성긴 머리카락을 양손으로 쥐어뜯었다.

"후리하타 씨, 분하지만 어쩌겠습니까…… '사바나 프리덤' 시스템이 독자 니즈를 따라가지 못하는 거니까요."

게이단샤는 지난 주 사바나의 전자책 무제한 구독 서비스 '사바나 프리덤'에 만화 『아쿠에리아스의 검』 전 15권을 일괄 등록했다. 『아쿠에리아스의 검』은 만화계의 거장 아시자와 슈지가 남긴 전설의 명작이다. 월 1천 엔 정액제로 이 명작을 다 읽을 수 있다는 뉴스는 금세 장안에 화제가 되어, 사바나가 게이단샤에 지불해야 할 돈이 불과 사흘 만에 애초에 계상했던 예산의 절반을 넘어서고 말았다. 그러자 사바나사에서 게이단샤의 모든 등록 작품을 '사바나 프리덤'에서 일제히 삭제해 버린 것이다.

사바나 프리덤의 수입은 독자에게 받는 월 1천 엔의 정액 요금이다. 한편 사바나가 출판사에 지불하는 대가는 독자가 읽은 페이지 수에 비례하는 종량제를 취한다. 독자가 너무 많이 이용하면 사바나의 지출이 수입을 웃돌아 적자가 난다는 약점이 있었던 것이다.

작품을 제공하는 출판사는 당연히 많이 읽힐수록 수익이 증가한다. 하지만 사바나로서는 회원들이 정액 요금 범위 안에서 이용하지 않으면 서비스가 성립하지 못한다.

"문예서에서도 전자책 분위기를 살릴 절호의 기회였는데……."

게이단샤 작품이 전부 삭제됨으로써 모로미자와 류이치의 신작 등록도 자동적으로 무산되었다. 전자책 무제한 구독 서비스에 문예서의 화제작을 띄운다는 기획도 무산된 것이다.

"뒤집어 생각하자면 그만큼 많은 사람들이 전자책을 이용하게 되었다는 거군요."

"만화에만 한정된 얘기야. 아직 뒤져 있던 문예서에게는 이번이 좋은 기회였던 거야."

후리하타는 거반 울음이 묻어나는 목소리로 말하더니 다시 머리를 감싸 안았다.

"무제한 구독 서비스에 등록한다는 것만 무산되었을 뿐입니다. 모로미자와 작품은 앞으로도 전자책으로 계속 발매될 겁니다."

"그건 별 도움이 안 돼. 인기 작가의 최신작을 무제한 구독 서비스로 읽을 수 있다는 획기적인 점이 기폭제가 되었어야 하는 거야."

지나치게 낙담하는 모습에 무슨 말을 건네야 할지 모른 채 우라모토는 후리하타 책상에 있는 작성 중인 자료를 보았다.

"전자책 보급 촉진은 긴급한 과제이다…… 보급 촉진이 그렇게 중요한 일일까요?"

"이봐, 그게 전자책 총괄영업 담당이 할 소린가."

"많은 사람들이 이용하는 게 최우선일까 하는 겁니다. 필요로 하는 사람에게 제대로 전하면 되는 것 아닐까요?"

후리하타는 우라모토의 눈을 똑바로 노려보며 아무 말이 없었다.

"후리하타 씨는 왜 이 일을 하는 거죠?"

"위에서 시키니까 하는 거지. 10년 전까지만 해도 다른 사람들처럼 종이책 인쇄판을 만들고 있었는데, 어느 날 갑자기 전자책을 만들라고 하더군."

후리하타는 옆에 있는 서적 팀 구역을 턱짓으로 가리키며 자포자기한 투로 말했다.

"당시는 전자책을 이용하는 사람이 별로 없었거든. 발족 당시 전자책 제작부 직원도 단 세 명이었어. 찾는 독자가 거의 없다는 것을 알면서도 매일 만들었지. 솔직히 말해서 맥이 빠지더군."

우라모토는 후리하타의 심정을 알 것 같았다. 기왕 만든다면 보다 많은 사람이 이용하는 것을 만들고 싶다. 이는 상업적 성공과는 다른 이야기이며, 자기가 하는 일이 조금이라도 사람들에게 보탬이 되었으면 좋겠다는 소망이다. 인간의 근본에 있는 소망인지도 모른다.

"지금처럼 전용 단말기도 없던 시절이야. 컴퓨터 화면으로 읽을 때였는데, 그래서 별로 유행하지 못했지."

많은 사람들이 원하는 것, 도움을 주는 것을 만들고 싶다는 동경. 후리하타가 풍기는 헝그리 정신의 근원은 거기에 있었다.

"시대가 변하기를 기다리는 수밖에 없었어. 전용 단말기가 좀 더 보급된다면, 판로가 좀 더 확대된다면, 좀 더 많은 작품이 디지털화된다면…… 하면서."

"후리하타 씨와 여러분이 초창기 전자책을 꾸준히 지탱해 주며

10년이 지나자 상황이 변했죠. 전용 단말기도 널리 보급되고 전자책으로 독서를 즐기는 사람도 늘었어요. 그 증거로 세 명으로 시작된 전자책 제작부가 이제는 열두 명이잖아요."

우라모토는 차분하게 작업하는 부원들을 가리키며 말했다. 그들은 종종 목소리가 커지는 우라모토와 후리하타의 대화를 곁눈으로 힐끗거리며 듣고 있었다.

"그래, 다들 잘해 주고 있지. 그러니까 기왕 하는 일인데 우리가 만들어 내는 것이 세상에서 귀한 대접을 받는다는 것을 실감하면서 일했으면 좋겠다. 이를 위해서라도 좀 더 보급되었으면 좋겠다는 말이지. 그러므로 보급 촉진이 무엇보다 중요해."

후리하타는 사람들이 원하지도 않는 것을 계속 만들어야 했던 시절에 느꼈던 공허와 쓸쓸함을 미래를 향한 꿈으로 바꾸며 버텼던 것이 틀림없다.

"부탁해, 전자책 총괄영업 담당. 근데 그 직함, 너무 긴데……."

조만간 인쇄기가 없어진다는 둥 과격한 발언을 하는 것도 그 꿈의 또 다른 표현인지 모른다. 그렇게 느낀 순간 이 까다로운 중년 남성이 친근하게 느껴졌다.

"저도 졸지에 전자책 총괄영업 담당으로 임명된 거잖아요. 뭘 어떻게 할지 모르겠고 짜증도 났죠."

"힘들었지. 미안하군."

"하지만 전자책의 역할을 알고 생각이 달라졌어요."

후쿠하라의 말이 생각난다. 필요로 하는 사람이 있다면 온 힘을 다해 만들어야 한다.

"전자책 덕분에 독서할 기회를 얻은 사람도 많을 겁니다. 필요로 하는 사람이 있다는 것은 분명해요."

직업 때문에 해외에서 생활하는 사람이 일본의 신작 만화나 소설을 읽고 싶을 때 클릭 한 번으로 즉시 얻을 수 있다.

"읽고 싶은 책을 그 자리에서 바로 읽을 수 있죠. 절판된 책은 전자책으로 부활시킬 수도 있고."

그러자 후리하타는 "격려 고맙네" 하고 냉소했다.

"그건 말하자면 위에서 내려다보는 시각 아닌가."

"내려다보는 시각이요?"

"그래. 철옹성 같은 종이책 왕국에 사는 사람의 시선이 아닐까. 역시 책은 종이로 읽어야 하는 것이다. 다만 전자책도 가끔은 도움이 된다는 거지? 지금 농담 하나? 내 구상은 그렇게 시시한 게 아냐."

"후리하타 씨, 저는 전자책 총괄영업 담당입니다. 우리 영업부에서 전자책을 제일 많이 생각하는 사람입니다."

모리 부장이나 나카이도에게 "아무 일 안 해도 돼"라는 말을 듣고 있다. 하지만 어색한 이 직함이 우라모토에게 새로운 깨달음을 주었다.

"그래? 그럼 한 가지 묻겠는데, 가령 종이책이 전자책으로 대체될 위기가 도래했다 치자. 그래도 똑같은 말을 할 수 있겠나?"

후리하타는 도발하듯이 말끝의 톤을 극단적으로 끌어올렸다.

"앞날은 모릅니다. 다만 지금은 양쪽 모두 누군가에게 필요하다는 것만은 분명합니다."

"필요로 하는 사람이 얼마나 되지? 그 점이 중요하잖아."

"숫자 문제가 아니라 확실히 필요로 하는 것을 우리가 만들고 있습니다. 그 점에 관한 한 허무함은 없다고 봅니다."

종이책과 전자책, 모로미자와 류이치의 작품과 소가베 슌의 작품. 숫자의 차는 있어도 필요로 한다는 점에서는 같다. 그래서 만든다. 영업맨 입장에서는 '비즈니스로 성립하는 범위 내에서'라는 말을 덧붙여야겠지만, 지금은 감히 그렇게 말하겠다.

"제가 제작에 관여한 책이 서점에서 누군가에게 선택되는 모습을 상상하려고 합니다. 그리고 앞으로는 다운로드되는 장면을 상상하는 낙이 커지겠죠."

'인쇄 회사도 모노즈쿠리잖아?'

유카리의 말이 가슴 깊은 곳에서 울린다. 누군가의 손에 전해지는 단계까지 상상하는 것은 당연한 일이다.

그러자 후리하타는 어이없다는 듯이 웃으며 중얼거렸다.

"인쇄 회사는 모노즈쿠리, 라고?"

후리하타 입에서 불쑥 나온 말에 우라모토는 놀랐다.

"아, 홈페이지에서 봤네. 나는 나쁘지 않다고 생각해."

"감사합니다."

우라모토는 조금 부끄러운 마음으로 인사했다.

"그 말에 거짓은 없는 것 같아."

그리고 후리하타는 "그런데"라고 누구에게랄 것도 없이 중얼거리며 부하 직원들을 둘러보았다.

"다키야마 씨, 『사이버 드러그』 본문 작업은 순조롭나?"

"네, 잘 되고 있습니다만."

젊은 여성 오퍼레이터 다키야마가 차분하게 대답했다.

"고마워. 전자책 무제한 구독 서비스 건은 무산되었지만 모로미자와 작품이 전자책으로도 발매된다는 데는 변함이 없으니까 계속 힘쓰자고. 모로미자와 작품은 옛날 한자가 많으니까 혹시 폰트가 깨지지는 않는지 주의하고."

후리하타는 양팔을 크게 벌려 기지개를 켜면서 "아아, 무제한 구독! 암만 생각해도 아깝네!" 하며 웃는 얼굴로 투덜거렸다.

후지미노 공장이 대형 작업을 앞두고 정적에 잠겨 있었다. 팔레트에 쌓인 종이 기둥들이 지게차에 들려 하나씩 공장 안으로 옮겨지고 있다.

모로미자와 류이치 30주년 기념작 『사이버 드러그』 상권 인쇄 작업이 곧 시작되려고 한다.

320페이지 본문 15만 부, 상하권 합쳐 30만 부를 인쇄한다. 46판 종이로 150만 매. 요즘 30만 부 넘는 작업은 한해에 몇 건 정도밖에 없다.

1호기 인쇄 속도가 1시간에 약 2만 매. 이번 작업에는 1호기부터 3호기까지 동시에 가동해서 상권과 하권을 이틀 안에 인쇄한다.

노즈에 마사요시는 쇄판을 1호기 인쇄부에 세팅하고 블랭킷 통을 교환했다. 그리고 잉크통이 검은 잉크로 채워지는 것을 확인했다.

"잘 부탁한다."

오랜 동료였던 1호기 몸통을 오른손으로 탁 쳤다.

팔레트의 종이를 양손으로 한 줌 집어 들고 손가락을 튕겨 공기를 넣는다. 아무리 경험을 쌓고 아무리 인쇄기가 발달해도 이 작업의 중요성은 달라지지 않는다.

"노즈에 씨, 종이 올리는 건 제가 할게요."

후배 사토가 얼른 달려왔다.

"아냐, 처음 얼마간이라도 내가 하지."

한 번 집어들 때마다 종이 사이에 공기를 집어넣고 급지부에 쌓아나간다.

"1호기 가동!"

노즈에가 몸소 스위치를 켰다. 그러자 1호기가 으르렁거리는 소리를 내며 종이를 급지부에서 인쇄부로 보내기 시작한다.

노즈에는 예전에 1호기 기장으로 5년간 일했다. 1호기와 함께 일하는 동안 인쇄공으로서 기술을 닦고 자신감을 키웠다. 이동 명령에 따라 5호기 기장이 된 지금도 1호기에는 오래전부터 함께 일해 온 동료처럼 친근함과 애착을 느낀다.

오늘은 현 기장 시바타를 대신하여 노즈에가 지휘한다. 일정한 리듬으로 종이가 들어가는 소리, 롤러 사이를 미끄러지는 종이 소리. 영락없는 1호기의 소리이다.

종이를 보충하고 잉크를 보충하고 인쇄가 끝난 종이를 종종 확인하고 인쇄 상태에 신경을 집중한다.

사람과 기계가 잠깐씩 휴식을 취하며 인쇄 작업은 차분하게 계속되었다.

상하권 총 30만 부의 본문을 인쇄하는 방대한 작업은 기계만으로 혹은 사람만으로 이뤄질 수 없다. 양자가 한 몸으로 움직여야 가능한 작업이다.

인쇄가 시작되고 6시간. 1호기는 안정적으로 가동되고 있다.

열이 오른 1호기는 기분 좋은 가동음을 내며 대작가가 혼신의 노력으로 엮어 낸 이야기를 종이에 찍어 나간다.

"오늘은 상태가 좋구나!"

노즈에는 꾸준히 돌아가는 1호기를 힘찬 목소리로 고무했다.

"노즈에 씨!"

가동음 너머에서 목소리가 날아왔다. 우라모토였다. 작업복 차림으로 바삐 걸어온다.

"한가한 모양이네."

"일찍 끝내고 왔으니까 무슨 일이든 시켜 줘."

하지만 시계는 벌써 21시를 지나고 있다.

"모처럼 왔지만 당신이 할 일은 없어."

"청소든 뭐든 좋으니까 작업에 끼워 줘. 1호기와 하는 마지막 작업이잖아?"

이번 작업은 본래 최신 기종인 5호기로 해야 할 일이었다. 하지만 우라모토는 작업을 1호기에 할당하도록 생산관리부에 이야기해 두는 등 여러 방면에 두루 힘을 써 주었다.

"저기 바구니에 파지가 가득 차면 바깥에 파지 모아 두는 자리가 있으니까 그리로 옮기게."

"알았어…… 그게 다야?"

우라모토의 성의에 부응해 주고 싶지만 문외한에게 맡길 만한 일은 거의 없다.

"그다음은, 오늘 하는 작업을 잘 지켜보라고."

할 말이 궁해서 엉겁결에 그렇게 말하고 말았다.

"아니, 그래서는 방해만 될 텐데. 이거 미안하군."

"잘 지켜보고 고객들에게 얘기해 줘. 고객의 목소리를 우리에게 전하지만 말고 여기저기 다니며 우리가 일하는 모습을 잘 살펴보고 고객들에게 얘기해 달라고."

우라모토는 공장 안을 천천히 둘러보고, "그래" 하고 중얼거렸다.

"알았어. 잘 지켜보지."

우라모토는 휴대 전화를 꺼내 카메라 앱으로 사진을 찍기 시작했다.

이어서 박스 인쇄를 시작했다. 괴이하게 빛나는 거미 그림을 두꺼운 종이에 인쇄하고 표면은 광택을 억제한 무광 코팅으로 처리한다. 본문 용지나 커버의 아트지하고는 성질이 다르다.

"흠, 오늘은 살짝 습기가 있네."

지로 씨가 두꺼운 종이를 한 장 들고 중얼거렸다. 별색 잉크의 양, 점도를 두꺼운 종이에 맞춰 배합해 두었다. 물론 시험 인쇄도 사전에 몇 번이나 반복해서 확인해 둔다.

그래도 종이는 그날그날의 습도나 온도 등 미묘한 환경 변화에 영향을 받으므로 실제로 인쇄해 보기 전에는 알 수 없다.

두께가 약 0.5밀리미터나 되는 두꺼운 종이는 잉크를 더 많이 흡수한다. 건조시키면 퇴색해 버릴 때도 있다.

우선은 어제 시험 인쇄할 때와 잉크 양을 동일하게 설정해서 10장쯤 출력해 보았다.

"지로 씨, 확인 부탁해요."

지로 씨는 그 10장을 교정대 위에 포개 놓고 둘둘 감았다. 이내 표정이 흐려졌다.

"이대로 찍으면 건조된 뒤에 연해질 게 분명해. 인쇄기 설정을 다시 조정할까."

노즈에가 조정판에서 잉크 양을 조정한 뒤 인쇄를 실행시키고 지로 씨가 결과물을 확인했다. 게이단샤가 설정한 '디지털 대 아날로그'라는 홍보 문구가 지로 씨를 분투하게 만들었다.

노즈에도 게이단샤가 마침내 전자책에 힘을 쏟기 시작한 것을 알고 거부감을 품었다. 하지만 좋든 싫든 시대는 변하고 있다는 것을 새삼 느꼈다.

책은 언젠가 사라져 버릴 것인가.

익숙지 않은 작업복을 입은 우라모토가 공장 밖에서 빈 바구니를 들고 돌아왔다.

"이야, 작업량이 엄청나네! 초판 15만 부 작업이 얼마 만인지."

"그래, 힘은 들지만 쌓아 둔 걸 보면 장관이지."

노즈에는 공장 내 한쪽 구석을 가리키며 말했다. 팔레트 위에 총총히 서 있는 종이 기둥들은 공장 안에서 하룻밤 건조시킨 뒤 제본소로 보낸다.

"이렇게나 많은 책을 필요로 하는 독자가 있다니, 대단해."

"모로미자와쯤 되면 이것으로도 부족해서 중판을 찍잖아."

"그래. 새삼 이렇게 바라보니 대단한 일이야."

우라모토의 소박한 말에서 노즈에는 다른 무엇을 연상했다.

전자책으로 만들면 자리도 차지하지 않고 트럭으로 옮길 필요도 없으며 데이터파일 하나로 무수한 독자에게 이야기를 전할 수 있다. 왕년에는 상상도 할 수 없던 일이 지금은 아무렇지도 않게 이루어지고 있다.

그런 시절에 방대한 종이책을 계속 만드는 일에는 어떤 의의가 있는가.

"자네 동료가 기분 좋게 일해 주고 있는 모양이군."

우라모토가 1호기의 배지부를 들여다보며 말했다.

"그래. 검은 잉크만 쓰는 본문 인쇄라면 오히려 다른 기계보다

이놈이 더 안정적이지."

사실 1호기는 여전히 현역으로 활약할 수 있는 상태를 유지하고 있었다.

"뭐, 이렇게 말해 봐야 교체를 피할 수는 없겠지만."

"게이단샤 사람들한테도 말해 두지. 본문과 박스는 후지미노 공장의 최고참 1호기와 노즈에 씨가 최후의 공동작업으로 인쇄한 거라고."

우라모토가 힘주어 말했다. 노즈에가 전해달라고 한 것은 자신들의 성실한 근무 태도이다. 변함없는 엉뚱한 반응에 저도 모르게 쓴웃음이 터졌다.

"고맙군."

"모로미자와 류이치의 30주년 기념작『사이버 드러그』는 이 1호기로 인쇄했다. 판권에는 이 1호기 이름과 노즈에라는 이름도 나온다, 라고."

"설마. '인쇄소 도요즈미인쇄주식회사'. 이렇게 나올 텐데."

"도요즈미인쇄라는 글자 너머에는 전체 직원의 이름이 새겨져 있는 거야. 판권은 책의 엔딩 크레딧이니까."

서점에서 책 판권만 살피고 다니는 아들의 모습이 머리에 떠오른다.

"그렇군. 멋진 발상이야. 그렇게 생각해서 나쁠 건 없지."

오후조 근무를 마치고 심야 1시가 지나서 귀가해 보니 평소처럼 집 안은 캄캄했다. 거실 형광등을 켜자 좌탁에 랩을 씌운 냉두

부 요리가 차려져 있었다. 좌탁 구석에는 역사 만화가 세 권 포개
져 있다. 고타와 요타가 읽다가 치워 두는 걸 잊었을 것이다.

노즈에는 『도쿠가와 요시무네』를 집어 들고 판권을 펴 보았다.

'인쇄소 도요즈미인쇄주식회사.'

판권이 책의 엔딩 크레딧이라면 두 아들은 거기서 아빠 이름을
발견할 수 있었을까.

이튿날 노즈에는 오전조에 지원해서 『사이버 드러그』 하권 인
쇄를 계속 지휘했다.

본문 용지, 커버, 박스지 전부를 이틀 만에 마쳤다.

"수고했어."

노즈에는 장갑을 벗고 마지막 공동 작업을 끝낸 1호기 몸체를
살짝 쓸어 주었다.

"끝났나?"

규 씨가 천천히 이쪽으로 걸어왔다.

"상하권 30만 부라는 대작업이라고 해서, 시간이 나기에 위문
하러 와 봤네만."

그렇게 말하고 규 씨는 노즈에 곁에 나란히 서서 1호기 인쇄부
를 올려다보았다.

"인연이 참 오래 됐어."

11년 전 어느 날 만났지만, 생각해 보니 금방이었다.

처음 인쇄 개시 명령을 입력할 때의 공포가 어제 일처럼 살아

난다. 맹렬한 기세로 움직이기 시작하는 1호기를 보자 노즈에는 기계를 당장 꺼 버리고 싶은 충동에 시달렸다. 불량품을 대량으로 토해 내고 있는 건 아닌가 하는 착각 때문이다. 사전 준비 가운데 뭔가를 미흡하게 했던 것도 아니고 그저 막연히 자신이 없었던 것이다.

그때 규 씨가 막 인쇄된 본문 용지 한 장을 들고 "봐" 하며 내밀었었다. 양면에 빼곡히 1절 분량이 인쇄되어 있었다.

"자네와 이놈이 처음 만들어 낸 작품이다."

그러고 보니 자기가 처음 인쇄한 책은 서점에 가서 구입했었다.

"고마웠습니다."

노즈에는 규 씨와 1호기를 향해 거의 들리지 않는 소리로 고마움을 표했다.

이튿날 노즈에는 『사이버 드러그』의 커버를 4톤 트럭에 싣고 박인을 찍는 제작처로 향했다.

'하쿠라이도箔来堂'는 박인쇄 하나로 70년을 일해 온 노포이다.

1년 전 교체한 힌덴부르크사의 박인쇄기로 뜨거운 금박을 붉은 바탕의 합성피혁지에 압착시켜 『사이버 드러그』란 글자를 잇달아 각인해 나갔다.

철판凸版 실린더로 금박 글씨가 찍힌 합성피혁지는 한 번 회전하여 배지부로 배출된다.

"이거, 최고 속도로 돌아가고 있군요. 괜찮을까요?"

노즈에가 기술자에게 물었다. 속도 설정은 무리가 없도록 신중을 기했을 것이다.

"네, 압력과 열 설정을 여러 번 테스트한 결과 최고속으로 돌려도 제대로 박인되었으니까요."

기술자는 자신만만하게 대답했다.

"알겠습니다. 믿겠습니다."

노즈에는 기술자의 자신 있는 말과 박인쇄기의 실력을 믿기로 했다.

"한 시간에 8천 회전이라. 전력 질주로군. 부디 퍼지지 마라."

노즈에는 박인쇄기를 올려다보며 말했다.

잠시 지켜보며 진행이 순조롭다는 것을 확인하자 일단 공장으로 돌아가기로 했다. 그때 박인쇄점 사장의 노한 목소리가 울려 퍼졌다.

"야! 기계 꺼! 빨리!"

출력되는 커버를 긴장해서 지켜보던 사장이 한 장을 집어 들더니 험악한 표정으로 말했다.

"압착이 부족해…… 금박이 떠 있잖아."

사장이 제목의 금박을 가리켰다. 노즈에도 함께 살펴보았다. 가만히 관찰하니 확실히 금박 표면에 희미하지만 기포처럼 부푼 것이 보인다.

"몇 장이나 찍었지?"

"5천 매가 채 안 될 텐데요, 이 정도면 괜찮지 않나요?"

기술자가 완성된 물건을 찬찬히 살펴보며 중얼거렸다.

"괜찮은지 아닌지는 내가 판단해!"

사장은 기술자에게 호통치고 노즈에 쪽으로 돌아섰다.

"노즈에 씨, 정말 미안합니다…… 어떡할까요."

금박 압착이 부족한 것은 사실이지만, 벗겨질 정도로 심하지는 않았다. 지금 다시 공장에 연락해서 5천 부를 추가 인쇄해서 박인쇄점으로 보내라고 한다면 그만큼 시간이 걸려서 납기가 위태로워진다.

'약속해 줘요. 최고 품질로 책을 완성시키겠다고.'

게이단샤 편집자 무라세의 말이 뇌리에 살아났다.

"커버 5천 매, 공장에 재인쇄하라고 하겠습니다."

노즈에는 박인쇄점 사장에게 그렇게 말하고 우라모토에게 전화를 걸었다.

"『사이버 드러그』 합성피혁지, 여분이 있나?"

"5천 부라면 괜찮을 것 같은데."

"재인쇄해야겠어. 공장에 작업 지시를 부탁해."

"괜찮을까?"

"괜찮지 않으면 어쩌려고. 하는 수밖에 없잖아."

수화기 너머의 우라모토는 여전히 망설이는 눈치이다. 5천 매 작업을 끼워 넣으려면 생산관리부와 상의해서 다른 작업을 조정해야 한다.

인쇄기 스케줄이 바뀌어야 하므로 위태로운 조정을 피할 수 없게 된다.

"게이단샤와 약속했잖아. 재인쇄하자고."

"알았네. 즉시 생산관리부에 얘기해 보지."

"부탁해."

생산관리부를 통해 인쇄기 스케줄을 조정하는 일을 우라모토에게 맡기고 노즈에는 트럭을 타고 공장으로 돌아왔다.

공장에 도착하니 지로 씨가 벌써 잉크를 배합하고 있었다.

"지로 씨, 벌써 작업을 시작한 건가요?"

"그래, 그 일이 최우선이니까. 그 작업부터 하자고 아까 이야기한 참이야."

"영업부와 상의해서 1호기 작업을 조금 미루라고 했어. 생산관리부에서도 작업 지시가 내려왔고. 5천 매 작업이라면 그럭저럭 끼워 넣을 수 있어."

1호기 기장 시바타가 가슴을 탁 치며 말했다.

"자네와 우라모토가 열심히 뛰어다니는데 기술자들이 궁시렁거리면 안 되지. 어떻게든 마칠게."

그렇게 말하고 지로 씨는 다시 허리를 숙이고 잉크를 섞기 시작했다.

"어이, 급하게 끼워 넣은 작업이니까 잽싸게 끝내! 아랫배에 힘들 주고!"

지로 씨의 고함과 함께 "예!" "오케이!" 하는 고함소리가 공장

내에 울려 퍼졌다.

바삐 움직이는 공장 사람들을 보며 노즈에는 새삼 느꼈다. 도요즈미인쇄에 남길 잘했다고.

6월 인사이동을 끝낸 게이단샤는 부서마다 면면이 조금씩 달라졌다. 다만 문예출판부는 이렇다 할 이동도 없었고 오쿠다이라도 남아 있었다.

우라모토는 새삼 인사를 하려고 문예출판부를 방문했다. 사무실에 들어서는 순간 노성이 날아왔다.

"그러게 내가 뭐랬어!"

가만 보니 무라세가 부장 자리 앞에 서 있었다.

"모로미자와 31주년 작품에 이렇게 흠집을 내나! 무슨 말인지 알겠나?"

문예출판부 부장 하루하라는 편집자 시절에 모로미자와 류이치 담당으로 일하며 많은 히트작을 만들었다.

"죄송합니다."

무라세는 꼿꼿이 서 있다가 허리를 크게 꺾으며 사죄했다.

"한 달 뒤 중판을 찍을 수 있을지도 의심스러운 페이스잖아. 모로미자와 작품 중에서는 한 번도 없었던 사태다."

다음에 다시 방문하는 게 좋지 않을까. 망설이고 있는데 하루하라와 눈이 딱 마주치고 말았다.

"아, 도요즈미인쇄 담당자분이시죠? 마침 잘 됐네. 단행본을 박스에 담자고 무라세를 부추긴 게 그쪽 맞죠? 여기 와서 얘기 좀 합시다."

역시 단행본 매출 이야기였다. 발매 후 사흘이 지났는데 판매량이 예상을 크게 밑돈다고 한다. 정가가 각 2480엔이므로 상하권이 되면 열성적인 독자도 역시 주저하게 되나 보다.

"무라세가 '반드시 이 사양으로 가고 싶다, 모로미자와 선생도 좋아한다' 하며 밀어붙인 탓에 고 사인을 냈던 건데 결과가 이렇습니다."

"부장님, 도요즈미 측에 뭐라고 하는 것은…… 편집 담당은 접니다."

"호오, 그럼 이 결과를 혼자 책임지려고?"

추궁하는 하루하라에게 무라세는 "시간이 걸리더라도 착실하게 판매해 나가겠습니다" 하며 버텼다.

"그런 한가로운 소리 듣고 싶지 않아."

하루하라는 코웃음을 치고 우라모토에게 몸을 돌려 끈끈한 시선을 던졌다.

"도요즈미 담당자분, 요즘 중후한 양장에 박스 장정을 한 상하권을 5천 엔씩이나 주고 사 볼 독자가 몇 명이나 있을 것 같습니까?"

"전자책으로는 실현할 수 없는 부가가치를 주었으면 해서……."

"그건 우리가 생각할 일입니다. 도요즈미 측은 우리가 요구하는 대로 인쇄하는 곳이고."

우라모토는 무라세와 함께 한참 동안 훈계를 들었다. 앞으로 도요즈미에는 모로미자와 작품을 맡길 수 없게 될지 모른다는 무서운 경고까지 듣고 말았다.

어깨를 떨구고 회사로 돌아오니 시라오카가 "수고하십니다"라며 우라모토에게 손짓을 한다.

"우라모토 씨, 최고로 훌륭한 일을 해 내셨어요. 독자를 대표해서 감사드려요."

시라오카는 서랍에서 모로미자와 류이치의 『사이버 드러그』 상하권을 꺼내 책상 위에 놓았다.

"어제야 구했네요."

박스 한가운데 검은 매직펜으로 쓴 사인과 큰 낙관으로 찍은 '流'자가 있었다_{모로미자와 류이치'의 이름 '류이치'는 한자로 '流一'}.

"혹시 모로미자와 선생의 사인회에 다녀오셨어요?"

"어제 오사카 미카와야서점에서."

"오사카요? ……이번 달에 도쿄에서도 사인회가 몇 번 있는데요."

"평일뿐이라 일정이 맞지 않아서요."

"사인회는 성황이던가요?"

"대기 줄이 엄청 길었어요. 모로미자와 씨와 악수하며 울음을 터뜨리는 독자도 있었고. 사실 나도 살짝 울긴 했지만."

시라오카는 그렇게 말하고 신이 나서 계속 이야기했다. 이렇게 기뻐하는 모습을 무라세에게도 보여 주고 싶었다.

기뻐하다가 문득 그 생각이 스쳤다.

"찬물을 끼얹는 것 같아서 미안하지만, 책 매출이 별로 좋지 않다고 하던데요……."

"정말요? 이렇게 훌륭한 책인데."

시라오카는 믿기지 않는다는 듯이 말했다.

"하지만…… 전자책 다운로드 건수는 호조를 보인다고 들었습니다."

앞으로 도요즈미인쇄에는 모로미자와 작품 의뢰가 오지 않을지도 모른다는 이야기도 했다.

"역시 종이와 디지털은 적대적 관계라는 말 아닐까."

나카이도가 끼어들었다. 아직 중판을 찍을 전망이 보이지 않으니 우라모토로서는 할 말이 없었다.

"다만 양적으로는 서로 적대적이어도 질적으로는 그렇지도 않은 것 같더군."

나카이도가 스마트폰을 내밀었다. 트위터에 포스팅된 글이다. 모로미자와 류이치의 서점 사인회를 안내하는 정보가 죽 나열되어 있었다. 한 달 뒤까지 꽉 차 있다.

박스에 담은 상하권을 구입한 독자에게 프리미엄 느낌을 제공하기 위해 전국 각지에서 사인회나 토크쇼가 기획되고 있을 것이다.

'시간이 걸리더라도 착실하게 판매해 나가겠습니다.'

무라세가 추진하고 있는 것이 틀림없다.

"몸소 서점에 와서 책을 집어든 사람이 아니면 얻지 못할 특별한 체험을 제공하겠다는 거지. 이런 이벤트는 서점이나 종이책의 새로운 가치가 될 수도 있겠어."

오늘은 미카와야서점 이케부쿠로 역전점에서 모로미자와 류이치의 사인회 겸 토크쇼가 열린다고 한다. 대담자는 문에서 담당 모리타 가즈요이다.

모리타는 오늘도 시내 서점에서 한몫 거들고 있는 것이다.

"전자책을 접해 봐야 비로소 알 수 있는 종이책의 가치라는 것도 있는지 몰라. 그 역도 성립할 수 있고."

나카이도는 우라모토를 보며 말했다.

"그런 의미에서 전자책 총괄영업 담당은 필요한 자리인지도 모르지."

"고맙습니다."

해답은 보이지 않고 고민은 가시지 않는다. 하지만 시행착오를 겪더라도 이번처럼 구체적으로 움직이고 싶다.

"하지만 그것도 어디까지나 인쇄기 가동률을 떨어뜨리지 않는다는 범위 안에서 움직여야겠지."

마지막에 나온 나카이도다운 한 마디에 모두 웃었다.

저녁 때 게이단샤의 무라세에게 메일이 왔다.

'살짝 보내 드려요.'

이런 글로 시작되는 메일은 모로미자와 류이치와 무라세가 나눈 대화의 일부였다. 발간 후 초기 판매가 만족스럽지 않은 것을 사과하자 모로미자와는 무라세에게 이렇게 대답했다.

'나는 판매 부수도 많았고 문학상도 물릴 정도로 많이 받아서 이젠 뭔가 다른 것을 원합니다. 무라세 씨는 걱정할 필요가 없어요. 공장 사진, 잘 봤습니다. 30년간이나 책을 냈지만 부끄럽게도 내 책이 어떻게 만들어지는지 본 적이 없었어요. 인쇄소 여러분께 고맙다고 전해 주세요.'

우라모토는 컴퓨터 모니터를 향해 저도 모르게 "감사합니다"라고 중얼거렸다.

무라세는 우라모토가 보낸 후지미노 공장의 작업 풍경 사진을 모로미자와에게 보내 주었던 것이다. 노즈에, 1호기, 그밖에 후지미노 공장의 성실한 근무 풍경이 무라세나 모로미자와에게 제대로 전해진 듯하다.

밤 20시, 후리하타가 영업부 사무실에 나타났다. 코트와 구두를 신고 퇴근 준비를 마친 모습이다.

"우라모토 씨, 배 안 고파?"

"고프네요. 슬슬⋯⋯."

"그러고 보니 전자책 총괄영업 담당 환영회도 해 주지 못해서 말이지."

한잔하러 가자는 권유 같은데, 솔직하게 말하지 않고 에둘러운을 띄우는 것이 후리하타답다.

급한 업무는 아니지만 밀린 서류를 처리하던 중이었다. 가끔씩 정리해 두지 않으면 금세 산더미처럼 쌓인다.

"아, 부인이 기다리고 있겠군."

"아뇨, 괜찮습니다. 그 사람도 퇴근이 늦을 거라고 했으니까요."

유카리는 오늘 저녁 회사 동기 모임이 있다. 우라모토는 밖에서 저녁을 먹고 돌아갈 계획이었다.

건너편에서는 나카이도가 컴퓨터 모니터를 노려보며 작업에 몰두하고 있었다. 후리하타는 조심스럽게 말을 건넸다.

"그쪽은 어때? 일 다 끝났으면 식사라도 같이 할까?"

"그러죠."

나카이도는 냉큼 화답하며 가방을 책상 위에 올려놓았다. 후리하타는 사양할 줄 짐작했는지 잠깐 당황하는 모습이었지만 "좋아, 가까운 데서 마시자고"라고 말했다.

고코쿠지 역 근처 소바가게에서 가볍게 한잔하기로 했다. 카운터석에서 후리하타를 가운데 두고 나카이도와 우라모토가 옆에 앉았다.

맥주파인 후리하타는 빠른 속도로 잔을 비웠다.

"당신네 부장이 전자책은 책이 아니라고 했을 때 속이 확 뒤집히더군. 하지만 깨달았어. 내가 왜 그렇게 분노했는지. 내 마음속 어딘가에 그런 패배감이 있었기 때문이었어."

후리하타가 빨개진 얼굴로 열띠게 말했다. 목소리가 커서 조금 주위 눈치가 보였다.

"이야, 우라모토 씨 말이 심금을 울리더군. 필요로 하는 사람에게 제대로 전하면 된다고 했었지. 역시 전자책 총괄영업 담당이야. 어이! 총괄!"

"네, 앞으로 잘 부탁드립니다."

우라모토는 내심 목소리 좀 낮춰주었으면 하고 바라면서도 웃는 낯으로 응했다.

"전자책도 틀림없는 책이야. 그 분야에서 한몫 거드는 것을 나는 자랑스럽게 생각해."

이번에는 낮은 목소리로 엄숙하게 이야기하기 시작한다.

"이봐, 나카이도 씨, 책 맞잖아, 그치?"

후리하타는 나카이도의 등을 탁 치며 동의를 구한다.

"인쇄기 가동률에 영향을 주지 않는다는 범위 안에서 부정하지는 않겠습니다."

"변함없이 가동률 원리주의자로군."

후리하타가 허탈한 웃음을 지을 때 우라모토의 휴대 전화가 울렸다. 후지미노 공장이었다. 또 무슨 사고라도 났나? 긴장하며 전화를 받았다.

"노즈에인데, 한 가지 묻고 싶은 게 있어."

급한 사고는 아닌 것 같지만, 심상치 않은 분위기였다.

"1호기 말인데, 그쪽에 무슨 정보 들어온 거 없어?"

왜 이런 질문을 하는지 의아해하면서도 기억을 더듬었지만, 특별히 생각나는 게 없었다.

"굳이 말하면 요전 사내 통신망에, 1호기, 은퇴 전 막판 스퍼트, 라는 기사가 실린 적은 있지."

"그래? 또 무슨 얘기 들은 거 없어?"

"1호기에 무슨 일 있어?"

"교체 얘기가 아무래도 사라진 것 같아."

"그게 무슨 말이지?"

"1호기는 해체하면 그걸로 끝이라는 거지. 즉 인쇄기를 한 대 줄인다는 거야"

"그런 얘기 못 들었는데. 새 기계로 교체하는 거잖아."

"아냐, 공장장이 무토공업 영업맨과 이야기하는 걸 내가 들었거든."

무토공업은 후지미노 공장에 인쇄기를 납품하는 메이커이다.

"영업맨이 돌아갈 때 울상을 짓고 '다른 기종을 안내해 드릴까요'라며 고개를 연방 숙이던데, 공장장이 미안해하는 얼굴로 사양하더군."

지나가는 길에 엿들은 내용을 두고 공장장에게 캐물을 수도 없다. 본사 영업부라면 뭔가 알고 있지 않을까 해서 우라모토에게 전화한 듯하다.

우라모토는 황망한 심정으로 전화를 끊고 자리로 돌아왔다.

"무슨 일이야, 심각한 얼굴로. 빨리 오래? 인기 많아서 힘들겠다."

돌아온 우라모토에게 후리하타가 농담을 던졌다. 우라모토는 노즈에게 들은 이야기를 그대로 전했다. 무거운 침묵이 흐른 뒤 나카이도가 신경질적으로 웃으며 말했다.

"후리하타 씨, 인쇄기를 한 대 줄인답니다. 기쁘시죠?"

드문 일이지만 나카이도는 농담을 던져 평정을 유지하려는 것처럼 보였다.

"바보 같은 소리! 인쇄 회사에서 인쇄기를 줄인다고? 그게 사실이면 큰일이지. 기쁘긴 뭐가 기뻐."

후리하타는 심각한 얼굴로 고개를 저었다.

"나카이도 씨야말로 인쇄기가 한 대 줄면 가동률 높이기가 쉬워지겠군."

농담으로 되받아치는 후리하타의 표정에서는 취기가 깨끗이 사라지고 없었다.

"인쇄기를 줄이면 인쇄기 움직일 사람도 줄이려나."

나카이도가 툭 내뱉었다. 우라모토는 "에이 설마요" 하며 요란하게 부정했다.

언젠가는 닥칠지 모른다고 생각하던 일이 발소리를 내며 다가오고 있었다.

5장

책의 보물상자

인쇄기가 한 대 줄어든다. 의심에 사로잡혀 있지만 확인해 볼 방법도 없이 한 달이 지나고 있었다.

마침 그때 사내 통신망 게시판에 후지미노 공장장이 1호기 해체를 연기한다는 통지문을 올렸다. 이유는, '업무에 미치는 영향이 가장 적은 시기를 선택하고자' 함이며, '당분간 1호기를 그대로 사용한다'는 모호한 것이었다.

확인하려면 지금밖에 없다. 우라모토는 모리 부장에게 물었다.

"부장님, 왜 이제 와서 연기하기로 결정한 걸까요?"

"더 사용할 수 있다면 최대한 오래 사용하라는 거겠지? 뭐, 우리도 자금이 별로 넉넉하진 않을 테니까."

"하지만 인쇄기에 투자하는 건 회사의 생명선과 같은 건데, 그걸 미룰 만큼 재무 상황이 심각합니까?"

모리 부장이 "그렇게 쩔쩔맬 정도는 아니겠지만······" 하며 말 끝을 흐린다.

"혹시 뭐 아시는 게 있으면 사실대로 말씀해 주세요. 부탁드립 니다."

우라모토는 모리 부장의 눈을 똑바로 쳐다보며 말했다. 모리 부장은 컴퓨터 모니터로 시선을 향한 채 말이 없다가 곧 "후우" 하고 길게 한숨을 지었다.

"나도 그런 거 숨기는 거 좋아하지 않아."

나카이도도 외근 나갈 준비를 하면서 모리 부장의 말에 귀를 기울였다.

어느 새 영업 제1부의 몇 사람도 모리 부장을 주목하고 있었다.

모리 부장은 옆에 있는 영업 제1부 부장 노노미야와 얼굴을 마 주 보고 "대강 눈치 챈 것 같은데 말할 수밖에 없잖아" 하고 작은 소리로 말했다. 노노미야도 고개를 주억거렸다.

모리 부장은 주위를 경계하면서도, "상무님한테 전해 들은 이 야기인데" 하고 목소리를 낮췄다.

"실은 올해 연말에 예정대로 해체하되 새 기계를 도입하지는 않겠다는 것이 임원회의 방침이래. 하지만 상무님이 강력히 반발 했다는군."

도요즈미인쇄는 사업의 근간을 기존의 서적과 잡지를 인쇄하 는 일에서 투모로게이트디자인을 통한 디자인과 기획 쪽으로 서서히 옮겨 간다는 방침을 세웠다. 그것은 사원들도 익히 아는 바이다.

하지만 설마 인쇄기를 줄일 줄은 생각도 못했다.

"요컨대 일감이 줄 것으로 보고 인쇄기를 줄이겠다는 겁니까? 그럼 만화 쪽에서 신규 거래처를 개척하죠뭐."

영업 제1부의 중견 사원 야마노가 분연히 기세를 올렸다.

모리 부장은 "그렇게 단순한 이야기가 아닌 모양이야"라고 떨떠름한 표정으로 말했다.

"확실한 정보는 아니지만 인쇄 부수의 로트를 작게 가져가려는 출판사들의 의향도 영향을 미친 것 같더군."

"그건 금시초문인데요. 로트를 줄이는 것과 1호기를 없애는 게 무슨 관계가 있다는 거죠?"

영업 제1부의 노노미야가 옆에서 모리 부장에게 물었다.

"아마 문고본 인쇄에는 데쿠노를 풀가동하겠다는 거겠지."

종이책 매출이 줄어드는 요즘 초판이나 중판의 인쇄 부수를 크게 늘리는 것은 리스크가 크다. 때문에 작은 부수라도 낮은 코스트로 인쇄할 수 있는 데쿠노를 문고본 인쇄에 풀가동하는 방침이 급부상하고 있다고 한다. 실제로 데쿠노 가동률은 『페이퍼백 라이터』의 성공을 계기로 빠르게 높아져 60퍼센트를 넘고 있다.

"인쇄기를 줄이겠다는 방침에는 변함이 없다는 거군요. 앞으로 어떻게 될까요……."

우라모토는 모리 부장에게 물었다. 모리 부장은 "모르겠어"라고 화난 듯이 대답했다.

건너편에서 나카이도가 "지금 생각해 봐야 나올 게 없어"라며 끼어들었다.

"장래 일은 그때 가서 생각하자고. 벌써 9시 반이야. 외근하러 갑니다."

나카이도는 회사 차량의 키를 집어 들었다. 오늘은 출판사 이외의 거래처들을 두루 돌아보려는 것 같다.

"그리고, 우리가 생각해야 할 문제는 '어떻게 될까'가 아니라 '어떻게 할까'야."

"그건 그렇지만……."

우라모토는 생각했다. 거대한 파도에 맞설 수 있을까.

"일정한 가동률을 계속 유지하면 위에서도 생각을 바꾸지 않을 수 없겠지."

나카이도의 말에서 조용한 투지 같은 것이 피어오르는 듯했다.

"일단은 현재의 고객을 귀하게 모실 것. 나카이도의 말도 결국 그거다."

모리 부장의 말대로 기존 고객의 신뢰를 쌓아 나가는 수밖에 없다. 그러려면 눈앞에 닥친 일을 실수 없이 끝내고 하루하루 한 권 한 권을 보다 낫게 만들어야 한다.

"그럼 저도 게이단샤에 다녀오겠습니다."

우라모토는 게이단샤 업무부에 들러 다음 주의 종이 반입 스케줄을 조정한 뒤 편집부에 초교쇄, 재교쇄를 전달했다. 그 참에 각 담당 편집자에게 정보를 수집하고 주문도 받는 것이다.

"수고하십니다. 우라모토 씨, 마침 잘 오셨네."

오쿠다이라가 그에게 손짓을 했다.

"방금 이치조 사치코 작가에게 책에 관한 책을 만들고 싶다는 기획안을 받은 참이에요."

이치조 사치코라면 어린이부터 부모 세대까지 널리 읽히는 명작 『마법학교 시리즈』를 쓴 베스트셀러 작가이다.

"책에 관한 책이라면 어떤 책일까요?"

"요컨대 책을 소개하는 책입니다."

이치조 사치코가 어릴 때부터 작성하던 독서노트에서 어린이에게 추천할 만한 주옥 같은 명작을 골라 한 권의 책으로 엮는다는 기획이라고 한다.

좋은 기획이다. 그런 직감에 가슴이 설렜다.

"실은 이 이야기를 다른 출판사에도 제안했다고 하는데, '지금은 새로운 이야기를 한 작품이라도 더 독자들에게 전하기로 하시죠'라는 식으로 완곡하게 거절당했나 봐요."

"왤까요. 아주 좋은 기획 같은데."

"그래요, 물론 이치조 작가의 뜻은 고상하고 훌륭하죠. 하지만……."

오쿠다이라는 "별로 안 팔릴 겁니다"라고 소리 낮춰 말했다. 『마법학교 시리즈』의 작가 이치조 사치코라는 이름을 내세우더라도 책을 소개하는 책은 판매량을 기대하기 힘들다고 한다. 출판사로서는 썩 내키는 기획이 아니다.

"하지만 오쿠다이라 씨는 의욕적이겠죠?"

"물론이죠. 이렇게 훌륭한 기획을 놓쳐서야 되겠습니까. 아직 내부 의견을 확인하지는 못했지만, 나는 꼭 하고 싶어요."

현재 오쿠다이라는 이치조 사치코에게 들은 요지를 근거로 기획안을 작성하는 중이라고 한다.

"그 건으로 지금 회의가 있는데, 우라모토 씨도 같이 가서 들어 보시죠."

"네, 정말 들어 보고 싶군요."

오쿠다이라를 따라 게이단샤 3층의 회의 공간으로 내려가 보니 회색 슈트를 입은 키가 크고 젊은 남성이 서 있었다.

어디서 본 얼굴이다. 상대방도 '어?' 하는 표정으로 우라모토 얼굴을 빤히 쳐다보았다.

"아하!"

두 사람이 동시에 소리쳤다.

"어, 서로 아는 사이?"

오쿠다이라는 우라모토와 젊은 남성을 번갈아 가리키며 물었다.

젊은 남성은 슈트 안주머니에서 명함지갑을 꺼냈다.

"그간 격조했습니다. 정식으로 인사드립니다. 데이토출판판매의 아마쿠사라고 합니다."

행동거지나 명함을 내미는 동작이 예전과 인상이 많이 달라 보인다. 아마쿠사는 우라모토와 함께 일했던 내력을 오쿠다이라에게 이야기했다.

"이거 심상치 않네, 아마쿠사 씨. 원래 분유칸의 편집자였다고? 참 빨리도 말한다."

"아뇨, 숨기려고 했던 건 아닙니다."

아마쿠사는 분유칸을 그만두고 세 달 뒤 데이토출판판매주식회사, 별칭 '데이한'에 입사하여 현재 서적구매부에서 근무한다고 말해 주었다.

"그랬군요! 설마 이렇게 아마쿠사 씨와 만날 줄이야."

아마쿠사는 머리를 깊이 숙였다. 우라모토는 "어허, 뭘 이렇게까지, 됐어요" 하며 그만 고개를 들라고 재촉했다. 사과하는 태도에서도 관록이 붙어 보인다.

데이한은 가장 큰 중개상. 출판사에서 책을 구매하여 전국의 각 서점에 배송한다. 우라모토는 도요즈미인쇄에 입사한 직후, 사이타마 현에 있는 데이한 서적물류센터를 견학한 적이 있다. 약 1백만 종 2천만 권의 책을 구비한 거대한 창고였다. 책은 그곳에서 검품, 재고관리, 분류가 이루어져 전국의 서점과 편의점 등으로 배송된다.

아마쿠사는 다시 책과 관련된 일로 돌아온 것이다. 하지만 도매상에서 구매를 담당하는 그가 오늘 무슨 일로 오쿠다이라와 협의하는 자리에 참석한 것일까.

"구매 외에도 이런 홍보지를 만드는 사내 프로젝트에도 참가하고 있어요."

아마쿠사가 내민 것은 《신간소식》이라는 작은 책자였다.

"주로 서점 직원들이 정기구독하는 업계지입니다."

팔랑팔랑 책장을 넘겨 보니 다음 달 신간 소개 외에 작가 인터뷰나 연재 장편 소설, 단편 소설 등이 실려 있다.

"발행처가 데이한 홍보실 《신간소식》 편집부라고 되어 있는데……."

"이 잡지 자체는 홍보실에서 발행하지만 회사 내 지원자로 구성된 프로젝트 팀에서 홍보실에 특별기획안을 매월 하나씩 제안하고 있습니다."

아마쿠사는 '작가가 추천하는 책'이라는 페이지를 폈다.

"이 '작가가 추천하는 책'은 지난달 호 특별기획입니다. 신인부터 중견까지 다양한 작가를 상대로 설문조사를 해서 추천서를 소개받았습니다."

책 사진과 추천사를 통해 여러 작가가 책을 소개하고 있다.

"신간뿐만 아니라 오래전에 간행된 양서까지 범위를 넓혀서 이런 코너를 마련했습니다."

작가가 추천하는 책을 그냥 싣는 데 그치지 않고 한 사람이라도 더 많은 독자가 책을 구입하도록 하고 싶어 재고가 충분히 있는지 확인한 다음 게재한다고 설명해 주었다.

"그렇군요…… 출판사와 서점을 연결하는 도매상다운 시도로군요."

"그렇죠. 서로 경쟁하는 출판사들과 서점 체인점을 상대로 중립적 처지에서 책을 위해 일할 수 있는 것도 대형 도매상의 강점이라고 생각해서요."

아마쿠사 이야기에 우라모토는 "아하", "오" 하고 흥분하며 맞장구만 칠 뿐이다. 그러다가 문득 의문이 들었다.

"그럼 아마쿠사 씨와 오쿠다이라 씨는 어떻게 알게 된 겁니까?"

"실은 이 기획을, 이치조 씨만 좋다고 하면 데이한에서 무크지 형태로 제작하는 게 좋지 않을까 하고 처음에는 생각했었습니다. 그래서 데이한 측에 전화를 했는데 아마쿠사 씨가 받았던 겁니다."

오쿠다이라가 저간의 사정을 설명했다.

"데이한이 무크지로 만들면 출판사 간의 이해관계에 신경 쓰지 않아도 되니까요."

아마쿠사가 설명을 보충했다.

'매거진'과 '북'의 중간 형태인 '무크'로 발행하자고 이치조 사치코에게 제안해 보았지만 이치조는 어디까지나 자기 책으로 출간하고 싶어 했다.

"결국 데이한에서 무크지 형태로 발간한다는 이야기는 무산되었지만, 저는 이 기획에 어떤 형태로든 참여하고 싶었습니다. 가령 독서노트에 등장하는 책의 사진을 수집한다든지 재고가 충분한지, 절판되지 않았는지를 확인한다든지."

독서노트에 소개되는 많은 책은 당연히 여러 출판사에서 낸 것들이다. 따라서 신간에 소개할 때는 게이단샤 출판부가 많은 출판사들과 빈번하게 의견을 조정해야 한다. 그 점에서 도매상이 도움이 되겠다 싶어 아마쿠사가 지원한다는 것 같았다.

"책을 위한 책이라면 도매상에서도 도와드리고 싶었습니다."

"아마쿠사 씨는 정말 책을 좋아하시는군요."

우라모토는 책을 매개로 다시 아마쿠사와 일할 수 있게 된 것이 든든했다.

"임팩트 있는 책을 만드시죠. 저희 도매상에서 구매해 전국에 뿌릴 테니까."

판매량은 별로 기대할 수 없다. 수고도 많이 든다. 하지만 오쿠다이라와 아마쿠사는 뭔가에 꽂힌 것처럼 이 기획을 실현하려고 한다.

책에 보탬이 되는 책이 될 거라고 믿기 때문일 것이다.

흥분이 가라앉기 전에 일단 본사로 돌아왔다. 그러자 머릿속은 이내 현실로 끌려 돌아왔다.

회사에서는 인쇄기가 한 대 사라질지 모른다는 불온한 소문이 퍼지고 있다. 그 와중에 많은 판매 부수를 기대할 수 없는 기획을 맡는 것은 곤란하다. 상업적 매력이 부족하니까.

게이단샤에서 발주한다면 맡기는 맡겠지만 모리 부장이나 나카이도에게 '공연한 짓 하지 마라', '너무 나서지 마라'라는 핀잔을 들을지 모른다.

먼저 아군부터 만들어 두자. 얼른 두 사람이 떠오른다. 우라모토는 그 두 사람을 찾아 2층으로 갔다. 두 사람 모두 자리를 비운 상태였다.

휴게실을 들여다보았다. 있다. 마침 두 사람이 각자 다른 테이블에서 커피를 마시는 중이다.

"우스타 씨, 후쿠하라 씨, 잠깐 저 좀 볼 수 있을까요?"

자꾸 번거롭게 굴어서 미안하다고 생각하며 휴식 중인 두 사람에게 손짓했다.

방금 오쿠다이라에게 들은 기획을 설명하자 우스타는 들뜬 표정으로 "예", "호오" 하며 연방 맞장구친다. 그러더니 턱에 손을 괴고 허공으로 시선을 던지는 폼이 벌써 책의 이미지를 그려 보고 있는 모양이다.

후쿠하라는 하얀 뺨이 발그레해져서 우라모토를 응시하고 있다.

"대작가가 강단에 올라서서 독자들을 내려다보며 가르치는 책이 아니라 소녀 시절에 쓰던 독서노트를 공개해서 독서의 기쁨을 전하는 겁니다. 그 독서노트 표지에 『책의 보물상자』라고 적혀 있었답니다. 오래전 책에 얽힌 추억이 담긴 보물상자 같은 책. 보물상자를 열면 새로운 책을 만난다. 어때요?"

우라모토는 설명하며 스스로 고무되었다. 번거로운 작업이 될지 모르지만 책 제작에 종사하는 사람의 숙원 같은 작업이 아니겠는가.

"좋네요. 책의 보물상자. 잠깐 산책하며 이미지를 그려 볼게요."

"링컨의 연설처럼 책의, 책에 의한, 책을 위한 책이라는 거네요. 저도 도울 수 있도록 꼭 기회를 주세요."

후쿠하라는 팔짱을 끼고 테이블 위로 상체를 기울이며 말했다.

이 일은 그야말로 민들레 홀씨에 입김을 불어 멀리 보내는 것과 같은 작업이다. 바람을 타고 날아간 씨앗은 필시 누군가의 마음에 내려앉아 작은 꽃을 피울 것이다.

본사 2층 회의실에서 후쿠하라 에미는 꿈꾸는 듯 황홀한 심정으로 회의 자료를 탐독하고 있었다.

자료 중에는 '취급주의 · 반출금지'라는 고무인이 찍힌 책자도 보인다.

『마법학교 시리즈』를 낳은 작가 이치조 사치코가 어릴 때부터 작성해 온 독서노트의 사본이다.

"이 독서노트를 어떻게 책으로 만들까……."

게이단샤의 오쿠다이라가 이치조 사치코에게 듣고 온 레이아웃 및 장정에 대한 대략적인 구상을 전달했다. 이 자리는 그 구상을 책의 사양으로 구체화하는 회의였다.

보통은 편집자 오쿠다이라와 디자이너 우스타가 논의해서 결정할 단계이지만, 우라모토와 후쿠하라도 자원해서 특별히 참가했다. 『페이퍼백 라이터』 손글씨 원고를 타이핑하는 작업을 후쿠하라가 담당한 인연도 있어서, 후쿠하라가 자원했을 때 오쿠다이라는 꼭 참가해 주길 바란다며 흔쾌히 고개를 끄덕였다.

"책 사진과 기본 정보는 필수겠죠. 그 레이아웃은 각 페이지가 동일할 것이고."

우스타가 중얼거리자 우라모토가 "통일감이 있어야 읽기가 편하겠죠"라고 찬성한다.

"본문에 일기장처럼 괘선을 넣어 보는 건 어떨까요."

오쿠다이라도 페이지의 이미지를 제시했다. 자연스럽게 브레인스토밍이 시작되었다.

후쿠하라는 뭔가 더 필요하겠다고 느꼈다.

"이 독서노트의 해당 부분을 사진으로 넣으면 어떨까요?"

대작가 이치조 사치코도 어릴 때는 책을 좋아하는 여자애였다. 그녀가 책을 읽고 느낀 감동을 어떻게 기록했는지, 손글씨 노트를 일부라도 그대로 보여 주면 좋겠다고 생각했다.

오쿠다이라가 "재미있을 것 같기는 한데⋯⋯" 하며 고개를 갸웃거린다.

"이치조 사치코 작가가 어릴 때 느꼈던 것을 생생하게 전하려면 독서노트의 실제 사진이 효과적인 수단 가운데 하나라고 생각해요. 그 사진에 대한 작가의 코멘트를 받아서 실으면 어떨까요?"

『책의 보물상자』에 담긴 이치조 사치코의 생각은 '책에게 보은하기'와 '다음 세대에게 책의 매력을 전하기'. 대작가이기 때문에 더 설득력 있게 할 수 있는 일이다.

게이단샤나 도요즈미인쇄는 『책의 보물상자』를 통해 이치조 사치코의 메시지를 생생하게 전하는 역할을 해야 한다.

"이치조 사치코 작가의 코멘트 한 마디를 캡션으로 넣는 것은 어떨까요. 이 『이상한 나라의 엘리스』의 토끼를 연필로 그린 페이지를 예로 들자면, '내가 상상하던 토끼는 이렇게 동글동글 살찐 모습이었습니다, 여러분은 어떤 토끼를 상상하는지'라는 식으로."

후쿠하라는 인디자인으로 그림과 코멘트를 배치하는 작업을 상상하며 아이디어를 말하고 있다.

주제넘은 짓이 아닐까 하는 생각과는 달리 말투가 점점 강해진다.

"그래요…… 좋을 것 같기도 해요. 이치조 작가와 상의해 보죠."

오쿠다이라가 괘선 없는 노트에 메모했다.

설마하니 자기 아이디어가 존경하는 이치조 사치코에게 제시된다는 일은 생각해 본 적도 없었다.

"장정도 시안 수준으로 만들어서 이치조 작가에게 제안했으면 좋겠어요. 『책의 보물상자』니까 꽤 묵직해 보이는 외형이 좋다고 생각하는데, 우스타 씨는 어때요?"

"흐음, 책 자체를 보물상자처럼 만들고 자물쇠를 단다든지. 하지만 그건 역시 무리겠죠."

"뭐, 무리든 아니든 일단 발상의 씨앗으로는 좋네요. 엉뚱한 상상으로 출발해서 시행착오를 거치는 것이 우스타 씨의 특징이니까."

오쿠다이라가 우스타의 기발한 착상에 이해를 표했다.

"양장 제본으로 가고, 표지 종이는 두꺼운 것을 쓰고, 본문 용지도 어느 정도 두께가 있어서 내구성이 좋은 코트지가 좋겠죠. 보존판으로서 오래오래 볼 수 있게 만들고 싶어요."

우라모토도 마치 제작팀의 일원인 것처럼 회의에 참여하고 있다.

오쿠다이라는 의견을 취합하며 개략적인 구상을 짜 나갔다. 하지만 후쿠하라는 한 가지 마음에 걸리는 점이 있었다.

"찬물 끼얹는 것 같아서 죄송하지만 게이단샤의 내부 승인은 받아 두셨나요?"

후쿠하라가 조심스레 묻자 옆에서 우라모토가 고개를 열심히 끄덕였다. 아마 우라모토는 영업맨인 만큼 거래처에 대놓고 무엇을 지적하기가 어려울 것이다.

"내락은 받지 않았어요. 부장한테도 얘기하지 않았고."

우스타가 "역시 오쿠다이라 씨군요, 호쾌하시다니까!"라고 태평한 목소리로 말하고 몸을 뒤로 젖혔다.

"기획을 구체화하기 전에 적어도 출판사 내부에서 상의해 두는 게…… 저희도 일단 영업부에는 이야기해 둘 테니까요."

우라모토가 오쿠다이라에게 조언했다. 그러자 오쿠다이라는 고개를 천천히 저었다.

"먼저 이치조 작가와 상의해서 기정 사실로 만들어 버리는 데 의미가 있는 겁니다."

오쿠다이라는 대담한 웃음을 지었다. 조직 규율에 연연하지 않는 후쿠하라가 보더라도 분명 우려스러운 상황이었다.

"괜찮아요. 출판사에서는 나중에 이치조 사치코라는 이름을 내세워 밀어붙이면 되니까."

이치조 사치코는 호유출판 주최 페어리문학상 출신이다. 지금까지 여러 출판사에서 백 권이 넘는 작품을 발표해 왔지만 게이단샤에서 간행한 책은 20여 년 전에 낸 세 권이 전부였다. 하지만 이 기획으로 작가의 신뢰를 얻으면 게이단샤의 우선순위가 올라갈 것으로 오쿠다이라는 계산하고 있었다.

"어떻게 보면 이치조 작가를 인질로 잡고 게이단샤에 결단을 압박하는 거군요."

"우와, 후쿠하라 씨, 무서운 해설이네요. 하지만 그게 사실일지도 모릅니다."

오쿠다이라는 주눅 든 기색도 없이 거침없이 말했다.

"내가 이치조 작가에게 원고를 받을 수 있게 되면 도요즈미도 일감이 늘어나겠죠. 나쁘지 않잖아요?"

"그야 고마운 일입니다만, 오쿠다이라 씨, 괜찮을까요……?"

우라모토가 여전히 불안한 얼굴로 물었다.

"내가 누굽니까. 오만방자예요. 게이단샤에서 제일 귀찮고 건방지고 성가신 편집자라고요."

하하하, 하고 웃는 것은 오쿠다이라뿐이고 도요즈미인쇄 일동
은 온몸이 얼음처럼 굳어 버렸다.

오쿠다이라는 "왜들 그러세요?" 하고 빙글빙글 웃으며 일동의
반응을 살폈다.

"신경 쓸 거 없어요. 오만방자라고 부른다는 거 오래전부터 알
고 있었으니까."

"열심히 일하고 늘 철저한 오쿠다이라 씨를 저희 직원들은 애
증이 뒤섞인 마음으로……."

우라모토가 손수건으로 이마의 땀을 닦으며 변명하느라 쩔쩔
맨다.

"그러니까 여러분, 여하튼 잘 부탁드립니다."

이렇게 회의는 오쿠다이라가 생각지도 못한 이야기로 매끈하
게 마무리해 주었다.

하지만 우라모토와 우스타는 어딘지 재미있어하는 것처럼 보
였다.

"꿈으로 먹고살 수 있어?"

노즈에 마사요시는 주문 도시락의 쌀밥을 나무젓가락으로 떠
올리며 말했다. 아직 점심시간 전이라 후지미노 공장 식당에는
노즈에와 후배 다카노 두 사람밖에 없었다.

"먹고살 수 있을지 어떨지는 알 수 없죠. 아니, 그러니까 더 해
보고 싶습니다."

다카노는 단어를 하나하나 고르는 것처럼 말했다. 눈앞의 도시락에는 젓가락도 대지 않았다.

말이 없는 두 사람 사이로 테이블 위에 있는 스마트폰에서 경쾌한 랩이 흐르고 있었다.

9월 말로 회사를 그만두고 싶다.

아침에 작업을 시작하기 전에 다카노는 불쑥 노즈에게 선언했다.

사실 누군가 회사를 그만두는 것은 늘 갑작스런 일이었다. 갑자기 말을 꺼내고 갑자기 떠난다. 지금까지도 여러 명이 공장을 떠났다. 하지만 그만두는 당사자가 미리 상담을 청하는 일은 이번이 처음이었다.

자신도 그런 상담을 요구받는 처지가 된 것이다. 무거운 마음으로 점심시간 전 아무도 없는 식당으로 다카노를 데려가서 이유를 물었다.

달리 하고 싶은 일이 있어서라고 했다. 여기에 계속 다니면 곤란한 일이냐고 묻자 다카노는 스마트폰에서 동영상을 재생시켜 노즈에게 보여 주었다.

털모자에 헐렁한 블루종을 걸친 남자가 랩을 하고 있었다. 다카노는 이 사람이 자신이며 이것이 자기가 하고 싶은 일이라고 했다.

"공장에 다니면서 할 수는 없나? 그동안 일을 잘해 줘서 나 개인적으로는 자네가 계속 일해 주었으면 좋겠어."

"그렇게 말씀해 주시는 건 고맙지만······."

"그냥 하는 말이 아니고 듣기 좋으라고 하는 말도 아냐. 자네는 정말 일을 잘해 주었어."

다카노는 신입치고는 나무랄 데 없이 일했다. 향상심도 있고 다소 무리를 하기도 했지만 그것도 책임감의 다른 표현이었다.

종이를 들어 올려 세팅하는 일부터 기계 유지관리나 조작법 등을 하나씩 가르쳐 왔다. 이제 슬슬 현장을 맡겨도 되는 수준으로 성장해 주었다고 느끼던 차였다.

"어디 비빌 데는 있어? 누가 스카우트라도 해 주는 거야?"

"아뇨, 특별히 그런 데는 없지만······ 매일 동영상을 올리고 있을 뿐입니다."

"그렇다면 지금까지와 달라질 게 없군. 계속 일하면서도 할 수 있지 않나?"

"아뇨, 그 길만 파서 승부를 보고 싶습니다."

다카노는 도시락을 응시하며 대답했다.

인쇄기가 한 대 줄어들지 모른다. 그 억측에 전전긍긍하고 있을 때 '음악을 하고 싶어서 회사를 그만두겠다'는 놀라운 말을 들었다.

성공할지 어떨지 알 수 없는 꿈을 위해 번듯한 직장을 버리다니, 노즈에로서는 이해할 수 없었다.

다만 동영상에서 약동하는 다카노는 지금 눈앞에 있는 다카노하고는 전혀 달랐다.

MC요타로라는 이름으로 불리는 다카노는 자작한 신디사이저 음원에 맞춰 이 세상에 품은 하찮은 의문을 독특한 유머와 조금 신랄한 풍자에 실어서 노래하고 있었다.

훌륭한 랩인지 어떤지는 노즈에도 알지 못한다.

"이 MC요타로는 어느 정도 레벨이야?"

"그것도 모르겠어요. 다만 여기 나오는 조회수가 하나의 기준은 되겠죠."

화면 밑에 작은 숫자로 표시되는 조회수는 10만 회를 넘었다.

"이렇게 많은 사람들이 보고 있는 것은 사실입니다. 그래서 도전해 보고 싶어졌어요."

예전에 활동하던 밴드 멤버는 흩어졌고 음악을 향한 꿈도 포기했다고 여겼다. 다카노는 일자리를 찾다가 도요즈미인쇄에 입사했다. 직장에 다니면서 취미 삼아 랩을 만들어 동영상 사이트 '마이튜브'에 올렸다.

그런데 그 동영상이 예상외의 반향을 일으켰다. MC요타로는 인터넷에서 유명한 존재였다.

"집에서 혼자서도 내 음악을 발표할 수 있다는 걸 알았어요. 그래서 다시 한 번 꿈에 도전하고 싶어진 거죠."

"모아 둔 돈은 있나?"

꼰대 같은 짓인 줄 알면서도 물어보았다.

"뭐, 부모님 집에 얹혀사는 덕분에 조금은……."

아마 다카노는 상담을 원했던 건 아닐 것이다. 이미 결심이 섰으니까.

꿈으로 먹고살 수 있나? 이것은 자신에게 던지는 물음인지도 모른다.

다카노의 모습이 부러운 건지도 모른다.

벽시계를 보니 11시 50분이 되었다. 정오가 되면 사람들이 식당으로 밀려들 것이다. 다카노의 등을 밀어주며 격려해 줄까, 아니면 무게 잡으며 '일단 알았으니까 생각해 보지'라고 할까.

이러저러한 사이에 지로 씨가 식당에 들어왔다.

"미스터 꿍하고 다카노 아닌가. 점심시간도 되기 전에 점심을 먹어? 공장장한테 꼰지를까 보다."

지로 씨는 사돈 남 말하는 격으로 두 사람에게 핀잔을 주었다. 입구 근처 긴 탁자에 늘어 놓은 도시락 가운데 하나를 집어 들고 식당 전자레인지에 데우기 시작했다.

일단 다카노와 하던 이야기를 끝냈다.

"밥부터 먹자."

노즈에가 재촉하자 다카노는 "잘 먹겠습니다" 하고 살짝 목례하고 나무젓가락을 쪼갰다.

"어이, 땡땡이치는 두 분, 옆에 앉아도 되지?"

지로 씨는 노즈에 옆에 앉아 수북하게 담긴 돈까스 도시락에 늘 지참하는 레토르트 카레를 부었다. 지로 씨는 빼빼 마른 대식가였다. 종종 점심시간 벨이 울리기도 전에 식당에 제일 먼저 들어선다.

"왜 그래? 두 사람 얼굴이 별로네."

지로 씨는 노즈에와 다카노의 얼굴을 번갈아 보며 말했다.

"점심식사 하는 김에 잠깐 얘기 좀 했습니다."

"뭐야, 땡땡이치던 거 아니었어? 이거 실례했군."

지로 씨가 의자에 앉을 때 또 한 사람이 점심시간도 되기 전에 식당에 들어섰다.

"오, 규 씨 아닌가. 오랜만이야."

평소 규 씨는 데쿠노당 구석에서 도시락을 먹고 낮잠을 잔다. 식당을 이용하는 일이 거의 없다.

규 씨는 컵라면에 포트의 열탕을 부어서 이쪽으로 천천히 걸어왔다.

"이게 웬일이야, 별일이네. 천연기념물이 나타난 줄 알았어."

지로 씨가 이렇게 농담을 할 수 있는 것도 두 사람 인연이 오래되었기 때문이다. 규 씨는 웃는 얼굴로 천천히 자리에 앉았다.

"마누라가 감기로 드러누워서 오늘은 도시락 없이 왔거든."

그렇게 말하고 규 씨는 나무젓가락을 쪼겠다.

"그래서 컵라면으로 때우려고?"

"튀김소바야."

규 씨는 뚜껑을 쳐들어 보였다. 지로 씨가 속을 들여다보았다.

"뭐가 튀김소바라는 거야. 튀김은 코빼기도 안 보이는구면."

"버렸거든."

"뭐야 이게. 튀김 없는 튀김소바도 있나."

"기름기 있는 건 못 먹어. 자넨 낼모레 환갑이 되는 노인네가 용케 그런 걸 먹네."

규 씨는 지로 씨의 풍성한 돈까스카레 도시락을 가리키며 얼굴을 찡그렸다.

"내 위장은 팔팔한 현역이니까. 자네 위장 같은 줄 알아?"

그렇게 말하고 지로 씨는 늘 갖고 다니는 불독소스를 카레 위에 고루 뿌렸다. 노즈에는 30대 초반이지만 보기만 해도 식도가 타는 기분이었다.

"돈까스카레는 말이지, 예전 쇼와 시절에 대단한 야구선수 아무개가 어느 레스토랑에서 라이스카레 속에 돈까스를 박아 달라고 주문한 게 시작인데……."

지로 씨는 다카노를 향해 돈까스카레의 탄생 비화를 들려주기 시작했다. 대체로 맞는 내용이었다.

"1호기 목숨이 한동안 더 붙어 있을 모양이야."

규 씨가 작은 소리로 말했다.

"그런 것 같군."

"쓸 수 있을 만큼 쓰고, 다음 기계는 없다는 거겠지."

"역시 그런 건가요."

"그냥 내 감이야."

얼마 전 1호기 해체 연기가 발표된 뒤 공장 직원들 사이에서는 다양한 억측이 난무했다. 현장 사람의 직감도 규 씨의 생각과 같았다.

"아, 그리고, 인쇄기가 줄면 당연히 사람도 줄겠지."

돈까스카레 이야기를 끝낸 지로 씨가 목소리를 낮춰 끼어들었다.

"그렇게 되면 결국 우리 같은 늙은이들이 잘리겠지. 앞날이 창창한 젊은 사람들에게 밥줄을 양보하는 게 마지막 할 일인지도 몰라. 안 그래, 다카노?"

다카노는 신경질적으로 웃으며 고개를 살짝 내밀고 말했다.

"하지만 지로 씨 같은 별색 기술자는 계속 필요할걸요."

다카노는 어떻게든 이 화제를 피하려고 하는 듯했다. 그러자 지로 씨는 "그게 그렇지도 않은 것 같아" 하고 투덜거리며 자리에서 일어섰다. 그리고 식당 중앙에 있는 신문 거치대에서 업계지 《인쇄저널》을 가져다가 테이블 위에 펴 놓았다.

지로 씨가 가리킨 기사의 제목은 이랬다.

'월드인쇄 별색잉크 배합 설비를 강화.'

규모가 제일 큰 월드인쇄가 미타무라공업에서 제작한 최신 배합기를 도입했다는 기사였다.

기술자 스카우트도 빈틈없이 추진하는 월드인쇄이지만, 기계화가 가능한 영역은 철저히 기계화를 추진하고 있다. 정밀한 작업에는 기술자의 손이 필요하다지만 배합기의 정밀도도 서서히 높아지고 있었다.

"젠장, 기계도 내 동료라는 둥 한가한 소리를 하고 있었더니 기계들이 일감을 빼앗아 가는구먼."

월드인쇄의 제안을 거절한 지로 씨가 태평하게 말했다.

"그리 되면 관두는 거지, 뭐."

규 씨가 달관한 듯 중얼거리며 면을 후루룩 빨았다. 두 사람 모두 종이책 매출이 지속적으로 확대되던 시절에 일본의 인쇄업을 지탱해 왔다. 자학적인 노인 토크와는 달리 어딘지 낙천적인 모습이다.

"규 씨와 지로 씨는 좋겠어요."

노즈에는 저도 모르게 말하고 말았다.

"뭐가?"

지로 씨가 도시락 바닥에 남은 카레를 스푼으로 긁어모았다.

"이제 곧 정년퇴직이잖아요. 이 와중에 후련하게 도망칠 수 있잖아요."

시대의 사나운 파도를 걱정하지만 그 파도를 정면으로 뒤집어쓰지 않고 커리어를 마칠 수 있는 공로자들. 그런가 하면 하고 싶은 일이 있다면서 공장을 떠나는 자유로운 젊은이. 노즈에는 그 사이에 끼어 방치된 심정이었다.

책을 만들며 살고 싶어서 도요즈미인쇄에 남기로 결심했다. 후회는 없지만 장래에 대한 불안은 가시지 않는다.

"그러게. 좋은 시절에 이 기술을 익혔고, 좋은 시절이 끝날 때 손 털고 나가게 됐군. 자네들한테 미안하이."

그렇게 말하고 지로 씨는 블루베리 껌을 접어서 입에 넣었다.

규 씨와 지로 씨가 식당을 나가자 노즈에는 다시 꿈을 꾸는 젊은이와 대면했다.

눈앞에 있는 다카노가 죽은 처남 도시아키와 겹쳐 보였다.

"붙잡아도 결심이 달라지진 않겠지?"

노즈에는 옆 테이블에 들리지 않도록 목소리를 낮춰 다카노에게 물었다.

"예. 죄송합니다."

다카노는 미안해하는 얼굴로, 하지만 분명하게 대답했다.

"알았어. 내가 때를 봐서 위에다 얘기해 놓을게. 시기는 9월 말이면 되나?"

"예. 인수인계를 확실히 해서 민폐 끼치지 않고 떠나고 싶으니까요."

"그런 걱정보다 자네 앞날이나 걱정하지그래."

떠나겠다는 사람에게 느끼는 체념이 그런 말로 드러난다. 그러자 다카노가 대답했다.

"지금 있는 자리에서 전력을 다하지 못하는 사람은 다른 자리에 가도 마찬가지일 거라고 생각합니다. 그래서 대충 일하다 가고 싶지는 않습니다."

그건 아니라고 생각했다. 다음 자리를 찾았다면 개의치 말고 그리로 가면 된다. 하지만 다카노의 태도에 어깃장을 놓고 싶지는 않았다.

"그럼 나도 마지막까지 일을 가르치기로 하지."

"지금까지 어렵게 가르쳐 주셨는데, 죄송합니다……."

"사과할 거 없어."

"예…… 감사했습니다."

"나야말로 고마웠다."

다카노는 왜 고맙다고 하는지 모르는 듯 의아한 표정이었다.

"아무것도 아냐. 그만 돌아갈까?"

점심시간이 끝나자 오후 작업을 차분하게 시작했다. 1호기 소문은 인원 감축의 전조가 아닐까 하는 의심으로 공장 분위기는 어딘지 무거웠다.

그런 와중에도 꿈을 위해 기꺼이 공장을 떠나려고 하는 다카노만은 생기가 넘쳤다.

"쇄판 교체 완료했습니다."

"그래, 빠르군."

이상을 말하는 인간이 싫었다.

자신의 그 고정 관념이 변하고 있음을 스스로 느끼고 있었다. 인정하고 싶지는 않지만 다카노나 우라모토 같은 자들과 어울린 탓일 것이다.

그들은 까마득한 이상을 그냥 말로만 하는 게 아니라 지금 이 순간에도 온 힘을 다하고 있다.

죽은 처남 도시아키는 어떤 인간이었을까. 병으로 쓰러지기 전에는 연극에 열중하는 한편 아르바이트하는 곳에서도 열심히 일하는 사람이었는지도 모른다.

노즈에는 처남에 대하여 아무것도 모른다. 처음 만났을 때부터 위화감을 느꼈고, 병문안도 하지 않았다.

두 아들이 '도시아키 삼촌'이라며 그리워하던 이유도 알지 못하고, 사오리에게 어떤 동생이었는지도 알지 못하며, 마지막으로 보내 준 멜론의 의미도 알지 못한다. 아무것도 알려고 하지 않았다.

오늘 집에 돌아가면 사오리에게 도시아키에 대하여 물어보자. 가족이 다시 한자리에 모일 수 있는 계기가 될지 모른다.

오전반 근무를 마치고 애매미 우는 소리를 들으며 귀갓길에 올랐다. 7월 하순에 때 이른 애매미 소리였다. 울음을 그칠 찰나의 매미소리를 고타와 요타가 "위이요오, 위이요오, 위이요오, 치이이" 하고 흉내 내던 생각이 난다.

집에 도착하니 거실에서 고타와 요타가 텔레비전을 보고 있었다. 사오리가 보이지 않았다. 시곗바늘은 오후 6시 반을 가리키고 있다.

"왜 너희 둘뿐이지?"

그렇게 묻자 고타와 요타는 서로 얼굴만 쳐다보았다. 누가 대답할래? 그렇게 눈치를 보는 것처럼 보이기도 한다. 고타가 입을 열었다.

"아직 퇴근하지 않았어."

"퇴근?"

고타와 요타가 다시 눈을 마주보더니 노즈에를 올려다보고 동시에 고개를 끄덕였다. 노즈에는 사오리에게 아무런 이야기도 들지 못했다.

"어딜 다니는데?"

"체육관? 이었나……?"

현관에서 문 열리는 소리가 들리더니 비닐봉지 스치는 소리가 났다. 장을 본 비닐봉지를 든 사오리는 고타와 요타에게만 "엄마 왔다"라고 말하고 거실 선반 위에 백을 놓았다.

"어디 일 다녀?"

"왜, 안 돼?"

사오리는 노즈에게 눈길도 주지 않고 비닐봉지에 든 물건들을 냉장고에 정리하며 대꾸했다.

"아니, 언제부터, 무슨 일을 하는데? 생활비 정도는……."

"안 되냐고 묻고 있잖아."

무거운 침묵이 흐르고 집 안 공기가 팽팽하게 긴장한다. 낡은 냉장고가 낮은 소리로 으르렁거렸다. 사오리가 아이들에게 "방에 들어가 있어"라고 피난시킨다.

"때를 봐서 얘기하려고 했어."

그렇게 말하며 사오리는 거실 좌탁 앞에 허리를 꼿꼿하게 펴고 앉았다.

"동생 때문에 생판 타인인 당신한테 너무 폐를 끼쳤어. 그 아이가 세상을 떠나서 시원하겠지."

아니다. 부정하고 싶은데 차마 언어가 되지 못한다.

"내가 일을 시작했으니까 그 아이 생전에 보내 준 돈은 최대한 빨리 갚을게."

아니다. 탁류처럼 밀려드는 감정은 언어로 변환되지 못하고 추한 고함이 되었다. 동시에 오른손 주먹이 회칠한 벽으로 파고들었다.

사오리는 놀라는 기색도 없이 차가운 눈으로 노즈에를 노려보고 있었다.

"뭐 하는 거야? 때릴래? 그렇게 해 줘야 나도 폭발할 수 있을 텐데."

"저녁은 밖에서 먹고 올게."

떨리는 목소리로 그렇게 말하고 노즈에는 집을 나섰다. 살이 찢어져 피가 밴 주먹을 꽉 쥐었다. 걸음은 절로 공장으로 향했다.

노즈에는 오후조 직원들에게 "밀린 서류 작업이 생각나서"라고 말하고 공장 관리동에서 밤을 샜다.

"이 안건은 업무 범위를 벗어났어."

선배의 말이지만 가만있을 수 없었다. 나카이도에게 『책의 보물상자』 건을 이야기하자 이렇게 한 마디로 일축당한 것이다.

"그게 무슨 뜻이죠? 거래처의 요청으로 상담에 응한 것이 잘못이라는 건가요?"

"편집자와 똑같은 시각으로 책 사양 결정에 열중하는 것은 인쇄 영업의 일이라고 할 수 없어."

"이익도 제대로 남길 수 있도록 책을 만들 겁니다. 저는 거래처

편집자의 부탁을 받고 그 편집자 뒤에 있는 작가의 의도를 감안해서 책을 만들려는 것뿐입니다. 뭐가 문제라는 거죠?"

"몇 번이나 한 말이지만 책을 만드는 건 우리가 아냐. 작가와 편집자지."

"아뇨, 만들고 있습니다. 저 역시 몇 번이나 말했지만 인쇄 회사는 모노즈쿠리입니다."

취직 활동 중인 학생들 앞에서 처음 했던 이 말은 그동안 우라모토를 이끌어 주고 격려해 왔다. 이제 나카이도가 뭐라고 해도 양보할 마음은 없었다.

"지금 자네랑 할 얘기는 없어. 외근 나갔다 곧장 퇴근할 거니까 이만 실례."

나카이도는 가방을 들고 나갔다.

나카이도를 따라잡고 추월하겠다는 각오로 일해 왔다. 그와는 다른 스타일로 일해 왔지만 거래처인 게이단샤에서 가장 까다로운 편집자로부터 신임을 얻기에 이르렀다.

왜 대뜸 일축해 버리는지 알 수 없었다.

잠시 후 업무용 휴대 전화에 메일 착신음이 울렸다. 나카이도였다. 긴장해서 열어 보니 휴대폰 메일치고는 장문의 글이 시야로 날아들었다.

우라모토 씨
말보다 글로 전하는 편이 낫겠다 싶어서 이렇게 메일로 보내.

나는 역시 인쇄 회사는 모노즈쿠리라고는 생각하지 않아. 하지만 더 나은 책을 세상에 내보내기 위해 일하고 싶은 마음은 당신과 똑같지.

그 바람을 이루는 데 특히 중요한 요소는 아마 몇 가지 안 될 것이고, 매우 단순한 것들이라고 생각해.

1) 매일 하는 업무를 실수 없이 끝내는 것.

이걸 못하면 우리는 책을 세상에 내보내는 일을 의뢰받지 못하게 돼. 가장 당연하고 가장 어려운 일이지. 이번 『책의 보물상자』는 작가와 편집자, 그리고 우라모토 씨의 의욕만 앞서고 있어 매우 위험해 보여. 할 수 없는 일을 섣불리 받아들이거나 제안하는 행동은 훗날 신뢰 실추로 이어지게 마련이야. 신뢰는 쌓기 어렵고 잃기는 쉽지. 인쇄 영업은 거래처의 요구를 접수하는 최전선의 창구이자 무리한 요구를 막는 최후의 보루이기도 해. 가령 디자이너가 할 수 있다고 하는 일이라도 영업의 입장에서 '못 하겠다'고 말해야 할 때도 있어. 한 발 뒤로 물러선 시각으로 전체를 조망하는 것도 인쇄 영업맨의 역할이 아닐까.

2) 인쇄기 가동률을 유지하는 것.

인쇄기 가동률이 바닥까지 떨어지면 우리 인쇄 회사는 존립할 수 없어.

중장기적인 시각이든 뭐든 다 좋지만, 가장 중요한 것은 『책의 보물상자』가 가동률에 어떤 영향을 미칠지를 보는 거야. 책을 사랑하는 사람들에게 그 책을 전해서 조금이라도 독서 본연의 모습을 되찾게 하자, 책 읽는 사람을 늘리자 등등. 글쎄, 이건 조금 안 이하지 않나?

그리고 또 하나.

3) 새로운 일에 도전하는 것.

인쇄 회사는 기존에 해 오던 일을 반복만 해서는 살아남을 수 없어. 새로운 도전이 필요해. 이 점에서는 우라모토가 나보다는 조금 나아 보여. 나도 명심하도록 하지.

다 읽고 난 우라모토는 온몸이 굳어 한동안 움직일 수 없었다.

나카이도는 조금도 동요하지 않았다. 그리고 우라모토를 부정한 것도 아니었다. 사고방식이 다를 뿐 인정해 줄 건 인정해 주고 있다.

우라모토는 답신을 쓰려다 말았다. 이 메시지에 대한 고마움은 일상 업무로 보여 주어야 한다.

자리에서 일어서려고 하는데 뒤에서 누가 어깨를 툭 쳤다.

"한가한가 보네."

돌아보니 노즈에가 서 있었다. 티셔츠에 청바지라는 편안한 복장에 배낭을 메고 있다.

"잠깐 뭘 좀 생각하느라고. 오늘 연수 받았어?"

"응, 마지못해 참석했는데 의외로 좋은 내용이더군."

어느 부서 직원이든 책과 잡지가 제조되는 공정 전반을 직접 봐 둘 필요가 있다는 방침 아래 인사부가 새로운 사원 연수를 시범적으로 운용하기 시작했다. 매사 적극적인 인사담당자 히로노 마이가 커리큘럼을 짜고 있다. 노즈에는 오후 한나절을, 출판사가 보낸 데이터의 관리, 데이터 제작부의 레이아웃 작업 등 본사의 업무를 한 차례 견학한 것이다.

"영업부의 노고도 조금은 알겠더군."

"그거 다행이네. 그럼 이제 작업을 팍팍 배정해 줘야겠군."

대화가 끊기고 침묵이 흐른다. 노즈에의 오른쪽 손등에 거즈가 붙어 있는 것을 발견했다.

"그 손은 왜 그래?"

노즈에는 오른손을 청바지 주머니에 찔러 넣었다.

"종이에 베였어. 일하는 데는 지장 없어."

또 침묵이 흐른다. 노즈에는 뭔가를 이야기하려고 온 걸까?

"언제였나, 밥 한 번 산다고 했었지?"

"어, 맞아, 그랬지."

지키지 못한 약속을 헤아리자면 한이 없지만, 노즈에가 웬일로 밥 먹자는 운을 띄운다.

"마침 잘 됐네. 약속을 지킬 때가 왔군."

우라모토는 거래처에 보낼 메일을 처리하고 노즈에와 함께 회사를 나섰다. 막 18시가 지난 참이다.

유라쿠초 선을 타고 이케부쿠로까지 가서 서쪽 출구 근처에 있는 꼬치구이집의 포렴을 헤치고 들어서자 젊은 여성 점원이 맞아 주었다. 테이블과 카운터석 중에 선택하라고 해서 노즈에가 카운터석을 택했다.

"카운터석에 두 분!"

"예, 두 분요! 감사합니다!"

ㄷ자로 생긴 카운터 안쪽에서 힘찬 목소리가 날아왔다. 주말도 아닌 수요일이지만 빈자리가 거의 없었다. 퇴근한 직장인으로 보이는 사람들로 북적였다.

생맥주가 가득 담긴 잔으로 "수고했어"라고 작은 소리로 건배를 하자 노즈에가 이야기를 꺼냈다.

"부인은 건강하신가?"

"응, 그때는 고마웠네."

"재미있는 분이더군. 가족이 이해해 준다는 건 좋은 거야."

묘하게 의미심장하게 들린다. 벚꽃놀이 때도 '나 같은 쓰레기라도 애들을 낳을 수는 있더라는 것뿐이지'라고 말했던 것이 생각난다. 뭐라고 대꾸할지 궁리하는데 노즈에가 한숨 섞인 목소리로 말했다.

"내가 그렇게 봐서 그런지 요즘 공장 사람들 표정이 다들 어두워."

역시 후지미노 공장에서도 1호기를 둘러싸고 억측이 난무하고 있는 듯하다. 억측이 억측을 낳아 명예퇴직자 모집이 시작될 거라는 이야기가 마치 사실인 양 돌고 있다고 한다.

"뭐 인공지능이 소설까지 쓰는 시대잖아. 잘하면 우리 일도 10년 뒤에는 없어질지 모르지."

노즈에의 달관한 듯한 말에 다른 때라면 기가 죽었을 것이다.

"앞일을 어떻게 알아."

우라모토는 스스로를 타이르는 듯한 말을 했다. 자신도 노즈에도, 모리도 나카이도도, 우스타도 후쿠하라도 후리하타도…… 10년 뒤에 어떻게 될지 알지 못한다.

"하지만 적어도 지금은 우리 없이는 책이 만들어지지 않아."

만약 당장 세상에서 인쇄 영업이 없어진다면 책 제작은 즉시 중단될 것이다. 작가나 편집자들이 이야기를 만들어낸다고 해도 책이 되지 못한다.

턱없는 요구를 들이미는 편집자, 사양을 갑자기 변경하는 디자이너, 뜻대로 되지 않는 종이 수급, 공장이나 제본소의 작업 스케줄. 인쇄 영업맨은 그런 불확실한 온갖 요소들을 날실로 꿰듯 연결해서 책이라는 하나의 형태로 조립해 나간다.

"전서구라도 괜찮아. 책을 위해 뛰어다니는 거야."

"꽁하고 있었나. 미안하이."

"아니, 좋은 의미에서 일류 전서구가 되려고 해."

자신은 디자이너나 인쇄공이나 DTP오퍼레이터처럼 특정한 기술이 있는 것도 아니다. 하지만 책이 완성되려면 자기 같은 사람도 필요하다. 그런 생각을 우라모토는 솔직하게 말했다.

"인쇄 영업은 당연히 필요하지. 오늘 연수받으며 많은 설명을 듣고 보니까 알겠더군. 하지만 우리 공장의 인쇄공들은 금세 도태될 거야."

역시 1호기 이야기는 후지미노 공장에 어두운 그림자를 드리운 듯하다.

"앞날이 걱정돼도 당장 일이 밀려들어. 아무튼 일하는 수밖에 없지."

우라모토는 맥주잔을 눈높이까지 들었다.

노즈에는 평소와 달리 말이 많았다. 잔을 거듭 비우는 가운데 시간이 금세 지났다. 우라모토는 집이 걸어갈 수 있는 곳에 있지만, 노즈에는 이 자리가 끝나면 전차를 타고 후지미노까지 돌아가야 한다.

"이제 곧 10시야. 오늘은 늦어도 괜찮은가?"

"응. 집에 가 봐야 기다리는 사람이 아무도 없어."

노즈에는 카운터 위로 흐릿한 시선을 떨어뜨리며 중얼거렸다. 혀가 살짝 엉키고 있다.

"그럴 리가."

그러자 노즈에는 쓴웃음을 지으며 고개를 저었다. 아내하고는 오랫동안 대화다운 대화를 해 본 적이 없다. 아이들도 노즈에게 다가오지 않는다. 취한 시선을 하릴없이 움직이며 띄엄띄엄 말했다.

"빨리 돌아가 봐야 내 자리는 없어. 일 이야기라도 하고 있는 게 그나마 낫지."

"그럼 이건 현재 제일 중요한 안건인데……."

우라모토는 『책의 보물상자』 건을 노즈에게 말했다. 노즈에는 한 마디도 섞지 않고 듣기만 했다.

"이치조 작가는 세상의 부모와 아이들이 조금이라도 책을 가까이하며 살아가기를 원해."

"좋은 기획이군."

노즈에는 오른손에 맥주잔을 든 채 취한 목소리로 말했다.

"그렇지? 하지만 제작에 손이 많이 가고 판매량은 별로 기대할 게 없어."

"회사 수익에 별 보탬이 안 되나? 하지만 좋은 작업인걸."

노즈에는 잔을 기울여 맥주를 입안에 붓고 다시 "좋은 작업이야" 하고 중얼거렸다.

"아마 나중에 돌이켜 봐도 하길 잘했다고 생각할 수 있는 일이 될 거야. '만들길 잘했지' 하고 생각할 수 있는 책."

손에 집어 드는 사람은 적을지 모른다. 하지만 어디선가 부모와 아이가 『책의 보물상자』를 읽고 새로운 책을 만나게 된다니 얼마나 좋은 일인가.

"아, 또 한 가지 잊으면 안 돼. 보다 나은 모습으로 이 책을 세상에 내보내면 게이단샤와 이치조 사치코의 관계가 훨씬 깊어지지."

노즈에는 "흠" 하고 무심한 반응을 보였다. 대작가와 게이단샤의 관계에는 흥미가 없는 듯하다.

"게이단샤의 일이 늘어나면 우리 일감도 늘어. 인쇄기 가동률이 올라가겠지."

"꼭 나카이도 씨처럼 말하는군."

"그래, 나카이도 씨는 내가 목표로 삼은 사람이니까. 따라잡고 추월해야지."

그러자 노즈에는 "흥" 하고 코웃음 치는 시늉을 했다.

"가망 없어. 당신은 나카이도 씨처럼은 못 돼."

노즈에는 음료 메뉴판을 집어 들며 말했다.

"대놓고 까는군. 아직은 한참 못 미치기는 하지만 조만간……."

"당신한테는 당신의 방식이 있어. 남 흉내 낼 필요는 없잖아."

"혹시 지금 나를 지지해 주는 거야? 기분이 좀 그러네."

"인쇄 회사는 모노즈쿠리이다. 아직도 이렇게 생각하지?"

노즈에는 잘 돌아가지 않는 혀로 그렇게 말하더니 "고구마소주 미즈와리!" 하고 카운터 너머로 주문했다.

나카이도를 따라잡아야 한다고 생각했다. 그렇게 믿어 왔다. 노즈에가 툭 던진 말에 그 강박에서 풀려난 기분이 들었다.

"그렇게 말하는 노즈에 씨는 목표로 삼은 선배 같은 사람은 없나?"

"없어."

노즈에는 즉답했다. 노즈에답다고 생각했다. 하지만 잠시 후 노즈에가 계속 말했다.

"훔칠 수 있으면 훔쳐야지. 다만 도저히 흉내 낼 수 없는 게 있어. 지로 씨는 종이의 숨소리를 들으며 잉크를 배합하고 규 씨는 기계의 그날그날 컨디션을 살펴보며 설정을 결정하지. 장인의 세계야. 내가 일조일석에 어떻게 해 볼 수 있는 수준이 아니지."

"그래. 나도 노력할 생각이지만, 나카이도 씨와 같은 냉정한 판단이나 빈틈없는 배려는 힘들 거야……."

훔칠 수 있는 거라면 훔치고 싶다. 하지만 노즈에가 말한 대로 아무리 애써도 안 되는 것이 있다.

"부탁하면 돼. 나는 지로 씨가 될 수는 없고 규 씨도 될 수 없어. 그렇게 결론짓고 내가 못할 일은 부탁을 하지. 나는 지금까지 그렇게 해서 현장을 관리해 왔어."

"좋아. 그럼 나도 위기일 때는 당신에게 도움을 청할게. 이야, 든든한걸."

농담처럼 말하자 노즈에는 "좀 봐줘" 하며 쓴웃음으로 응했다.

우라모토의 슈트 안주머니에서 업무용 휴대 전화가 울렸다. 게이단샤 문고편집부였다.

"잠깐만."

노즈에에게 양해를 구하고 자리에서 일어나 주점 밖에 나가서 받았다. 모레 들어올 예정인 저자 교정이 하루 늦어진다는 연락이었다. 내일 생산관리부에 보고하고 데이터 제작부 작업 스케줄을 재조정해야 한다. 지금 회사로 돌아갈 만큼 중대한 사태는 아니다.

"이 시간에도 전화가 오나?"

"응, 오늘은 평화로운 편이야."

"영업도 고생이 많더군. 그걸 조금 알게 된 것만으로도 오늘 연수는 보람 있었어."

이해해 주는 것은 고맙지만 오늘은 노즈에가 어딘지 약해진 것처럼 보였다.

"당신, 전에 나한테 물었지. 무엇을 위해서 일하느냐고."

"어, 오래전이지. 술에 취해도 용케 기억하는군."

우라모토는 저도 모르게 쓴웃음을 지었다. 지금 생각하면 너무 추상적인 질문이었다. 그때 노즈에는 "돈 때문이지"라고 즉시 대답했었다.

"당신은 무엇을 위해서 일하는 거지?"

노즈에의 물음에 우라모토는 긴장했다. 막상 상대가 되물으니 대답이 궁했다.

"책을 만들기 위해서, 먹고살기 위해서, 성취감을 위해서……영업맨으로서는 인쇄기 가동률을 유지하기 위해서."

생각나는 대로 줄줄이 나열해 보지만 이거다 싶은 게 없다.

"역시 나도 돈 때문에, 아니 앞으로는 가족을 위해서라고 해야 하나……."

아이가 태어나 아비로서 일할 미래를 상상해 본다. 그렇게 되면 가족에 대한 책임이 더 무거워질 것이다.

"그게 뭐야. 딱 하나로 좁혀 봐."

노즈에는 도발적인 말투로 말하고 닭껍질꼬치를 물었다.

"그렇게 대답은 해 보지만 나도 요즘 무엇을 위해서 일하는지 알 수 없게 되었어."

무엇을 위해서지? 무엇을 위해서일까, 하고 마음속으로 되뇌자 문득 싱거운 답이 떠올랐다.

"결국 나를 위해서인지도……."

입 밖에 내고 보니 우라모토는 스스로 생각해도 한심했다. 하지만 취한 머리로 솔직하게 생각해 볼수록 아무래도 '나를 위해서'라는 답으로 돌아오고 만다. 다른 답은 모두 거짓처럼 느껴진다.

노즈에는 소주잔을 든 채 카운터를 내려다보고 있었다.

"아니야, 틀렸어. 뭐라고 해야 할까……."

우라모토가 계속 말하려고 하는데 노즈에가 "아니, 맞아" 하고 막았다.

"바로 그거야."

노즈에는 갑자기 맨 정신을 찾은 표정으로, 혹은 망령이 떨어져 나간 것 같은 표정으로 말했다.

"나를 위해서야. 나를 위해서 일해도 괜찮은 거야. 방금 당신이 말한 다양한 이유 하나하나도 결국은 자기를 위하는 거야."

뜻밖에 노즈에의 동의를 받자 우라모토는 새삼 실감했다.

일이란 고객을 위해, 가족을 위해, 다른 누군가를 위해 하는 것이고 나를 위함은 아니라고 믿어 왔다. 마음속 어디선가 나를 위해서와 남을 위해서는 양립할 수 없으며, 남을 위해서는 나를 어느 정도 희생해야 한다는 전제를 깔고 있었다. 하지만 그것은 틀렸다. 누군가에게 도움이 되는 것, 혹은 뭔가에 도움이 되는 것은 나의 행복으로 연결된다. 나를 위해서 일해도 되는 것이다.

"음료 주문을 마감합니다."

젊은 여성 점원이 주문 마감을 알리러 왔다. 노즈에는 이미 과음 상태였다. 더 마시게 놔두면 귀가할 수 없게 될 것이다. 우라모토는 "계산할게요"라고 대답했다.

여성 점원의 명찰에는 여러 가지 컬러펜으로 쓴 글자들이 적혀 있었다.

'마쓰노 고하루, 추천 메뉴는 포테이토샐러드입니다!'

아르바이트 학생인지 손글씨만큼 명랑한 인상이다. 꼬치구이집인데 추천 메뉴가 포테이토샐러드라니 이상하지 않은가 생각했지만, 실제로 맛은 좋았다.

노즈에는 마쓰노 고하루에게 "포테이토샐러드 맛있어요. 끝내줬어요"라고 말하며 고개를 꾸벅 숙였다. "감사합니다!" 하는 쾌활한 목소리가 돌아오자 노즈에가 고개를 들었다.

마쓰노 고하루는 기민한 동작으로 고개 숙여 인사하고 계산대로 걸어갔다.

"저 아가씨도 자신을 위해서 일하는 거야. 주인장도. 맞죠?"

"아 예, 맞습니다!"

불쑥 질문을 받은 주인처럼 보이는 남자가 만면에 웃음을 지으며 힘찬 목소리로 대답했다.

방금 전의 마쓰노 고하루가 전표를 들고 돌아오자 노즈에가 "고마워요"라며 받아들었다.

"내 몫은 얼마지? 머리가 어찔어찔해서 나눗셈이 안 되네. 그냥 내가 내지."

노즈에는 가방에서 지갑을 꺼냈다.

"그건 안 되지. 오늘은 내가 내기로 했으니까."

"아냐, 드디어 내가 번 돈으로 부담 없이 마실 수 있게 되었단 말이야."

"어이, 얘기가 다르잖아. 취한 거야?"

"내 돈이야. 내 마음대로 쓰게 놔둬."

노즈에가 화난 목소리로 말하고 지갑에서 1만 엔 권 세 장을 꺼내 카운터 위에 던지고 비틀비틀 일어섰다. 간장이 남아 있던 종지에 지폐가 떨어졌다.

우라모토가 당황해서 지폐를 주워 물수건으로 간장을 닦았다.

"오호, 파지가 되어 버렸네. 이런 이런."

"자, 다시 넣어 둬. 그렇게 많이 마시진 않았어."

우라모토는 1만 엔 권 세 장을 노즈에의 가방에 넣어 주었다.

"나도 남들만큼 벌어. 4인 가족이 그럭저럭 불편하지 않게 살 수 있게 되었는데, 젠장."

"왜 그래? 무슨 일 있었어?"

"아냐, 아냐, 고마워. 고마워. 나한테도 소소하나마 꿈 같은 것이 생겼으니까, 정말 고마워."

노즈에는 도리질을 하더니 혼자 출구 쪽으로 비틀비틀 걷기 시작했다. 우라모토가 "괜찮겠어?"라며 쫓아가자, "어, 그렇게 취하진 않았다니까" 하며 고개를 저었다. 만취한 사람의 전형적인 반응이다.

"어이, 전서구. 『책의 보물상자』라고? 기다리지. 나나 당신이나 딸린 가족이 있어. 그렇지? 인쇄기도, 기다리고 있어."

갈피를 잡을 수 없는 말이지만 혼탁한 노즈에의 의식에서는 다 연결되어 있는지도 모른다.

"미안해, 이야 정말 미안해."

우라모토는 계산대 앞 의자에 노즈에를 앉혔다. 계산하는 동안 노즈에는 헛소리처럼 "미안해", "미안하다니까"를 자꾸 중얼거렸다.

함께 일하는 동료일 뿐이므로 노즈에의 일상에 개입할 수는 없다. 함께 일하는 동료로서 우라모토가 지금 당장 할 수 있는 일은 책을 만드는 일로 연결된 관계 속에서 보다 나은 형태로 하루하루의 작업을 함께하는 것이다.

누군가를 위해서가 나를 위해서가 되고, 나를 위해서가 누군가를 위해서가 된다. 그렇게 계속 믿고 지낼 수 있도록 책 만드는 일에 최선을 다하는 것이다.

"아무튼, 내일도 파이팅하자."

"어, 걱정 마. 내가 만들어 줄게. 우리가 해 줄게."

노즈에는 떨구고 있던 고개를 쳐들었다.

노즈에와 술을 마시고 이튿날, 출근해 보니 데이한의 아마쿠사가 보낸 봉투가 도착해 있었다. 《신간소식》 이번 달 호 견본이 들어 있다.

'책에 들어갈 사진 데이터를 게이단샤의 오쿠다이라 씨에게 보냈습니다. 『책의 보물상자』에 실릴 책 가운데 게재가 불발되는 작품은 없다는 것도 확인했습니다. 잘 부탁드립니다.'

편지지에 적힌 아마쿠사의 편안한 필체는 자신감을 풍기는 것처럼 보이기도 한다. 매일 완성되어 전국으로 흩어져 가는 책을 교통정리하는 일뿐만 아니라 책과 독자의 만남에 위해 진력하고 있다.

우라모토도 질 수 없다고 생각했다.

근무상황표에 'AM 게이단샤'라고 적어 놓고 평소처럼 게이단샤로 향했다. 업무부에 들러 후치타 시게루의 신간 『도망가족』 표지에 사용할 색교정용 종이의 수배 상황을 확인했다.

커버 표지에 사용할 엠보스지 '사암GA'가 관동 지역 대리점에 재고가 별로 없어서 미야기 현에 있는 공장에서 조달하게 될 것 같다고 한다.

새로운 기분으로 업무에 착수하려고 하는데 갑자기 위기에 빠졌다.

종이 반입이 하루 늦어질 뿐인데 인쇄 공정 이후의 스케줄이 연쇄 추돌 사고처럼 붕괴한다.

우라모토는 생산관리부에 전화해서 다다음주의 인쇄기 일정을 확인했다. 1호기 일정이 딱 한 나절 비어 있었다.

줄타기하듯 아슬아슬하게 스케줄 조정을 마치고 문예편집부를 방문했다. 오쿠다이라를 붙들고 『책의 보물상자』 진척 상황을 물어봐야 한다.

자리를 지키고 있는 사람은 부장 하루하라뿐이었다. 하루하라는 우라모토를 보자 "아무도 없어요. 요시이는 저쪽에서 자고 있고" 하며 편집부 중앙의 소파를 가리켰다.

그쪽을 보니 고참 남성 편집자 요시이가 이불을 감고 자고 있었다. 아마 밤새 일했을 것이다.

"오쿠다이라 씨는 외출인가요?"

"그 사람은 별관에 가 있어요."

하루하라는 무뚝뚝하게 말했다.

"우라모토 씨, 또 오쿠다이라에게 손 많이 가는 일을 부추겼더군요."

오쿠다이라는 지금 게이단샤 별관의 사진 스튜디오에서 촬영 작업에 입회하고 있다고 한다.

"모르셨어요? 그쪽 디자이너도 와 있는 것 같던데."

아무래도 오쿠다이라와 우스타가 따로 연락해서 디자인과 장정 작업을 진행하는 듯하다.

게이단샤 별관 촬영 스튜디오의 무거운 문을 조용히 열자 몇몇 스태프가 보였다.

사진소재 촬영 작업이 진행되고 있었다. 피사체는 이치조 사치코의 독서일기 원본이다. 갈변한 종이가 오랜 내력을 말해 준다.

게이단샤 카메라맨 마치야마가 일안 리플렉스 카메라를 들고 다양한 컷을 촬영해 간다. 젊은 남성 어시스턴트가 양손으로 반사판을 쳐들고 각도를 바꿔 가며 피사체에 조명을 비춘다.

마치야마가 셔터를 누를 때마다 모니터에 투영되는 사진이 바뀌어 간다.

그 모니터 앞에 우스타가 서 있었다. 우라모토는 작업에 방해가 되지 않도록 조용히 들어가 우스타의 어깨를 툭 쳤다.

"어, 우라모토 씨, 안녕하세요."

"우스타 씨, 사진 촬영이 있다고 왜 말해 주지 않았어요."

"아, 우라모토 씨가 너무 바쁜 것 같아서 오쿠다이라 씨와 이야기를 진행한 겁니다."

사람 좋은 우스타지만 실 끊어진 연처럼 어디로 날아갈지 알 수 없다는 위태로운 구석이 있다. 사실 우라모토는 그의 그런 점이 밉지 않았다.

"여어, 우라모토 씨, 수고하시네요. 내가 우스타 씨를 잠깐 빌렸어요. 미안."

오쿠다이라가 양손을 얼굴 앞에서 맞잡은 자세로 이쪽으로 다가온다.

"이렇게 작업이 구체적으로 진행되는 줄 몰랐습니다…… 근데 괜찮아요?"

우라모토가 오쿠다이라에게 물었다. 부장 하루하라는 아까 표정으로 보건대 이 기획을 달갑지 않게 보고 있다.

"뭐, 기획회의 때 한참 꾸중을 들었죠. 다른 출판사 책을 홍보해 주려는 거냐면서. 하지만 게이단샤에서 이치조 작가의 원고를 받아 낼 절호의 찬스다. 내가 하고 싶은 대로 하기로 했습니다."

나를 위해 일한다. 오쿠다이라도 마찬가지다. 나를 위한 작업이 훌륭한 작품이 되어 세상에 나가고 누군가에게 도움이 된다.

"실은 이제 곧 이치조 작가가 작업을 구경하러 스튜디오에 오실 겁니다."

마침 진보초의 호유출판사에서 신작 인터뷰가 있어서 나왔는데, 귀가하는 길에 잠시 들른다고 한다.

"그만큼 『책의 보물상자』에 관심이 지대하다는 거군요. 기쁘지 않으세요?"

"기쁜 일이긴 한데, 솔직히 좀 부담스럽네요."

이치조 사치코는 장정이나 글자 서체까지 꼼꼼하게 개입하는 작가로도 유명하다. 제작 현장을 보러 오는 것은 분명 부담스러운 일이다.

오쿠다이라는 손목시계를 확인하고 "슬슬 로비에 가서 대기해야겠군" 하고 중얼거리더니 급하게 스튜디오를 빠져나갔다.

그 뒤에도 마치야마는 조용히 촬영을 진행했다. 종종 모니터를 확인하고 다시 카메라를 집어 든다.

"이 역광 컷, 오히려 느낌이 좋네요. 어릴 때 보았던 반짝반짝거리는 장면과 환상적인 분위기."

우스타는 책 이미지를 상상하며 모니터를 지그시 쳐다보고 있다.

"그럼 역광으로 몇 장 찍어 둘까."

마치야마가 카메라를 고쳐 들 때 스튜디오의 무거운 문이 조용히 열렸다.

"이치조 작가님 오셨습니다."

오쿠다이라가 소개하자 검은 카디건을 걸친 초로의 부인이 조용히 고개를 숙였다. 작은데 크다. 그런 신비한 오라를 발하고 있었다. 『마법학교 시리즈』라는 장대한 세계의 창조주.

"잠시 구경해도 될까요?"

내밀어 주는 의자에 앉은 이치조 사치코는 모니터에 한 장 한 장 나오는 사진을 보았다.

"다시 찍을 수 있나요?"

"어느 컷을 말씀하시는지요. 가령 표지 컷이 마음에 안 드신다든지……."

오쿠다이라의 물음에 이치조 사치코는 모니터를 응시한 채 대답했다.

"전부 다시 촬영해 주세요."

포토스튜디오에 메마른 목소리가 짧게 울려 퍼졌다.

촬영한 사진은 5백 매가 넘는다. 하지만 마치야마는 이유도 묻지 않고 "알겠습니다"라고 대답했다.

"첫 페이지부터 다시 찍는다."

마치야마는 어시스턴트에게 그렇게 고하고 담담하게 촬영을 재개했다.

의자에 앉은 이치조 사치코는 촬영하는 현장을 지그시 쳐다보고 있다. 오쿠다이라가 종종 "모니터를 보실까요?" 하고 말해도, "됐습니다"라고 대답하고 그저 작업하는 현장만 응시할 뿐이다.

마치야마의 이마에 땀이 흥건히 배었다. 렌즈 교환을 위해 스튜디오 구석으로 온 마치야마에게 오쿠다이라가 말했다.

"일하기 거북하시죠? 논의든 뭐든 구실을 대고 작가님을 데리고 나갈게요."

마치야마는 렌즈 표면을 정성껏 닦으며 "걱정할 거 없어"라고 대답했다.

"나한테도 프로의 고집이라는 게 있어. 눈도 깜빡이지 말고 잘 지켜보라고 전해 줘."

다시 5백 매 정도를 재촬영하고 나자 마치야마가 말했다.

"확인해 보시겠습니까?"

이치조 사치코는 한 장 한 장 바뀌는 모니터 화면을 잠시 쳐다보고 있었다.

"확인했습니다. 특별한 문제는 없군요."

"감사합니다. 참고로 처음에 찍은 사진들 말입니다만, 어떤 점이 마음에 안 드셨는지요? 향후 작업에 참고를 위해……."

마치야마가 이치조 사치코에게 물었다.

"특별히 어느 사진이 마음에 들지 않았던 것은 아닙니다."

"그러면, 어째서……."

"촬영하는 현장을 처음부터 지켜보고 싶었습니다."

"그뿐인가요?"

마치야마는 분노를 미처 감추지 못하고 표정이 굳어 버렸다.

"글을 쓰고 책 장정을 결정하는 단계까지는 몇 번 본 적이 있지만 책이 어떤 식으로 만들어지는지 몰랐습니다. 『책의 보물상자』가 제작되는 기회에 책이 제작되는 무대 뒤 풍경을 내 눈으로 직접 봐 두고 싶었어요."

이치조 사치코가 말했다.

"작가 분들도 책이 어떤 식으로 제작되는지는 의외로 잘 모르십니다. 많은 사람이 관여하고 힘든 공정을 몇 번이나 거치게 되죠. 그렇죠, 우라모토 씨?"

오쿠다이라가 불쑥 의견을 구하자 우라모토는 당황해서 명함을 내밀었다.

"도요즈미인쇄의 우라모토라고 합니다. 이번에 『책의 보물상자』를 인쇄하게 되었습니다."

이치조 사치코는 받아든 명함을 살펴보며 고개를 갸웃했다.

"인쇄 영업을 하시는 분은 무슨 일을 하시는 건가요?"

말문이 막혔다. 가령 후쿠하라라면 인쇄의 바탕이 되는 데이터를 만드는 인쇄 전 공정, 노즈에라면 본문과 표지 등을 인쇄한다고 구체적으로 대답할 수 있을 것이다.

"각 공정의 진행을 관리하고 연락을 조정합니다."

한 마디로 정리해 보았지만 스스로 생각해도 서글플 정도로 재미없는 대답이었다. 이치조 사치코도 "그래요?" 하고 싱겁게 대답할 뿐이다.

보시면 좋을 텐데. 그런 마음이 입을 타고 나와 버렸다.

"인쇄 공장이나 제본소를 보신 적은 있습니까?"

이치조 사치코는 무슨 의도로 그런 말을 하는지를 헤아리는 듯 의아한 표정으로 대답했다.

"아뇨, 없습니다만."

"책을 인쇄하는 현장을 한번 보시겠습니까?"

"재미있겠군요. 꼭 봤으면 좋겠어요. 괜찮을까요?"

이치조 사치코는 우라모토와 오쿠다이라를 번갈아 보며 말했다.

"물론이죠! 가까운 시일 안에 안내해 드리겠습니다. 됐지, 우라모토 씨?"

오쿠다이라가 대신 대답해 버렸다. 오쿠다이라의 눈에서 광채가 도는 듯했다.

촬영을 마치고 이치조 사치코를 배웅하자 우라모토는 로비 구석에 있는 의자에 앉았다. 모리 부장에게 뭐라고 보고해야 할지 궁리했다. 회사 내부를 견학하게 하자면 공장을 비롯한 각 부서와 의견을 조정해야 한다. 한때의 기분에 휩쓸려 견학을 제안해 버린 것을 벌써부터 후회하기 시작했다.

"우라모토 씨, 멋진 제안이었어요."

로비로 돌아온 오쿠다이라가 옆에 앉았다.

"많은 작품을 써 온 작가 이치조 사치코, 책 제작 현장에 최초로 잠입하다. 감동의 인쇄 제본 투어."

흥분한 표정으로 말하는 오쿠다이라.

"오쿠다이라 씨, 잠깐만요. 먼저 회사에 보고해서 검토한 뒤에……."

"합시다, 우라모토 씨."

오쿠다이라가 갑자기 진지한 표정으로 말했다.

"전에도 얘기했지만, 나는 소가베 슌 같은 작가를 세상에 더 소개하고 싶어요."

우라모토는 고개를 끄덕였다.

"그 목표를 위해서라도 베스트셀러 작가의 잘 팔리는 책을 만들어서 실적을 쌓고 싶습니다. 그래야 편집부에서도 내가 하고 싶은 말을 할 수 있단 말입니다. 이상이나 희망보다는 당장의 실적을 요구받고 있어요. 다시 말해…… 실적이 있으면 당당하게 이상과 희망을 말할 수 있죠."

이상이나 희망을 말하기 전에 당장의 실적을…… 나카이도가 말하는, 일상 업무를 실수 없이 끝내자는 것하고도 통하는 이야기였다.

"하지만 그것과 이번 공장 견학 제안이 무슨 관계죠?"

"이치조 작가의 신뢰를 조금이라도 더 쌓아서 게이단샤에서 선생과 원고 계약을 맺고 싶은 겁니다. 우라모토 씨의 제안이 거기에 도움이 되겠죠."

"공장을 견학시켜 드리면 신뢰가 더 쌓이게 될까요?"

"작가에게 책은 자식 같은 겁니다. 그런데 정작 책이 만들어지는 현장을 눈으로 본 작가가 거의 없단 말입니다. 자기 책이 진지하고 성실하게 제작되는 현장을 자기 눈으로 확인한다면 아마 신뢰가 높아지겠죠."

이치조 사치코 정도 되는 베스트셀러 작가라면 많은 출판사가 원고를 받으려고 줄을 서 있다. 게이단샤가 그 틈을 비집고 들어가는 것은 힘든 일이다.

"물론 공장을 견학시켜 준다고 해서 곧 원고 계약으로 연결되지는 않겠죠. 그래서 『커다란 순무』 작전으로 가자는 겁니다. 협력해서 베스트셀러 작가를 콱 뽑아내자는 겁니다.『커다란 순무』는 알렉산드르 아파나시예프의 동화이며 일본에서는 초등학교 교과서에 실리는 등 국민적으로 유명하다. 밭에서 키운 순무가 너무 크게 자라서 뽑을 수가 없자 온 가족과 고양이, 개, 생쥐까지 나서서 일렬로 늘어서서 앞사람의 허리춤을 붙잡고 힘을 모아 마침내 거대한 순무를 뽑아낸다는 이야기."

오쿠다이라는 괘선 없는 노트를 펴고 순무 그림을 그렸다. 이치조 사치코를 게이단샤가 잡아당기고, 게이단샤는 도요즈미가 잡아당기고…….

"제본 공정도 있으니 호코쿠샤 쪽에서도 발벗고 나서 줘야 하는데."

'저희에게 원고를 주세요'라는 말은 누구나 할 수 있다. 그게 아니라 조금씩 신뢰를 쌓아 가서 마침내 원고를 쟁취해야 한다.

"오쿠다이라 씨, 이번에도 조금, 다시 봤습니다."

저도 모르게 본심을 말하고 말았다. 오쿠다이라는 "'조금'입니까?" 하며 웃었다.

"이치조 사치코의 신간이라면 초판 10만 부는 기본입니다. 문고본을 내면 정기적인 중판을 기대할 수 있죠."

책 제작 현장을 보여 주는 것이 과연 신뢰 획득으로 이어지는지 우라모토는 아직 알 수 없었다. 하지만 우라모토는 오쿠다이라와 함께 시도해 보고 싶었다.

"알겠습니다. 우선은 회사로 돌아가 위에 이야기해 보죠."

고객인 오쿠다이라를 위해, 나아가서는 나를 위해, 도요즈미인쇄를 위해, 하고 다짐하며 복귀했다.

모리 부장에게 보고하자 아니나 다를까 호통이 쏟아졌다.

"이치조 사치코에게 공장 견학을 시킨다고? 그런 요구를 그 자리에서 넙죽 받아들여?"

"요구를 넙죽 받아들인 게 아니라 제가 적극 제안하고 만 겁니다만."

"안내할 사람도 붙여야 하고, 2층 데이터 제작부나 공장의 어느 작업을 어떻게 보여 줄 건지를 비롯해서 손님 맞을 준비를 해 놔야 하는데."

"그런 조정은 나중에 상의할 수 있을 것으로 생각했습니다……"

사실은 생각할 겨를도 없이 말이 앞서고 말았지만.

"순서가 바뀌었잖아. 애초에 『책의 보물상자』인지 뭔지 하는 기획부터가 금시초문이야. 견적은 어떻게 했나?"

모리 부장의 추궁에 우라모토는 대답할 말이 없었다. 나카이도가 이쪽을 힐끔 쳐다보고 낯을 찡그렸다. 아직도 보고하지 않았나, 하는 표정이다.

"죄송합니다. 저쪽에서 선수를 치는 통에 이런저런 실무는 앞으로 처리해야 합니다."

우라모토는 오쿠다이라에게 들은 이야기만을 근거로 작성 중이던 개산견적서를 클리어 파일에서 꺼내 모리 부장에게 내밀었다.

모리 부장은 "으음, 이건 뭐라고 해야 하나……" 하며 신음하듯 말하고 말투를 누그러뜨렸다.

"흥미로운 건이라고 생각해. 나도 담당이었다면 해 보고 싶었을 거다. 하지만 흥미롭다는 점이 전부라면 영업부를 총괄하는 사람으로서 받아들일 수 없어."

모리 부장은 "생각을 좀 해 봐" 하며 창밖으로 시선을 돌렸다.

"직속 상사란 사람을 상대할 때는 말이지, 능숙하게 부려먹으란 말이야. 하고 싶은 일이 있으면 높은 양반을 설득할 재료를 내 손에 들려 주고 올라가서 싸우라고 부추기란 말이야."

모리 부장의 대장부 기질에 부응하려면 거기에 걸맞는 대의명분을 제시해야 한다.

"이치조 사치코 작가는 20년 이상 게이단샤에서 책을 낸 적이 없습니다. 게이단샤는 작가와 계약하고 싶어 애가 탈 게 분명합니다."

"그렇겠지."

"『책의 보물상자』는 판매 부수는 많지 않겠지만 이치조 작가의 애착이 대단하다고 들었습니다. 이 책을 통해 게이단샤와 작가의 인연이 되살아나고, 앞으로 이치조의 작품이 게이단샤에서 간행되는 날에는 단행본 10만 부는 기본이고, 문고본을 내면 정기적인 중판도 바라볼 수 있습니다."

꿈이나 희망을 말하려면 당장의 실적이 필요하다. 우라모토는 지금 고객의 그 한 마디에 추동되고 있었다.

"뭐 게이단샤한테는 달콤한 이야기로군. 그럼 우리한테는 어떻지?"

"우리는 이치조 씨의 공장 견학을 에스코트해서 게이단샤에 생색을 내 두는 겁니다."

일부러 뻔뻔한 말을 골랐다.

"그리고 이치조 작품은 도요즈미에 발주한다는 약속을 받아 둡니다. 구두 약속이긴 하지만 『책의 보물상자』를 좋은 책으로 만들어 주고 저자의 공장 견학에도 협력한다면 그 약속은 더 단단해지겠죠."

신뢰 관계를 쌓는다는 식으로 말하고 싶었지만, 생색을 내 두어서 약속을 압박한다는 강한 표현으로 바꾸었다.

"할 수 있나."

"할 수 있습니다."

냉큼. 대답하자 모리 부장은 풋, 하고 웃었다.

"좋아. 일단 상무님에게 얘기해 보자."

그리고 상무석 쪽을 쳐다보며 자리에서 일어섰다.

"1호기 건도 백지로 돌릴 수 있지 않겠습니까. 신규 안건을 계속 따 오면 인쇄기를 줄일 수 없게 될 테니까요."

우라모토가 그렇게 덧붙였다.

"부추기라고 했더니 너무 나가네."

모리 부장은 따뜻한 미소를 지으며 상무 자리로 걸어갔다.

"매끄럽지는 않지만 힘 있는 프레젠테이션이었어."

나카이도가 소리 없이 살살 박수 치는 시늉을 했다.

"고맙습니다. 하지만 나카이도 씨한테 칭찬을 들으니 조금 불길하네요."

우라모토는 상무석 쪽을 쳐다보았다. 모리 부장이 상무를 따라 사무실을 나갔다.

"일단은 부장님한테 맡기고 당신은 담당자로서 눈앞에 닥친 『책의 보물상자』를 실수 없이 책으로 완성하는 게 우선이야."

나카이도가 차가운 얼굴로 돌아와서 말했다.

개산견적을 내려면 용지편성표가 필요하다. 우라모토는 오쿠다이라에게 전화했다. 업무부에 이야기해서 용지편성표를 임시로 만들어 달라고 부탁했다.

30분쯤 지나서 모리 부장이 돌아왔다.

"상무님과 얘기했다. 이치조 사치코의 『책의 보물상자』, 개산견적서를 작성해서 품의를 올려."

좋은 결과와는 딴판으로 모리 부장의 말투는 어두웠다.

"그리고 공장 견학도 허가가 났어. 공장장도 얼마든지 모시고 오라고 하더군."

"감사합니다."

우라모토가 그렇게 인사해도 모리 부장의 표정은 밝아지지 않았다.

"게이단샤가 이치조 사치코의 소설을 간행할 수 있게 되는 날에는 인쇄는 도요즈미에 발주하겠다는 약속을 받아 두겠다고 장담해 놨다."

"영업 제2부에서 호언장담을 한 거야. 중요한 것은 지금부터야."

나카이도가 옆에서 우라모토에게 오금을 박았다.

"저희 영업 제1부도 1호기를 없앤다는 것은 뜻밖입니다. 부수가 많은 신규 일감 영업에 야마노 씨를 배치했습니다."

부장 노노미야가 7대 3으로 가른 머리를 손으로 쓰다듬으며 말했다.

"노노 씨, 잘했어."

"좋아, 월드인쇄에서 일감을 뺏어 오러 갈까요."

기세가 오른 영업 제1부의 야마노가 기염을 토했다. 나카이도가 끼어들었다.

"아냐, 다른 회사의 일감을 가로채는 것보다 기존 고객과 단단하게 관계를 다져 두는 게 좋을 거야. 팔을 너무 크게 벌리다가 기존 고객을 소홀히 하게 되면 곤란해."

나카이도다운 사고방식이다. 가업인 팥소 공장 이야기가 떠오른다.

"만화는 야마노 씨, 문예와 실용서는 제가 신규 일감을 찾기로 하고, 나머지 전단지나 포스터 등도 가을부터 연말까지 각 거래처에 제안해 보겠습니다. 우라모토 씨는 이치조 작품을 확실하게 추진하고. 어떻겠습니까?"

나카이도가 모리, 노노미야 두 부장에게 제안했다.

"좋지. 우리 영업부가 모두 나서서 1호기를 지킵시다."

평소 숫기 없던 노노미야가 힘주어 말했다.

우라모토는 후지미노 공장의 노즈에게 전화해서 『책의 보물상자』와 공장 견학 건을 전했다.

"오쿠다이라 씨는 이치조 작가의 작품을 게이단샤에서 간행하려고 필사적이야. 간행이 실현되는 날에는 우리에게 인쇄를 발주하기로 약속을 받을 거야."

"요컨대 이번에 성과가 나면 대형 부수 일감을 늘리는 데 발판이 된다는 건가."

"그렇지. 인쇄기를 줄이고 싶지 않다는 생각은 모두들 하고 있어. 아마 괜찮을 거야."

"현장에 있는 사람으로서 고마운 일이지."

우리가 올라탄 배는 침몰하는 배가 아니다. 모두 힘을 모아 그걸 증명해야 한다.

투지를 불태우는 우라모토의 자세와는 달리 신간 진행은 난항이었다.

"각오는 했지만 이토록 힘들 줄은……."

게이단샤 편집부의 회의 공간에서 오쿠다이라가 긴 한숨을 지었다. 이치조 사치코에게 거부당한 견본으로 시선을 떨군 채 무거운 침묵이 흘렀다.

양장 제본으로 한다는 것은 정해진 조건이다. 이치조 사치코가 거기에 몇 가지 요구를 더 제시했다.

책을 최대한 튼튼하게 만들기 위해 사철제본으로 하고 영구보존판다운 중후한 사양으로 만들고 싶다는 의향에 따라 표지에는 가죽의 질감을 재현한 알레종ALEZAN을 사용하게 되었다.

이치조 사치코의 요구는 사양으로만 그치지 않았다.

'먼저 완성본을 확인할 수 있도록 견본을 보여 주세요.'

이 요구에 응하려면 많은 접지물을 겹쳐 놓고 표지로 싸서 가제본한 견본을 보여 주는 수밖에 없다. 보통은 인쇄 공정에 들어가기 직전에 만드는 것인데, 사전에 작가의 허락을 구하기 위해 제작하는 것은 매우 이례적인 일이었다.

게이단샤에서는 디자인이나 종이 소재, 페이지 레이아웃 등의 시안을 만들어 이치조 사치코에게 승낙을 받기 위해 견본을 제작했다.

하지만 견본을 보여 주자 "기대하던 것과 다르다"며 클레임을 걸었다.

이치조 사치코는 대표작 『마법학교 시리즈』 등을 보면 너그러운 사람으로 짐작하겠지만, 그 이미지와는 달리 조금도 타협하지 않는 프로페셔널이었다.

"이치조 작가의 작품을 작업할 때는 늘 이렇게 클레임이 많습니까."

우라모토가 초조해지는 마음을 억누르며 물었다.

"폰트에 이르기까지 타협을 모른다는 이야기는 전부터 들었지만, 이번 『책의 보물상자』에는 기존 작업들과 결정적으로 다른 점이 있어요."

"어떤 점이죠?"

"기한이 없다는 겁니다."

소설이라면 이치조 사치코의 신작을 고대하는 독자에게 책을 빨리 전하기 위해 간행 예정일을 공표해 놓고 제작을 진행한다. 따라서 시간적인 제약 안에서 최선을 다하게 된다.

하지만 『책의 보물상자』는 이치조 사치코가 책에게 받은 은혜를 갚는다는 콘셉트로 이루어지는 특별기획이다. 본인이 납득할 때까지 인쇄에 들어갈 수 없다.

"공을 들이기로 작정하면 시간은 얼마든지 있다는 거군요."

우라모토는 한숨 섞인 소리로 말했다.

"우스타 씨는 괜찮아요?"

"솔직히 좀 쉬고 싶습니다."

우스타는 이미 러프 디자인을 열 번 이상 제출했다. 커버 디자인은 보물상자와 자물쇠 일러스트로 구성된 단순한 것이지만, 실은 이 구도에 깊은 의도가 담겨 있었다.

우라모토가 보기에는 어느 시안이나 러프 디자인으로서 흠잡을 데 없는 수준을 보여 주었다. 오쿠다이라도 그때마다 OK를 냈지만, 이치조 사치코에게 넘기면 어김없이 기각되었다. 지난주에 가까스로 OK가 나와서 색교정과 견본까지 진행되었던 것이다.

"현실적인 이야기를 하자면, 디자인, 색교정, 견본 제작비가 자꾸 쌓여서 채산성이 깨지는 선에 가까워졌습니다."

게이단샤 부수 결정 회의를 앞두고 오쿠다이라가 예측한 부수는 초판 1만 부. 규모의 경제는 기대하기 힘들다. 시간과 노력을 감안하면 채산을 맞출 수 없다.

어떻게든 이치조의 OK사인을 얻으려고 다음 견본을 위한 논의를 진행하고 있는데 머리 위에서 굵은 목소리가 내려왔다.

"수고하십니다."

고참 편집자 와타나베였다. 주로 시대 소설을 담당한다.

"우라모토 씨, 내가 부탁한 색교정은 언제 나옵니까?"

"죄송하지만 조금 뒤에 와 주시겠어요?"

오쿠다이라는 손맡에 둔 노트를 계속 들여다보며 와타나베를 제지했다.

"당신한테 묻는 게 아냐. 우라모토 씨한테 묻는 거지."

와타나베가 날카로운 목소리로 말했다.

"그러니까 나중에 말씀해 달라고요. 우라모토 씨는 지금 저랑 얘기하고 있잖습니까."

"이미 한참을 기다리다 온 건데?"

우라모토는 겨드랑이에 땀이 흘러 "제가 제대로 조치하지 못해서 죄송합니다"라고 미안해했다.

"우라모토 씨가 그렇게 바쁘면 다른 인쇄소에 부탁할 겁니다. 어때요?"

다른 업무를 소홀히 해서 고객을 빼앗기면 아무 소용도 없게 된다.

"괜찮습니다. 내일까지는 색교정을 드릴 수 있습니다."

와타나베는 "잘 부탁합니다"라고 말하고 자리를 떴다. 그러자 이번에는 기다렸다는 듯이 아르바이트 남학생이 오쿠다이라에게 달려왔다.

"이치조 작가님이 팩스를 보내셨는데요."

남학생은 오쿠다이라에게 A4크기의 종이를 한 장 내밀었다.

오쿠다이라는 받아들자마자 소스라치게 놀라며 "설마……" 하고 중얼거렸다. 오쿠다이라가 들고 있는 종이에는 양 페이지를 펼쳐 놓은 레이아웃이 손글씨로 그려져 있었다.

2단짜기 본문은 3단짜기로 변경, 책 사진과 사진 배치도 현재의 안과 크게 다르다. 제목이나 캡션의 글자 크기, 폰트 지정까지 빼곡히 적혀 있다.

"이래서는…… 완전히 갈아엎는 거 아닙니까."

지시서와는 별개로 왼쪽 하단에 메시지 한 줄이 추가되어 있었다.

'나름대로 궁리해서 설계했습니다. 이대로 부탁합니다.'

아닌 게 아니라 지시서의 용어 등을 보면 꼼꼼히 조사해서 작성한 것을 확인할 수 있었다. 책 제작 과정에 의욕이 불타오르는지 이치조 사치코는 모든 것을 직접 결정하려고 하는 것 같았다.

"하는 수 없지, 일단 시키는 대로 가자고. 시키는 대로 만드는 수밖에."

오쿠다이라가 될 대로 되라는 투로 말했다. 모든 사항을 세세하게 지시하겠다면 거기에 따르는 것이 맞다는 것이다.

"오쿠다이라 씨는 그래도 괜찮겠어요?"

우라모토의 질문에 오쿠다이라는 말이 없었다.

"이치조 작가는 수많은 이야기를 만들어 온 거장이지만, 책 제작의 전문가는 아닙니다. 개악으로 이어질 수정 지시라면 아니라고 말씀드리고 대안을 제시해야 한다고 저는 생각합니다."

자기가 무슨 말을 하고 있는지 알고 있다고 믿었다. 고객에게 제언할 생각이지만, 자칫 지적질로 받아들여질 수도 있는 발언이다.

"이 지시를 예로 들자면, 캡션 폰트는 로댕UB에 글자 크기는 8급. 지시대로 하면 인쇄할 때 뭉개져 버립니다."

"그렇게 되겠죠. 하지만 이치조 작가가 생각하는 대로 만드는 것을 최우선으로 한다면 어쩔 수 없죠. 이치조 작가의 신뢰를 얻어서 앞으로 게이단샤에서 작품을 내게 하면 충분한 거니까."

충분할 리가 없다. 오쿠다이라 자신의 표정만 봐도 알 수 있다.

"저는 전에 오쿠다이라 씨에게 한 가지 중요한 걸 배웠습니다. '어쩔 수 없이 세상에 나오는 책은 있어서는 안 된다'는 것."

"나한테 배웠다고요?"

후치타 시게루의 10주년 기념작 『슬로우 스타터』의 목차에서 한자 오변환을 수정 없이 그대로 간행할 때를 돌이켰다.

"후치타 씨는 결혼기념일에 맞춰 부인에게 증정하려고 '어쩔 수 없이' 그대로 간행하는 쪽을 택했고 오쿠다이라 씨도 '어쩔 수 없다'고 하셨습니다. 나는 그때 일이 죄송하고 분해서 내내 잊지 못하고 있었습니다."

탄생한 책은 거기 관여한 사람들에게 축복을 받았으면 좋겠다.

"하지만 이치조 작가에게 뭘 제안한들 또 기각당할 텐데."

"책을 어쩔 수 없이 세상에 내보내는 것보다는 낫다고 봅니다. 지시대로 만들면 겉치레 신뢰는 얻을 수 있을지 모릅니다. 하지만 정말 그것으로 충분한 걸까요."

"우라모토 씨가 그렇게까지 말한다면 한번 해 보죠! 이치조 작가의 요구는 작가의 희망으로서 받아들이되 우리도 다시 한 번 페이지 레이아웃을 궁리해 보죠."

마음은 통했다. 예전의 우라모토라면 여기서 만족했으리라. 하지만 지금은 다르다. 한 걸음 더 내딛는다.

"이치조 사치코 씨가 염원하는 『책의 보물상자』를 간행하고 그

후에도 게이단샤에서 소설 단행본을 간행하는 날에는 그 인쇄를 도요즈미에 발주하겠다고 약속해 주시겠습니까."

"우라모토 씨, 그런 확실하지 못한 약속은 못합니다."

"우리 두 사람, 담당자 간의 구두 약속이면 충분합니다."

안 그래도 이익이 박한 작업이다. 클레임 작업을 각 부서에 배당하려면 작은 선물로 위로할 필요가 있다. 인쇄 회사 선정은 편집자 재량에 맡겨져 있으므로 구두 약속이라도 어느 정도 무기는 될 것이다.

이상이나 사명감만으로는 작업이 진전되지 않는다.

'인쇄기 가동률을 높여라.'

회사 안에서 작업을 하는 이상, 일을 추진하려면 조직을 움직여야 한다. 그러려면 인쇄기 가동률이라는 실리적 지표가 가장 유효하다고 나카이도는 가르쳤다.

"오쿠다이라 씨와 구두 약속을 실적으로 내세워 회사 동료들에게 작업을 의뢰할 겁니다. 맨손으로 회사에 돌아가 '백지 상태에서 다시 출발'하라고는 도저히 말 못합니다."

"우라모토 씨, 무서운 영업맨이 되셨네⋯⋯."

"죄송합니다. 칭찬으로 받아들이겠습니다."

회사로 돌아가는 우라모토의 발걸음은 무거웠다. 이미 결정된 사양은 뒤집히고 특별히 제작한 견본도 쓰레기가 되었다.

오쿠다이라의 방침에 이의를 제기해 버린 것에 대해서도 부서에 보고해 둘 필요가 있다.

모리 부장은 자리에 없었다. 외근에서 돌아와 있던 나카이도에게 일단 전말을 보고했다.

"답답한 나머지 또 거래처에 주제넘은 말을 하고 말았습니다. 죄송합니다."

나카이도는 뜻밖에 "왜 사죄하지?" 하며 웃었다.

"명백히 잘못된 지시를 그냥 무시하고 인쇄에 넘긴다면 그건 인쇄 회사 측의 태만이지."

"하지만 예전에 나카이도 씨는 고객이 좋다고 하면 오류가 있어도 그대로 인쇄하는 수밖에 없다고……."

우라모토는 다시 후치타 시게루의 『슬로우 스타터』를 떠올리고 있었다.

"내가 지적을 했는데도 작가나 편집자가 시키는 대로 인쇄하라고 요구한다면, 그때는 따를 수밖에."

그렇다. 나카이도의 신조는 하루하루의 작업을 실수 없이 끝내는 것. 잘못된 발주를 그대로 받아들여도 된다는 것은 아니었다.

노즈에한테도 견본을 다시 제작하게 되었다고 알리려고 전화를 걸었다.

"시간이 허락하는 한 따라 줘야지. 이번 작업에는 그만한 가치가 있다고 보니까."

노즈에는 흔쾌히 들어주었다. 얼마 전이었다면 "또 고객이 하라는 대로 하나!" 하고 독설을 퍼부었을 것이다.

그동안 쌓아온 신뢰가 우라모토의 등을 밀어주고 있다. 허다한 문제에 흔들리면서도 하루하루 작업에 최선을 다해 온 결과이다.

"꿈은, 내가 맡은 일을 하루하루 실수 없이 마치는 겁니다."

나카이도가 취업준비생들 앞에서 꿈도 희망도 없다는 듯이 말했던 그 말이 그때하고는 전혀 다른 울림으로, 우라모토가 지향하는 바와 공명하고 있었다.

전면적인 변경을 요구받고 한 달이 지났다.

게이단샤의 오쿠다이라를 통해 이치조 사치코의 요구를 전해 듣고, 그때마다 우스타는 커버를 다시 만들고 후쿠하라는 페이지 레이아웃을 다시 짰다.

늘 여러 건의 단행본과 문고 수주를 동시에 진행하므로, 모자이크 무늬처럼 복잡하게 얽힌 스케줄 속에서『책의 보물상자』작업이 급하게 끼어드는 것이 몹시 버거웠다.

이치조 사치코와 합의한 뒤 이번에는 준비를 단단히 해서 후지미노 공장에서 견본을 만들었다.

여름이 끝나고 9월 초의 어느 비오는 밤.『책의 보물상자』는 마침내 교료를 맞았다.

주초는 문예서 인쇄 스케줄이 빡빡하지만 우라모토에게는 통상 업무 외에 또 한 가지 큰 일이 떨어졌다.

이치조 사치코의 공장 견학에 동행하는 일이다.

월요일 아침, 이치조 사치코가 게이단샤 오쿠다이라와 함께 본사에 도착했다.

상무가 직원들에게 '평소대로 작업하도록' 지시해 두었지만 다들 안절부절못하고 있었다.

"처음 뵙습니다. 이치조 사치코라고 합니다. 잘 부탁드립니다."

인사를 받은 모리 부장이 긴장한 얼굴로 명함을 내밀었다.

본사에서 공장까지 안내하는 사람은 우라모토와 나카이도 두 명. 통상 업무 이외의 일에 시간을 고스란히 빼앗기는 것은 두 사람 모두에게 부담이 컸다.

"나카이도 씨와 우라모토 씨, 아무튼 오늘은 잘 부탁드려요."

오쿠다이라는 웃는 얼굴로 말하지만 눈동자는 웃고 있지 않았다. 실수는 허용될 수 없다.

"두 분이나 오셨어요?"

이치조 사치코가 의아한 말투로 중얼거렸다. 한 사람이면 충분하지 않느냐는 불만이 묻어나는 말이었다.

두 명이 동행하는 데는 실무적인 이유가 있다.

견학 코스는 하루 일정으로 짜여 있다. 오전에 본사 데이터 제작부 등을 안내하고 오후부터는 회사 차량으로 후지미노 인쇄 공장을 둘러본 뒤에 마지막으로 제본소 호코쿠샤를 견학하는 코스이다.

동행하는 영업맨이 한 명일 경우 만에 하나 담당 안건에 급한 문제가 발생하면 안내할 수 없게 된다. 그래서 두 명이 동행하는 것이다.

이 견학 코스가 끝나는 단계에 작가의 신간 『책의 보물상자』 제본 작업에 입회할 것이다.

오늘은 이치조 사치코가 책 제작 현장을 당신 눈으로 똑똑히 보았으면 좋겠다. 도요즈미인쇄의 작업 현장을 고스란히 프레젠테이션하고 싶다. 우라모토는 그런 생각으로 안내에 임하고 있었다.

우선은 제작 작업을 보여 주려고 2층 데이터 제작부를 견학했다.

DTP오퍼레이터들이 책상을 나란히 하고 작업하는 가운데 리더 시라오카 에리코가 작업의 흐름을 설명했다.

"이쪽은 만화 담당, 이쪽은 문예서 담당입니다."

DTP오퍼레이터는 그림 레이어와 문자 레이어를 포개는 작업을 하고 있었다.

이치조 사치코는 만화 레이아웃 작업을 자세히 들여다보며 작업의 흐름에 대하여 구체적인 질문을 던지고 시라오카가 거기에 대답했다. 작가는 메모장을 펴고 볼펜으로 열심히 메모하는 등 열심이었지만 시간을 잘 안배하지 않으면 이후 일정이 꼬이게 된다.

"이치조 작가님, 다음 현장으로 가실까요……."

오쿠다이라가 재촉해서 자리를 옮기려는데 이번에는 작가가 오퍼레이터 스케줄 관리 화면에 흥미를 보였다.

어렵게 채근해서 서적팀으로 안내했다.

우라모토는 오퍼레이터 한 명을 이치조에게 소개했다.

"저희 회사에서 독서량이 제일 많은 DTP오퍼레이터 후쿠하라입니다. 이 사람이 『책의 보물상자』 페이지 레이아웃 작업을 담당했습니다. 중고교 때는 도서관 책을 거의 다 읽었다는 책벌레입니다."

후쿠하라는 자리에서 일어나 허리를 숙여 인사했다.

"그래요?"

이치조 사치코는 싱겁게 대답하며 후쿠하라 책상에 있는 모니터를 쳐다보았다.

"『마법학교 시리즈』는 어릴 때부터 전부 봤습니다. 언제나 멋진 이야기를 써 주셔서 고맙습니다."

후쿠하라는 눈웃음조차 없이 말했다. 긴장한 탓인지 평소보다 더 표정이 굳어 있다.

"저어, 『책의 보물상자』도 아주 재미있게 읽었습니다."

이치조 사치코는 "그런데" 하고 의아한 표정을 지었다.

"『책의 보물상자』는 아직 발매되지도 않았는데 벌써 읽었다고?"

"이 사람은 교정쇄 조판 작업을 하면서 속독하는 특수한 능력이 있어서……."

우라모토가 보충 설명을 했다. 말해도 좋을지 어떨지 망설이면서도 조금은 자랑하는 말투가 되고 만다. 우리 오퍼레이터는 대단하거든요, 라는 기분으로.

사내 멤버를 자랑하는 것도 영업맨의 일, 아니 진정한 무기라고 생각했다.

"초교 저자 교정에 지시된 사항을 수정 입력한 것도 이 사람입니다."

리더 시라오카가 옆에서 설명했다.

"고생하셨군요. 지금 당신이 하는 일은 어떤 건가요?"

"워드 파일로 받은 장편 소설 원고를 교정쇄로 만들고 있습니다."

후쿠하라는 매킨토시로 인디자인 편집 작업을 실연해 보였다. 소프트웨어를 능숙하게 쓰는 기술뿐 아니라 높은 집중력을 요한다.

"작품 하나를 교정쇄로 만드는 데 시간이 얼마나 걸립니까?"

"작품에 따라 한나절, 하루, 때로는 이삼일 등 다양합니다만, 대략 거의 매일 다른 작품을 담당합니다."

데이터 제작부의 다른 멤버들은 차분하게 작업을 계속하고 있다.

"수고가 많군요. 이 다음은 어떤 작업을 하게 되나요? 그리고 어떤 작업이 특히 힘든지 궁금합니다만."

"어느 작업이나 그리 힘들지는 않습니다. 이 일이 제 천직이라서."

대작가를 앞에 두고 단언했다.

"당신에게 천직인지 아닌지는 묻지 않았습니다. 내가 묻는 것은 지금 당신이 진행하는 작업의 순서와 어떤 작업에 특히 노력을 투입하느냐는 점입니다."

이치조 사치코는 날카로운 목소리로 말했다. 묻는 질문에만 대답하라고 역정을 내는 걸까. 아무리 그래도 냉담한 말투였다.

"실례했습니다. 설명 드리겠습니다."

후쿠하라는 동요하는 기색 없이 작업 순서를 설명했다. 이치조 사치코는 다시 메모를 하고 있었다.

우라모토는 데이터 제작부를 나와서 다음 공정으로 향했다. 뒤를 돌아보고 후쿠하라를 향해 "고마워요"라고 작은 소리로 말했다.

작품 이미지와 동떨어진 작가를 직접 만나서 실망하지 않았을까.

"감사합니다."

후쿠하라는 웃으며 말했다. 지금까지 본 적이 없는 환한 웃음이었다.

"에미린, 멋있었어!"

이치조 사치코가 떠난 뒤 데이터 제작부 직원들이 웃으며 한마디씩 했다.

"'이 일이 제 천직이라서'. 후쿠하라 에미, 말 잘했어! 나였다면 못했을 거야!"

리더 시라오카 에리코까지 후쿠하라 말투를 흉내 내며 이야기 꽃을 피우고 있다.

"어떻게 보면 그렇게 생각하는 것도 아마 여러분 덕분일 거예요."

사람을 싫어했던 자신이 책을 통해 이 사람들을 만날 수 있었다. 그러니까 이 일은 천직이다.

"그래도 좀 신경질적이랄까 냉담한 인상이었어."

시라오카가 위로하는 말투로 말했다.

그렇게 좋아하는 『마법학교 시리즈』의 작가 이치조 사치코와 만날 수 있었던 것은 행운이다. 주인공인 장난꾸러기 마녀 이미지 때문에 소녀 같은 숙녀일 거라고 멋대로 상상하고 있었다.

그 섣부른 작자상은 5분쯤 대화하는 가운데 무너져 버렸다. 하지만 『마법학교 시리즈』를 좋아하는 마음은 조금도 흔들리지 않았다.

역시 나는 책을 좋아하는구나. 그런 마음을 새삼 확인할 수 있었다.

오늘 일을 평생 잊지 못할 것이다. 오늘 일을 잊지 말고, 앞으로도 책을 세상에 내보내는 이 천직에 즐거운 마음으로 임하자.

오후에 회사 차량으로 사이타마 후지미노 공장으로 이동했다. 공장으로 가는 차량 안에서 뒷좌석의 이치조 사치코가 불쑥 중얼거렸다.

"그런 말을 할 수 있는 사람도 다 있네요."

"그런 말, 이라시면?"

옆에 앉은 오쿠다이라가 물었다.

"이 일은 내 천직이라고 단언할 수 있는 사람은 거의 없잖아요."

"DTP오퍼레이터 후쿠하라를 말씀하시는군요."

조수석의 나카이도가 뒷좌석을 향해 확인했다.

"이치조 작가님이야말로 40년이나 천직 제일선에서 활약하시지 않았습니까."

오쿠다이라가 말하자 이치조 사치코는 "글쎄" 하고 중얼거렸다.

"나는…… 이게 내 천직인지 어떤지 모르겠어요."

우라모토는 운전하는 것도 잊고 뒤를 돌아볼 뻔했다. 당황해서 핸들을 고쳐 잡았다.

"원래 고교 시절에는 시인이 되고 싶었는걸요. 하지만 어느 새 길고 긴 산문을 쓰고 있더군요."

문예지에 시만 투고했지만 번번이 낙선했다. 그러다가 기분 전환 삼아 쓴 소설이 문학상을 받았고, 그 데뷔작이 이내 크게 히트했다. 생각할 틈도 없었다고 한다.

"종종 짧은 이야기의 가능성을 추구하는 또 한 사람의 내 모습을 상상하곤 해요."

"그럼 시를 써 보셔도 되겠군요?"

오쿠다이라가 반색한다. 이치조 사치코의 첫 시집. 그런 획기적인 기획을 공상하고 있는 것은 아닐까.

"아뇨, 시는 이제 전혀 안 써요. 나는 소설가라고 스스로 달래면서."

프런트 미러 너머로 보이는 이치조 사치코는 달관한 듯이 웃고 있었다.

어쩌면 현재 하는 일을 천직이라고 단언한 후쿠하라가 부러운 것은 아닐까. 그래서 그렇게 차갑게 말했는지도 모른다. 적어도 그녀는 후쿠하라의 태도에 경의를 품고 있을 것이다.

"여러분은 어떤 계기로 이 일을?"

"어릴 때부터 책을 좋아해서 어떤 형태로든 책에 관계된 일을 하고 싶어서 인쇄 회사에."

우라모토는 월드인쇄에서 도요즈미인쇄로 옮긴 경위도 이야기했다.

"자기 의지로 선택했다면 그게 천직 아닙니까?"

이치조 사치코의 물음에서는 시험해 보려는 의도가 얼핏 엿보인다.

"글쎄요. 제한된 선택지 중에서 보다 나은 쪽을 택했다는 정도라고 할까요."

후쿠하라처럼 '이 일이 내 천직이다'라고 단언할 수 있는 사람이 얼마나 될까.

"나카이도 씨는 어떻습니까?"

오쿠다이라가 나카이도에게 물었다.

"저는…… 어쩌다 보니 어느샌가 이 일을 하고 있었습니다. 취직난 시절이었으니 도요즈미인쇄와 인연이 있었던 거라고밖에 말할 수 없겠죠."

39세의 나카이도는 로스트제너레이션이라 불리는 세대에 속한다. 그때는 취직이 몹시 힘들었다는 이야기를 들어서 알고 있었다.

"정말 힘들었겠군요. 역시 50개 사 100개 사에 지원해야 했나요?"

이치조 사치코가 나카이도에게 물었다.

"아뇨, 시대의 흐름 속에서 역경에 맞서는 업계로 좁혀서 취직 활동을 했습니다. 잘나가는 말에 올라타기보다는 어려운 상황에서 무엇을 할 수 있을지를 생각하는 게 더 재미있다는 삐딱한 성향도 있었으니까요."

"기특한 분이시네."

이치조 사치코는 감탄하면서도 메모하는 손을 계속 움직이고 있다.

"책이 점점 안 팔리는 세상이라 인쇄업계는 가라앉는 배에 비유되기도 합니다. 하지만 언젠가는 가라앉더라도 내가 현역으로 있는 동안은 절대로 가라앉히지 않겠다. 그런 생각으로 일하고 있습니다."

우라모토도 나카이도의 지망 동기는 처음으로 들었고, '가동률을 높여라'라는 그의 신념이 어디에 근거하는지 새삼 알 것 같았다.

"그렇지, 우라모토 씨?"

불쑥 이야기를 돌리자 우라모토는 "그렇죠, 가라앉히게 놔둘 수는 없죠" 하며 핸들을 꽉 쥐었다.

오후 2시 전에 후지미노 공장에 도착했다. 관리동에서 노즈에 마사요시가 대기하고 있었다.

"노즈에 씨, 안내를 부탁드립니다."

노즈에는 "기다리고 있었습니다"라며 정중하게 맞았다.

작가가 혼을 담아 쓴 이야기를 세상에 내보내려고 성실하게 일하는 사람들 모습을 작가의 눈에 각인시켜야 한다.

우선은 CTP실로 안내하여 실제 쇄판을 보여 주었다.

"이것이 인쇄기에 세팅하는 알루미늄 쇄판입니다. 판면 32페이지, 양면 64페이지의 판을 데이터 상에서 짜서 CTP, 즉 컴퓨터 투 플레이트로 알루미늄 판에 찍습니다."

"이렇게 판을 만드는군요……."

이치조 사치코가 쇄판을 자세히 살펴보며 말했다.

일단 판을 확정하고 나면 설사 한 글자라도 수정이 불가능하다. 수정하려면 디지털 데이터를 쇄판으로 다시 찍어서 제작해야 한다. 서적 인쇄에 종사하는 자에게는 당연한 일이지만 세상 일반에는 '판을 확정한다'는 것이 무엇을 의미하는지 전혀 알려져 있지 않다.

이어서 옵셋 인쇄기가 늘어서 있는 장소로 이동했다. 인쇄기 여러 대의 기계음이 교차하는 가운데를 걷는다.

"우선은 기본 중의 기본이 이 종이를 들어 올려서 쌓는 일입니다.

1호기 급지부 앞에서 젊은 인쇄공 다카노가 종이를 들어 올리고 있었다. 종이 다발 양쪽을 양손으로 쥐고 위아래로 휘청거리게 하며 공기를 넣는다. 종이 끝이 맞도록 간추려 급지부에 세팅한다. 이 작업을 빠른 속도로 반복한다.

그 모습을 가만히 보던 이치조 사치코가 노즈에에게 물었다.

"실례해요. 종이 세팅을 기계가 아니라 수작업으로 하나요?"

"예. 종이와 종이 사이에 공기를 넣어야 하기 때문입니다. 이 작업을 소홀히 하면 종이가 기계에 막히거나 중송重送 사고의 원인이 됩니다."

"중송?"

이치조 사치코가 고개를 갸웃거린다. 노즈에가 전문용어를 그대로 쓰는 바람에 알아듣지 못한 것이다.

"실례했습니다. 두 장이 붙어서 들어가는 사고입니다. 난정페이지의 순서가 잘못된 것이나 낙장의 원인이 됩니다."

우라모토는 얼른 보충했다. 이치조 사치코는 또 메모장을 펴고 펜을 움직였다.

"『책의 보물상자』는 벌써 그제 인쇄를 끝내고 제본소로 보냈습니다. 오늘은 다른 작품을 인쇄하는 중입니다."

양면 64페이지 분량의 거대한 종이가 급지부에서 잇달아 들어가 인쇄부를 미끄러지듯이 통과하여 고속으로 배지부로 토해져

나온다.

"작가 분들이 쓴 이야기는 이렇게 매일 종이에 새겨집니다."

우라모토는 인쇄기 소음에 질세라 목소리를 키웠다.

"저희 인쇄 영업은 인쇄기 가동률을 일정 수준 이상으로 유지하는 것이 사명입니다. 이 기계를 여러 대 가동하지 않게 되면 회사는 유지되기 힘듭니다."

나카이도가 인쇄기 사이를 걸으며 목소리 높여 말했다.

"다음은 별색 인쇄 기술자를 소개하겠습니다. 이 길에서 40년을 일한 요시자키 씨입니다."

노즈에 목소리가 조금 자랑하는 기미를 띤다. 소개를 받은 지로 씨가 고개를 꾸뻑 숙였다.

"아실지 모르지만 보통 컬러는 프로세스 잉크라 불리는 C(시안), M(마젠타), Y(옐로), K(블랙) 네 가지 색의 조합으로 표현합니다."

"CMYK라는 거군요."

이치조 사치코는 맞장구쳤다.

"CMYK 네 가지 색의 배합으로 표현하지 못하는 색은 별색이라고 해서 기술자가 수작업으로 배합합니다. 지로 씨, 부탁드려요."

"마젠타를, 섞은……원어로 읽으면 '마젠타오, 마젠다'가 된다."

재치 있는 말을 신호로 지로 씨는 양손으로 주걱을 잡고 자세를 낮추고 스테인리스 통 안에서 두 가지 색 잉크를 힘차게 휘저었다.

무서운 표정으로 잉크를 휘젓는 데 몰두하는 지로 씨. 그동안 이치조 사치코 등은 말없이 작업을 지켜보고 있었다.

"『책의 보물상자』도 제목에 별색을 씁니다. 요시자키가 잉크를 만들었습니다."

노즈에가 다시 자랑스레 소개한다.

"하지만 요즘은 기계가 잉크를 배합하는 시대가 되었다고 해서…… 우리도 슬슬 밀려나게 되나 보다 하고 있습니다요."

잉크를 다 섞은 지로 씨가 말했다. 노즈에가 "아뇨" 하고 끼어든다.

"요시자키 씨의 기술은 시스템으로는 재현할 수 없죠. 오랜 노하우가 들어간 기술입니다."

지로 씨는 겸연쩍은 듯 고개를 저었다.

"시안을 섞을지 말지 고민했습니다컬러 이름 '시안'과 '고민'을 뜻하는 '시안思案'은 발음이 같다. 뭐 이런 익살도 오랜 노하우에서 나온 거죠."

손목시계를 확인한 나카이도가 우라모토에게 눈짓을 했다.

나가서 휴대 전화를 확인하고 오라는 신호이다. 나카이도와 번갈아가며 밖으로 나가서 휴대 전화에 부재중 전화가 있는지 확인하고 필요한 곳에는 전화를 하기로 되어 있었다.

우라모토는 건물 밖으로 나가 포켓에서 휴대 전화를 꺼냈다.

부재중 전화에 메시지가 두 건 있었다. 긴장하며 확인했다.

종이 반입이 한나절 늦어진다, 도토서방 편집자의 입고 예정일

변경 연락…… 다행히 당장 현장으로 뛰어가야 하는 사고는 아니다.

공장 안으로 돌아와 나카이도에게 '별일 없어요'라고 눈짓을 했다. 나카이도가 고개를 끄덕였다.

그리고 우라모토는 나카이도와 노즈에게 슬쩍 휴대 전화를 내밀어 내용을 보여 주었다. 메일링리스트에 영업 제1부 노노미야의 메일이 와 있었다.

'게이단샤 『아쿠에리아스의 검』 복간판 전 15권 신규 수주. 각 3만 부, 총45만 부.'

환희로 끓어오르는 본사 풍경이 눈에 선하다. 만화 영업에서 기세를 올리고 있다.

메일 내용을 확인하자 나카이도와 노즈에는 힘주어 고개를 끄덕였다.

"그럼 제본소로 이동하실까요."

나카이도의 말에 일동은 공장 밖으로 나갔다.

"노즈에 씨, 고마워."

우라모토는 노즈에게 인사했다.

그러자 노즈에는 무서운 얼굴로 "아직 끝난 게 아냐"라고 대답했다.

"내가 안내해 드릴 수 있는 곳은 공장 내부뿐이야. 책이 완성되는 단계까지 확실하게 안내해 드려."

"알았어."

우라모토는 얌전하게 대답했다.

"늘 공정 전체를 바라보며 뛰어다니는 영업맨이 아니면 못하는 일이야."

노즈에의 말이 등을 떠밀었다. 기술자인 노즈에나 후쿠하라가 부러운 적도 있었다. 하지만 영업맨이 아니면 못하는 일도 있다.

"뒤를 부탁해."

"알았으니까 맡겨 둬."

우라모토는 한손을 들어 대답하고 나카이도 일행을 따라 공장 밖으로 뛰어나갔다.

우라모토 일행을 보낸 뒤 노즈에는 지로 씨와 공장 구석에 있는 팔레트에 앉아 잠시 휴식을 취했다.

"어이, 미스터 꿍. 오늘 아주 기분 좋은 날이야."

"왜 그래요, 갑자기."

"아니, 인쇄공이란 게 뒷전에서 일하는 사람이거든. 세상에 알릴 필요도 없고."

"그렇죠."

"보라고, 40년이나 책을 써 왔다는 작가 선생이 책이 어떻게 만들어지는지도 통 모르잖아. '종이는 손으로 쌓는 겁니까?'라니, 그런 것조차 몰라. 거 참 통쾌한 일이지."

"그렇죠."

맞장구치면서도 지로 씨가 말하고자 하는 바를 알 수 없었다.

"우리가 없으면 책이 되질 않아. 그렇게 생각하면 우라모토 말대로 '우리는 책을 만들고 있소'라고 가슴 펴고 당당하게 말해도 괜찮잖아."

여기까지 듣고 나니 알 것 같았다.

'아빠가 만든 책, 아빠가 만든 책.'

고타와 요타의 목소리가 뇌리에 메아리친다.

"그렇죠."

"이봐, 아까부터 연방 '그렇죠' 소리만 하고 있구먼."

지로 씨가 웃었다. 노즈에는 이번에는 또박또박 "그렇죠"라고 말했다.

"자, 하나 씹어. 이 껌도 누가 어디선가 만들고 있겠지."

가네사키제과의 판형 블루베리 껌. 노즈에가 태어나기 훨씬 전부터 있었던 스테디셀러이다.

"이야, 기분 좋은 하루였어."

"그렇죠."

딱딱한 판형 껌을 입안에 구겨 넣고 두어 번 꼭꼭 씹는다. 블루베리 맛과 과당의 단맛이 입안에 퍼진다.

"어쩐지 눈이 좋아지는 기분이 드네요."

"오오, 웬일이래? 미스터 꿍이 드물게 상냥한 말도 할 줄 알고."

우라모토 일행은 이제 곧 이타바시 제본소에 도착하겠지. 그런 생각을 하면서 노즈에는 블루베리 껌을 계속 씹었다.

후지미노 공장을 꼬박 두 시간 동안 견학한 일행은 이타바시에 있는 호코쿠샤 제본소로 이동했다.

호코쿠샤에 도착하자 늘 협력해 주는 젊은 사장 이모리 다이스케가 일행을 맞아 주었다.

제본 기계가 나란히 놓인 공장에는 인쇄 공장에서 그저께 인쇄하고 건조 과정을 마친 『책의 보물상자』 본문과 표지, 커버가 반입되어 있었다.

신간 『책의 보물상자』는 양장 제본에 288페이지. 페이지 수는 많지 않지만 두껍고 질긴 코트지를 본문지로 사용하기 때문에 부피는 두툼해진다.

"지금부터 이 종이 더미가 책이 되는 과정을 보여드리겠습니다. 본사의 디지털 제판, 후지미노 공장의 인쇄 공정, 그리고 이곳의 제본 공정. 그 하나하나가 다 책을 만드는 공정입니다."

우라모토는 한 걸음 물러선 시각으로 지금까지의 공정을 정리하여 이치조 사치코에게 설명했다.

수많은 이야기를 써 온 이치조 사치코도 책이 탄생하는 순간을 지켜보는 것은 처음이다.

마음을 담아 책을 제작하는 현장을 보면 아마 마음이 움직일 게 틀림없다.

"작가님 책이 완성되는 순간을 몸소 보실 수 있다니, 이건 정말 드문 기회죠!"

오쿠다이라가 요란한 말투로 이치조 사치코를 부추긴다.

한편 호코쿠샤의 젊은 사장은 긴장된 표정으로 첫 공정을 안내했다.

"우선은 양면 64페이지 종이를 넷으로 재단하고, 양면 16페이지로 소분합니다. 이쪽이 종이를 간추려서 절단하는 재단기입니다."

젊은 사장이 설명하는 옆에서 청결한 하얀 목장갑을 낀 나이든 남성 직원이 간추리는 기계 경사면에 1백 매 다발의 종이를 놓는다. 종이가 놓인 받침대를 진동시켜서 종이와 종이 사이에 공기를 넣는 것이다.

"이 공정은 수작업으로 하나요?"

"예. 인쇄된 종이는 기둥처럼 높이 쌓여서 실려 오기 때문에 종이끼리 딱 붙어 있습니다. 다음 공정을 위해 적당히 공기를 넣어줘야 합니다."

재단기에 종이를 세팅하는 것도 수작업이다. 종이가 들어오는 순간 간발의 차도 없이 거대한 칼날이 내려와 종이를 절단한다.

차랑, 하는 메마른 금속음이 울린다.

"잘못하면 손이 잘리겠네요……."

이치조 사치코가 위축된 목소리로 말했다.

"안전장치가 있지만 그래도 세심한 주의가 필요합니다. 재단 작업을 하는 동안은 잡담을 엄격히 금지하고 다른 작업을 병행하지 말고 집중하도록 철저히 지도합니다."

젊은 사장은 그렇게 말하고 긴장한 표정을 지었다.

그리고 접지기라 불리는 기계로 종이를 접는다. 판면 8페이지, 양면 16페이지 종이를 세 번 접으면 16페이지 소책자가 된다. 이렇게 16페이지짜리 접지물을 만들어 간다.

"대부분의 책의 페이지 수는 백지를 포함해서 16의 배수로 되어 있습니다. 『책의 보물상자』도 288페이지, 16의 배수죠."

우라모토의 설명에 이치조 사치코는 담담하게 고개를 끄덕였다. 역시 40년 넘는 경력을 가진 작가인 만큼 이것은 알고 있는 듯했다.

이 16페이지 접지물을 기계를 이용해 페이지 순서로 포개 놓고 정합한다. 1~16페이지, 17~32페이지라는 식으로 순서 바르게 쌓아 나가는 것이다.

기계 속도도 속도지만 공정 중간중간에 정교한 수작업이 추가되고 있었다.

정합기에 접지물을 세팅하는 사람, 표지를 급지하는 사람. 띠지나 커버의 재단은 다른 사람이 맡는다. 칼선이라 불리는 표시를 기준으로 종이 여백을 절단한다.

"급지나 재단은 한 번만 실수해도 책을 망치게 되므로 무척 신경을 써야 하는 작업입니다."

젊은 사장이 작업복 소매로 땀을 닦으며 직원들이 일하는 내용을 소개한다.

다음은 겹쳐 놓은 접지물을 실로 꿰매듯이 묶는 사철 공정.

"요즘은 기계화되었지만 예전에는 사람 손으로 한 권 한 권 실로 철했습니다."

메모를 하는 이치조 사치코의 손이 점점 빠르게 움직인다.

"여담입니다만 50년쯤 전까지만 해도 대부분의 제본소에서 접지나 정합을 일일이 사람 손으로 했다고 합니다."

나카이도가 보충 설명을 했다.

나아가 접지물과 접지물 사이를 본드로 밀착해서 보강하는 공정. 정합으로 순서대로 포개진 접지물의 책등을 본드로 접합한다.

밀착된 쪽이 책을 철하는 부분이 된다.

이 단계에서 표지나 커버를 두르지 않은 벌거숭이 책이 만들어진다.

벌거숭이 책은 컨베이어벨트를 타고 삼방재단기로 흘러간다. 벌거숭이 책을 2톤 무게로 누르고 책등 이외의 세 면을 재단한다. 책머리, 책꼬리, 책배를 깔끔하게 절단하는 이 재단 공정을 화장 재단이라고 한다.

"굉장한 박력이군."

우라모토는 요란한 기계 소음 속에서 혼잣말을 했다.

금세 높이 쌓이는 대량의 책, 그리고 깔끔하게 잘리는 화장 재단 모습은 몇 번을 봐도 압권이다. 재단된 책은 기계의 발톱처럼 생긴 부분에 의해 페이지가 펴지고 그 속에 노란 끈이 끼워진다. 이 끈이 책갈피 역할을 하는 가름끈 혹은 갈피끈이다.

이어서 금속 틀을 이용하여 책등을 둥글게 빚는 공정, 둥글어진 책등 가장자리에 책귀를 만드는 공정을 거치면 마침내 최종 공정으로 들어간다.

"표지 씌우는 작업을 안내하겠습니다."

컨베이어벨트를 타고 온 벌거숭이 책에 옷을 입히는 작업이다. 책등에 표지를 붙이기 위해 아교를 칠하고 세양사라는 거즈 형태의 천을 바른다.

그 위에 표지를 씌워 나간다. 제본 라인으로 벌거숭이 책이 흘러가는 타이밍에 맞춰 표지를 집어넣어 커버의 책등 안쪽과 벌거숭이 책의 책등을 풀로 붙인다.

기계와 인간의 작업으로 이루어진 정연한 과정 속에서 벌거숭이 책의 옷단장은 착착 진행된다.

이렇게 만들어진 책에 커버와 띠지를 두른다. 다시 자동으로 페이지가 열린 책은 미끄러지듯이 라인을 흘러간다. 다른 라인에서 들어온 띠지와 커버가 책 라인과 합류한다. 밑에서부터 띠지, 커버, 책 순서로 겹쳐졌을 때 띠지와 커버의 양쪽 자락이 표지를 감싸듯이 접혀 들어간다. 마치 책이 외출하기 전에 재킷을 걸치는 것처럼. 마지막으로 책갈피에 슬립이라 불리는 매상카드나 독자엽서 같은 부속물을 집어넣는다.

"여기에서 완성본이 나옵니다."

제작 공정의 마지막 과정으로 안내하자 이치조 사치코는 "다 왔구나" 하며 벅찬 목소리로 말했다.

첫울음 소리를 내며 연달아 나오는 책들은 검사원의 검품을 거쳐 다섯 권 단위로 소분되어 한순간에 포장지에 싸인다.

모두들 한동안 그 광경을 말없이 지켜보았다.

우라모토도 책이 완성되는 과정 전반을 이렇게 자세히 살펴본 것은 거의 처음 같았다.

"저희가 만들었습니다……."

저도 모르게 그 말이 튀어나왔다.

나카이도의 따가운 눈초리가 옆에서 느껴졌다. 거래처 편집자와 작가 앞에서 지금 무슨 소리야. 그런 눈초리였다.

우라모토의 입이 계속 움직였다.

"아까 소개해 드린 후쿠하라, 노즈에, 요시자키. 이 제본소 분들. 모두가 힘을 모아 만들었습니다."

"주제넘은 말씀 드려서 죄송합니다."

고개를 깊이 조아리는 나카이도. 그 옆에서 이치조 사치코와 오쿠다이라는 아무 대답 없이 그저 라인에서 연달아 태어나는 책 한 권 한 권을 눈으로 좇고 있었다.

"자, 『책의 보물상자』 완성본입니다."

우라모토는 막 태어난 책을 이치조 사치코에게 건네 주었다.

이치조 사치코는 제 자식 받아 안듯이 갓 태어난 책을 두 손에 받았다.

"많은 분들이 책에 관여한다는 것을 오늘은 내 눈으로 다 보았습니다. 감사합니다."

이치조 사치코는 기계를 쳐다보며 말했다. 그리고 우라모토 쪽으로 돌아섰다.

"하지만 책을 만드는 것은 당신들이 아니라 나예요."

이치조 사치코는 갓 태어난 책을 안은 채 단호하게 말했다.

작가의 기분을 상하게 해서 게이단샤에서 신작을 내자는 이야기가 무산되는 사태가 벌어지면 큰일이다.

"물론 이치조 작가님 말씀이 맞습니다. 죄송합니다. 다만, 책이라는 물성을 만드는 과정에 모두들 힘을 모으고 있다는 말씀을……."

오쿠다이라가 끼어든다. 우라모토를 향해, '어서 사죄해'라는 눈빛으로 눈짓을 보낸다. 하지만 우라모토는 도저히 사과할 수 없었다.

뭐라고 말하기 힘든 곤혹스런 분위기 속에서 이치조 사치코의 견학 투어는 막을 내렸다.

견학하는 일행이 정면 현관 앞에서 호코쿠샤 사람들의 전송을 받으며 회사 차량에 타려고 할 때 젊은 사장이 우라모토를 손짓으로 불렀다.

진행 중인 안건에 대하여 무슨 상의할 일이라도 있는 걸까. 골치 아픈 일이면 어떡하나 걱정하며 다가가자 작은 소리로 귀엣말을 했다.

"우라모토 씨, 말 잘했어. 우리가 만든 책이야. 고마워."

그가 오른손을 내밀자 우라모토는 곤혹스러우면서도 그 손을 잡았다.

악수한 채 힘을 꾹 주는 젊은 사장의 손은 거칠고 마디마디 불거졌다. 수천만 권의 책을 세상에 내보낸 손이다.

돌아가는 차량에서 이치조 사치코는 뒷좌석에 앉아 『책의 보물 상자』 표지를 보고 있었다.

핸들을 잡은 우라모토는 미러를 통해 그 모습을 확인했다.

화가 난 건지 멍하니 넋을 놓은 건지 알 수 없는 표정에서는 아무것도 읽어낼 수 없었다. 나카이도도 오쿠다이라도 주눅이 들어 아무 말도 건네지 못하는 눈치였다.

차량은 불온한 침묵을 싣고 환상7호선을 타고 남쪽으로 달렸다.

미러 너머로 한순간 이치조 사치코와 눈이 마주쳤다. 이치조 사치코는 다시 책으로 시선을 내리며 말했다.

"향후 계획 말인데요."

차량 내부가 아연 긴장했다.

"지금 쓰고 있는 장편 몇 편을 끝내면 게이단샤에서 신작을 내기로 약속하죠."

원고를 기다리는 타 출판사보다 먼저 원고를 받게 된다는 말이다.

오쿠다이라가 "그거 진심이십니까?" 하고 들뜬 목소리로 말했다.

"네. 내가 그토록 염원하던『책의 보물상자』를 간행해 주셨으니 약속은 꼭 지킵니다. 비즈니스니까."

이치조 사치코는 역시 철저한 프로페셔널이었다.

"감사합니다! 간행은 언제쯤으로 잡을까요?"

오쿠다이라는 뒷좌석에서 흥분해서 말했다. 조수석의 나카이도가 무릎 위에서 손가락으로 슬쩍 V자를 그렸다.

이케부쿠로 역 서쪽 출구 로터리에서 이치조 사치코와 오쿠다이라가 하차했다. 함께 식사하면서 논의를 하겠다고 한다. 헤어질 때 오쿠다이라는 운전석 쪽 프런트도어 너머로 고개를 크게 끄덕였다. 우라모토는 눈인사로 답하며 '새 책의 씨앗이 만들어져야 할 텐데' 하고 기원했다.

"그럼 돌아갈까."

나카이도의 목소리는 기분 탓인지 활기차게 들린다. 우라모토는 액셀을 밟아 차를 출발시켰다. 오차로 신호등 빨간불에 잠시 정차하자 프런트 유리에 빗방울이 툭툭 떨어지기 시작했다.

우라모토는 와이퍼를 가동하고 헤드램프를 켰다.

"괜한 소리를 해서 죄송했습니다."

"이치조 사치코가 게이단샤에서 책을 내겠다고 하잖아. 그리고 당신은 오쿠다이라 씨에게 발주 약속을 받아 두었고. 결과가 좋으면 다 좋은 거야."

한 작품당 단행본 10만 부, 문고본으로 30만 부. 중판을 거듭하면 50만 부, 1백만 부…… 머릿속에서 독장수셈을 해 본다. 미래가 조금은 밝아진다.

"그나저나 차기작은 둘째 치고『책의 보물상자』가 무사히 완성되어서 다행이야."

"지난 과정을 돌아보면 '무사히'라고 말할 수 없는 대목도 많습니다만."

도요즈미인쇄로서는 사양 변경에 따르는 오퍼레이터 공수 등을 감안하면 결국 채산이 맞지 않는 안건이 되고 말았다. 원래 있어서는 안 되는 일이다.

"완성도도 훌륭하고, 애초에 책과 사람을 연결할 사명을 띠고 태어난 책이잖아."

"막판에 이치조 작가님을 노여워하게 만들고 말았는걸요……."

우라모토가 반성하는 말을 하자 나카이도는 쓴웃음을 지었다.

"우리가 만들었습니다? 그렇게 대놓고 말해 버리면 곤란하긴 하지. 하지만 나도 분명히 마음속으로는 그렇게 생각하고 싶었던 것 같아."

앞을 바라보며 나카이도는 말했다.

"진짜 승부는 지금부터죠."

인쇄기를 계속 가동하는 한 도요즈미인쇄라는 배는 침몰하지 않는다.

"만약 도요즈미 회사 설명회에서 내가 다시 단상에 서게 된다면 나카이도 씨의 말을 빌려도 될까요?"

"내 말?"

"꿈은, 내가 맡은 일을 하루하루 실수 없이 마치는 것. 그리고 인쇄기 가동률을 유지하는 것."

"당신이 해 온 말과 정반대잖아."

"아니, 같아요."

우라모토는 확신을 가지고 대답했다.

"내가 맡은 일을 하루하루 실수 없이 마치고, 인쇄기 가동률을 유지한다. 그 축적 위에서 인쇄 회사도 모노즈쿠리를 할 수 있을 테니까요."

높은 이상을 향해 나아가는 것과 눈앞에 닥친 일들을 하나씩 가시화해 가는 것은 결국 하나의 길로 이어져 있었다.

"그럼 나는 우라모토 씨의 말을 빌릴까. '인쇄 회사는 모노즈쿠리이다', '책을 찍는 게 아니라 만들고 있다'라고."

"전에 말씀하신 것과 정반대 아닙니까?"

"이상과 긍지가 있어야 눈앞의 일도 힘 있게 할 수 있지."

무사히 책이 완성되어서 다행이다. 마무리가 훌륭해서 다행이다. 작가가 기뻐해 주어서 다행이다. 수주 증가를 바라볼 수 있어서 다행이다. 제본소 젊은 사장이 기뻐해 줘서 다행이다. 나카이도와 서로 인정해 줄 수 있게 되어서 다행이다.

오늘은 소소하나마 여러 가지로 다행이었다.

지금 하는 일은, 내 천직이다.

그렇게 단언할 수 있는 사람은 몇 안 되며, 대부분의 사람은 지금 하는 일이 아닌 다른 일, 지금 인생이 아닌 다른 인생을 막연히 동경하고, 그 동경을 품은 채 멍하니 살아가고 있는지도 모른다.

그래도 현재 눈앞에 있는 일에 전력을 다하는 사람들이 있다.

설사 천직이 아니어도 좋다.

이 일을 하길 잘했다. 이렇게 생각하는 순간을 일상의 갈피갈피에서, 도처에서 만난다면 아마 행복할 것이다.

차량은 곧 오토와의 도요즈미인쇄 본사에 도착할 것이다.

조수석에 앉은 나카이도는 윗주머니에서 휴대 전화를 꺼내서 확인했다.

"사무실에 돌아가서 차분하게 연락할까."

나카이도는 그렇게 말하고 휴대 전화를 다시 윗주머니에 넣었다.

진동으로 해 둔 우라모토의 휴대 전화도 부재중 전화들로 가득할 것이다. 그것들을 하나하나 연락하고 나면 그 너머에서 다시 몇 권의 새로운 책이 탄생할 것이다.

9월 마지막 영업일, 오전반 근무를 마친 노즈에 마사요시는 다카노를 불렀다.

"어이, 다카노, 어디 있어?"

다카노는 파지를 바구니에 담고 있었다. 마지막까지 맡은 일을 허투루 하지 않겠다는 말은 진심이었다.

"파지통 두는 자리가 평소와 다르잖아. 물건을 철저히 제자리에 두는 습관은 기본 중의 기본이다."

"예, 죄송합니다."

"마지막 잔소리였다. 15시가 됐다. 수고했다."

직원들이 모두 있는 자리에서 다카노가 오늘로 퇴직한다고 정식으로 알렸다. 다카노는 짤막하게 감사 인사를 했다. 그리고 불쑥 랩 같은 선율로 이야기를 계속했다. 즉흥인지 준비해 온 것인지는 알 수 없었다. 노즈에는 그게 음악으로서 훌륭한 것인지 어떤지도 알 수 없었다.

직원들이 열심히 박수쳐 주었다. 음악은 모르니까 그저 전별의 인사로 손뼉을 쳐 주는 것이다.

"요! MC요타로!"

이전의 자신이었다면 그가 어디 가다 넘어지기를 바랐을지도 모른다. 왠지 기분 나쁜 놈이라고 헛웃음이나 한 번 짓고 말았을지 모른다.

지금은 진심으로 다카노에게 박수와 성원을 보내며 흔쾌하게 떠나보낼 수 있다.

"꿈을 이루기를 바란다. MC요타로가 평생의 업이 되기를."

"고맙습니다. 여기서 일한 1년 반을 절대 못 잊을 겁니다. 앞으로 음악에, 인생에 반드시 보탬이 될 거라고 생각합니다."

무엇을 직업으로 할지, 무엇을 위해 일하는지는 사람마다 다르다. 다카노는 음악에서 길을 찾으려 하고 노즈에는 여기에 남는 길을 택했다. 길은 다르지만 자기 마음의 목소리에 귀를 기울이고 그 목소리를 따라 택한 길이라는 것은 다르지 않다.

퇴근하는 길에 역전 미카와야서점에 들러 마음에 두었던 책을 사서 오후 6시에 귀가했다. 노즈에는 미카와야서점 봉지에서 『책의 보물상자』를 꺼내 좌탁 위에 내놓았다.

"아빠가 만든 책이다."

노즈에가 말하자 고타와 요타가 얼른 맹장지를 열었다. 고타가 '인쇄소 도요즈미인쇄주식회사'라고 기록된 행을 검지로 짚었다.

"아빠가 만든 책……."

요타가 고타에게 작은 소리로 말했다.

"아, 그게 아니지."

불쑥 바로잡아 주려는 말이 튀어나왔다.

"아빠와 친구들이 만든 책이야."

바로잡아 주어야 할 것 같았다. 책은 혼자서는 완성할 수 없다. 많은 사람들, 사람과 기계가 한 몸이 되어야 완성될 수 있다.

"아빠와 회사 친구들, 그밖에 다양한 사람들이 힘을 합해서 만든 책이다."

이쪽에 등을 돌리고 싱크대에서 설거지를 하던 사오리의 손길이 잠깐 멈췄다.

만약 아내가 용서해 준다면 가족에게 우리의 일을 보여 주고 싶다.

다음 주에 사내 통신망에 직원 공모 기획이 발표되었다. 그중에 노즈에의 제안이 후보로 올라 있었다.

제안 제목 : 후지미노 공장 가족 견학 투어

제안자 : 인쇄제조부 노즈에 마사요시

개요 : 직원 가족(원하는 사람)에게 후지미노 공장을 견학할 기회를 준다.

사람들이 알지 못하는 책 제작 현장을 가족들이 볼 수 있도록 기회를 준다.

업무에 대한 가족의 이해가 있을 때 직원도 일을 더 잘 할 수 있기 때문이다.

이 견학 투어로 자기 식구가 어떤 일을 하는지 알 수 있는 기회를 준다.

의장인 상무에게 발언을 허락받은 우라모토가 자리에서 일어나 말했다.

"재고의 여지는 없는 겁니까?"

"경영적 차원에서 판단한 것이다. 미안하지만 어쩔 수 없어."

상무가 대답했다. 회의실에 다시 무거운 침묵이 흐른다.

일전의 임원회에서 후지미노 공장 1호기는 교체하지 않기로 결정되어 이 간부회의 석상에서 정식으로 발표되었다.

이치조 사치코의 신작이 게이단샤에서 간행될 예정이며, 그때는 도요즈미에 인쇄를 발주한다는 약속을 받아 두었다. 영업 제1부도 명작 만화 복간판을 수주하는 등 열심히 뛰는 모습을 보여 주었다.

인쇄기를 줄인다는 방침을 재고해 주지 않을까 하며 희망의 빛을 보고 있던 참이었다.

그 희망이 허망하게 무너졌다.

"하고 싶은 말, 묻고 싶은 말이 있으면 기탄없이 해도 좋아."

우라모토와 나카이도가 간부회의에 참석한 것은 모리 부장이 단독으로 결정한 것이었다.

"소형 로트 인쇄를 늘릴 방침이라는 것은 이해할 수 있습니다. 그러나 인쇄기 다섯 대의 가동률이 전년도와 거의 같은 수준에서 유지되고 있습니다. 재고의 여지는 없겠습니까."

"게이단샤하고도 협의하고 내린 판단이다."

종이책 인쇄는 데쿠노도 활용하면서 최대한 소형 로트로 하고, 투모로게이트 디자인을 통한 기획 제안이나 전자책 제작, 인쇄데이터 클라우드 서비스 등의 비중을 높여 나가겠다고 한다.

"서적 인쇄 이외의 분야로 진출하는 것은 찬성합니다. 그러나 그렇다고 현 단계에서 인쇄기를 한 대 줄이는 것은 시기상조 아닐까요?"

임원회 결정이 번복되는 일은 있을 수 없다. 하지만 우라모토는 묻지 않을 수 없었다.

"어쩌면 자네 말대로 아직 이른지도 모르지. 하지만 서둘러 결정해야 하는 사항도 있다."

전자책 제작부 후리하타가 "저도 한 마디" 하며 손을 들었다.

"전에 우라모토 씨가 말했던 것처럼 전자책을 필요로 하는 사람도 많아요. 아마 앞으로 점점 늘어날 겁니다. 인쇄기를 줄이는 것은 중대한 전기이지만 긍정적으로 받아들여도 좋지 않을까요. 전자책 총괄영업 담당님."

후리하타는 우라모토를 훈계하듯이 말했다. 전에 이 간부회의 석상에서 종이책에 적대감을 드러내며 '공장에서 인쇄기가 사라질 것'이라고 씩씩대던 때하고는 딴판으로 지금은 점잖게 말하고 있다.

후리하타 역시 인쇄기가 한 대 줄어든다는 사태를 무겁게 받아들이고 있는 것이다.

"실적은 향상되지 않아도 인쇄기 가동률은 전년도와 같은 수준을 유지하고 있습니다. 영업부가 일감을 떨어뜨리지 않고 가져오고 있습니다. 이번 판단은 영업부를 신뢰하지 못하겠다는 것일까요?"

나카이도가 냉정한 말투로 상무에게 물었다.

"영업부가 잘못해서가 아니야. 이것만은 시대의 흐름이다."

시대의 흐름은 알고 있다. 지속적으로 떨어지는 그래프, 장기적으로 출판인쇄업계가 축소될 거라고 우려하는 말들은 수없이 들어 왔다.

그래도 우리는 한 권 한 권 성실하게 책을 만들어 고객과 신뢰관계를 쌓고 인쇄기를 돌림으로써 책 제작의 등불을 지켜 왔다고 믿었다. 그 등불 가운데 하나가 지금 꺼지려 하고 있다.

"저는 시대의 흐름에 조금 더 거슬러 보고 싶습니다……."

주장도 질문도 아닌 내적 갈등이 그대로 입을 타고 나왔다.

상무가 깊은 한숨과 함께 "나도 할 수만 있다면 거스르고 싶다"라고 말했다. 젊은 직원을 달래려고 마음에도 없는 말을 하는 것은 아니다. 그 힘없는 울림이 괴로운 결단이었음을 말해 주고 있었다.

옆에서 팔짱을 끼고 앉아 있던 모리 부장과 눈이 마주쳤다. 모리 부장은 고개를 크게 천천히 끄덕였다. 이제 됐다. 그런 메시지라고 우라모토는 이해했다.

간부회의는 무거운 분위기 속에서 "지금까지 해 온 대로 업무에 매진해 주기 바라네"라는 상무의 말로 끝났다.

시대의 흐름 앞에 기적 같은 것은 없다는 것을 새삼 알았다.

인쇄기가 한 대 줄어든다는 사실은 '세상에서 책이 사라져 간다'는 엄청난 공포를 우라모토에게 확실하게 안겨 주었다.

그것은 어릴 때 초등학교에서 교육용으로 키우던 토끼가 죽어서 '언젠가는 누구나 죽는다'는 공포가 실감으로서 밀려들 때와 비슷했다. 한 치도 거스를 수 없다는 무력감에 마구 고함을 치고 싶었다.

그때처럼 무엇을 해도 반응이 없을 거라는 무력감이 우라모토를 지배했다. 아무리 기를 써도 책은 점차 사라져 간다.

영업부로 돌아오자 나카이도는 높이 쌓인 서류 봉투를 하나씩 개봉해서 묵묵히 원고 정리 작업을 시작했다.

우라모토도 자리에 앉기는 했지만 저도 모르게 한숨이 새어나왔다.

"물이 새는 배는 조만간 침몰할 수밖에 없는 건가요……."

무거운 짐을 바다에 던져서 선체를 조금이라도 가볍게 하는 수밖에 없다는 건가. 하지만 인쇄 회사가 인쇄기 하나를 버린다는 것은 엔진을 하나 떼어내는 것과 같다.

나카이도는 우라모토의 물음에는 답하지 않고 태블릿 단말기의 진행관리 화면을 가리켰다.

"당장 눈앞에 이렇게 많은 안건이 쌓여 있어."

문예 단행본과 문고, 만화, 잡지를 비롯하여 다양한 안건이 저마다 다른 공정 단계에서 동시 진행되고 있다. 앞으로 책이 줄어간다는 사실이 마치 거짓인 것처럼 탄생을 기다리는 책이 줄을 서 있다.

"책을 계속 만들 수는 있겠지?"

나카이도의 물음에 퍼뜩 정신이 든 기분이었다.

"인쇄기 한 대가 줄어도, 혹은 두 대가 줄어도 탄생을 기다리는 책이 있는 한 책은 계속 만들 수 있지 않을까?"

우라모토는 다시 한 번 진행관리표를 들여다보았다. 여러 건의 단행본 작업 공정들이 시간 순서대로 배치되어 있다.

거기에 책이 소멸하는 날짜는 적혀 있지 않았다.

"선택지는 많지 않아. 침몰을 기다릴지, 침몰 전에 탈출할지, 침몰하지 않도록 온 힘을 다할지. 나는 오래전에 결론을 냈어. 우라모토 씨는 어때?"

"이 세상에 책이 남아 있는 한 도망치지 않고 전력을 다할 겁니다, 라고 말하고 싶지만, 일감도 떨어지고 급료를 못 받으면 먹고살 수가 없잖아요."

"나야 부모님한테 고개 숙이고 팥소 공장에 들어가면 가족들이 먹고살 수는 있어. 그러니까 해 볼 수 있을 데까지 해 보고, 만약 회사가 존립할 수 없게 된다고 해도 마지막 한 사람이 남을 때까지 지켜보겠어."

"나는 마지막까지 남아서 일하지 못할지도 모릅니다. 회사가 없어지기 전에 그만두고 일단 일자리를 찾아서 먹고살아야 하니까."

"그만두면 뭐 하게?"

"쉽지는 않겠지만 먹고사는 건 어떻게든 해결할 수 있다는 자신감은 있습니다. 학창 시절에 편의점, 학원 강사, 주점 등 온갖 아르바이트를 해 봤으니까."

어떤 상황이 닥쳐도 먹고살 수는 있다. 그러니까 지금은 어떻게 살지를 자문하며 계속 책을 만들고 싶다.

"오늘 일을 시작합니다."

우라모토는 무거운 기분을 떨쳐내고 책상 위에 쌓인 서류 봉투와 대면했다. 하나하나 개봉해서 내용물을 확인해 간다. 어느 봉투에는 견본이, 어느 봉투에는 저자 교정이 끝난 초교쇄가……전부 탄생 전 책의 모습이다. 각 내용의 어디를 확인하고 어느 부서로 넘길지, 당장의 할 일이 머릿속에서 정리되어 간다.

먼 미래에 대한 불안은 어느새 머리에서 사라지고 '색교정을 다시 출력할 것', '희소한 종이를 수배할 것', '오자나 오변환을 확인할 것' 등 구체적 목표에 집중하는 의식으로 바뀌었다.

이런 사고방식이 좋은 건지 어떤지는 우라모토도 알 수 없었다.

다만 우라모토 눈앞에는 '책이 사라져 간다'는 공포보다는 완성을 기다리는 책이 줄을 서 있고, 완수해야 할 크고 작은 과제들이 겹겹이 앞길을 막고 있다. 우라모토 들이 구체적으로 움직이지 않으면 책은 완성되지 않는다.

지금은 이 자리에서 책을 만들고 싶다. 논리가 아니라 그저 이 일이 좋으니까. 최악의 사태에 대한 각오만은 늘 가슴 한 켠에 담아 두고 탄생을 기다리는 책을 위해 뛰자.

"그럼 나가 보겠습니다."

나카이도가 자리에서 일어나 모리 부장에게 고했다. 그리고 가방을 들고는 불쑥 말했다.

"인쇄 회사는 모노즈쿠리이다. 하강 곡선을 그릴 때야말로 우라모토 씨의 긍지가 버팀목이 될지 몰라."

외근을 나가려고 하는 나카이도의 뒷모습을 향해 우라모토는 엉겁결에 말했다.

"하루하루 맡은 작업을 실수 없이 끝내기."

나카이도가 걸음을 멈추고 고개만 돌려 이쪽을 바라보았다.

"미래가 걱정스러울 때야말로 나카이도 씨의 긍지가 버팀목이 될지도 모릅니다."

후지미노 공장 사람들이 낙담하지 않을까. 어쩌면 인쇄공 감원이라는 구체적인 불안에 시달리고 있는지도 모른다.

우라모토는 이타바시 구의 고요출판에 들른 뒤 후지미노 공장으로 갔다.

건물 제일 구석에 있는 1호기는 마침 쇄판 교체를 위해 가동을 멈춘 상태였다.

"오, 웬일이야? 심심해서 놀리러 왔나?"

지로 씨가 알은척을 했다. 작업복에 잉크가 묻어 있다.

"결국 잘 안 되었군. 속상하네, 젠장."

지로 씨는 1호기를 올려다보며 말했다.

"영업부에서 최선을 다해 봤지만 힘이 미치지 못해 죄송합니다."

"아냐, 애써 줬잖아. 누구 잘못도 아니지."

1호기 너머에서 나타난 것은 규 씨였다. 오늘 감기로 쉬는 시바타 기장을 대신하여 1호기를 담당하는 듯하다. 규 씨는 가동을 멈춘 1호기를 올려다보았다.

"이놈과 함께 나도 퇴직할 테니까 억지로 인원 감축할 일도 없겠지."

1호기는 연말에 폐기. 올해로 환갑을 맞은 규 씨도 1호기와 함께 퇴직한다.

"이봐, 종이는 다 올렸나?"

규 씨는 급지부를 향해 소리쳤다.

"다 올렸어요!"

급지부에서 젊은 인쇄공이 소리쳤다.

"모처럼 왔으니 한번 돌려 볼래?"

노즈에가 농담 같은 말을 진지하게 했다. 우라모토는 고개를 저었다.

"스타트 명령 정도는 할 수 있잖아. 의외로 기분이 좋아지지."

노즈에가 일러 준 대로 우라모토는 숨을 들이마시며 배에 힘을 주었다.

"1호기, 확인 OK. 가동해 주세요!"

그러자 사람들이 저마다 "OK!", "가동 OK!", "가동해 주세요!"라고 힘차게 외쳤다.

1호기가 으르렁거리는 소리를 높여 나가자 종이가 연달아 인쇄 유니트 사이를 빠르게 빠져나간다.

"오오! 움직인다!"

우라모토가 환호했다.

"움직이고말고. 당연하지."

노즈에가 옆에서 어이없다는 듯이 웃었다.

인쇄기는 활기차게 움직이며 오늘도 새로운 책을 세상에 내보낸다. 책은 없어지지 않는다. 다만 천천히 스러져 갈 것이다.

우라모토는 생각했다. 어떻게 일할 것인가는 어떻게 살 것인가와 같은 질문이 아닐까. 그것을 자문한 결과 책 만드는 일을 선택했다. 인연의 힘에 끌려 스스로 택한 길이다.

그리고 스러져 가는 것은 패배하는 것이 아니다. 스러져 가는 책을 만드는 일을 선택하여 이 자리를 지키고 있는 한 패배하는 일은 없다.

스러져 가는 것을 지키는 인간도 필요하다고 생각한다. 그런 일이기 때문에 더욱 좋아하지 않고서는 계속해 나갈 수 없다고 생각한다.

그 자리에 있는 것은 비장감이 아니라 계속 만들어 나가는 것에 대한 긍지와 평소의 성취감이다.

나는 그런 사람이 되고 싶다.

책 제작은 계속될 것이다. 우라모토의 눈앞에서 확실하게 계속되고 있다.

완성을 기다리는 책이 끊이지 않는 한 책이 없어진다는 공포에 떨고 있을 틈이 없다. 스스로 선택한 자리에서 만난 사람들과 앞으로도 책을 만들어 갈 것이다.

에
필
로
그

신년 초의 어느 토요일 아침, 후지미노 공장 관리동 회의실에 많은 직원이 모여 있었다.

　주로 공장 직원과 본사 영업부 직원이고, 상무와 공장장 얼굴도 보인다.

　우라모토 마나부는 주위를 둘러보고 옆에 앉은 나카이도에게 귀엣말을 했다.

　"보통 일이 아니네요……."

　"그러게. 설마 이렇게 요란한 행사가 될 줄이야."

　나카이도가 쓴웃음을 짓는데 회의실 문이 다시 열렸다.

　"안녕들 하십니까! 젠장, 웬 휴일 출근이랴."

　별색 기술자 지로 씨, 즉 요시자키 지로가 투덜거리며 사복 차림으로 들어왔다.

"얘기 꺼낸 놈은 어디 갔어? 설마 늦잠 자고 있는 건 아니겠지."

"노즈에 씨라면 아까 공장에서 준비 작업을 하고 있던데요."

"그거 기특하군. 하지만 먼저 얘길 꺼냈으니 당연히 그래야지."

직원 가족들은 식당에 모여 있었다.

오늘은 노즈에의 제안으로 '후지미노 공장 가족 견학 투어'가 처음 실시되는 기념할 만한 날이다.

초등중학교 여름 방학을 이용해서 평일에 실시할 예정이었지만, 영업일에 많은 견학자를 받아들이면 공장에 부담이 크다. 그래서 일이 바쁜 4월 주말에 날을 잡아 공장의 일부를 가동해서 가족 견학 투어를 실시하기로 했다.

이번 견학 투어에서는 후치타 시게루의 가족 소설 『참참참 게임』의 인쇄 작업을 견학한다. 2년 전 『슬로우 스타터』 목차의 오변환을 그대로 두고 출시해 버린 것이 어제 일처럼 떠오른다.

그 뒤에도 후치타 시게루는 독자적인 시각으로 부부나 가족을 묘사하여 독자를 늘리고 있다. 최신작 『참참참 게임』은 서로 의존하고 속박하던 4인 가족이 각자 자립해 나가는 여행 이야기이다. 마지막에는 모두 뿔뿔이 흩어지면서 가족은 서로를 인정하며 다시 태어나게 된다.

오늘의 가족 견학 투어는 저자 후치타 시게루와 게이단샤의 허락도 받아 두었다.

"이제 공장 안으로 안내해도 좋을까요, 총사회자님?"

데이터 제작부의 리더 시라오카 에리코가 휴대 전화로 확인하는 연락을 해 왔다. 견학에 앞서 직원 가족들을 식당에 모아 놓고 책 제작 공정을 안내하고 있었던 것이다. 오늘은 중학생 딸도 참가한 만큼 그녀도 의욕적으로 안내해 주고 있었다.

"안내해 주세요. 부탁합니다."

직원들은 각자 맡은 곳으로 흩어졌다.

곧 30명쯤 되는 무리가 공장 안으로 들어왔다.

무리 속에 유카리 모습이 보였다. 눈이 마주치자 유카리가 가슴 앞에서 손을 살짝 흔들었다. 우라모토는 조금 당황하며 묵례로 답했다.

먼저 쇄판 제작이 이루어지는 CTP실로 안내했다.

"외람되지만 제가 인쇄판을 만드는 작업에 대하여 제한된 시간이라 충분하지는 못하겠지만 안내 말씀을 드리겠습니다."

후쿠하라는 목소리가 떨리고 바짝 긴장해 있었다.

"후쿠하라 씨, 평소 후쿠하라 씨가 일하는 것을 그대로 설명하면 돼요."

우라모토가 귀엣말을 하자 후쿠하라는 굳은 표정으로 고개를 끄덕였다. 오늘은 어머니가 견학하러 와 있다.

"이 얇은 알루미늄 판이 쇄판이라고 하는 판입니다. 잘 보면 글자가 많이 새겨져 있습니다."

후쿠하라는 사용하고 난 쇄판을 양손으로 들고 직원들 가족을 향해 천천히 각도를 바꾸어 빛 반사 상태에 변화를 주었다. 그러자 판에 새겨져 있는 글자들이 보였다.

"이 판은 말하자면 책 도장이라고 할 수 있습니다. 아주 간단하게 설명하면 이 도장의 밑그림이 되는 데이터를 컴퓨터상에서 만드는 것이 제가 하는 일입니다."

그녀는 특기랄 수 있는 적절한 비유를 들어 가며 아이들도 이해할 수 있도록 쉽게 이야기해 주었다.

"우리는 책의 조산사라고 할 수 있습니다. 앞으로도 많은 책이 탄생하도록 도울 것입니다. 이상입니다."

후쿠하라가 안도한 듯 미소를 짓고 고개를 꾸벅 숙이자 큰 박수가 터졌다. 어머니로 짐작되는 여성도 연방 고개를 끄덕이며 박수를 쳤다.

이 일이 내 천직이라고 단언할 수 있는 몇 안 되는 사람 가운데 한 사람인 후쿠하라 에미. 우라모토는 영업 담당으로서 그녀를 자랑스럽게 생각한다.

각 부서마다 직원이 시범으로 보여 줄 소재를 준비해서 가족들이 지켜보는 앞에서 자기 작업 내용을 설명했다.

거대한 잉크젯 디지털 윤전인쇄기 'DCN5963'이 설치되어 있는 데쿠노당에서는 규 씨, 즉 야마기와 규가 기다리고 있었다.

지난주 연말에 42년 근무를 끝내고 퇴직한 규 씨. 오늘은 특별 강사로 참가했다.

"규 씨 사모님, 자, 자, 앞으로 나오세요."

오늘은 가동하지 않는 데쿠노 앞에서 규 씨와 부인이 마주 보고 섰다.

"에에, 저는 큰 병을 앓느라 한동안 일을 못했습니다. 회사에 복귀해서 맡은 것이 이놈과 함께 일하는 거였습니다. 데쿠노라고 합니다."

규 씨가 데쿠노 몸통을 탕 치며 소개했다.

"최첨단 기계에 제일 나이 많은 인쇄공을 붙였으니 신구 콤비였죠. 인쇄기는 함께 일하는 동료입니다. 여러분, 작업에 쓰는 연장이나 필기구를 귀하게 여겨야 합니다."

매끄럽지는 않으나 꾸밈없는 자세로 작업과 기계를 대하는 마음가짐을 성의 있게 이야기했다.

아이들은 종이 크기에 놀라고 인쇄기의 빠른 속도에 탄성을 지르고 팔레트에 높이 쌓인 종이 기둥을 올려다보며 눈이 휘둥그레졌다.

책이 어떻게 형태를 갖춰 가는지, 설명을 조금 보완해 주는 게 좋을 것 같았다. 평소 넓은 시각으로 현장을 바라보는 영업부에서 나설 차례였다. 우라모토는 본문이 인쇄된 파지 한 장을 집어 들었다.

"이 커다란 종이를 이렇게 한 번, 두 번, 세 번 접어 나갑니다. 그러면…… 페이지가 차례대로 딱 맞게 접혀집니다."

페이지를 넘기며 확인시켜 주자 아이들이 "와", "정말이네!" 하고 탄성을 지른다.

그때 나카이도가 끼어들었다.

"이 작업을 거듭해서 모아 놓으면 이렇게 책 모양이 됩니다."

나카이도가 가방에서 꺼낸 것은 견본. 접지물을 포개서 표지와 커버로 감쌌다. 이 철저한 준비 자세는 역시 한 수 위였다.

초등학교 6학년인 딸이 견본을 살펴보고 박수를 쳤다.

"이어서 40년을 잉크 배합이라는 외길을 걸어 온 요시자키 지로 씨입니다. 회사에서는 지로 씨로 통합니다. 가족 분들은 앞으로 나오시죠."

앞으로 나온 것은 우라모토와 동년배로 보이는 청년으로, 지로 씨의 외아들이다.

"이게 잘 되려나."

지로 씨는 짐짓 성가시다는 듯이, 하지만 기쁨을 감추지 못하는 모습으로 주걱을 잡더니 허리를 구부리고 잉크를 휘젓기 시작했다. 2, 3분 동안 주걱과 잉크와 스테인리스 통이 마찰되는 소리만 기분 좋게 공장 안에 울렸다.

두 가지 잉크가 마블 무늬로 뒤섞이다가 마침내 하나의 색이 된다.

"자, 섞지 마라 위험混ぜるな危険 염소계 세제와 산성 세제를 섞으면 유독 가스가 발생하기 때문에 일본에서는 모든 세제에 반말로 강력한 경고 문구를 넣는다. 여기서는 '섞는다'에서 연상되는 아무 말이나 던져 농담을 한 것, 영차."

지로 씨는 영문을 알 수 없는 말로 작업 종료를 고했다.

"어떠셨어요, 아버님의 씩씩한 모습이."

우라모토는 자기 또래로 보이는 청년에게 소감을 물었다.

"존경스럽네요. 아주 조금이지만요."

경의를 표하는 데도 가시를 섞는 것은 대물림인가.

"이놈은 내가 젓가락으로 낫토 섞는 것밖에 보질 못해서."

지로 씨도 독설로 응수했다.

직원들이 가족 앞에서 자기가 일하는 모습을 보여 주는 가운데 우라모토는 투어 전반을 제어하는 데 집중하고 있었다. 종종 유카리와 눈이 마주쳤는데, 그때마다 유카리는 즐거운 얼굴로 고개를 살짝 끄덕여 주었다.

오늘 맡은 이 역할은 곧 인쇄 영업맨의 역할을 고스란히 체현하는 것처럼 느껴졌다.

다음은 커버 인쇄 작업. 오늘은 5호기로 작업한다.

우라모토는 노즈에의 아들 고타와 요타가 잘 볼 수 있도록 앞으로 나오라고 손짓했다.

"어머니도 앞으로 오세요."

빙 둘러선 사람들 뒤쪽에서 원피스를 입은 가녀린 여성이 고개를 저었다. '저는 여기면 돼요'라는 의사 표시일까. 그 여성이 노즈에의 부인이라는 걸 알았다.

쌍둥이 형제가 양쪽에서 어머니 손을 잡아 끌었다. 세 사람이 노즈에와 5호기 앞으로 나왔다.

'나한테도 소소하게나마 꿈 같은 것이 생겼다.'

노즈에가 만취한 날 했던 이 말이 이 순간을 두고 한 말이었음을 깨달았다.

"컬러 농도나 잉크 양을 컴퓨터로 조정하면서 시험 인쇄를 반복합니다."

이번에는 시험 인쇄와 조정 작업을 미리 해 둔 상태여서 바로 인쇄하면 되는 상태였다.

작업을 진행하는 노즈에 대신에 우라모토가 설명했다.

인쇄기를 가동시키자 『참참참 게임』의 4도 인쇄가 된 커버가 배지부로 연달아 토해져 나왔다. 웃는 얼굴로 외면하고 있는 4인 가족의 모습 속에 의미심장해 보이는 유머와 서글픔이 엿보이는 표지 그림이었다.

두 아들의 시선은 조정대 패널을 조작하는 노즈에의 등으로 흔들림 없이 향하고 있다.

"아빠가 만든 커버예요."

우라모토의 말에 쌍둥이 형제는 말없이 고개를 끄덕이며 배지부를 지그시 쳐다보았다.

"아빠가 아니라 아빠와 친구들이죠?"

동생 요타일까. 눈썹이 조금 진한 쪽이 진지한 얼굴로 우라모토에게 물었다. 생각지도 못한 지적에 한순간 당황했지만 아하, 하고 납득되었다.

"맞아요. 아빠와 친구들이 만들었죠. 그렇습니다."

그다음으로 제일 안쪽에 있는 1호기 자리로 안내했다.

노즈에는 맨바닥만 남은 1호기 자리 한가운데 섰다. 여기는 1

호기 기장이었던 시바타가 안내해야 하지만, 시바타는 그 일을 노즈에게 맡겼다.

"제가 서 있는 이곳은 도요즈미인쇄 1호기가 있던 자리입니다. 20년간 일해 온 인쇄기가 지난주에 해고되었습니다."

해고라는 말에 일동이 조용해졌다.

"인쇄기는 함께 일하는 동료입니다. 1호기가 없어진 것은 슬픈 일입니다. 그러나 1호기는 앞으로 바다 건너 인도네시아 땅에 가서 계속 활약하기로 결정되었습니다."

일본에서 옵셋 매엽인쇄기 내구연한은 20년 정도이지만 퇴역 후 해외 인쇄 회사에 팔려가는 일이 종종 있다. 1호기는 오퍼레이터들이 매일 착실하게 관리해 온 보람이 있어서 인수자가 금방 나타났다.

이 뉴스는 도요즈미인쇄 사내 홈페이지에 실려 직원들이 따뜻한 기쁨에 젖었다.

"인쇄기가 한 대 줄었으니 우리 일도 줄고 조만간 일감이 없어지는 것은 아닌가 하고 불안하게 생각한 적도 있습니다."

1호기 자리는 어떻게 보자면 책이 팔리지 않게 된 시대를 상징하는 빈터이기도 하다.

이 냉정한 현실을 잊지 않기 위해서 후지미노 공장은 1호기를 영구 결번으로 정하고 2호기부터 5호기라는 변칙적인 번호로 인쇄기를 관리해 가기로 했다.

1호기 건에 대하여 상무는 '가족들을 불안하게 만드는 이야기는 삼가라'고 주의를 주었다.

"다섯 대였던 인쇄기가 네 대가 되었습니다."

노즈에는 가차 없이 이야기를 이어나갔다. 옆에서 듣고 있던 나카이도가 입술을 꼭 깨물었다.

우라모토도 '1호기를 지키지 못했다'는 회한에 가슴이 아프다.

"그러나 이렇게 만들어야 할 책이 있는 한 도요즈미인쇄는 긍지를 가지고 책을 만들어 나갈 겁니다."

후하게 대우하겠다는 월드인쇄의 스카우트 제안을 뿌리치고 도요즈미인쇄에 남는 쪽을 선택한 노즈에인 만큼 그의 말에는 설득력이 있었다.

'돈 때문이지.'

전에 '무엇을 위해서 일하느냐'고 물었을 때 노즈에는 그렇게 대답했다. 우라모토는 그때 아무 대꾸도 할 수 없었다. 생계를 위해 일하는 것은 틀림없는 사실이기 때문이다.

하지만 오로지 돈 때문이라면 하루하루 힘겨운 작업을 긍정적으로 해 나갈 수 없을 것이다.

이 일을 하기를 잘했다는 소소한 실감이 하루하루의 작업을 지탱해 주는 게 틀림없다.

"자, 미스터 꿍, 속상한 소리는 끝! 자, 이쪽으로들 오세요! 자!"

지로 씨의 말을 신호로 1호기 터에 대한 설명이 끝났다.

공장 내 여러 곳을 설명하는 가운데 시간은 흐르고 그동안에도 인쇄기는 계속 돌아갔다.

본문 인쇄를 전부 마쳤을 때 견학하는 사람들 모두를 다시 5호기 앞으로 안내했다.

마지막으로 나온 종이를 노즈에가 집어 들고 육안으로 확인했다. 그리고 그 종이를 우라모토에게 건네주었다.

"설명을 부탁해."

우라모토는 고개를 끄덕였다.

"여러분, 책 끝에 있는 이 페이지를 뭐라고 하는지 아십니까?"

우라모토는 46판 크기의 종이에 있는 한 페이지를 가리키며 직원 가족들을 둘러보았다.

노즈에의 쌍둥이 아들이 나란히 손을 들었다.

"네, 말씀해 보세요."

"판권……?"

둘이서 좌우 대칭으로 고개를 갸웃거리며 동시에 대답했다.

"정답! 이것은 판권이라고 하는 페이지입니다. 이야기를 쓴 사람, 출판사 대표, 인쇄한 회사, 제본소 이름 등이 기록되어 있습니다."

가족 견학의 마무리인 이 판권 설명에서 많은 메시지를 전하고 싶었다.

"판권은 책의 엔딩 크레딧입니다. 여러분의 아버지, 어머니, 남편, 부인의 이름도 적혀 있습니다."

초등학교 3, 4학년쯤으로 보이는 여자애가 종이에 얼굴을 가까이 댔다.

"우리 아빠 이름이 안 보이는데요?"

"그렇습니다. 눈에는 보이지 않아요. 보이지 않는 곳에서 모두의 힘이 모여서 책이 만들어지기 때문입니다."

우라모토는 확신을 가지고 말했다. 그러자 옆에서 노즈에가 한 발 앞으로 나섰다.

"보이지 않는 것 하나하나를 연결해 주고 있는 것이 여기 있는 영업자들입니다. 여러분은 이해하기 어려울지 모르지만 이 사람 없이는 책이 완성되지 않습니다."

노즈에의 말이 끝나기 무섭게 박수갈채가 일었다. 유카리도 부드러운 미소로 박수를 치고 있다. 오늘의 일은 이것만으로도 충분한 보답을 받은 기분이었다.

또 하나의 '다행이다'라는 실감을 노즈에는 가슴에 새겼다.

오전에 공장을 한 바퀴 돌아보고 점심 휴식시간에 들어갔다.

식당에서 늘 먹는 도시락 가게의 포장 도시락을 사람들에게 나눠 주었다.

우라모토는 유카리와 둘이 창가 테이블에 마주 앉았다. 오전 내내 직원 가족 일행을 안내하느라 이제야 차분하게 대화할 수 있게 되었다.

"명 사회자, 고생하셨어."

"멍~ 사회자 아니고?"

공장 식당에서 유카리와 마주 앉으니 이상한 기분이 든다.

"그러고 보니 가쿠 짱, 그 말은 안 하네?"

"그 말?"

"인쇄 회사는 모노즈쿠리이다."

우라모토는 잠깐 생각하고 나서 대답했다.

"그건 내 마음에 담아 두는 게 좋겠다고 생각했어."

사고방식은 사람마다 다르다. 다만 한 권의 책을 만들기 위해 노즈에, 나카이도, 후쿠하라 들이 모두 한 방향을 바라보며 일하고 있다. 그것만은 흔들림 없는 사실이니까.

"오, 또 한 단계 진도가 나간 느낌인데."

유카리는 빙긋이 웃으며 곤약조림을 맛나게 먹었다.

옆 테이블에서는 노즈에 가족이 도시락을 먹고 있다.

"보람찬 하루야."

노즈에가 가만히 말했다.

"맞아, 좋은 하루였어. 고마워."

우라모토는 이 기획을 제안한 노즈에에게 고맙다고 말했다.

"잠깐 종이 건조 상태를 확인하고 올게."

노즈에는 손목시계를 보며 자리에서 일어섰다. 방금 인쇄가 끝난 본문과 커버를 신참 직원들이 지게차로 공장 한쪽 구석으로 모으는 중이다.

"괜찮을 거야. 오늘은 느긋하게 쉬지그래."

"3분이면 돼."

노즈에는 그 말을 남기고 공장으로 향했다.

쌍둥이 형제도 식당 구석에 있는 서가를 살펴보기 시작해서 옆 테이블에는 노즈에 부인만 남았다.

"다시 인사드립니다. 동기 우라모토입니다."

인사를 하자 노즈에 부인은 "남편이 늘 신세 지고 있습니다"라며 조용히 고개를 숙였다.

"저 친구가 워낙 성실해서, 아무래도 작업이 걱정되는 모양입니다."

우라모토는 창밖을 가리키며 말했다. 노즈에가 매일 열심히 일한다는 말을 하고 싶었지만 마땅한 말이 떠오르지 않았다.

"봐, 아빠와 친구들이 만든 책이다!"

쌍둥이 형제가 서가에서 소설을 빼들고 돌아왔다. 판권을 펴고 '도요즈미인쇄주식회사'라는 글자를 가리킨다.

"그래, 아빠와 친구들이 만든 책이야."

노즈에 부인은 따뜻하게 웃으며 말했다.

그러고는 책 판권으로 시선을 향한 채 덧붙였다.

"'판권은 책의 엔딩 크레딧이다. 회사 친구가 그렇게 말했다.' 남편이 아이들에게 그렇게 말했어요. 알고 보니 우라모토 씨의 말씀이었군요."

잠시 후 노즈에가 돌아왔다. 페트병 녹차를 양손에 하나씩 들고 있다.

"나간 김에 사 왔어."

"고마워."

노즈에의 아내는 웃는 얼굴로 받아 들었다. 그 모습을 보고 우라모토는 또 한번 '다행이다'라는 생각을 했다.

봄 햇살이 쏟아지는 식당 안에서 직원들은 각자 가족과 점심식사를 마치고 잠시 시간을 함께 보내고 있었다.

오후는 호코쿠샤의 협력으로 제본 공정을 견학한다. 소가베 슌이 새롭게 개척한 유머 미스터리『피살자의 역습』이 탄생되는 과정을 지켜볼 것이다. 이 책도 게이단샤의 오쿠다이라와 소가베 슌이 이인삼각으로 만든 회심작이다.

"공장 생산라인에서 완제품이 나오는 광경은 몇 번을 봐도 기분 좋아요."

유카리가 턱을 괴며 가만히 말했다. 과자 제품이 탄생하는 순간을 지켜본 적은 있지만 책이 완성되는 과정은 이번이 처음일 것이다.

"그래. 몇 번을 봐도 기분 좋지."

마지막 공정에서 완성본이 나오는 순간을 유카리, 직원 가족들과 함께 지켜본다. 그것은 신기하고 참으로 행복한 광경이다.

많은 사람의 축복을 받으며 오늘도 새로운 책이 태어난다.

이틀 만에 출근한 우라모토 마나부는 3층 영업부 사무실에서 원고를 정리하고 있었다.

　오전시간 영업 제2부에는 우라모토 외에 아무도 없었다. 나카이도는 외근 중이고 모리 부장은 재택근무. 밖은 햇살이 따가워 2월 중순치고는 놀랄 만큼 포근하지만, 인기척이 없는 사무실은 왠지 쌀쌀하게 느껴진다.

　인쇄업계에도 재택근무가 장려되고 도요즈미인쇄도 예외가 아니다. 그러나 영업부는 거의 매일 들어오는 교정쇄를 육안으로 확인해야 하기 때문에 우라모토와 나카이도는 주에 하루 정도만 재택근무를 한다.

　이제 곧 정오가 된다. 작업을 일단락 짓고 점심을 먹기로 했다.

도시락을 들고 2층으로 내려가 데이터 제작부 옆을 지나갔다. DTP 오퍼레이터의 출근율은 평상시의 6할 정도이다. 작업에 익숙한 고참 오퍼레이터는 교대제를 통해 최대한 재택근무를 하지만, 작업이 익숙지 못한 신입은 상사나 주위 선배 직원에게 수시로 상의하고 확인을 받으며 작업을 진행하기 때문에 출근하는 날이 많다.

휴게실 입구에 비치된 알코올 스프레이로 손가락을 소독하고 안으로 들어가 보니 손님이 한 명 앉아 있었다. 아크릴판으로 구획된 카운터 창가석에서 후쿠하라 에미가 샌드위치를 먹으며 단행본을 읽고 있다.

방해가 될까 싶었던 우라모토는 두 칸 옆자리에 앉으며 살짝 목례를 한 다음 도시락을 열고 마스크를 벗었다.

"오랜만이네요."

후쿠하라가 단행본에서 눈길을 들며 대답했다.

"어? 그렇게 오랜만인가요?"

"우라모토 씨하고는 온라인 회의로 사흘 전에 만났지만 직접 만난 것은 1주일 전이잖아요."

듣고 보니 어제는 우라모토가 간만에 재택근무를 했고, 그 전의 이틀간은 후쿠하라가 재택근무를 했다.

샌드위치를 다 먹은 후쿠하라가 옆 의자에 둔 토트백에서 마스크 케이스를 꺼냈다. 케이스에서 새 마스크를 하나 뽑아 꼼꼼하게 펴서 썼다.

"그 마스크 케이스, 어때요?"

"요긴하게 쓰고 있어요. 마스크는 이제 필수품이니까."

후쿠하라의 마스크 케이스에는 도요즈미인쇄의 마스코트 캐릭터 '도요 군'이 인쇄되어 있다. 3년 전 노벨티 상품으로 만든 것이다. 당시에는 설마 온 세상이 이런 재앙에 휩쓸릴 줄은 상상도 하지 못했다.

"마스크는 필수품······"

우라모토는 필수품이라는 단어를 들으니 어느 사람에게 들은 이야기가 떠올랐다.

"책은 어떨까요."

"나에게는 어릴 적부터 음식과 마찬가지로 필수품이죠."

"이런, 후쿠하라 씨한테는 어리석은 질문이었네요."

세상이 크게 변해 버리기 1년쯤 전, 인쇄업계 전시회에서 도호쿠 지방에 있는 어느 서점의 점원이 게스트 강사로 나왔는데, 그 남성 점원의 말이 지금도 우라모토의 가슴에 남아 있다.

"책은 필수품입니다."

지난 동일본대지진으로 피난소에서 생활하던 사람들은 먹을 음식이나 입을 옷과는 별개로 책을 강력히 원했다. 지진으로 엉망이 돼 버린 서점에 있던 책을 종이 박스에 담아 전달하자 많은 피난민들이 환영했으며, 책들은 순식간에 없어졌다고 한다.

책은 필수품이다. 결코 강연을 위해 과장한 이야기도 아니고 책을 과대평가하는 것도 아니라는 것은 그의 소박하고 진지한 말투에서도 분명히 알 수 있었다.

우라모토는 도시락을 먹으며 후쿠하라에게 그때 일을 이야기했다.

"그 점원 이야기가 이제 와서 설득력 있게 되살아나네요."

"책은 불급할지언정 불요한 것은 아니다. 결국 그런 말이죠."

비상시에는 많은 물품이 '불요불급'한 것으로 분류된다.

그때마다 오락이나 문화 예술은 존재 의의를 시험당하는 것 같다. 바이러스가 세상을 위협하는 가운데 SNS에는 '지금 소설 따위나 쓰고 있을 때냐'라고 자문하며 동요하는 작가의 말도 보인다.

책을 읽지 않아도 사람은 살아갈 수 있다. 생활을 위해서는 역시 의식주가 최우선이다.

작년 4월부터 5월에 걸친 긴급사태선언을 겪으며 우라모토는 그것을 통감했다. 슈퍼마켓에는 식료품이나 생활용품을 찾는 사람들이 쇄도하여 진열대가 텅 비는 사태가 이어지는 한편, 대부분의 서점은 임시휴업에 들어갔었다.

"서점이 휴업한 그때는 견디기 힘들 만큼 충격이었어요."

"정말로…… 독자로나 인쇄 회사 직원으로나 충격적이었죠."

출판사마다 신간 간행 시기를 늦추고 도요즈미인쇄도 작업 의뢰가 딱 끊겼다.

"이대로 가다가는 회사가 쓰러지겠다고 심각하게 걱정했어요."

"그건 완전히 우라모토 씨의 기우였죠. 과거를 돌아봐도 어떤 비상사태에서도 책은 계속 읽혀 왔으니까. 책이 계속 읽히는 한 도요즈미인쇄는 없어지지 않아요."

"이야, 후쿠하라 씨한테는 못 당하겠네요."

지금 하는 일이 자신의 천직이라고 단언하는 이 사람은 역시 강하다. 책이라는 것을 굳게 믿고 있다.

후쿠하라의 믿음대로 긴급사태선언으로 긴박한 상황에서도 책은 계속 팔렸다. 서점이 휴업하고 신간 발매가 잇달아 연기되는 가운데 많은 사람들이 인터넷 서점에서 책을 구입하거나 전자책을 다운로드받고 있었다.

5월에 긴급사태선언이 해제되자 인쇄기 가동률은 회복되었고 그 후에도 계속 안정적이다. 두 번째 긴급사태가 선언된 지금도 책은 팔리고 있다.

마침 그때 신문대에 걸려 있던 업계지 《인쇄저널》의 큰 제목이 눈에 들어왔다. 우라모토는 신문대에서 신문을 집어 들었다.

'게이단샤 11월 결산 매출 6.7퍼센트 증가.'

11월 결산인 게이단샤는 매년 2월에 전기 결산을 발표한다. 외출 자제로 집 안에서만 지내는 바람에 매출이 늘었고 순이익도 대폭 늘었다.

"책은 필수품. 숫자가 말해 주는군요."

"그 기사, 잘 읽어 보면 기분이 아주 복잡해져요."

"뭐야, 벌써 읽었어요?"

기사에는 전자책의 빠른 성장이 소개되고 있었다. 종이책과 잡지는 전년도 대비 1.2퍼센트가 감소한 635억 엔, 전자책은 19.4퍼센트가 증가한 532억 엔. 종이책과 전자책의 매출이 길항하고 있다. 종이책을 구입하기가 쉽지 않은 상황에서 전자책이 큰 역할을 하고 있다.

"서점이 휴업 중일 때는 미카와서점 인터넷 사이트에서 구입했지만 아무래도 빨리 보고 싶은 책은 전자책으로 구입할 때도 있어요."

우라모토도 한 사람의 독자로서 전자책에 의지할 때가 종종 있었다. 전자책팀 후리하타의 말이 또렷이 떠올랐다.

"그래도 역시 나는 종이책이 좋아요. 서점 셔터가 오랜만에 다시 열릴 때는 나도 다시 숨을 쉬는 기분이었어요."

"맞아요, 서점에 진열된 책을 보는 것이 이토록 고마운 일이구나 절실하게 느끼게 되죠."

서점이 다시 문을 열어 평대나 서가에 책들이 나란히 꽂힌 것을 보면서 마음속 깊이 행복했다. 특히 후쿠하라처럼 서점을 들르는 것이 생활의 일부가 된 사람은 더욱 그랬을 것이다.

후쿠하라는 "그럼 이만 돌아갈게요"라며 자리에서 일어섰다. 그러다가 이내 걸음을 멈추고 이제야 생각났다는 듯이 우라모토를 돌아다보았다.

"깜빡했네요. 비블리오 배틀이 다음 달부터 온라인으로 재개되니까 우라모토 씨도 꼭 참여해 주세요."

도요즈미인쇄 사내에서 정기적으로 열리던 비블리오 배틀이 작년 4월 긴급사태선언 이후 1년 가까이 중단된 상태이다. 온라인으로 개최하자는 의견도 있었지만 "한 자리에 모여야 재미있다", "조만간 모일 수 있게 될 거다"라는 의견으로 차일피일 미루어져 왔다.

"결국 온라인으로 하는군요."

"한 자리에 모여야 더 즐거운 것은 맞지만, 그걸 고집하다가는 영영 재개할 수 없으니까요. 게다가 온라인만의 즐거움도 발견할 수 있을지 몰라요."

후쿠하라가 데이터 제작부 사람들을 설득해서 온라인으로 재개하는 쪽으로 의견이 모아졌다고 한다.

"후쿠하라 씨가 소집하는 거라면 꼭 참가해야죠."

"다음번에 우라모토 씨에게 복수할 거예요."

복수라는 말에 한순간 당황했지만 바로 기억이 났다. 1년 전 비블리오 배틀에서 우라모토가 간만에 우승하여 후쿠하라의 4연패를 저지한 것을 끝으로 개최되지 않았던 것이다.

"디펜딩 챔피언으로서 받아 주겠습니다."

우라모토는 짐짓 거만하게 대답했다.

추천 도서 프리젠테이션으로 후쿠하라나 다른 직원들과 경쟁하는 것은 즐거운 일이다. 그 이야기를 들으니 언젠가 이 휴게실에 모여 추천 도서 프리젠테이션 시합을 즐기고 싶은 생각이 간절해진다.

점심식사를 마치고 3층으로 돌아오니 나카이도가 노트북 화면을 보며 누군가와 상의하고 있었다. 화면에 비친 상대와 눈이 마주쳤다.

"오오, 우라모토 씨, 안녕하세요."

나카이도의 상대는 게이단샤의 오쿠다이라였다. 화면에 비친 우라모토를 향해 손을 흔들었다. 배경에 있는 서가를 보니 아무래도 자택에 있는 듯했다.

"나카이도 씨는 회사를 정말 좋아하시네. 그럼 안 되는 거 아닙니까? 재택근무를 해야지."

"아뇨, 특별히 회사가 좋아서 출근하는 건 아니고 그럴 일이 있으니까 출근할 뿐입니다."

"또, 또 저러신다. 그런 핑계 대고 회사에 나오려고 하는 거잖아요."

"오쿠다이라 씨는 댁에 계세요?"

우라모토가 묻자 오쿠다이라는 "집이에요" 하며 조금 쓸쓸한 목소리로 대답했다. 작가와 상의할 때도 대부분 온라인으로 하게 되었다고 한다.

"직접 만나서 이야기해야 잡담을 나누다가도 새로운 발상이 툭툭 튀어나오는 건데……."

오쿠다이라도 작년까지는 이런저런 핑계를 대고 늘 회사에 출근했다. 새해가 되자 보다 못한 상사가 꾸중해서 매주 2, 3일은 재택근무를 하게 되었다고 한다.

"그래도 이렇게 책이 지체 없이 만들어지고 있으니까. 결과만 좋으면 다 좋은 걸까요."

"전년도 결산 실적이 꽤 좋더군요."

나카이도가 화제를 슬쩍 돌리자 오쿠다이라는 "마냥 좋아할 상황은 아니죠" 하며 드물게 겸손한 반응을 보였다. 매출 증가는 만화가 성장한 덕이 크며 문예에서는 여전히 고전을 면치 못하고 있다.

오쿠다이라는 지금 소가베 슌의 신간 『친절한 살인자』에 주력하고 있다.

"다음 작품으로 그분이 대작가가 될 거거든요."

소가베 슌은 지난 2, 3년 동안 많은 독자를 확보하여 이제는 인기작가 반열에 올랐다. 이번 신간은 예전에 데쿠노로 인쇄와 제본을 한 『페이퍼백 라이터』와는 대조적으로 하드커버에 중후한 장정으로 펴낼 방침이라고 한다.

새해 인사이동으로 오쿠다이라의 안건은 주로 나카이도가 담당하게 되었다. 우라모토는 오쿠다이라 담당을 그만두면서 조금 안도했지만 어딘지 쓸쓸하기도 했다. 까다로운 편집자였지만 같이 일하면서 즐거운 점도 있었던 것일까.

"빨리 디자인을 결정하고 싶은데, 우스타 씨가 산책하러 나가 버린 것 같아서 나카이도 씨에게 클레임을 걸고 있는 겁니다."

"그건 저한테 말씀하셔도 뾰족한 수가 없는데요……."

디자이너 우스타도 오늘은 재택근무인가 보다. 오쿠다이라와 디자인을 상의할 예정이었지만 연락이 되지 않는 모양이다. 우스타는 언제 산책하러 나가 버릴지 알 수 없으니 주의가 필요하다.

"그럼 우스타 씨와 연락이 닿는 대로 제게 알려 주세요."

그 말을 남기고 오쿠다이라는 미팅 화면에서 나갔다.

"나 참…… 엉뚱한 데다 클레임을."

나카이도가 한숨 섞인 소리로 중얼거렸다. 우스타의 근무 상황은 자회사 투모로게이트 디자인에서 관리하므로 나카이도로서는 어떻게 해 볼 수가 없다. 오쿠다이라는 그저 나카이도와 이야기하고 싶었던 것이 아닐까.

"아 참, 우라모토 씨, 이 메일 말인데."

나카이도가 화면을 가리켰다. 생산관리부에서 온 메일이다. 저자 교정이 늦어져서 다음주에 잡아 둔 5호기 인쇄 계획이 연기되었다고 한다. 인쇄가 연기된 안건은 이치조 사치코의 신간 『마녀 레스토랑』. 3년 전 공장 견학 직후에 게이단샤에서 신간을 내겠다는 약속이 마침내 진행 중인 것이다. 초판 12만 부. 이번 연기로 생긴 5호기의 공백을 메꾸지 않으면 인쇄기 가동률이 크게 영향을 받는다.

"이거, 오쿠다이라 씨 담당이죠…… 스케줄은 지켜 달라고 확실하게 말하는 게 어때요."

"오쿠다이라 씨가 그렇게 원하던 이치조 사치코 작품이잖아. 게다가 이치조 작가가 퇴고에 지나치게 공을 들이고 있어서 어떻게 해 볼 수가 없나 봐. 그것 말고 인쇄를 앞당길 수 있는 안건은 없을까?"

"있습니다. 모로미자와 류이치 씨의 신간이 예정보다 일찍 교료될 것 같으니까 게이단샤 무라세 씨에게 인쇄 일정을 조금 앞당길 수 있느냐고 물어보죠."

"역시! 그럼 5호기 공백 메꾸는 일은 우라모토 씨에게 맡기지."

"네? 나카이도 씨도 따로 알아보시지 그러세요?"

"미안하지만 지금 복잡한 건들이 자꾸 밀려들어서 당분간 거기에 집중해야 해."

"아무래도 우리, 예전과 처지가 뒤바뀐 것 같은데요."

최근 나카이도는 고객의 무리한 요구도 받아들이고 있다. 우라모토가 그 점을 지적하자 나카이도로부터 "이게 다 좋은 책 만들자고 이러는 거잖아"라는 대답이 돌아왔다.

오후 일찍 후지미노 공장과 온라인 회의를 시작했다. 약속 시간에 온라인 회의 앱을 열자 화면 너머로 노즈에 마사요시가 무서운 얼굴로 기다리고 있었다.

나카이도가 "변함없이 살벌한 얼굴을 하고 있네……" 하고 쓴웃음을 짓는다.

"노즈에 씨, 수고."

"92, 98, 94, 96."

"응? 뭐야, 갑자기."

"당신들이 세 끼 밥보다 좋아하는 인쇄기 가동률이야. 지난달은 2호기부터 순서대로 92, 98, 94, 96. 가난한 놈이 더 바쁘다더니."

화면 너머에서 노즈에가 웃었다. 그 뒤에서 지로 씨가 "오, 텔레비전 회의야? 나도 좀 나오게 해 봐" 하고 손가락으로 V자를 그리며 화면으로 들어왔다.

노즈에가 "애들도 아니고" 하며 어이없다는 듯이 중얼거리자 지로 씨가 갑자기 요란하게 황송해한다.

"아이구 노즈에 과장님, 제가 너무 결례를 범했습니다요!"

올해 들어 노즈에는 인쇄제조부 품질관리 과장이라는 직함을 달았지만 본인은 달가워하지 않았다. 그런 노즈에를 이렇게 놀리는 것이 지로 씨의 낙이 되었다.

1시간쯤 상의하여 현안인 특수인쇄 등에 대한 정보를 공유했다. 온라인 회의가 주류가 된 뒤로 본사와 공장의 의사소통은 오히려 좋아졌다.

"벌써 14시네. 이쯤에서 끝내지."

노즈에가 손목시계를 보았다. 그가 기장을 맡은 5호기로 다음 인쇄 작업이 시작된다.

"5호기는 오후에 뭘 인쇄하지?"

"후치타 시게루의 『고양이와 얘기하는 할아버지』 3만 부."

"아차, 내 담당 안건이었지."

우라모토가 자리를 이동하기 전에 오쿠다이라에게 수주한 마지막 안건이었다.

이 이야기에는 악인이 등장하지 않는다. 혼자 사는 노신사가 외출 자제로 고독하게 지내다 보니 오랫동안 키워 오던 고양이와 대화를 나눌 수 있게 된다. 요즘 상황이 너무나 힘겨운 만큼 오히려 더 따뜻한 이야기를 써야겠다고 작정하고 쓴 작품이다.

"『고양이와 얘기하는 할아버지』라면 고타와 요타도 재미있게 읽겠는걸."

"그렇지. 요즘 두 녀석이 매일 집 안에 틀어박혀서 책만 판다니까."

노즈에가 마스크 위로 눈을 가늘게 만들며 웃었다. 그 뒤에서 인쇄제조부 직원들이 관리동 문을 열고 줄줄이 나가 공장으로 향했다. 밖에 세워 둔 4톤 트럭의 백미러에 햇살이 반사된다.

때는 2021년 2월 19일 금요일.

봄을 기다리는 후지미노 공장에도 눈부신 오후 햇살이 쏟아지고 있다.

책은 필수품. 그 말을 가슴에 새긴다.

거대한 재난을 보면서 무력감에 시달리지만, 우리가 하루하루 하는 일이 누군가에게 꼭 필요한 것이고 도움이 되는 일이라고 믿고 싶다.

우라모토와 도요즈미인쇄 사람들에게 그 일이란 책을 만드는 것이다.

책은 바이러스를 없애지 못한다. 책은 역병을 고치지 못한다.

그래도, 이 기나긴 비상사태 세상에도 책을 필요로 하는 사람이 분명히 있다. 사람의 마음을 공감해 준다느니 용기를 준다느니 하는 그런 의욕은 내려놓고 생각해 본다.

그렇다. 우리는 책이라는 필수품을 만들고 있는 것이다.

편집자

후기

"책이 어떻게 만들어지는지는 의외로 작가도 모른다"

판권 페이지란 책의 서지사항과 저작 및 출판권에 관해 기록해 둔 면(面)을 말한다. 기록해 둔다는 의미에서 간기면이라 부르다가 저작권의 중요성이 강조되면서 '판권(판권면)'으로 바뀌었다. 책의 맨 앞이나 맨 뒤에 배치하는데 위치는 출판사가 정한다. 언젠가 출판 관련 수업 도중에 "판권 페이지가 왜 어떤 책은 앞에 있고 어떤 책은 뒤에 있나요"라는 질문을 받은 적이 있다. 전통적으로 영미권 도서는 앞에, 일본어권 도서는 뒤에 있는데, 한국은 일본의 영향을 받아 과거에는 대부분 권말에 인쇄했으나 언젠가부터 권두에 인쇄하는 출판사들도 많아졌고 지금은 반반 정도의 비율인 것으로 알고 있다.

판권 페이지에는 저작권을 존중하자는 차원에서 저작권자의 이름을 맨 위에 넣는다. 그 아래로 출판권자와 출판사 주소, ISBN 등이 들어간다. 저작권과 출판권을 위해 꼭 필요한 사항 이외에도 발행부수라든가 제작 사항, 출판사의 개성이 드러나는 내용을 담기도 한다. 이때 스태프의 이름을 넣는 대목에 있어서는 가지각색, 사정이 제법 복잡하다.

이를테면 발행인, 편집자, 마케터, 기획자, 디자이너, 회계 담당자까지 출판사 모든 스태프의 이름이 들어가는 경우가 있다. 아니, 이렇게 되면 누가 그 책을 만들었는지 불명확해지지 않나. 그래서 다 빼고 책임 편집자와 책임 디자이너의 이름만 들어가기도 한다. 아니, 마케터나 홍보 담당자의 이름이 빠지면 곤란하지 않을까. 책을 제작하는 시점에서는 누가 이 책을 마케팅할지 정해지지 않을 수 있는데 어떻게 이름을 넣는단 말인가. 아니, 그렇게 따지면 해당 서적을 만드는 데는 별로 일조한 게 없을뿐더러, 출판사의 이름이 들어가는데 굳이 발행인의 이름까지 넣는 건 중복기재니까 빼도 되지 않을까(최근 바다 출판사는 판권면에서 발행인의 이름을 뺐다). 그럼 어떤 책을 만들고 나서 퇴사한 편집자(디자이너)의 이름은 중쇄나 개정판을 만들 때 그대로 두나 아니면 빼야 하나. 아니, 당연히 그대로 둬야지 싶겠지만 해당 서적에 대한 문의가 '퇴사한 책임 편집자'에게 계속 들어오는 문제도 생길 수 있다. 그렇다면 출판사 스태프가 아니라 외부 스태프(외주 편집자, 교열자 등)의 이름은 어떻게 할 것인지도 생각해 봐야 하지 않을까. 아니, 이거 꽤 복잡해질 것 같은데 그럼 영미권 도서들처럼 저작권자와 발행인 이름만 넣자. 아니, 이 책을 만드는 데 기여한 이들의 이름을 다 빼면 편집자(디자이너, 마케터)인 나는 서운한데. 아아 그럼 다시 처음으로 돌아가서, 누구 이름을 넣을 것인가(혹은 뺄 것인가).

"3년간의 인쇄소 취재로 안 것은 책을 만드는 일에 여러 사람의 손이 더해지고 있다는 사실이었습니다. 예전에는 내가 원고를 쓰고 장정 디자인이 정해진 뒤에는 기계가 책을 만들겠구나 짐작하고 마냥 (책이 나오기를) 기다릴 뿐이었죠. 그래서 내 원고를 CTP판으로 만들고 이 판을 인쇄기에 세팅하고 46전지라는 사무용 책상보다 큰 종이를 피더(급지부)에 쌓는 과정 등에 대해 알게 되었을 때는 약간 충격이었습니다. 작가인 내가 내 책이 어떻게 만들어졌는지 그동안 전혀 몰랐구나 싶었어요. 그래서 책 만드는 과정을 이야기라는 형태로 알리고 싶다는 생각을 한 거죠."

『책의 엔딩 크레딧』을 쓴 작가 안도 유스케는 출간 직후 인터뷰에서 이렇게 말했다. 무대는 인쇄소, 등장인물은 판권에 등장한 적이 없는 '그림자 스태프들'이다. 만화 〈중쇄를 찍자〉를 비롯하여 소설『교열걸』, 영화 〈행복한 사전〉 등에서 출판문화를 디테일하게 묘사해 온 일본의 엔터테인먼트 작품들에서도 인쇄업계의 인물들이 전면에 등장한 적은, 거의 없다. 전무하다고 봐도 무방하겠다. 인쇄소에서는 딱히 독자들을 소구할 흥미로운 드라마를 끌어내기가 어렵겠다 여겨서일까. 전직 편집자 출신 작가는 있어도 인쇄회사에서 일했거나 그쪽 사정에 밝은 작가가 드물었기 때문일지도 모른다.

나 역시 출판사에 입사하여 필자들의 원고를 챙기고 편집을 배우는 1년 동안은 제작에 관해서 '이론적으로만' 알고 있을 따름이었다. 인쇄소를 처음 방문한 건 퇴사한 편집자를 대신하여 인쇄 감리를 보러 갔을 때였다. 편집자가 책의 콘셉트를 잡으면 디자이너와 상의하여 표지를 만든다. 이때 결과물을 컴퓨터 화면으로 봐서는 색의 차이를 판별하기 어려우므로 전문 업체에 의뢰하여 교정지를 출력한다. 교정지는 가상의 표지, 혹은 '미리 만들어 본 샘플' 정도로 이해하면 될 듯하다. 가상의 표지는 인쇄소에 전달

된다. "여기 구현된 색과 똑같이 실제 표지를 인쇄하면 됩니다"라는 뜻이다. 하지만 그것만으로는 부족하다. 인쇄라는 건 제아무리 똑같은 잉크로 찍더라도 온도와 습도, 인쇄기의 종류에 따라 색상이 달라진다. 이 미세한 차이를 없애기 위해 편집자(디자이너)는 표지가 인쇄되기 직전에 시험인쇄를 하는 동안 기장과 상의하여 "먹색을 올리"거나 "적색 내리"는 식으로 색상을 맞추는데 이를 '인쇄 감리'라고 한다.

대형 화물트럭 크기의 거대한 인쇄기가 돌아가는 광경을 직접 눈으로 보며, 나는 이론으로 배울 때 머리로만 알고 있던 것들을 비로소 이해할 수 있었다. 가령 왜 모든 책의 마지막 페이지는 4의 배수로 끝나는지. 파본은 왜 한두 페이지가 없거나 거꾸로 인쇄되지 않고 16페이지씩(1쪽~16쪽, 혹은 17쪽~32쪽, 33쪽~48쪽 하는 식으로) 통째로 없거나 거꾸로 인쇄되는지 하는 것들 말이다. '대수'의 개념이나 '돌려찍기'의 원리를 '확실히' 알게 되자 편집이나 기획을 할 때 시야가 한층 넓어지는 느낌이었다. 『책의 엔딩 크레딧』에는 '무리한 요구를 하는' 디자이너와 제작처 사이의 갈등이나 '현장을 모르는' 저자와 편집자를 성토하는 대목이 묘사되는데 실재로 비일비재한 일이다. 나 역시 몇 번이고 비슷한 상황과 맞닥뜨렸다. 하지만 현장에 들르는 횟수가 잦아질수록 인쇄소와의 커뮤니케이션은 원활해졌고 제작사고가 났을 때 훨씬 유연하게 대처할 수 있었다.

물론 『책의 엔딩 크레딧』에 등장하는 인쇄소 영업맨이나 오퍼레이터 같은 포지션은 한국 출판계에는 없다. 페이퍼백에 관한 묘사나 홍보를 위해 프루프를 제작하는 일도 편집자인 나에게는 낯설다. 그럼에도 이 작품을 번역 출간하기로 결정한 까닭은, 소설로서의 재미도 재미지만 작가가 창작을 하고 편집자가 편집을 하고 마케터가 홍보를 하는 곳의 뒤편에서 누군가가 필름을 출력하고 인쇄판을 만들고 제본을 한다는 걸 독자들도 조금쯤 알아주었으면 하는 마음이 있었기 때문이다.

"책은 매우 친숙한 물건이지만, 실제로 어떻게 만들어지는지 모르는 분이 많을 것입니다. 이 소설을 읽고 나면 몰랐던 걸 알게 되면서 조금 더 책을 좋아하게 되지 않을까 하는 마음으로 썼습니다"라는 작가의 말처럼, 책 만드는 내용이 담긴 소설, 만화, 영화 들은 내가 현실적인 어려움에 부딪힐 때마다 좌절하지 않도록 늘 기운을 북돋워 주었다. 구심력을 잃고 다른 쪽으로 눈을 돌릴 때마다 주의를 환기시켜 주었다. 덕분에 지금까지 내가 좋아하는 책을 만들고 있다. 다행스러운 일이다. 좋아하는 일을 하며 살아갈 수 있다는 건 인생에서 취할 수 있는 작은 행운 가운데 하나가 아닐까. 때문에 책을 쓰는 사람, 기획하는 사람, 제작하는 사람, 배본하는 사람, 파는 사람에 관한 이야기는 앞으로도 쭉 만들고 싶다. 편집자로서 인생의 엔딩 크레딧에 올릴 수 있는 작품, 그런 작품을 앞으로도 힘닿는 데까지 만들고 싶습니다.

삼송 김사장 드림.

책의 엔딩 크레딧

초판 2쇄 발행 2022년 5월 11일

지은이   안도 유스케
옮긴이   이규원

        발행편집인   김홍민 · 최내현
        책임편집   조미희
        표지디자인   이혜경디자인
        마케터   마리
        용지   한승
        출력(CTP)   블루엔
        인쇄 제본   대원문화사

펴낸곳   도서출판 북스피어
출판등록   2005년 6월 18일 제105-90-91700호
주소   (10595) 경기도 고양시 덕양구 동송로 23-28 305동 2201호
전화   02) 518-0427
팩스   02) 701-0428
홈페이지   https://blog.naver.com/hongminkkk
전자우편   editor@booksfear.com

     ISBN 979-11-92313-02-3 (04080)
           979-11-91253-37-5 (세트)

책값은 뒤표지에 있습니다.
파본은 구입하신 곳에서 교환해 드립니다